U0057877

盡己與天良：
破解韋伯的迷陣

黃光國　著

作者簡介

黃光國

　　台北市人，出生於 1945 年 11 月 6 日。美國夏威夷大學社會心理學博士，現任國立台灣大學心理學系教授，致力於結合東、西文化，以科學哲學作為基礎，發展本土社會心理學。著有《知識與行動：中華文化傳統的社會心理詮釋》、《民粹亡台論》、《教改錯在哪裡？》、《社會科學的理路》、《一中兩憲：兩岸和平的起點》、《儒家關係主義：哲學反思、理論建構與實徵研究》、《反求諸己：現代社會中的修養》、《心理學的科學革命方案》、《倫理療癒與德性領導的後現代智慧》，以及中英文學術論文一百餘篇。曾獲得行政院國家科學委員會傑出研究獎三次、優良研究獎十餘次、教育部國家講座兩次。曾任行政院國家科學委員會特約研究員、亞洲心理學會會長、行政院國家科學委員會卓越計畫主持人，目前為海峽交流基金會顧問及總統府國策顧問、台灣大學終身特聘教授、台大講座、傑出人才講座及教育部國家講座教授、亞洲本土及文化心理學會會長。

自序

中華文化的第三次現代化

本書題為《盡己與天良：破解韋伯的迷陣》，其內容分為四部分：第一部分包含三章，第一章先談韋伯學說的謬誤及其對國際學術社群的重大影響，接下來的兩章分別說明：我如何以西方的科學哲學為基礎，建構普世性的〈人情與面子〉理論模型，以及〈自我的曼陀羅模型〉。

▣ 孔門解釋《易經》

德國哲學家雅斯培（Karl Jaspers, 1883-1969）在其所著的《歷史的根源和目標》一書中，指出：在西元前 800 年至 200 年之間的 600 年間，是人類文明發展的「軸樞時期」（Axial Age）。在這段期間，世界上幾乎是彼此互相隔絕的地區，分別出現了許多思想家，由四位偉大的聖哲分別將其整合成獨立而且完整的思想體系，他們是：蘇格拉底、耶穌、孔子和佛陀。

本書第二部分包含三章，第四章強調：倘若我們以韋伯所謂的「理性化」來界定「現代化」，則在儒家文化發展的歷史上，一共經過了三次不同性質的「現代化」。在所謂的「軸樞時期」，老子和孔子門人分別解釋《易經》，儒教和道教已經分別完成了第一次的「理性化」過程。第五、六兩章分別說明：老子解釋《易經》，使道家門人發展出中國的科學；孔子及其門人解釋《易經》，則發展出中國的倫理與道德。

第三部分共有五章，分別以普世性的「關係」與「自我」的理論模型，重新詮釋先秦儒家思想的內容，藉以描繪出先秦儒家思想的「文化型態學」（morphostasis）。用韋伯的概念來說，儒家文化在第一次現代化所發展出來的文化型態，其特徵為「理性的順應」，和西方世界在基督新教倫理興起後

發展出來的「理性的控制」有其根本的不同。

▣ 理學家的「道問學」

　　本書第四部分亦包含五章，分別討論：程朱的理學、陸王的心學、明清的經學，以及陽明學對於日本的影響，這是在對儒家思想作「文化衍生學」（morphogenesis）的分析。在這個階段，最值得吾人注意的是程朱「理學」一派所強調的「道問學」和陸王「心學」一派所強調的「尊德性」。我們可以從中國歷史思維的特色，來說明儒家第二次「現代化」的意義。

　　黃俊傑（2014）在其力作《儒家思想與中國歷史思維》一書中指出：傳統中國史家與儒家學者都主張：學術研究的目的在於淑世、經世，乃至於救世。為了彰顯儒家價值的淑世作用，他們都非常強調：以具體的歷史「事實」來突顯儒家的「價值」，並在歷史「事實」的脈絡中說明儒家「價值」的意義。這就是所謂的「重變以顯常，述事以求理」，也就是章學城所說的「述事而理以昭焉，言理而事以範焉」。浸潤在儒家文化氛圍中的傳統中國史家認為：價值理念的「普遍性」（universality）深深地根植於歷史與人物的「特殊性」（particularity）之中，而「抽象性」的「天道」或「理」，也可以從「具體性」的史實之中提煉或抽離而出，黃俊傑稱之為「具體的普遍性」（concrete universals）。

　　然而，這具有「普遍性」的「天道」或「理」究竟是什麼呢？本書第十二章對於程朱理學的論述指出：朱熹主張「理一分殊，月印萬川」，認為源自「天道」的「理」會呈現在「人心」或諸多事物的素樸狀態中。他從各種不同角度，反覆析論：仁、義、禮、智、信等儒家所謂的「五常」都是「理」的展現；而張載則是努力要刻劃出「儒家的心之模型」。

　　但是，在「天人合一」的文化傳統裡，宋明理學家雖然致力於「道問學」，他們卻很難將具有「普遍性」的儒家價值理念建構成形式性的理論，來說清楚「儒家價值是什麼？」這也是本書所要回答的問題。我們可以再從中國歷史思維的特色，說明儒家文化第三次現代化的必要。

◉ 形式性的理論模型

　　傳統中國史學家重新建構具體而特殊之歷史事實的最高目標，是為了要從其中抽煉出普遍性的原理，以作為經世之依據，正如司馬遷在〈報任安書〉中所言：

> 「僕竊不遜，近自託於無能之辭，網羅天下放失舊聞，考之行事，稽其成敗興壞之理，凡百三十篇，亦欲以究天人之際，通古今之變，成一家之言。」

　　由於太史公著書立說之目的在於「究天人之際，通古今之變」，所以他「網羅天下放失舊聞，考之行事，稽其成敗興壞之理」，寫成本紀、世家、列傳的對象，泰半是王侯將相，殊少納入一般庶民百姓，而形成中國史家「以史論經」的傳統。朱熹也有類似觀點：

> 「若夫古今之變，極而必反，如晝夜之相生，寒暑之相代，乃理之當然，非人力之可為。是以三代相承，有相因襲而不得變者，有相損益而不可常者。然亦惟聖人為能察其理之所在而因革之，是以人綱人紀，得以傳之百世而無弊。不然，則亦將因其既極而橫潰四出，要以趨其勢之所便，而其所變之善惡，則有不可知者矣。」
> 〈古史餘論〉

　　朱子認為：三代相承之「理」，「有相因襲而不得變者，有相損益而不可常者」，但只有聖人之「心」才能夠「察其理之所在而因革之」，並將儒家所重視的「人綱人紀」一代一代地傳承下去。基於這樣的歷史觀，中國傳統史家傾向於將注意焦點集中在統治者身上。這就是朱子所說的：

　　「天下之事其本在於一人，而一人之事其主在於一心，故人主
之心一正，則天下之事無有不正，人主之心一邪，則天下之事無有
不邪。」〈己酉擬上封事〉

　　這樣的觀點當然不可能再適用於現代華人社會。因此，儒家文化第三次
的現代化，必須充分吸納西方文明菁華的科學哲學，以「多元哲學典範」
（multiple philosophical paradigms），建構「含攝文化的理論」（culture-in-
clusive theories）。這樣建構出來的理論，必須適用於華人社會中的每一個
「人」，而不僅止於「帝王將相」。就拿朱子最關注的「人綱人紀」來說，
本書第七章提出「儒家的庶人倫理」，可以解釋「五常」中的「仁、義、
禮」。本書第三章〈自我的曼陀羅模型〉中的「智慧」，則是「五常」中的
「智」。至於「信」則是雙方互動的結果，無法以這些形式性的理論模型表
現出來。但本書所建構的「含攝文化的理論」，卻可以用來說明華人社會中
一個人的行動。

　　用 Gergen（2009）的概念來說，「仁、義、禮」是「第一序的道德」
（first-order morality），是可以用規範、原則或律則表現出來的道德。「智」
則是「第二序的道德」（second-order morality），自我必須隨機應變靈活地
將它展現在個人與他人的互動過程之中。這五個概念，並不是同一層次的東
西，儒家卻將之並列為「五常」，傳統儒家以及人文學者不論從哪一個角度
來加以詮釋，都不容易說清楚。

▣ 港台新儒家的未竟之志

　　我們可以再從人類文明發展的宏觀角度，來說明儒家文化第三次現代化
的意義。佛教在漢明帝（西元 28-75）時代傳入中國之後，和中華文化傳統
互相結合，塑造出「儒、釋、道」三教合一的東亞文明。

　　到了十一世紀，十字軍東征前後八次（1096-1291），將希臘傳統帶回到

基督教世界，兩者互相結合，導致後來歐洲的文藝復興運動。十七世紀啟蒙運動發生之後，歐洲科學快速發展；十八世紀發生工業革命，到了十九世紀，資本主義興起，西方國家紛紛採取殖民主義的策略，往外擴張，並將許多非西方國家納為殖民地。

中國自中英鴉片戰爭（1839-1842）之後，便陷入一連串的內憂外患之中，動盪不安的社會條件，使中國的知識社群無法定下心來，吸納西方文明。在二十一世紀，中國知識分子最重要的任務，便是以儒家文化作為主體，吸納西方文明的菁華，「中學為體，西學為用」，建立「儒家人文主義」的學術傳統，開創出嶄新的中華文明。

「儒家人文主義」的學術傳統是新儒家代表人物牟宗三所提出的概念。在《歷史哲學》一書中，牟宗三認為：中國文化的特長在於「綜合的盡理精神」，是一種「理性的運用表現」。相對地，西方文化則擅長「分解的盡理精神」，以「理性的架構表現」，透過一種「主、客對立」的「對待關係」，而形成一種「對列之局」（co-ordination），從而撐出一個整體的架構。由於中國文化向來注重運用表現，強調「攝所規能」、「攝物歸心」，在主體中以「天人合一」的方式，將對象收攝進來，成為絕對自足的存在。在這種狀況下，要轉換成「架構表現」，便只能「曲通」，而不可能「直通」。

什的叫做「曲通」呢？針對這個議題，牟宗三提出了良知或道德理性的「自我坎陷」，也就是絕對自足的良知，暫時地對其「運用表現」存而不論，轉而讓知識主體以及政治主體，能夠依據各該領域的獨特性發展；在創造科學與民主的活動之後，再用道德理性加以貫穿。

政治主體如何透過良知的「自我坎陷」而開出民主政體，這不是本書所要討論的範疇，在此暫且不論。然而，從我對於社會科學本土化的主張來看，知識主體要想發展社會科學，還得定下心來，虛心學習西方的科學哲學，才有可能運用「分解的盡理精神」，建構「含攝文化的理論」，以「對列之局」實質地分析：「人」如何在各種不同的生活場域中，運用其「綜合的盡

理精神」及其所造成的社會後果。

　　若用〈自我的曼陀羅模型〉來看，心理學本土化最重要的意義，在於建構各種不同的含攝文化之理論，說明中國人在學習源自西方的「知識」之後，如何「轉識成智」，以其「綜合的盡理精神」，在「理性的順應」和「理性的控制」之間找到「中庸之道」，以維持一己的「心理社會均衡」。用孔子強調的行動法則來說：這就是「汝安，則為之！」

　　更清楚地說，牟宗三以「理性的運用表現」和「理性的架構表現」分別描述中、西文化之特長，但他卻不知道如何整合這兩者，所以才會想出令人費解的良知「自我坎陷」說。我以「十年磨一劍」的精神，寫出這一系列的著作，正是要補充牟宗三之不足，以完成港台新儒家的未竟之志。希望本書的出版能夠促成儒家文化第三次的現代化。

國家講座教授

黃光國

2015 年 4 月 15 日

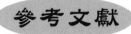

參考文獻

牟宗三（1988）：《歷史哲學》。台北：臺灣學生書局。

黃俊傑（2014）：《儒家思想與中國歷史思維》。台北：國立臺灣大學出版中心。

Gergen, K. (2009). *Relational being: beyond self and community*. Oxford, UK: Oxford University Press.

Jaspers, K. (1949/1953). *The origin and goal of history*. London, UK: Routledge and Kegan Paul.

目 Contents 次

第一部

以理論挑戰韋伯學說

第一章　韋伯學派與東方主義

　　韋伯（Max Weber, 1864-1920）、涂爾幹（Emile Durkheim, 1858-1917）和馬克思（Karl Max, 1818-1883）並稱為古典社會學三大家，他們的著作對西方社會學有十分深遠的影響。韋伯一生治學的主要旨趣，在於探討「近代資本主義興起」的原因，並試圖用近代歐洲理性主義的興起來回答這個問題。在其名著《基督新教倫理與資本主義精神》中（Weber, 1930），韋伯認為：基督新教對於合理性的追求是產生資本主義的文化因素。為了支持這樣的論點，他又從比較宗教社會學的觀點，發表了一系列的著作，包括：《儒教與道教》、《印度教與佛教》以及《古猶太教》等書，並認為其他宗教的「經濟倫理」不像基督新教那樣地與資本主義相契合，所以無法產生近代西方理性的資本主義。他原本還計畫討論回教，但宏圖未成，即已去世。

第一節　大師的迷陣　　　

　　本章討論的焦點將集中在《中國的宗教：儒教與道教》一書（Weber, 1964）。韋伯撰寫本書的目的在於探討：十九世紀前的中國為什麼不能產生類似西方理性的資本主義。韋伯的這部著作分成三個部分：第一部分討論帝制中國的社會組織及社會結構；第二部分討論儒家的正統地位；第三部分處理作為旁支的道家以及佛教的地位；其結論部分則從許多不同的面向，逐一比較基督新教倫理和儒家倫理。

　　韋伯在描述中國的社會結構時，係採用「理念型的研究方法」（ideal type approach），他打破時間的限制，隨意引用不同時代的材料，來描述帝制中國社會的「理念型態」。這種作法曾經受過不少批評，可是韋伯認為：

1911 年滿清王朝覆亡之前，中國社會結構的主要面向大致保持穩定，因此，他可以採用這種「理念型的研究方法」來研究中國社會。

本書題為《盡己與天良：破解韋伯的迷陣》。我之所以決定撰寫本書，是因為韋伯將基督新教視為一種「文化系統」，建構出其「理念型」（ideal type），再以之作為參考架構，用「文化對比」的方法，研究儒家倫理，犯了「歐洲中心主義」的謬誤。更重要的是：他在研究儒家倫理的時候，並不是把儒家倫理看作是一種「文化系統」來加以分析，而是在「社會和文化交互作用」（socio-cultural interaction）的層次上，研究儒家倫理在中國不同歷史階段中的展現，犯了「熔接的謬誤」，可是，他卻成為西方社會科學界以「東方主義」（Orientalism）從事中國研究之濫觴（Said, 1978）。

在韋伯學派無遠弗屆的影響之下，不僅社會學家普遍犯有這樣的謬誤，本書第二章亦會指出：心理學家在研究中國人的心理與行為時，也普遍犯了同樣的謬誤。破除這種謬誤的方法，是用我所主張的「多重哲學典範」（multiple philosophical paradigms），建構關於「人性」的普世性理論架構，再以「分析二元論」（analytical dualism）的哲學（Archer & Elder-Vass, 2012），分析先秦儒家思想。這樣建構出來之「含攝文化的理論」（culture-inclusive theories），不僅可以破除韋伯所布下的迷陣，而且可以作為心理學家和社會科學家研究中國人或中國社會的理論基礎。

本書第三章將要說明：我如何建構出普世性之〈自我的曼陀羅模型〉和〈人情與面子〉的理論模型。其餘各章則將說明：我如何以之作為基礎，分析先秦儒家思想，而建構出「含攝文化的理論」，藉以對儒家思想作「文化形態學」（morphostasis）的描述，希望能夠以之作為社會科學家研究儒家社會之「文化衍生學」（morphogenesis）的基礎。

在本章中，我將先簡略介紹韋伯的名著——《中國的宗教：儒教與道教》、受其影響而形成的韋伯學派，以及我決定撰寫這本書的歷史因緣。

▣ 中國的意索

　　在《中國的宗教：儒教與道教》一書中，韋伯刻意挑選了中國社會的貨幣制度、宗族組織、城市與行會、國家組織和法律等幾個層面，分別分析它們對資本主義發展的正、負面影響。在分析中國社會為什麼不產生資本主義的原因時，他同時也注意到：十九世紀末期，中國已經具備若干有利於資本主義萌芽的因素。在滿清王朝（1644-1912）前期，中國有一段相當長的太平歲月。由於治河有方，洪水氾濫的情形已經大為減少。農業方法的改良，使中國人口由十五世紀晚期的六千萬增加到十八世紀初期的一億二千萬。其他像私人財富的增加、人民可以自由遷徙、自由選擇職業、土地可以自由買賣等等，都有利於資本主義的發展。然而，這些有利因素畢竟無法克服前述由宗族制度及家產制國家結構所造成的障礙。這些結構性的障礙又是源自中國人在儒家倫理下所培養出來的一種特殊心態，他稱之為「中國意索」（Chinese ethos）。韋伯因此判定：儒家倫理有礙於工業資本主義的發展。

　　這本書的第二部分「正統」包含兩章：「文人」（The Literati）及「儒家的生活取向」（The Confusion Life Orientation），前者討論：儒家教育的地位、「君子」的理想、科舉制度的發展、文人的功名、官職的聲望，以及儒家對經濟政策的觀點。後者則是從儒家思想的性質，討論儒家重視「禮」和「孝」、缺乏自然法、法律思想中沒有形式邏輯、排斥形上學、發展不出自然科學，並拒斥專業技術。依同樣的論述方式，第三部分論及「道教」的隱士生活、神秘主義、養生術、教派組織、教規等等。從其論述內容的舉隅，我們已經可以看出：作為一個社會學家，韋伯所關心的其實不是儒家或道家的思想本身，而是儒家和道家在中國社會中的實踐。用 Archer（1996）所主張的「分析二元論」（analytical dualism）來看，這種作法很明顯地犯了「熔接的謬誤」（fallacy of conflation）。這一點，我將留待本書第三章，再作進一步的析論。

▣ 韋伯的迷陣

　　在《中國的宗教：儒教與道教》這本書的最後一章「結論」中，韋伯以和新教論理對比的方式，藉以說明這種源自儒家思想的「中國意索」。韋伯認為：基督新教徒因為相信原罪，而又力圖克服原罪，所以發展出一套制服個人內在罪惡感的辦法，而形成一種「精神上的槓桿」，可以檢討傳統遺留下來的習俗和規範，並向不合理的習俗和規範挑戰，形成一種轉化社會秩序的力量。

　　在《中國的宗教：儒教與道教》一書中，韋伯（Weber, 1964）認為儒家太重視和諧，在個人與社會、自然界、宇宙之間，均採取「天人合一」、「物我不分」的態度，結果個人和社會以及個人和自然之間缺少一種緊張狀態，個人也無法培養成道德上的獨立性和自主性，只知道順從社會上及政治上的權威，而缺乏一種「精神上的槓桿」，不敢批判教條，超越傳統。

　　根據韋伯的分析，儒家文化的特性是安於傳統習俗、順從權威教條，沉迷於舊文化而不知向前。這樣的文化型態很難開出現代文化的新格局。然而，相較於他對基督新教的分析，他對儒家倫理的論述卻顯得相當薄弱。韋伯不懂中文，無法閱讀第一手的中文材料。他引用的資料，有些是來自歐洲漢學家的譯著，有些則是出自於懷有意識型態偏見的傳教士。他所舉的例子，有些是錯的，有些並不恰當，有些較為適當的例子，則因為他對其一無所知而未能列入。

　　D. G. MacRae（1974, p. 9）在指出韋伯著作的許多問題後，認為：韋伯為我們製造了一座迷陣，這座迷陣的內容使它的製作者成為「本世紀社會想像的大師之一」（one of the master figures of the social imagination of this century），但要抵達這座迷陣的中心卻註定要先走入不少分歧路。「迷陣最令人失望之處，是它的中心通常是一無所有。」Molloy（1980）因此問道：「我們有任何『走出迷陣的方法』（any way out of the maze）嗎？」

　　儘管韋伯的中國研究有這樣或那樣的缺點，但由於韋伯的「歐洲研究」

為他帶來了極大的聲譽，也塑造出他無與倫比的學術聲譽，他對儒家倫理的分析因而對西方漢學家的中國研究產生了巨大影響。受他影響的西方漢學家甚至形成所謂的「韋伯學派」，同時也深刻地影響了中國學術界。二十世紀初期，許多中國知識分子親身體驗過舊文化和舊傳統的壓力，他們的學養不足以讓他們以理性的態度對儒家思想作客觀的分析，因而跟著國際「學術主流」隨聲附和，造成「聚蚊成雷」的效果，甚至影響了中國歷史的走向。

　　歷史學家柯文（Paul A. Cohen, 1934-）曾經回顧二十世紀以來，美國學者對於中國近代史所作的研究（Cohen, 1984），並將他們使用的典範分為三大類：「衝擊—反應」、「現代化」以及「帝國主義理論」。這三大典範或多或少都曾經受到韋伯學說的影響。

第二節　「衝擊—反應」典範

▣ 可觀的惰性

　　1950至1960年代，美國史學界大多採取「西方衝擊」（Western impact）和「中國反應」（Chinese response）的概念架構，來解釋鴉片戰爭（1839-1842）到庚子拳亂（1899-1900）這段期間的中國近代史。他們認為：儒家文化和農村社會的結構及習俗之間有密切的關係，但從這樣的文化傳統裡，卻無法開展出中國的現代化。他們認為：在十九世紀的大部分時期，對中國所發生的各種事件，影響最大的因素是中國與西方的正面接觸。在此一時期，西方在中國歷史上扮演了真正「作用」（active）的角色，中國則扮演了一種非常被動或「反作用」的角色。近代中國之所以能夠一步步走向現代化，都是西方衝擊所引發的反應。沒有西方的衝擊，中國就停滯不前。

　　主張此一論點的代表人物是哈佛大學教授費正清（Edwin O. Fairbank, 1907-1991）。他先是和鄧嗣禹合著《中國對西方的反應》一書（Teng & Fairbank, 1954），後來又和賴世和、柯萊格合著《東亞：現代的轉化》一書

（Fairbank, Reischaner, & Craig, 1965），兩本書都採用同樣的概念架構。在前述第二本著作第二卷有關十九世紀中國的論述，主要是由費正清執筆，探討的主要問題是：「為什麼中國沒有更早而且更有力地回應外來的侵略？」為了要說明中國「對西方挑戰的遲鈍反應」（unresponsiveness to the Western Challenge），費正清一再以「可觀的惰性」（remarkable inertia）一詞來解釋十九世紀中國的國家、社會、經濟和思想。

▣ 天朝世界觀

　　他們檢視清代中葉以來的中西交涉史，指出：當時的官方儒學是建立在天朝世界觀的基礎之上，把維護聖王天子統轄之下的天下秩序當作是儒學的中心。這種世界觀和近代歐洲民族國家的觀念是格格不入的。近代歐洲民族主義的主要信念之一，是每個國家地位一律平等，但天朝世界觀卻是一種文化主義。一個民族如果能夠充分吸收漢文化，則可以納入作為中華帝國的一員，接受中華天子的治理。在天子版圖之內的偏遠地區，漢化程度較淺的民族，則可以給予自治或半自治；在天子版圖之外的國家，如想與中國維持任何關係，則必須作為中國的藩屬，承認中國天子為共主。就天朝體制的理想而言，全天下的民族和國家，都必須透過天子作為媒介，以維持和「天」的和諧關係。

　　就理論的層次而言，天朝體制不能容許平等、獨立，而有主權的民族國家觀念。從歐洲近代民族國家的觀念來看，這種「天朝體制」的世界觀當然是落伍而「不合時宜」的。

　　不僅如此，自從漢武帝接受董仲舒的建議「罷黜百家，獨尊儒術」，並確立以「三綱之說」作為官方儒學的核心之後，民間的儒家學者在聚徒講學時，雖然有人力圖重新振作先秦儒家的精神，但官方儒學不僅不能違反「君為臣綱、父為子綱、夫為妻綱」的倫理觀，甚至「儒法合流」，用法家的手段強固「三綱之說」，強調片面的義務，要求下位者盲目服從上位者，而扭曲了先秦儒家所主張的對等倫理關係，更不符合現代生活的要求。

☐ 我族中心主義

　　不論是從中國的國際關係或是社會內部的結構來看，許多西方學者都認為：中國要走上現代化的道路，必須藉助於西方外來文化的刺激。尤其是在鴉片戰爭之後，清廷接二連三對外戰爭的失利，更加強了這種信念，例如：以研究「同治中興」聞名的美國歷史學家芮瑪麗（Mary C. Wright）指出：在同治時期，中國國內名臣輩出，外國與中國相當合作，可以說是中國現代化的最好時機，但同治中興仍然是失敗了（Wright, 1965）。她認為失敗的主要原因是：當時發起「洋務自強運動」的士大夫「我族中心主義」的心態頗強，在鴉片戰爭和英法聯軍之役相繼戰敗之後，他們雖主張「師夷人之長技以制夷」，但是卻以為：「中國文武制度，事事遠出西人之上，獨火器萬不能及」，因此洋務自強運動的主要內容，如設立同文館、江南製造局、馬尾造船廠，以及派遣留學生出國，其目的只是在學習「泰西技藝」、「造輪船、製槍砲」，以求得「船堅砲利」，一如西人。在她看來，這種觀念出自於儒家抗拒變革的心態。由於「儒家要求安定的特性和現代化的條件正好衝突」（Wright, 1965, pp. iii-iv），所以即使在最有利的條件下，儒家社會也不能變成近代國家。

　　她的丈夫 Arthur F. Wright（1962）在檢視中國歷代深受儒家思想影響的名臣之後，歸納出十三點「儒者人格」的特質，包括：（1）順從權威；（2）順從禮儀規範；（3）尊重歷史；（4）喜好學習傳統；（5）尊重典範；（6）重視道德修養甚於特殊才能；（7）偏好國家及社會的和平改革；（8）小心謹慎，偏好中庸之道；（9）不好競爭；（10）對偉大任務有使命感；（11）在困境中保持自尊；（12）在道德及文化上排斥異端；（13）待人注意細節。他也認為：「當中國努力地在古老的廢墟上建立新社會時，儒家的態度和行為模式也變得荒謬和不合時宜」（Wright, 1962, p. 8）。

第三節 現代化典範

「衝擊─反應」的研究典範讓學者傾向於把十九世紀與西方有關的層面解釋成「西方挑戰所激起的中國反應」，並忽略同一期間內跟西方之出現無關的部分。事實上，與西方有關的那些層面，也很可能出自於中國內部情況的變化，而不是對於西方刺激的反應（Cohen, 1984）。針對這樣的問題，「現代化」典範則提供一種社會體系的整體分析，以解釋從「傳統」轉化到「現代」的過程。

已故的美國加州大學教授雷文森（Joseph R. Levenson, 1920-1969），是對中國歷史有深入研究而又遵循此「現代化」典範的代表人物。在其皇皇三冊的鉅著《儒家中國及其現代命運》（Levenson, 1958, 1964, 1965）中，他所要回答的問題是：在亞洲所有的文化傳統中，為什麼只有中國經歷了與其傳統秩序的完全斷裂？為什麼印度教、佛教、伊斯蘭教等其他文化傳統在進入現代世界時能保持其連續性？為什麼中國能夠成功地與儒家傳統發生斷裂？

在這部鉅著中，雷文森（Levenson, 1958, 1964, 1965）從哲學思想、官僚制度、政治文化、社會心理和理想人格等層面，分析明、清以降至中共統治中國大陸期間，知識分子對儒家思想的態度。在他對中國歷史的想像中，包括各種緊張性在內的所有事物都會互相契合，「各種文化取向連結成一個完整的形式，任何一者均與他者互相配合，而形成特殊的社會秩序」（Levenson, 1958, I, p. 14）。由於這種社會秩序能夠維持穩定的平衡，它不僅不可能由內部產生重要的改變，甚至還能阻擋外來的任何程度之修正。

▣ 「詞彙」和「語言」

雷文森認為：十九世紀以後，西方文化對中國社會所產生的衝擊是十分巨大的。他用「詞彙」和「語言」的比喻，來說明這種影響。他認為：十九世紀以後，西方文化對中國近代思想和近代社會所產生的影響，不是「詞彙」

的變化，而是「語言」的變化；不是「量」（quantity）的變化，而是「質」（quality）的變化。他認為：只要一個社會在根本上沒有被另一個社會所改變，那麼外國思想就會作為附加的「詞彙」，並在本國思想的脈絡中被使用。可是，如果外國努力的入侵造成本國社會的瓦解，外國思想便開始取代本國思想。

在他看來，佛教對儒家文化的衝擊，僅限於思想方面，所以只是「詞彙」的變化。但十九世紀以來，西方文化對中國的衝擊卻是全面的，並不僅限於思想。這種「語言」的變化是涉及社會本質的深刻變化，是外國文化入侵衝擊下所造成的全盤性變化。這種變化是如何造成的呢？

雷文森的研究指出，從晚清以後，主張西化的中國知識分子在心理上都面臨了一種兩難困境：他們在理智上全盤接受西方文化的價值，但是在情感上卻排拒西方；他們在情感上迷戀中國的歷史文化，在理智上又要揚棄舊日的傳統。甲午戰爭之後，主張維新變法的主要人物之一張之洞，在其所著的《勸學篇》中提出「中學為體，西學為用」論，最能夠反映這種心態。他認為：天下之事可分為兩大類，一是永恆不變的「道」，一是因時變宜的「法」；「法者所以適變也，不必盡同；道者所以立本也，不可不一」。

◙ 中學為體，西學為用

所謂「道」，就是傳統的「三綱四維」、「倫紀、聖道、心術」，是永遠不能改變的「中學」；「法」就是「工藝、器械、法制」，是可以隨時改變的「西學」。中學不但不能輕言改變，而且應當全力講求：

> 「夫不可變者，倫紀也，非法制也；聖道也，非器械也；心術也，非工藝也。」
>
> 「中學為內學，西學為外學；中學治身心，西學應世事。不必盡索之於經文，而必無悖於經義。如其心聖人之心，行聖人之行，以孝悌忠信為德，以尊主庇民為政，雖朝運汽機，夕馳鐵路，無害其為聖人之徒也。」《勸學篇》

　　張之洞的這幾句話說得非常明白。所謂「中學為體，西學為用」，其基本含意就是：一方面維護儒家的傳統文化，一方面向西方學習可以「富國強兵」的科技工藝及自然科學。

　　在清末民初的思想界中，這種「中學為體，西學為用」的主張，可謂層出不窮。比方說，光緒年間，康有為倡議「變法維新」，著有《大同書》，以描述他心目中的理想國。但他在這樣做的時候，也旨在「托古改制」：一方面闡揚孔子的「大同學說」，一方面又以「大同學說」來否定數千年來作為中國宗法封建社會之基礎的「家族制度」。又如，蔡元培擔任北京大學校長時，竭力提倡代表「歐洲文化」的「科學與美術」。但他對歐洲文化所持的態度，是「非徒輸入歐化，而必於歐化之中為更進之發明」；對於中國舊文化，他主張「非徒保存國粹，而必以科學方法，揭國粹之真相」。

　　在雷文森看來，諸如此類的例子，在在顯示出：在西方文化衝擊下的中國知識分子對傳統文化的無法忘情。由於一般民眾對傳統文化亦無法忘情，民國初年時，許多軍閥政客便藉著提倡孔孟學說，來維護自己的既得利益。1915 年，袁世凱在北京復辟稱帝，便主張「尊孔讀經」，企圖推尊儒家為國教。洪憲帝制失敗之後，各省軍閥勢力迅速膨脹，中國形成割讓之局，軍閥們為了壯大自己的實力，紛紛勾結帝國主義者，以與反對派對抗。

▣ 儒家文化的徹底瓦解

　　1919 年五四運動爆發，知識分子們在憂國心的激勵下，形成了一股打倒孔家店，反對儒家傳統的浪潮。許多深受西方思潮影響的菁英分子，像主張自由主義的胡適、社會主義的陳獨秀、共產主義的李大釗、無政府主義的吳稚暉，以及魯迅、吳虞等等，都加入抨擊儒家的陣營。他們痛斥儒家思想為「吃人的禮教」，甚至主張「把線裝書裝進茅廁坑裡」。在他們的抨擊之下，中國人所有的劣根性，諸如纏足、娶妾、抽鴉片、愚昧、自私、狂妄等等，都被歸罪於「國粹」和「國民性」，而儒家的價值體系也變成專制政體為了維護自身利益而強迫民眾接受的封建意識型態。為了要救亡圖存，為了

要使國家現代化，一定要「掙脫千百年來封建禮教的束縛，打破宗法社會有形無形的精神枷鎖」。

　　由於西方論知識分子的猛批猛打，維持中國社會的價值系統陷入分崩離析的狀態，共產思想趁虛而入，造成 1940 年代共產黨人的崛起。1949 年共產黨奪得政權之後，雷文森也跟著宣布儒家思想的死亡（Levenson, 1965）。在他看來，儒家思想和封建宗法社會是不可分的，中國既然已經從封建社會「進化」到共產社會，馬列思想當然也要取代儒家思想，此時儒家思想更是難以逃脫被送入博物館的命運。他認為：共產主義和科學可以彼此相容，所以一個人能夠「又紅又專」，既是共產黨人，又具備科學知識。但是，儒家要求「君子不器」的傳統，卻使得儒家思想和科學水火不容。他說：「中國要想擁有並利用科學，一定要先將儒家思想禁錮起來，不能讓他橫行跋扈。科學普及之處，孔子一定要鎖在玻璃櫃裡。……共產黨人必須將孔子埋葬，送上祭壇。孔子已經變成歷史名詞，再也無法激起衛道者的熱情，他們已經徹底瓦解了」（Levenson, 1965, III, p. 81）。

▣ 反抗西方以加入西方

　　在二次大戰結束後，東、西二元對峙的冷戰時代，雷文森認為：儒家思想和「現代性」不能相容，而共產主義和「現代性」可以相容，這種論點在當時美國的學術界可謂獨樹一幟。在雷文森看來，以西方文化為表徵的現代社會，一方面衝擊並影響著中國文化，而這個古老的文化根本沒有抗拒能力；另一方面，它又是新的中國文化不斷努力模仿的一個典範。依照他的觀點，中國革命是由近代西方加諸中國的難題所造成的。用雷文森自己的話來說，中國的革命乃是一個反抗西方以便能加入西方的革命。這是一種「西方中心主義」式的論述，而不是「美國中心主義」式的論述。他的這部作品因此被稱讚為其「不朽的三部曲」之一，他本人被譽為「莫札特式的史學家」。柯文說：他「在探討近代化和文化演變問題上，極富想像力。在美國戰後數十年研究中國的歷史學家中堪稱首屈一指；在許多讀者心目中也是最有說服力

的」（Cohen, 1984, p. 47）。

　　1969 年，雷文森跟家人一起度假出遊時，遇到山洪爆發，他跟兩個兒子乘坐的遊艇翻覆，他的兒子獲救，他本人卻不幸罹難。他沒有看到中國改革開放後的巨大變化，也不必為修改自己的「理論」而感到困擾。對於一位享有盛譽的學者而言，這或許是不幸中的大幸吧？

▣ 美國的主流價值

　　真正能夠反映美國主流價值觀的著作，是 Richard H. Solomon（1937-）所著的《毛的革命與中國的政治文化》一書。索羅門是漢學家白魯恂（Lucian W. Pye, 1921-2008）的學生，白魯恂早年研究《中國政治的精神》（Pye, 1968），認為：儒家的政治文化特別強調順從權威、依賴長輩、重集體而輕個人，和西方式的民主自由並不相容。索羅門承襲了這種論點，他採用政治心理學的觀點，解釋中國人相互依賴的集體性格（Solomon, 1971）。他認為：這種集體性格，是受到下列各種因素的交錯影響而形成的：經濟資源短缺、儒家的家族及集體思想、兒童社會化的模式，以及權威主義式的學校教育等等。

　　索羅門指出：中國兒童在學習過程中，凡是個人的意見和情緒不符合社會的要求，不受到社會的認可，都必須加以壓抑。至於具有反抗性或侵犯性的心理衝動，更得予以抑制消除。兒童必須無異議地接受父母、師長、長輩的教導和指示；長大後進入社會單位，自然就會順服長官的指示和命令。這種教育方式，培養了順從的人格，但卻不能培養出自主的人格。個人侵犯性的衝動不能受到合理的疏導，導向積極進取的建設性行為。這種教育的結果造成了一系列關聯的性格：厭惡搗蛋以及侵犯的行為；缺乏自尊，壓抑自己的衝動；不相信自己的能力，也不信任自己的獨立判斷；集體和家族的利益，重於個人的利益；尊重權威，屈服於權威，不敢向權威挑戰、爭辯或抗議；依賴權威來為眾人謀福利，而不是為自己爭取福利；當權威不能照顧他時，會感到焦慮、挫折或憤怒，但卻缺乏合理的溝通管道，向權威表達不滿，並

安排合理的解決方法。

　　索羅門的著作反映出美國的主流價值，並且成為「現代化理論」的重要著作，對當時的社會科學界造成了重大影響。倘若我們拿雷文森所說的「西方文化」和索羅門的著作相互比較，我們立即可以看出「現代化理論」所潛藏的內在矛盾。所謂的「現代化」到底是指什麼？是「共產主義」式的「西化」呢？還是美國式的資本主義？在冷戰時期，對於美國所主導的世界學術社群而言，這個問題的答案當然是指後者。不僅如此，當時的社會科學界更很少有人會去考量：中國文化傳統可能包含了一些重要的質素，這些質素不但不是中國近代轉化的障礙，而且實際上還可能促成了中國的現代化轉化，並對其發展扮演了重要的指引角色。

▣ 西方中心主義的扭曲

　　到了 1960 年代末期，美國在越戰中的軍事介入引起了強烈的反戰情緒，所謂「現代化」典範才開始面臨「帝國主義論」的挑戰。最先提出此議的是 Peck（1969）。他在《關懷亞洲之學者通訊》（*Bulletin of Concerned Asian Scholars*）上發表了一篇文章，批評現代化理論是一種意識型態，是那些美國的中國觀察家和少數菁英分子刻意建構出來的。他們反對革命，而傾向改革，認為改革是達成社會變遷最好的方法。他們對美國的制度、價值和其「極致」的美善確信不疑；為戰後美國在亞洲的政治、軍事以及經濟干預作辯護，並且公然或暗地裡擁護美國在全球的利益。

　　對那些研究中國事務的美國專家而言，「帝國主義」的觀念是一個幻象，是存在於中國人腦海中虛構的神話，是受傷害的心靈為了自我抒解而構想出來的一種心理撫慰。因為中國人深刻感受到他們在十九、二十世紀所受到的傷害，他們需要把這種受害的感覺歸咎於比「現代化」更具體的東西，所以才炮製出「帝國主義」這樣的觀念，但其實「帝國主義」並不是真的一回事。

◻ 帝國主義論

　　Peck（1969）認為：帝國主義不但是真的事實，而且是過去一百五十年裡，影響中國歷史最關鍵性的因素。他懷疑中國觀察家們所強調的，「內在因素是中國長期受西方列強支配的主要原因」，並且主張：1949 年以前，「中國革命不曾徹底完成，其主要原因是外國帝國主義的干預太過強大，以致於中國人無法掌握自己的命運」。他指出，雖然現代化的觀點和帝國主義的觀點都「強調西方經濟力量的侵入中國」，但是前者（現代化的觀點）認為這種侵入對中國有利，而後者（帝國主義論的觀點）卻堅持這種侵入對中國有害。

　　然而，不管是「衝擊—反應」論、「現代化」論或是「帝國主義」論，都無法避免「西方中心主義」所造成的扭曲。在《美國的中國近代史研究》一書的「導讀」中，柯文（Cohen, 1984）指出，這個問題的根源之一是：西方學者在中國近代史的研究中，一直扮演著直接而且極具關鍵性的角色。另一個根源是：即使是中國人自己，不論是馬克思主義者或非馬克思主義者，在重建他們自己歷史的時候，都一直相當依賴從西方引進的詞彙、概念和分析架構，因此使身為局外人的西方史學家無法獲得跟他們自身不同，而又有必要加以參考的局內人觀點。

　　柯文（Cohen, 1984）所說的第一個根源，反映出西方學術界中長久存在的「東方主義」，他們懷有一種「西方中心主義」的心態，不知不覺地用他們對東方世界的想像，來彌補他們對東方世界的無知。他所說的第二個根源，則反映了中國學者在學術研究上「自我殖民」的問題。換句話說，由於非西方國家的學者在知識上過度依賴西方，即使西方學者想透過他們來了解東方，也很難找到合適的管道。

第四節　西方中心主義

　　我們可以從「儒教是不是一種宗教」這個基本問題的爭議，一方面看出西方學者的「東方主義」，另一方面看出中國學者的「自我殖民」。對於這個問題，西方學者往往因為自身立場的不同，而有不同的答案，這些答案通常都有「西方中心主義」或「東方主義」的色彩。奇怪的是：在西方學術的強勢主導之下，中國知識分子也隨波逐流，跟著時代潮流的變化，不知不覺地對這個問題作出「自我殖民式」的論述。對於這個問題的爭議作歷史性的追溯與回顧，可以讓我們清楚地看出這兩個趨勢。

　　基督宗教傳入中國後，傳教士們看到中國人普遍信奉儒教，而又崇拜祖先，違反基督宗教「禁止崇拜偶像」的教義；該如何因應，便成為傳教士們不能不面對的課題。最早處理此一問題的人，是來華傳播天主教的利瑪竇。

▣ 利瑪竇規矩

　　利瑪竇（Matteo Ricci, 1552-1610）是義大利人，耶穌會教士，博學多聞，25 歲時出任為遠東使，到印度、日本等地傳教。五年後，應教會之召，到澳門傳教，學習漢語文，同時鑽研中國典籍，與中國士大夫交往，並在肇慶建立「僊花寺」，一方面傳播天主教義，另一方面又將包括《幾何原本》、《坤輿萬國全圖》在內的一百五十餘種科學書籍譯成中文，對中、西文化交流造成深遠影響。

　　利瑪竇認為：「儒教並不是宗教」，信仰儒教和基督教並不衝突。他認為中國傳統的「天」和「上帝」，其本質上與基督宗教所說的「唯一真神」並無分別，並主張以「天主」稱呼基督宗教的「神」（即拉丁文的 Deus）。祭祀祖先與孔子，只是追思先人與緬懷哲人的儀式，並不構成一種信仰；只要不摻入許願、崇拜、祈禱等成分，本質上並沒有違反天主教教義。因此，他容許中國教徒繼續傳統的祭天、祭祖、祭孔。之後，到中國傳教的耶穌會

士一直遵從利瑪竇的傳教策略，此稱為「利瑪竇規矩」。

有些明朝士大夫認為：利瑪竇這種「合儒—補儒—超儒」的策略，旨在「援儒攻儒」，篡改儒教的教義，以基督化中國，達到以夷變夏的目的，而表示極度不滿。譬如，崇禎年間的《刻辟邪集序》便批評他：「有利瑪竇、艾儒略等，託言從大西來，借儒術為名，攻釋教為妄，自稱為天主教，亦稱天學。」

利瑪竇死後，道明會傳教士為了排擠耶穌會傳教士在中國傳教，而向教宗申訴：利瑪竇等人允許中國教徒崇拜祖先，違背了天主教教義。道明會傳教士認為：「儒教是宗教」，建議教宗派特使到中國晉見康熙帝，要求更改利瑪竇規矩，以排除容許中國傳統的傳教方式。

教宗克萊蒙十一世因此發布教宗敕令，禁止中國天主教徒祭天、祭孔、祭祖，並派特使嘉祿主教（Charles A. Mezzabarba）來華和康熙展開談判。康熙告以中國祭祖的意義，否認教宗有解釋中國教義之權，強令傳教士遵從，否則逐回。嘉祿主教因此採取妥協立場，主張修改教宗命令，提出八條調停意見。1742 年，教宗本篤十四世再發布敕令《自上主聖意》，禁止傳教士對祭天、祭孔、祭祖問題進行再議，並堅決否定嘉祿主教建議的八條變通辦法，要求堅決執行禁令，此即所謂「禮儀之爭」（rite controversy）（Sun, 2013）。最後，甚至導致教宗下令解散耶穌會（王治心，1960）。

◫ 東方聖典

在利瑪竇之後，認為「儒教是宗教」卻同樣引起爭議的人，是來自蘇格蘭的傳教士理雅各（James Legge, 1815-1897）。他在 24 歲時，由信仰基督新教的倫敦教會派到麻六甲主持英華書院，四年後又隨書院遷到香港，出任首任校長，前後傳教三十年。他在工作之餘，熱衷於翻譯中國經典，在中國知識分子王韜（1828-1897）的協助之下，將許多儒家經典翻譯成英文。理雅各於 1876 年返回英國，擔任牛津大學首任漢學教授。1879 年在上海舉行的「第一屆全國傳教士會議」（First National Missionary Conference）上，他請人代

為宣讀論文，主張：儒家經典中的「上帝」就是指基督教中的「神」。孔子就像摩西一樣，雖然不主張永生，但也不予以否定。儒教跟基督教的關係是互補的，而不是對立的。結果大會決議：他的論文不得列入付印。他在稍後出版的一本書《中國的宗教：儒教與道教的描述及其與基督教的比較》中（Legge, 1880），明確主張「儒教是一種宗教」；可是，許多曾經在中國工作過的傳教士都不認同他的觀點。

1875 年，理雅各在 Max Müller（1823-1900）的邀請之下，開始參與《東方聖典》（*Sacred Books of the East*）一書的編譯工作。Max Müller 是德國人，父親是著名的浪漫派詩人 Wilhelm Müller（1794-1827）。在萊比錫大學念書時曾經修習過包括阿拉伯文和梵文在內的幾種東方語言，並致力於宗教研究。獲得博士學位後，在 23 歲時，移居英國，開始編譯《宗教科學導論》（*Introduction to the Science of Religion*）（Müller, 1873）一書，成為英語世界中以社會科學方法比較宗教的第一本書。

▣ 世界的宗教

由於 Max Müller 不懂中文，而在牛津大學教授中文的理雅各，則以翻譯儒家經典聞名，所以 Max Müller 特別邀請理雅各，參與編譯《東方聖典》一書的計畫。兩人合作無間，在 1879 至 1886 年之間，理雅各陸續翻譯並出版了四卷儒家經典，其中包括《詩經》、《書經》、《易經》、《孝經》、《禮記》等的部分內容。

Max Müller 在 1876 年 10 月為《東方聖典》一書所寫的序言中，列出了全世界八種主要的宗教，包括儒教與道教（Müller, 1876）。然而，這種觀點跟他同一時代從事比較宗教研究的 Cornelis P. Tiele（1830-1902）並不相同。Tiele（1877）先以荷蘭文出版了一本極具影響力的小冊子：《宗教及普世宗教的傳播史》，後來又將之譯成英文。書中區分：「世界的宗教」（religions of the world），是指可以跨越國家或民族界域的「普世性宗教」（universalistic religion）；「民族宗教」（national religion），則受限於某些種族群體

或地理區域。依照他的分類，世界宗教只有三種：基督教、佛教和伊斯蘭教；儒教並不在內。

◨ 救贖宗教

韋伯的大弟子Schluchter（2013）於〈論《中國的宗教》在韋伯研究工作中的地位〉一文中指出：韋伯將宗教區分為三大類：救贖宗教（salvation religion）、文化宗教（cultural religion）和世界宗教（world religion）。韋伯認為：並不是每種救贖宗教都可以轉變成為世界宗教，而文化宗教即使沒有「救贖」的概念，也可能轉變成為世界宗教。然而，他最在意的卻是「救贖宗教」。

在他看來，每一種宗教都會有巫術的成分。但救贖宗教卻蘊含有排除「巫術」的潛力，能夠在宗教上促進「世界的除魅」（disenchantment of the world），並成為宗教理性化的一種驅力。韋伯依此提出宗教理性化（religion rationalization）的兩個判準：

> 我們可以用兩個在許多方面彼此關聯的基本尺度，判斷一個宗教所代表的理性化程度：第一是這個宗教本身拒斥巫術的程度；第二是它有系統地連結上帝與世界的關係及其自身與世界之倫理關係的程度。（Weber, 1964, p. 226）

◨ 普化的宗教

依照韋伯的觀點，儒教是一種非常精緻的社會及個人倫理，它對理性的生活行動有十分深遠的影響，因而多少可以滿足第二個尺度；但它卻不能滿足第一個「去巫術化」的尺度。依照韋伯的觀點，儒家雖然不提倡巫術，但也沒有積極剷除它，而是採取「存而不論」的態度與之共存，所以儒教並不是「救贖的宗教」。用韋伯的分類系統來看，儒教可以說是一種主張「適應

世界之理性主義」（rationalism of world adjustment）的「文化宗教」。在《中國的宗教：儒教與道教》一書中，韋伯雖然認為：儒教是「世界宗教」（world religion）之一，但他卻認為：「宗教」一詞是否適用於儒教，仍然很有問題。

　　為韋伯《中國的宗教：儒教與道教》一書英譯本作「導讀」的中國社會學家楊慶堃（C. K. Yang）則從社會組織的角度比較儒教與基督教。他認為：儒教是一種「普化的宗教」（diffused religion），其性質與基督宗教是一種「機構式宗教」（institutional religion）並不相同。

　　從這個簡短的回顧中，我們可以看出：對於諸如「儒教是不是宗教」或「儒教是不是一種世界宗教」之類的問題，西方學者往往會因為自己所持立場的不同，而有完全不同的答案。

　　一個社會科學家要對這樣一個議題作出任何論斷，一定要先說清楚自己理論的預設（presumption）是什麼，是依據什麼樣的判準作出這樣或那樣的論斷。令人遺憾的是：西方學術傳入中國之後，中國學者很少關心西方理論的前提預設，反倒傾向於視自身所處情境的需要，擷取西方學者的結論，以作為自身立論的根據，結果是隨波逐流，形成「自我殖民式」的論述。

第五節　自我殖民式的論述

　　「儒教」到底是不是宗教，在中國原本不成為問題。在古漢語裡，「宗教」本來並不是一個聯綴詞，而是將「宗」、「教」分開使用。到了西元第十世紀，佛教傳入中國，「宗教」二字才開始合併使用：佛之所說為「教」，佛之弟子所說為「宗」，「宗」為「教」的分派，二者合稱為「宗教」。但在此之前，「宗」和「教」二字早就有今天「宗教」的含義。

▣ 神道設教

　　「儒教」一詞最早出現於《史記‧游俠列傳》：「魯人皆以儒教，而朱

家用俠聞。」其中的「儒教」一詞，主要是指「教化」，但也蘊含有「宗教」的意義。《易經》「觀卦」的〈彖〉辭曰：「觀天之神道，而四時不忒，聖人以神道設教，而天下服矣。」

四時，是指春夏秋冬；忒，差忒，錯亂也；神道，神明之道。《周易》疏：「神道者，微妙無方，理不可知，目不可見，不知所以然而然，謂之神道。」「觀天之神道，而四時不忒」，是指：天道的陰陽變化，猶如春夏秋冬四時的運轉，沒有絲毫的錯亂。「聖人以神道設教」，是指先秦儒家諸子用「立仁道於天道」的論述方式，建構其倫理體系。天道不言，而以其毫無錯亂的客觀事實使人信服「仁道」。

《禮記・祭統》曰：「禮有五經，莫重於祭。」儒教「五禮」是指：吉禮、凶禮、賓禮、軍禮、嘉禮。「以吉禮事邦國之鬼神，以凶禮哀邦國之憂，以賓禮親邦國，以軍禮同邦國，以嘉禮親萬民。」吉禮是五禮之首，主要是對天神、地祇、人鬼的祭祀典禮，也就是對「皇天、上帝、社稷、寢廟、山林、名川之祀」。其中毫無疑問的含有濃厚的宗教意義。

許慎《說文解字》曰：「宗者，尊祖廟也，從宀從示。」「宀」是表示屋頂蓋；而「示」是指「天垂象，見吉凶，所以示人也。從二（二，古文上字）。三垂，日月星也。觀乎天文，以察時變，示神事也。凡示之屬皆從示。」由此可見，「宗」的意思，就是蓋個屋子祭祀神祇。「宗教」原先是指：以「神祇」的意思教育民眾，在儒家則是以「天道」設教，強調「仁道」合於天理，即《中庸》所謂：「天命之謂性，率性之謂道，修道之謂教。」

▣ 三教並稱

漢武帝接受董仲舒的建議，罷黜百家、獨尊儒術之後，漢儒們致力於將儒學「神學化」（見本書第十二章），儒家思想變成「國教」，「儒教」的概念也變得更為明確。漢代末年，儒教廣泛傳播，儒者蔡邕就正式使用作為名詞的「儒教」：「太尉公承凤緒，世篤儒教，以《歐陽尚書》、《京氏易》誨受四方。學者自遠而至，蓋逾三千。」

東漢時代，佛教傳入中國，它跟本土宗教之間的異同，也成為士大夫階層經常討論的話題：「吳尚書令闞澤對吳主孫權曰：『孔老二家，比方佛法，優劣遠矣。何以言之？孔老設教，法天以制，不敢違天。諸佛說教，諸天奉而行，不敢違佛。』」由此可見，在當時人眼裡，儒教跟道教、佛教一樣，都是宗教。

魏晉時期，政治動亂，儒教興衰也成為國家治亂的重要指標。譬如《晉書・宣帝紀》記載晉宣帝：「少有奇節，聰朗多大略，博學洽聞，伏膺儒教。」而《梁書・儒林傳序》則說：「魏、晉浮蕩，儒教淪歇，風節罔樹，抑此之由。」到了唐代，國力鼎盛，《封氏見聞記》便有不一樣的說法：「儒教近而易見，故宗之者眾焉。道意遠而難識，故達之者寡焉。道者，萬殊之源也。儒者，大淳之流也。三皇以往，道治也。帝王以來，儒教也。」

▣ 「儒教非教說」

漢代之後，中國民間一向是儒教、佛教、道教三教並稱，把孔子創立的儒家學派視同宗教，並無任何問題。1912 年中華民國成立，廢止讀經，儒教失去了官方思想的地位。民國初年，軍閥割據，政治動盪不安，康有為認為：「自共和以來，教化衰息，紀綱掃蕩，道揆凌夷，法守敗壞，禮俗變易，蓋自羲軒堯舜禹湯文武周孔之道，一旦而盡，人心風俗之害，五千年未有斯極。」因此發起孔教運動，成立孔教會，呼籲將孔教定為「國教」，倡導儒教和國家官僚組織分離，按基督教模式，允許人人祭天，人人祭孔，並得到大總統袁世凱的支持。

然而，他的主張卻引起反對帝制人士的強烈批判。梁啟超在《保教非所以尊孔論》一書中首先提出「儒教非教說」，否定了自己早先在《西學書目表》一書的論點，認為孔子所教「專在世界國家之事，倫理道德之原，無迷信，無禮拜，不禁懷疑，不仇外道」，孔子應與蘇格拉底並稱，而不能與釋迦、耶穌並稱，「夫不為宗教家，何損於孔子」！

陳獨秀對梁啟超的「儒教非教說」作了進一步的發展，他否認孔教是

「宗教」，但不否認漢武帝之後存在過儒教。陳獨秀批判康有為的論點，並主張：「吾國非宗教國，吾國人非印度、猶太人，宗教信仰心，由來薄弱」，奠定「中國古代無宗教說」的基礎。

▣ 中西文化的對立

袁世凱稱帝失敗，康有為等人發起的請定國教運動也宣告沉寂。到了五四時期，陳獨秀等人成為中國新文化運動的奠基人，他的論點也一步一步擴展成為「全盤反傳統主義」，並獲得許多新知識分子的支持。譬如，陳獨秀（1915）先在他主持的《新青年》上，對科學作這樣的界定：「科學者何？吾人對於事物之概念，綜合客觀之現象，訴諸主觀之理性而不矛盾之謂也。」然後主張用他心目中的「科學」來代替宗教，以「開拓吾人真實之信仰」：「余之信仰人類將來之信解行證，必以科學為正軌。一切宗教，皆在廢棄之列。」「蓋宇宙間之法則有二：一曰自然法，一曰人為法。自然法者，普遍的永久的必然的也，科學屬之。人為法者，部分的一時的當然的也，宗教道德法律皆屬之。」「人類將來之進化，應隨今日方始萌芽之科學，日漸發達，改正一切人為法則，使與自然法則有同等之效力，然後宇宙人生，真正契合。此非吾人最大最終之目的乎？」（陳獨秀，1917）。

這種觀點受到各界的抨擊，陳獨秀（1918）乾脆將中、西文化對立起來，徹底否定清末以來的「中體西用」論：「歐洲輸入之文化與吾華固有之文化，其根本性質極端相反。」「吾人倘以新輸入之歐化為是，則不得不以舊有之孔教為非：倘以舊有之禮教為非，則不得不以新輸入之歐化為是，新舊之間絕無調和兩存之餘地。」

▣ 全盤西化論

1919 年，五四運動發生之後，在社會各界群情激憤的情況下，他進一步發表了慷慨激昂的〈本誌罪案之答辯書〉：

　　追本溯源，本誌同人本來無罪，只因為擁護那德莫克拉西（democracy）和賽因斯（science）兩位先生，才犯了幾條滔天的大罪。要擁護那德先生，便不得不反對孔教、禮法、貞節、舊倫理、舊政治；要擁護那賽先生，便不得不反對舊藝術、舊宗教；要擁護德先生又要擁護賽先生，便不得不反對國粹和舊文學。（陳獨秀，1919）

　　我們現在認定：只有這兩位先生，可以救中國政治上、道德上、學術上、思想上一切的黑暗。……若因為擁護這兩位先生，一切政府的壓迫、社會的政策，就是斷頭流血，都不推辭。（陳獨秀，1919）

以「二元對立」方式思考中、西文化，很快成為五四時期「全盤西化論」的主流。甚至連剛在美國通過學士學位考試的青年胡適也認為：一言以蔽之，中國傳統文化就是這些「獨有的寶貝」：「八股、小腳、太監、姨太太、五世同居的大家庭、貞節牌坊、地獄活現的監獄，以及板子夾棍的法院。」在〈科學發展所需要的社會改革〉一文中，胡適更大言不慚地用同樣的思維方式，指責東方文明毫無「精神性」（spirituality）可言：

　　我認為我們東方這些古老文明中沒有多少精神成分。一個文明容忍像婦女纏足那樣慘無人道的習慣到一千年之久，而差不多沒有一聲抗議，還有什麼精神文明可說？一個文明容忍「種姓制度」（the caste system）到好幾千年之久，還有多大精神成分可說？一個文明把人生看作苦痛而不值得過的，把貧窮和行乞看作美德，把疾病看作天禍，又有些什麼精神價值可說？

◙ 東方主義

在胡適眼中，西方的科學成就則是「精神性」的代表。為什麼呢？胡適的論點是：

> 這樣充分運用人的聰明智慧，來尋求真理、來控制自然、來變化物質以供人用、來使人身體免除不必要辛勞痛苦、來把人的力量增加幾千倍幾十萬倍、來使人的精神從愚昧和迷信裡解放出來、來革新再造人類的種種制度，以謀最大多數的最大幸福，這樣的文明是高度理想主義的文明，是真正精神的文明。

陳獨秀和胡適的上述論點，代表了五四時期盛行於中國知識界的「科學主義」和「反傳統主義」。如果這樣的言論是出自西方學者之口，它們代表的是不折不扣的「西方中心主義」，或者是 Said（1978）所批判的「東方主義」（Orientalism）：面對「東方」之不可理解，西方的理解主義者索性把「東方當成是一種不變的本質。每一種東方的細節，都代表它的全部」，而不斷用「東方就是這樣」、「東方就是那樣」的簡單而整體性之描述，來論述這個不可知的他者，以「確保自身的意義有明析的界線」。

◙ 殖民論述

然而，陳獨秀和胡適都不是西方學者，他們充其量只不過是受過西方教育或對西方文化有片面了解的中國學者。由於中華文化不善於對自身的文化傳統作「客體化」的反思，也沒有建立起具有說服力的任何論述。當他們到西方留學，或自以為十分了解西方時，便很容易接受西方人的「殖民論述」（colonial discourse），而呈現出「自我殖民」（self-colonization）的現象。

在有關「儒教」是不是「宗教」的爭辯上，我們便看到了這樣的問題。文化大革命結束後，中共堅決走改革開放的道路。到了 2000 年之後，中國社

會中開始有愈來愈多的知識分子主張提倡儒家思想，但他們對於「儒教」的性質，卻發生了強烈的爭論。在《儒教作為一種世界宗教》一書中，Sun（2013）將參與爭論的學者對於此一問題的立場分為三派：（1）儒教不是宗教；（2）儒教是一種宗教，因此對社會有負面作用，因為宗教本身就是社會中的負面力量；（3）儒教是一種宗教，因為宗教對社會有正面或中性的影響，所以它對社會的影響也是正面或中性的。

　　然而，仔細檢視這三種不同的立場，我們卻不難發現：他們或多或少都是用西方的「殖民論述」在支撐自己的論點。如何擺脫西方的「殖民論述」，而走出自己獨立的道路？這是社會科學本土化運動必須克服的最大難題，也是本書所要解決的核心問題。

第六節　中國對韋伯學說的繼受

　　我之所以決定撰寫這本《盡己與天良：破解韋伯的迷陣》，有一個相當長的背景故事。在林端（2002）所寫的一篇論文〈儒家文化對韋伯學說的繼受〉中，他仔細地記載：1990 年 7 月 23 日至 27 日，在西德法蘭克福的 Bad Homburg 召開了一場「韋伯與中國的現代化」研討會。會中西柏林自由大學的施蘭君（B. Gramsom）所提出的論文〈中國對韋伯的繼受〉，將中文世界對韋伯學說的繼受分為三個階段：輸入、轉化與創造。她指出：從 1930 年代以來，海峽兩岸都是根據自身的現實需要，選擇性地翻譯韋伯的作品，其主要興趣是集中在《基督新教倫理與資本主義精神》與《中國的宗教：儒教與道教》兩部作品之上。

▣　「中國文化與現代化」研討會

　　1983 年是中文世界繼受韋伯學說的關鍵年。那一年，兩岸的社會科學界在香港中文大學召開了第一屆「中國文化與現代化」研討會。在兩岸分隔三十餘年後，首次召開的這場研討會上，金耀基（1985）提出的一篇論文〈儒

家倫理與經濟發展：韋伯學說的重探〉，引起了一系列的討論。那一年，大陸亦出現第一本介紹韋伯學說的作品。

施蘭君認為：兩岸不同的政經情況，影響了他們對韋伯學說的繼受。在中國大陸，社會學中斷的三十年期間，包括韋伯在內的許多西方社會學者都被當成是「資產階級的代言人」，而加以拒斥。改革開放後，中國大陸的學者才重新引介並討論韋伯的作品。他們對韋伯的討論方式和改革開放後的政策息息相關，例如韋伯認為：中國有哪些現代化的障礙？韋伯學說如何對中國政治經濟的現代化提供方針？

台灣是個開放型的社會，台灣的學術界和西方社會科學理論有較深的聯繫。在那個時代，有人以韋伯學說和其他社會科學理論互相比較；有人在「儒家倫理與資本主義發展」的議題上反對韋伯論旨；也有人主張反省由美國主導的社會科學，並要求社會科學的中國化。施蘭君的結論指出：1980 年代中文世界對韋伯的繼受，和他們對現代化理論的反省與批判息息相關，反映出他們努力在追求一個立基於自身文化認同的中國現代化。

▣ 林端的志業

施蘭君的這項結論基本上是正確的，但令人感嘆的是：林端在撰寫這一篇論文的時候，大概做夢都沒有想到，他竟然會在十一年後的 2013 年 1 月 21 日因心肌梗塞而猝逝！

我與林端結識三十餘年，由於我們兩人有共同的學術關懷，在彼此的學術生命裡有非常密切的交集。林端逝世後，我曾經寫了一篇文章〈盡其道而死〉來追悼他，分別刊登在台灣的《社會學報》和大陸的《儒家郵報》。現在將這段因緣再敘說一次，應當有助於讀者了解我決定寫這本書的來龍去脈。1976 年，我從夏威夷大學完成學位，返回台灣大學任教後，開始摸索自己未來的研究方向。1983 年，兩岸學術界在分隔半個世紀之後，第一次在香港舉辦「中國文化與現代化」研討會。在這個研討會上，當時任教於香港大學的金耀基（1985）發表了一篇論文，題為〈儒家倫理與經濟發展：韋伯學說重

探〉，我則首度提出〈人情與面子〉的理論模型。

那一年，美國波士頓大學教授 Peter L. Berger 在日本發表了一篇題為〈世俗化：西方與東方〉（Berger, 1983）的論文，提出了所謂的「兩型現代化論」，認為東方的現代化發展有迥異於西方的獨特模式，引起了台灣學術界的注意。1984 年，Berger 教授應邀來台訪問，《中國論壇》為他舉辦了一個「儒家倫理與經濟發展」座談會。剛從台灣大學社會系畢業不久的林端，那時在《中國論壇》擔任編輯助理的工作，我則是《中國論壇》的編輯委員。我們兩人都參加了那場研討會，那場研討會也影響了我們後來學術研究的方向。

「儒家倫理與經濟發展」的研討會紀錄發表後，台灣學術界立即針對這個議題展開熱烈的討論。討論的焦點不僅只是「儒家倫理」在東亞國家現代化發展中所扮演的角色，而且是如何正確解讀韋伯學說，形成所謂的「韋伯熱」。

▣ 儒家倫理與行動理論

論戰告一段落，葉啟政教授在《思與言》上，發表了一篇〈韋伯熱的回顧〉，指出所謂的「韋伯熱」可能只有「媒體效果」。我也認為：這種爭論方式不可能獲致任何有意義的結論。對於中國人而言，儒家思想像空氣一樣，它無所不在，但卻沒有人說得清楚它到底是什麼？當時參加討論的正、反雙方都在討論儒家倫理，什麼「政治化儒家」、「世俗化儒家」（vulgar Confucianism）等等，如此重要的概念，卻無法用嚴謹的社會科學方法定義清楚，再怎麼爭議，都是毫無意義的「口水戰」。

1986 年，我在國家科學委員會的資助下，到密西根大學利用一年的時間，集中全力撰寫《儒家思想與東亞現代化》一書。在為撰寫這本書而閱讀相關文獻的時候，牟宗三和韋伯兩個人的著作是讓我感到最困惑的。牟宗三的著作博大精深，他對宋明理學的析論卻讓我覺得玄奧難解；我思慮再三後認為：我的專業是社會科學，不是傳統哲學；對中國人日常生活影響最大的

是孔、孟的《四書》，而不是宋明理學。因此，我決定繞過牟宗三，暫時不談宋明理學，而先以先秦儒家思想作為分析對象。

韋伯的著作雖然有許多讓我感到困惑難解之處，我寫這本書的動機就是因他而起，但是我的學術功力又不足以對他進行挑戰，所以決定採用「隔離」的辦法，在該書第二章介紹「韋伯學說與儒家倫理」。這本書在 1988 年出版後，雖然沒有引起學術界的太多重視，它卻是我日後推動「心理學本土化運動」的源頭活水，我以此作為基礎，發表了一系列的論文。

在那段期間，林端先到德國哥廷根大學完成碩士學位，接著又到德國海德堡大學，師從韋伯的嫡傳弟子 Wolfgang Schluchter 教授，攻讀法律社會學和宗教社會學。Schluchter 幾乎是西方學術界中唯一尚肯為儒家文化奮戰並承認韋伯有西方中心主義思想的學者。林端的博士論文題目是〈古代中國儒家倫理與支配的正當化〉（林端，1997），為了撰寫這篇博士論文，他曾經花幾個月的時間，研讀我的出版作品，撰寫成〈儒家倫理與行動理論：與黃光國教授對話〉的一篇論文，並刊登在 1992 年 4 月出版的《當代》之上。他把這篇長達二十頁論文寄給我，由於這是台灣學術界對我的研究工作所作的第一篇回顧性論文，所以我一直珍藏至今。

▣ 超越的本體

1990 年代中期，「心理學本土化運動」的研究路線之爭進入白熱化階段。當時任教於香港理工大學社會科學系的阮新邦教授辦了一份《社會理論學報》，邀請兩岸學者到香港舉行座談，討論社會科學本土化的方法論問題，並在該刊上發表論文。那時候，林端再度回顧我在這個階段所作的研究，又寫了一篇二十餘頁的論文：〈「多元典範」的研究取向與社會心理學的本土化：知識社會學與社會科學的觀點〉，並刊登在 2000 年出版的該刊之上，我因此寫了一篇〈「多元典範」的三層意義〉，作為回應。

台灣社會科學界願意投入本土化運動的人，原本不多；對社會科學本土化方法論有興趣的人，更是少之又少。我和林端一起住在溫州街的台灣大學

宿舍裡，我們兩人都有晨泳的習慣，所以經常見面，討論相關學術問題。

　　2008 年，我所主持的「華人本土心理學研究追求卓越計畫」結束，我又和他一起參與楊國樞教授主持的「華人社會中的人觀和我觀」研究計畫。在這段期間，我們經常討論：美國學者郝大維（David Hall）和安樂哲（Roger Ames）出版專書，對新儒家濫用西方哲學中「超越」（Transcendence）概念的批判。多年來，我一直主張以西方的科學哲學作為基礎，推動非西方國家的社會科學本土化運動，因此深刻感受：對西方文化中，「超越」觀念缺乏相應的理解，是華人科學研究難以落實的根本原因，所以決心寫一本《超越的本體：牟宗三的科學觀》，批判牟宗三、殷海光和胡適三人的科學觀。

☐ 韋伯的迷陣

　　我一向認為：要落實華人心理學本土化運動，必須先建構「自我」及「關係」的普世性理論。「卓越計畫」結束之後，我整合相關研究結果，出版了《儒家關係主義：哲學反思、理論建構和實徵研究》一書，並將該書譯成英文後，準備撰寫一本專書，討論《儒家文化中的自我修養》。

　　2011 年 8 月，林端和香港浸會大學的 Barbalet 教授一起來找我，表示：2015 年是韋伯名著《中國的宗教：儒教與道教》出版一百週年，他們準備於2013 年在台北召開一個「韋伯與中國文化」研討會，希望我能參加。當年我在撰寫《儒家思想與東亞現代化》一書時，便發現韋伯這本名著有許多謬誤之處。這本書出版了一百年，西方漢學界甚至形成所謂的「韋伯學派」，至今沒有中國學者出面反駁，簡直是中國學術界之恥，所以毫不遲疑地答應寫一篇論文，在研討會上宣讀。

　　在撰寫論文期間，我重新閱讀韋伯著作，才警覺到韋伯這本著作的巨大影響。他 1905 年出版的《中國的宗教：儒教與道教》一書，是西方世界第一本從社會科學觀點討論中國社會及宗教的專業書籍。這本書出版後，變成西方社會學的「經典」之一，西方社會科學界甚至因此而形成所謂的「韋伯學派」。他們出版的大量著作，滲入到社會科學的各個領域，而被中國留學生

所接受。他們再將這些觀念帶回國內，藉由他們發表的論文，廣泛傳播，而成為社會科學界中的「定論」。

　　結果，中國社會科學界便普遍存在著一種十分怪異的現象：如眾所知，語言是文化的承載體，中國兒童在學習語言的過程中，他們的文化傳統也不知不覺地進入他們的潛意識裡。可是，中國的社會科學家在意識裡裝載的卻是西方的社會科學理論，或是西方學者對於中國文化的解釋。因此，西方學術界的「東方主義」（Orientalism）竟然變成了一種「規範性的歐洲中心主義」（normative Eurocentrism）；中國學者也普遍認為：中國社會之所以不像西方，是因為中國還沒有完全現代化，一旦中國「全盤西化」，就可以變得跟西方國家一樣！

　　三十年前，我因為自己的學術根底尚淺，憚於韋伯盛名，不敢對他多作批判。如今我對中國及西方文化已有定見，所以動心起念，決定將《儒家文化中的自我修養》一書，改寫成這本《盡己與天良：破解韋伯的迷陣》。由於全書長達十六章，在研討會上發表的論文，只能針對韋伯所用的「理念型」研究方法，談〈破解韋伯迷陣的方案〉。

▣ 適應現世又遠離現世

　　在研討會即將開幕的前四天，突然傳來林端猝逝的噩耗，讓我大為震驚。事後知道：1 月 17 日，林端的業師 Schluchter 和夫人一起抵達台灣。Schluchter 是當代韋伯學權威，他和韋伯一樣，批評中國的宗教欠缺超越性的信仰。為了向他說明：儒家文化中民間信仰「適應現世，卻又遠離現世」的特色，林端特別安排了一系列行程，包括帶他去考選部參觀闈場，討論韋伯對於中國讀書人的觀點，以及何謂士的價值觀；參訪法鼓山農禪寺的水月道場，希望他了解佛教的現代化、人間即淨土的特色；參觀新店的一貫道道場，希望能展示儒教在民間扎根的特色；此外，還帶他去參觀宜蘭傳藝中心的祠堂、文昌帝君，以及祈神、謝神的舞台布建，藉以展示台灣的祖先信仰和祠堂的特點。

　　1 月 21 日，Schluchter 準備到佛光大學演講，林端希望藉此和他討論台灣佛教社會事業的發展。前一天晚上，Schluchter 夫婦和林端夫婦一起住在佛光大學招待所。林端因為籌辦研討會，連續幾天沒有睡好，2 月 1 日起，又將出國到華盛頓大學研究半年，因而在凌晨起床工作。不料清晨兩點多鐘，卻發生心肌梗塞而劇咳不已。林夫人趕忙叫人前來急救，等到救護車從山下趕到，已經藥石罔效了。

　　1 月 25 日早上，「韋伯與中國文化」研討會在傷感的氣氛中開幕；兩天的議程則是在熱烈的討論中，圓滿結束。由於林端和 Barbalet 兩位教授的精心規劃，這次研討會的論文發表人包括：韋伯的嫡傳弟子 Schluchter、紐約市立大學宗教社會學名教授 Bryan S. Turner、《韋伯學研究》（*Max Weber Studies*）的主編 Sam Whimster、曾經和高承恕教授合作在台灣研究中小企業的 Gary Hamilton、香港中文大學歷史系講座教授 David Faure（科大衛）、香港浸會大學研究教會史的 George Mark Kamwah、台灣的張維安、孫中興、顧忠華的學生鄭祖邦、林端的學生蔡博方、佛教研究者林錚和釋自拙等人。目前世界上研究此一議題的主要人物，幾乎全部到齊。

▣ 「漢族中心主義」？

　　林端的論文〈韋伯論中國傳統法律〉由他的長子林之謙和他的學生蔡博方代為宣讀。林之謙就讀於台灣大學土木研究所，主修電腦輔助工程，當時在美國當交換生，為期一年。聽到父親逝世的噩耗，兼程回國。返抵台灣當天早上，趕到會場，有板有眼地以英文替父親宣讀論文，在場聽眾無不動容。林端的夫人呂愛華女士，也發表了一篇論文，討論〈韋伯對道教善惡觀的看法〉。

　　我的論文直截了當地批評韋伯在研究方法上犯了兩個嚴重的錯誤：第一是「歐洲中心主義的謬誤」，以分析基督新教倫理之文化系統的概念架構，來論斷儒家倫理；第二是犯了「熔接的謬誤」，將不同朝代的歷史事實混為一談，以為可以得到儒家倫理的「理念型」（ideal type）。我認為：脫離韋伯迷陣的唯一方法，就是建構「關係」及「自我」的普世性理論，用以解釋

儒家文化傳統，成為「含攝文化的理論」，說明儒家的「文化型態」，來跟西方理論相抗衡。

　　Schluchter 問我：這是不是一種「漢族中心主義」（Sinocentrism）的作法？我的回答是：「應當盡量避免，但在所難免。」這是中國學者的義務，我們不能期待西方學者幫我們建構理論，來了解自己的文化。

▣ 「當仁不讓」與「義不容辭」

　　Schluchter 的論文討論《中國的宗教：儒教與道教》一書在韋伯整體研究工作上的位置；Turner 的論文則從宏觀的角度，回顧宗教社會學史上西方學者對於中國的反思。論文宣讀後的討論時間，大家針對「儒教到底是不是宗教」的根本問題，展開了熱烈的討論。會後，Turner 教授告訴我：目前他正在編撰一本《亞洲宗教大全》（*Handbook of Asian Religions*），林端答應幫他寫一章。現在林端過世了，我是不是能夠接手，代替林端完成此一任務？

　　我在撰寫《盡己與天良：破解韋伯的迷陣》一書時，對澄清「儒教是不是宗教」的議題，自覺當仁不讓。林端驟然去世，幫他完成未竟心願，也是義不容辭。我考量自己的能力，決定臨危授命，接下這項任務。

　　波昂大學教授 Whimster 的論文主題是：以儒家價值觀作為基礎的考試制度，究竟是為了選拔人才，還是為了維繫世襲君主制？針對這項議題，我提出了兩點看法：第一，漢代之後以強調「三綱」為主的儒家，和先秦儒家並不相同。所謂儒家價值觀到底是指哪一種？第二，從隋朝開始，中國便有考試制度；即使到了現代，不論是台灣或是中國大陸，都還是用考試制度選拔公務人員，而不同時代的考試內容也有很大變化。將這些問題混為一談，豈不是犯了「熔接的謬誤」？

▣ 苦難中的自我超越

　　會議結束後，呂愛華女士寫了一篇題為《從苦難中自我超越》的文章，紀錄林端生前和她一起陪伴 Schluchter 夫婦在台灣各地參觀遊覽時，她個人

的心路歷程。她說：

　　Schluchter教授這一次來台灣，林端作陪的這一段包括：他在台大作的一場演講、參觀台灣佛教北投的水月道場、一貫道與宜蘭的傳藝文化中心。這些參觀與演講，對於一般人而言也許不算什麼，但對於研究韋伯的宗教社會學與法律社會學學者而言，這些參觀是在見證不同於西方文化對規範系統的見解。以我立基於一個作陪的旁觀者而言，參觀中的對話，充滿了中西文化的激盪與跟韋伯對話的不同立場。在這裡面呈現的最重要議題是：韋伯帶有偏見的中國學，到了二十一世紀的今天，他的詮釋是否有效？

　　韋伯對中華傳統文化的理解、對中國宗教的看法，「非理性─巫術的、具功利性、操弄性與個人性的儀式倫理、巫術倫理」的宗教對比西方「理性─除魅化的、追求救贖、心志倫理」的清教徒宗教。這樣的對比，韋伯呈現的中國宗教是「徹底的儀式主義」，無法對世俗社會的生活方式起帶領作用，也不可能對世俗的生活方式產生任何「有系統的倫理理性化」的影響。

　　這樣的看法也影響了 Schluchter 對佛教的看法。我們在參觀水月道場時，奉茶的居士們魚貫進入，步步敬謹而又恭順有禮，只見Schluchter竟然轉過頭特別地去注意這一幕，好像是他從經驗事實中驗證了韋伯所提到的何謂「徹底的儀式主義」，至於儀式本身所追求的精神救贖，韋伯忽略的，Schluchter教授也一樣的忽略了。然而他卻清楚看到台灣佛教團體參與社會的慈善行動以及佛教團體的高教育取向，他把這一點當成是西方理性化傳入中國所導致的成果。在他看來，中國傳統的規範系統、宗教、社會與文化彼此之間具有「選擇性親近」的相關性，一個韋伯專家的理解，佛教團體即使發展出具現代理性化的因子，那是西方帶來的影響，中華文化本身不可能自主地發展出西方式的、具現代意義的「理性化」。

⊡ 「西方中心主義」的陷阱

　　「理論」是科學家觀看世界的眼鏡。Schluchter是世界著名的「韋伯學」專家，但他不懂中文，對中國社會的知識，主要是以韋伯的理論作為基礎。韋伯既然已經忽略掉儒家禮儀「本身所追求的精神救贖」，Schluchter又如何能夠從佛教團體的外顯行動，看出他們「所追求的救贖行動」？

　　Schluchter把「佛教團體參與社會的慈善行動」及其「高教育取向」看成是「西方理性化傳入中國所導致的成果」，是「西方帶來的影響」，這樣的推論不見得完全錯誤，但它也是從韋伯學說所導致的。如果我們沒有從社會科學的角度，對儒家思想建構「替代性的理論」與之抗衡，我們又如何能夠說明其中之謬誤何在？

　　　Schluchter 教授對一貫道的看法，就完全把它類比成西方的教派，他用了一個德文字眼 Sekte 來形容一貫道，這個字眼在德文裡指的是從主要宗教裡面，分裂出來的小教派。那一天，一貫道為了找英文人才，找出很多他們移民出去的信徒出來作招待，而那些人正好都是商人，自然特別提到他們商業共同體的這一面，反而無法顯現一貫道本身所具有的宗教性與救贖性。事實上，西方意義的救贖從來也不曾在中華文化的土地上出現過，如果一直使用西方意義的救贖標準，衡量非西方國家是否符合「有系統的倫理理性化」，正如林端所說：文化上的隔閡，即使面對著相同的經驗證據，也不可能得出同樣的結論。

　　Schluchter 把一貫道類比成「西方的教派」，用西方意義的「救贖標準」，衡量非西方國家是否符合「有系統的倫理理性化」，這固然是一種「西方中心主義」的作法。然而，假如中國學者沒有能力建構替代性的理論，而與韋伯學說相抗衡；假如中國學術社群中的頭腦，都是由西方理論所盤據，中國學者自己能夠跳脫出「西方中心主義」的陷阱嗎？

⊡ 「學術自我殖民」

林端說得很正確：「文化上的隔閡，即使面對著相同的經驗證據，也不可能得出同樣的結論。」然而，我們該如何打破這種「文化上的隔閡」呢？一貫道為了找出懂英文的人接待 Schluchter，特別「找出很多他們移民出去的信徒出來作招待，那些人正好都是商人，自然得到他們商業共同體的一面」。我要問的問題是：當時林端也找了不少學術界的人，一起接待 Schluchter 夫婦。他們是否能夠「顯現一貫道本身所具有的宗教性和救贖性」呢？

尤其是參觀宜蘭的傳藝文化中心時，那是一個縮小版的傳統村廟之複製版，有謝神的戲臺、宗祠、學堂、街市等等。當我們強調戲臺是用來酬神用的，不是用來愉人；學堂是供給自己同族子弟讀書的地方；宗祠是族內長老、有聲望的族長議事所，這一切好像重新證明韋伯的論證：「區分自己人（我群）與他群，……在社會生活的各領域內，以家父長制的氏族親屬為準的關係制約了人們的生活方式，處處考慮具體對象個人的身分與關係（in Ansehung der Person），是一種『個人關係化』（Verpersonlichung）的現象」。

至於我們解釋天地君親師的本身所具有之超越性意義，以及裡面所包含的儒家倫理中自我救贖之追求，由於文化的隔閡，在這裡完全隱而不顧，反倒是一日為師、終身為父的意涵，Schluchter 教授倒是有一些體會，但是他仍然從形式性的那一面去理解它。林端在每一次寫給他的信裡，一直都用「您的學生」（Ihren Schule）來署名。因為西方人無論是對尊親屬、尊親長都直呼其名，使得此一署名令 Schluchter 教授印象深刻，並與這一次絞盡腦汁努力接待師長的關聯性起了意義上的聯想。臨上飛機前，Schluchter 教授堅持拜訪林端的靈位，並說明他非常想要知道，未來在中華文化圈內會如何詮釋這一次事件。

　　為了接待 Schluchter 夫婦，林端可以說是費盡心力、鞠躬盡瘁。林端逝世，可以說是「盡其道而死」。Schluchter 上飛機前，堅持拜訪林端的靈位，可是，他在這樣作的時候，是否能夠理解「天地君親師」本身所具有的超越性意義呢？他能了解「儒家倫理中自我救贖的追求」嗎？

　　Schluchter 說他非常想要知道：未來在中華文化圈內會如何解釋此一事件？對於這個問題，我要說的是：如果中國學者沒有人能建構出替代性的理論，來挑戰韋伯關於《中國的宗教：儒教和道教》一書的學說，絕大多數「中華文化圈」內的學者，仍然會陷溺在「學術自我殖民」的狀態中，而難以自拔。因此，我們必須建構替代性的理論，來挑戰韋伯學說，以破解「韋伯」的迷陣，這也是本書所要達成的首要目標。

✕✕✕✕✕✕✕✕✕  參考文獻 ✕✕✕✕✕✕✕✕✕

王治心（1960）：《中國宗教思想史大綱》。台北：中華書局。

林端（1997）：《古代中國儒家倫理與支配的正當化：韋伯比較社會學的批判》
（Konfuzianische Ethik und Legitimation der Herrschaft im alten China: Eine Aus-
einandersetzung mit der vergleichenden Soziologie Max Webers）。Berlin: Dunc-
ker & Humblot。

林端（2002）：《韋伯論中國傳統法律：韋伯比較社會學的批判》。台北：巨流
圖書公司。

金耀基（1985）：〈儒家倫理與經濟發展：韋伯學說的重探〉。見金耀基著，《金
耀基社會文選》。台北：幼獅文化事業公司。

陳獨秀（1915）：〈敬告青年〉。《新青年》，1（1）。上海：群益書社。

陳獨秀（1917）：〈再論孔教問題〉。《新青年》，1（1）。上海：群益書社。

陳獨秀（1918）：〈答配劍青年〉。《新青年》，3（1）。上海：群益書社。

陳獨秀（1919）：〈本誌罪案之答辯書〉。《新青年》，6（1）。上海：群益書
社。

Archer, M. S. (1996). *Culture and agency: The place of culture in social theory* (Rev. ed.).
Cambridge, MA: Cambridge University Press.

Archer, M. S., & Elder-Vass, D. (2012). Cultural system or norm circles? An exchange.
European Journal of Social Theory, 15, 93-115.

Berger, P. L. (1983). Secularization: West and east. 在日本國學院創立百週年研討會上
宣讀之論文。

Cohen, P. A. (1984). *Discovering history in China: American historical writing on the re-
cent Chinese past*. New York, NY: Columbia University Press. 李榮泰（譯）
（1991）：《美國的中國近代史研究：回顧與前瞻》。台北：聯經出版公司。

Fairbank, J. K., Reishaner, E. O., & Craig, A. M. (1965). *East Asia: The modern trans-
formation*. Boston, MA: Houghton Mifflin.

Legge, J. (1880). *The religions of China: Confucianism and Tâoism described and compared with christianity.* London, UK: Hodder and Stoughton.

Levenson, J. R. (1958). The problem of intellectual continuity. In J. R. Leveson (Ed.), *Confucian China and its modern fate* (vol. 1). Berkeley, CA: University of California Press.

Levenson, J. R. (1964). The problem of monarchical decay. In J. R. Leveson (Ed.), *Confucian China and its modern fate* (vol. 2). Berkeley, CA: University of California Press.

Levenson, J. R. (1965). The problem of historical significance. In J. R. Leveson (Ed.), *Confucian China and its modern fate* (vol. 3). Berkeley, CA: University of California Press.

MacRae, D. G. (1974). *Weber.* London, UK: Fontana.

Metzger, T. A. (1975). *Escape from predicament.* New York, NY: Columbia University Press.

Molloy, S. (1980). Max Weber and the religions of China: Any way out of the maze? *British Journal of Sociology, 31*(3), 377-400.

Müller, M. (1873). *Introduction to the science of religion.* London, UK: Longmans, Green & Co. 陳觀勝、李培茱（譯）（1989）：《宗教學導論》。上海：人民出版社。

Müller, M. (1876). *The Sacred Books of the East* (SBE) series. UK: Oxford University Press.

Peck, J. (1969). The roots of Rhetoric: The professional ideology of America's China watchers. *Bulletin of Concerned Asian Scholars, 2*(1), 59-69.

Pye, L. W. (1968). *The spirit of Chinese politics: A psychocultural study of the authority crisis in political development.* Cambridge, MA: The MIT Press.

Said, E. W. (1978). *Orientalism.* New York, NY: Vintage Books. 王淑燕等人（譯）（1999）：《東方主義》。台北：立緒文化事業有限公司。

Schluchter, W. (2013). *On the place of the religion of China in Max Weber's work.* Paper presented at Max Weber and Chinese Culture: The Religion of China Centennial International Conference, Jan 25-26, 2013, Institute for Advanced Studies in Humanities and Social Sciences, National Taiwan University, Taipei, Taiwan.

Solomon, R. H. (1971). *Mao's revolution and the Chinese political culture*. Berkeley, CA: University of California Press.

Sun, A. (2013). *Confucianism as a world religion: Contested histories and contemporary realities*. NJ: Princeton University Press.

Teng, S. T., & Fairbank, J. K. (1954). *China's response to the west: A documentary survey, 1839-1923* (p. 1). Cambridge, MA: Harvard University Press.

Tiele, C. P. (1877). *Outlines of the history of religion to the spread of the universal religions* (J. E. Carpenter, Trans.). London, UK: Kegan Paul, Trench, Trübner.

Weber, M. (1964). *The religion of China: Confucianism and Taoism* (H. H. Gerth, Trans.). New York, NY: The Free Press. 簡惠美（譯）（1989）：《中國的宗教：儒教與道教》（頁293-317）。台北：遠流出版公司。

Weber, M. (1930). *The protestant ethic and the spirit of capitalism* (T. Parsons, Trans.). London, UK: Routledge. 康樂、簡惠美（譯）（2007）：《基督新教倫理與資本主義精神》。台北：遠流出版公司。

Wright, A. F. (1962). Values, roles and personalities. In A. F. Wright, & D. Twitchett (Eds.), *Confucian personalities* (pp. 3-23). Stanford, CA: Stanford University Press.

Wright, M. C. (1965). *The last stand of Chinese conservatism: The T'ungchih restoration, 1862-1874* (Rev. ed.) (pp. viii-ix). New York, NY: Atheneum.

第二章　多重哲學典範：由「集體主義」到「關係主義」

在「韋伯與中國文化」研討會上，我宣讀的論文指出：社會學大師韋伯在其名著《中國的宗教：儒教與道教》一書中布下了一座學術迷陣，在西方學術界中吸引了許多追隨者，並形成所謂的「韋伯學派」，認為中國要想現代化，必須要放棄儒家文化傳統，全面學習西方文化。到了 1970 年代之後，這種趨勢才開始發生轉變。有些西方漢學家對於儒家思想（尤其是宋明理學）作出不同的評價，但這並不足以讓我們走出韋伯布下的這座迷陣。今天我們要想破解韋伯的迷陣，不能僅止於零零星星的指出其論述的錯誤之處，而必須針對他的研究方法先作徹底的批判。

第一節　「歐洲中心主義」的謬誤

從科學哲學的角度來看，韋伯的名著《中國的宗教：儒教與道教》一書在研究方法上犯了兩個嚴重的錯誤：第一種錯誤是「歐洲中心主義」的謬誤，這種謬誤不僅只韋伯或西方社會科學家常犯，甚至連非西方國家的社會科學家，也可能因為盲目接受西方科學「二元對立」的思維方式，而犯上同樣的謬誤。第二個錯誤是他打破了時間的限制，任意擷取中國歷史上不同時間點出現的材料，來描述儒家和道家的「理念型」（ideal type）。這種作法是把「文化系統」（culture system）和「社會及文化的交互作用」（socio-cultural interaction）混為一談，而犯了所謂「熔接的謬誤」（fallacy of conflation）（Archer, 2005）。

這兩種謬誤都是非西方國家推動社會科學本土化時經常遭遇到的難題，

可以用「批判實在論」（Critical Realism）的科學哲學或我所主張的「多重哲學典範」（multiple philosophical paradigms）來加以解決。在本章中，我要先討論韋伯研究《中國的宗教：儒教與道教》一書時所犯的第一種謬誤，再從「批判實在論」的觀點，逐一討論如何解決這兩種謬誤所造成的難題。

⊡ 文化內的對比

在〈韋伯論「儒家倫理：韋伯比較社會學的批判」〉一文中，林端（2002）指出：韋伯從事比較社會學研究的目的，是要彰顯西方現代社會文化的獨特性。在他看來，作為一種宗教的心志倫理，西方基督新教有其歷史上的獨特性。為了彰顯這種獨特性，他首先使用「恩寵特殊主義vs.恩寵普遍主義」這一組對比的概念，比較基督新教倫理與天主教倫理之間的不同；再用類似二元對立的方式，比較基督新教倫理與儒家倫理。

韋伯認為：屬於喀爾文教派（Calvinism）的清教徒（Puritanism）極力強調「上帝預選說」（doctrine of Predestination），他們認為：人類的宗教秉賦是先天不平等的，只有得到上帝「恩寵」的少數選民，死後得以上天堂。在人與「超越的上帝」之間存有一道無法逾越的鴻溝，沒人知道自己是不是上帝的選民，任何中介，包括教會、禮拜儀式或神職人員，都無法幫助他獲得上帝的眷顧。為了追求永遠的救贖，他必須保持前後一致的人格，實踐禁慾主義，以自律的生活方式，堅守倫理原則，並增加上帝的榮耀。宗教動機的心志倫理變成整個人生的核心，進而擴大成為社會倫理與經濟倫理，而有利於現代工業資本主義的發展。

相對之下，中世紀的天主教徒可以透過教會、神父與聖禮來接近上帝，教會壟斷性地照顧信徒，他們只要定期上教堂，依照繁複的宗教儀式行聖禮，就可以得救，並不需要發展出一種講求原則、內在自律、人格統一化的心志倫理。這樣的宗教心態適合於人際關係扮演重要角色的傳統經濟型態，但卻無法促成現代工業資本主義的發展。

◙ 歐洲中心主義的對比

　　為了彰顯基督新教倫理的獨特性，在作過文化內的比較之後，韋伯又進一步以之與非西方文化的宗教倫理互相對比，以證成他的主要論旨；其中，儒家倫理是他最重要的對比對象。然而，以清教徒倫理跟儒家倫理作文化間的比較，卻比文化內的比較複雜得多。韋伯發現：他無法用單一的比較點來概括這兩種宗教倫理的差異，而必須設定許多比較點，來突顯兩者之間的不同。韋伯本人以及他的學生 Schluchter 曾經將清教徒倫理與儒家倫理的比較，列如表 2-1 所示（引自林端，2002，頁 186-187）。

　　從韋伯的研究旨趣以及表 2-1 的對比，我們可以看出：韋伯真正的關懷所在是基督新教倫理。他以對基督新教倫理的分析作為參考架構，來考察儒家倫理的作法，其實已經犯了「歐洲中心主義」（Eurocentrism）或「西方中心主義」的謬誤。林端（2002，頁 168）指出：由於韋伯的文化分析，經常混淆「文化內」與「文化間」的分析，其分析結果無可避免地會造成一種「規範性的歐洲中心主義」（normative Eurocentrism），背離它原本具有的「啟發性的歐洲中心主義」（heuristic Eurocentrism）（Schluchter, 1986），結果非西方社會的發展，往往被等同於西方社會發展階段的前期，予人以一種落後於西方當代社會發展的錯誤印象。

表 2-1　韋伯對清教徒倫理與儒家倫理所作的對比

宗教倫理 對比點	清教徒理論 （喀爾文教派的倫理）	儒家（儒教）倫理
救贖的基礎	神中心的	宇宙中心的
救贖的方法	禁慾的	神秘的
救贖的手段	精神的	巫術的
理性主義的類型	宰制現世的理性主義 （由內向外）	適應現世的理性主義 （由外向內）
理想的人	職業人 （人作為一個工具、專家）	文化人 （君子不器）
非理性的根源	超越現世的上帝裁判	巫術
理性化的階段	最後的階段 （世界的除魅化）	巫術性宗教的階段
神人關係	鴻溝與緊張	沒有緊張
道德的立場	克服對內道德與對外道德的二元主義	對內道德與對外道德的二元主義
與其他人的關係	物化與非個人關係化 （不考慮個人）	個人關係化 （考慮個人）
與傳統的關係	理性主義對抗傳統主義	立基在鬼神崇拜上的傳統主義
社會倫理的基礎	非個人關係主義 （把鄰人當成陌生人看待）	有機的個人關係主義〔恭順（孝道）的義務以及五倫〕
生活方式	市民階層的生活方式	非系統化個別義務的結合
人格	統一人格的整體特質	沒有統一的人格 （生活是一連串的事件）
社會行動	物化與非個人關係化	個人關係化
政治與經濟組織的特色	抽象的超個人之目的團體 （公社與企業）	政經團體都在宗教團體的束縛之下
商業規範的特色	理性法律與理性的協議	傳統至上、地方習慣以及官吏個人的具體恩德

第二節　破解韋伯迷陣的方法論侷限　

　　我同意林端對這個問題所作的分析。這種「規範性的歐洲中心主義」將使中國或其他非西方國家除了「全盤西化」之外，別無他路可走，這是韋伯迷陣最嚴重的後果。然則，我們該如何破解韋伯精心構造的這座迷陣？

　　林端曾經在德國海德堡大學攻讀博士學位，他的博士論文題目是：〈古代中國儒家倫理與支配的正當化：韋伯比較社會學的批判〉（林端，1997），指導教授 Schluchter 是韋伯的弟子。他們兩人認為：要破解韋伯之中國研究中的「歐洲中心主義」，可以採取兩種研究方法：「歷史事實的考察」和「概念的檢證」。但對於這兩項建議，我卻有不同的看法。

　　在「歷史事實的考察」方面，他們的一項建議是：

> 　　嘗試藉著當代社會學角色理論的協助，建構一個儒家（具道德色彩）的「角色理論」。對先秦儒家而言，其最主要的德性「仁」與「恕」，必須先在「五倫」中不同的對偶性關係（角色組合）中體現，然後推及所有的人際關係，放諸四海而皆準。

▣ 「強加式客位」研究取向

　　我不反對這項建議。我同意：我們必須把基督新教倫理跟儒家倫理放置在同樣的社會科學理論架構中來加以比較，才能夠描繪出一張破解韋伯迷陣的地圖。然而，在當代社會學中，我們是否能夠找到適切的「角色理論」，來幫助我們建構一個儒家的「角色理論」，我卻深表懷疑。在我看來，包括心理學在內的大多數西方社會科學理論，都是建立在個人主義的預設之上。Henrich、Heine 與 Norenzayan（2010a, 2010b）曾經回顧 2003 至 2007 年在心理學期刊上所發表的論文，結果發現有 96% 的樣本是取自於西方、受過教

育、工業化、富有及民主的社會（Western, Educated, Industrialized, Rich, and Democratic, WEIRD），他們僅占世界人口的 12%。他們在回顧許多行為科學的跨文化比較研究之後，發現這些怪異的（WEIRD）受試者和其他族群在許多方面都不相同，包括：視知覺、公平性、合作、空間推理、道德推理、思考風格、自我概念與相關動機，以及智力的遺傳等。他們的結論是：這些特殊的心理現象是以單一特殊次族群的樣本作為基礎，而沒有明顯的先驗基礎可以宣稱它們具有普世性。

為了將心理學中的人類行為理論安置在更堅實的實徵研究基礎之上，他們建議提供研究經費的機構應當先資助跨領域及跨文化的研究；研究者必須致力於評估：他們的研究發現是否適用其他的族群；學術期刊的編輯對於比較特殊及少數群體的研究也應當給予特殊考量，以鼓勵他們用證據來支持其理論的推廣工作。

本土心理學者 John Berry（1989）曾經指出：心理學者研究文化主要有「強加式客位—主位—衍生式客位」（imposed etics-emics-derived etics）等三種不同的研究取向。用他的三分架構來看，他們的這種建議等於是主張採取「強加式客位」的研究取向，將建立在「個人主義」預設之上的西方心理學理論，強加到非西方文化之上，這是本土心理學者強烈反對的。

從這個角度來看林端和 Schluchter 的上述建議，我要問的問題是：以個人主義文化中的「怪異」樣本作為基礎所建構出來的「怪異」理論，能幫助我們建立「適切的」「儒家角色理論」嗎？在真正看到這樣的「理論」之前，我對於這種主張的看法是有所保留的。

◉ 簡便式的主位研究取向

本土心理學者大多偏好「主位研究取向」（emic approach），認為本土心理學者應當用心理學的方法，來研究本土文化體系及其獨有的心理現象。Berry（2000, p. 199）認為：他們之所以會偏好這種研究取向，主要是受到詮釋人類學者 Clifford Geertz 的影響：

　　1970 年代，一種強調象徵觀點（symbolic view）的風潮開始啟動，他們在個人之間和人際之間共同的意義和實踐裡找尋文化……。（人類學中）這種新生的觀點把文化看做是「一種潛藏在符號中而可藉由歷史傳承的意義模式」（Geertz, 1973, p. 89），或是「一種概念和結構或理念的系統」（Geertz, 1984, p. 8）；它促使心理學產生一種強調互為主體、認知及詮釋的文化觀，而廣為「文化心理學」所採用。（Cole, 1996; Shweder, 1990）

　　這裡我要強調的是：人類學家用「深描」（thick description）方法所描述的「文化系統」，並不是心理學家所要的「含攝文化的理論」。科學心理學有史以來就是以實驗的經驗性探討作為典範的一種社會實踐。心理學史專家 Danziger（1990）指出：心理學的研究對象不應當僅只是「論述的對象」（discursive objects），而應當是「知識的對象」（epistemic objects），其內容包括論述以及非論述的科學實踐。換言之，人類學和文化心理學可以用論述的方式，描述文化系統，但本土心理學者卻不能以此作為滿足，他們需要「含攝文化的心理學理論」，以幫助他們用科學方法從事實徵研究。

　　由於目前符合這種條件的理論為數極少。採取「主位研究取向」的本土心理學者，為了要在國內或國際刊物上出版他們的研究成果，大多是採取一種「簡便的」策略，用化約主義的方法，針對具有文化特色的幾個概念，編製量表，探討它們彼此之間的關係。這種實徵研究的資料累積太多，反倒變成了它的缺點，而經常遭到主流心理學者的抨擊。譬如，伊利諾大學教授Triandis（2000, p. 191）認為：

　　主流心理學者很難信服：他們必須注意這種研究取向的發現。他們說：我感興趣的是普世性的心理現象，而不是人類學。不僅如此，這種研究取向可能產生太多的發現。主流心理學者很難信服：他們必須要注意這麼多的發現。尤有進者，這麼多的發現也產生了

一個問題：哪些發現是「真正」重要的？我們需要有一些判準來排定這些發現的重要性，例如：這些發現是否能預測行為？

◉ 「共有式客位」的研究取向

跨文化心理學者最為偏好的是「共有式客位」（derived etic）的研究取向。他們將自己感興趣的某種特徵想像成一種心理叢結（psychological syndrome），用「行為取樣」（behavioral sampling）的方法，從其中選取具有代表性的項目，編製出形形色色的量表，來檢驗他們感興趣的假設。

「共有式客位」的心理學雖然納入了較多異文化的訊息，它仍然必須以某一特定文化作為理解的定向，Berry 本人也注意到這種研究取向其實仍然無法擺脫「種族中心主義」的偏見（Allwood & Berry, 2006）。在社會心理學的領域裡，這種研究取向最出名而且最為人所熟知的範例，是有關「個人主義／集體主義」的研究（Hofstede, 1980; Triandis, 1994, 1995）。根據 Oyserman、Kemmelmeier 與 Coon（2002）的回顧，過去二十年間，心理學家們最少編製出了二十七種不同的量表，來測量「個人主義／集體主義」的傾向，並完成了難以數計的實徵研究。

針對此一主題從事研究的學者大多認為：集體主義是個人主義的對立面。他們假設：個人主義在工業化的西方國家中比其他國家更為盛行，尤其是開發中國家裡較為傳統化的社會。在西方社會中，基督新教（Protestantism）及公民解放（civic emancipation）之過程所造成的社會結構，助長了個人主義的心理叢結，諸如個人的自由、選擇的權利及自我實現等（Triandis, 1995）。承襲基督新教傳統的國家或族群（ethnic groups），其個人主義的特徵應當比其他文化傳統的國家明顯。

更清楚地說，從事「個人主義／集體主義」之研究的心理學者認為：歐裔美國人居於「個人主義／集體主義」之向度上的一端，他們的文化及心理特徵是全世界其他族群的參考座標，而後者在向度上分別占據不同位置，他

們的文化面貌模糊，必須藉由和美國人的對比，才能夠看清楚自己的心理特徵。

☑ 有待發展的「集體主義」

Fiske（2002）批評：個人主義是美國人界定其文化之特徵的總和，集體主義是美國人從對照他人（antithetical other）之意識型態的表徵中抽象並形構出來的，是美國人依照「我們不是那樣的人」而想像出來的其他世界之文化（p. 84）。

這種研究取向代表了心理學界的「東方主義」（Said, 1978）。事實上，西方人並不是真正想了解非西方文化，他們僅只是利用非西方人當作「對照他人」，來了解自己。

Oyserman 等人（2002）的分析，提供了具體的資料，說明心理學者所理解的「個人主義」和「集體主義」，根本代表了性質不同的兩種行為範疇。他們指出：集體主義的構念定義和量表內容有相當大的異質性（heterogeneity），這方面的文化差異可能反映出文化在人們和他人發生連結和關聯方式上的多面向性（multifaceted nature）。他們在對以往的相關研究作過透徹回顧之後，指出：

> 美國及西方心理學試圖以個人主義作為基礎，來了解人性。這種作法令人質疑：我們是否有能力區辨現行以個人主義作為了解人性之作法，以及另一種有待發展的集體主義。（pp. 44-45）

Schimmack、Oishi 與 Diener（2005）在回顧並重新分析相關文獻的資料後，指出：個人主義的構念定義清晰，測量工具深具意義，是衡量文化差異之一種有效而且重要的向度。然而，集體主義的意義卻模糊多變，其測量工具的效度也難以決定。因此，他們認為：跨文化心理學者可能有重新評估集體主義的必要性。

在我來看，非西方國家的本土心理學者要想界定「集體主義」的意義，絕不能只停留在實徵研究的方法論層次上打轉，而必須提升到科學哲學的層次上思考：如何建構出「含攝文化的心理學理論」，徹底釐清：所謂「有待發展」的集體主義在非西方國家中到底是指什麼？

第三節　從「概念論證」走向「理論建構」

如果我們把林端和 Schluchter 對於解決韋伯「歐洲中心主義」的建議，放置在我對此一問題的思考脈絡中來加以討論，我們應當更能夠看出破解韋伯式迷陣的有效途徑。

概念的論證

他們的第二項建議「概念的論證」是：

> 我們嘗試從兩個角度來進行概念的探討：第一個角度是韋伯涉及不同（「文化內的」與「文化間的」）比較點的各個概念，如「普遍主義」（Universalismus）、「特殊主義」（Partikularismus）、「孝道」（Pietat）、「父權」（Patria Potestas）、「儀式倫理」、「心志倫理」（Gesinnungsethik）、「家產制」、「父權制」（Patriarchalismus）等加以定位，看看它們在西方文化背景的影響下，是否也可適用中國；第二個角度則是研究韋伯所提及的中國固有概念，如他未系統化處理的「仁」、「恕」等概念，以及他所誤解的「孝」（他等同於西方的 Pietat）與「父權」（Patria Potestas），還其中國文化下的固有意義與歷史定位。

◙ 「東方主義」的迷陣

　　我也贊同他們的這項建議。然而，我卻認為：要想破解韋伯本人所創造的這座迷陣，甚至徹底破解任何「東方主義」的韋伯式迷陣，單只檢驗韋伯討論過的概念，以及他未曾系統處理過的某些重要之儒家概念，是不夠的。韋伯的《中國的宗教：儒教與道教》一書是先把基督新教倫理當作是一種「文化系統」來加以分析，再以之作為參考架構，來檢視儒教和道教，所以才會建構出一座「歐洲中心主義」的迷陣。今天我們要破解這座迷陣，必須反其道而行，把儒家倫理當作是一種文化系統，用我所主張的研究策略，建構出「含攝文化的社會科學理論」，再逐一檢視韋伯針對儒家倫理所提出的各項論旨。

◙ 儒家思想「是什麼」？

　　在「中國崛起」的新時代，弄清楚儒家文化傳統到底「是什麼」，幾乎已經成為國際社會科學界的共同興趣。舉例言之，2013 年 6 月 14 至 15 日，台灣大學人文社會高等研究院舉辦了一項題為「儒家思想、民主與憲政主義：全球與東亞視野」的國際研討會，著名的美國漢學家安樂哲（Roger T. Ames）在他的論文中指出：以分析的語言回答「什麼是儒家思想？」將使儒家思想「本質化為一種特定的意識型態」，或是一種可以不同程度之精確加以描述的技術性哲學。「是什麼」的問題或許可以用系統哲學較為成功地加以處理，藉由這種分析方式我們可以用原則、理論和概念的語言，將之抽象成一種形式性的認知結構。然而，要想評估這種整全式而基本上又是一種美學式之傳統的內容和價值，「是什麼」的問題又是第一步，它是當前每一種現實情境的基本前提；我們探討人們在其中儀式化的生活方式，目的卻是要將注意的焦點集中在具體感受的層次之上。對於這種持續存在而其內容又不斷轉換及改變的傳統，我們唯有先回答它「是什麼」的問題，才能進一步探問諸如此類的重要問題：「在中華文化發展的特定條件下，儒家思想在歷史上

是如何盡其環境之所能，一代又一代地發生作用」（Ames, 2013, pp. 20-21）。

安樂哲是哲學家，用本文的論述脈絡來看，要回答他所謂儒家思想「是什麼」的問題，就必須要建構「含攝文化的社會科學理論」，來描述儒家的「文化型態」。然則，我們要如何做到這一點呢？

▣ 從「方法論」到「科學哲學」

這是我在撰寫《儒家關係主義》一書時所思考的問題（黃光國，2009），也是「社會科學本土化運動」能否成功的關鍵性問題。

然而，想要解答這樣的問題，Berry（1989）所提出的方法論根本是無能為力的。「強加式的客位」之研究取向是本土心理學者堅決反對的，Berry 所提出的「主位」和「共有式客位」之研究取向是心理學家從事「跨文化研究」時，最常用的方法；「個體主義／集體主義」的研究取向，則是心理學家最喜歡套用的研究典範。然而，本章上一節的分析指出：心理學者常用的「主位」研究取向，並不能用來回答「儒家思想是什麼」這樣的問題；而「共有式客位」研究取向充其量也只能搞出像「個體主義／集體主義」那樣的研究典範，而製造出許多「有待解決」的問題。

因此今天我們要想弄清楚：「集體主義」到底是什麼，甚至進一步釐清：儒家思想是什麼，我們不能只停留在「方法論」的層次，而必須提升到「科學哲學」的層次，從「本體論、知識論、方法論」等不同面向，來思考如何建構「含攝文化的理論」，來回答：儒家思想到底「是什麼」，同時釐清「集體主義」的意義，向「個體主義／集體主義」的研究取向提出挑戰。

▣ 心理學本土化的基礎

從 1980 年代初期，我在楊國樞教授的號召下，積極參與「社會心理學本土化運動」後不久，便已經察覺到：國內社會科學研究長期處於低度發展的狀態，主要原因在於研究者對於西方科學哲學的發展缺乏相應的理解。

西方文藝復興運動發生之後，各門學科的發展和科學哲學的發展之間，

便存有一種「互為體用」的關係：隨著各種不同科學的發展，總有一些哲學家不斷地在思考：到底什麼是科學？而成為所謂的「科學哲學」。科學哲學的發展又可以回過頭來，引導科學研究的方向。Lakatos（1978）因此在他所著的〈科學史及其合理重建〉一文的標題之首，寫下了一句不朽名言：「沒有科學的科學哲學是空洞的，沒有科學哲學的科學是盲目的」。

　　然而，十九世紀以來，華人留學生在吸收西方文化的過程中，大多只專注於學習各種不同的「科學」，而很少注意到科學哲學的演變；更少有人嚴肅思考科學哲學的發展和科學研究之間的關聯。長期盲目移植西方學術研究典範的結果，便使得國內各門科學研究的發展顯得既空洞，又盲目。

　　看出了問題的癥結，我開始提倡：本土心理學運動必須以科學哲學作為基礎。然而，由於台灣心理學界一向流行「素樸實證主義」的研究，在累積許多「不具認知意義」的量化研究資料之後，對這種研究取向感到不滿的一些人改而追隨西方「後現代主義」的後塵，主張以「建構主義」作為基礎，而從事質化研究。「滔滔者，天下皆是也」，在這種情況下，我的主張當然顯得孤掌難鳴。

▣ 西方國家的發展經驗

　　到了 1990 年代初期，台灣本土心理學運動終於發生了路線之爭。由於我的研究取向和台灣心理學界重視實徵研究的傳統大異其趣，1992 年，楊國樞教授正在規劃出版《本土心理學研究》期刊，邀我寫一篇「靶子論文」，和學術界同仁一起討論本土心理學的發展方向。當時我正年輕氣盛，立刻毫不猶豫地一口答應，很快地寫了一篇論文，題為〈互動論與社會交換：社會心理學本土化的方法論問題〉，由楊教授邀請社會科學界的幾位資深同仁，針對我的主張提出批判。他們所提出的批判和質問，使我十分難以招架。尤其是在北京大學社會學系講授科學哲學多年的蘇國勛教授，他單刀直入地指出：「『科學研究綱領』主要是適用於近代自然科學，而不是用於社會科學，尤其不是用於社會心理學和社會學」，它「是科學史家 Lakatos 作為科學史家

以事後回顧的方式，對科學史上出現的和發生影響的各種學說和理論作出評價時所用的（不是科學工作者自身所用的），因此，『社會科學中國化』不應以『科學研究綱領』為謀」，完全否定了我的主張。

蘇教授的說法基本上是正確的。作為科學發展前鋒的西方核心國家，科學哲學確實是思想史家或哲學家針對「科學史上出現的和發生影響的各種學說和理論」作出反思和評價所得的結果，並不是「科學工作者自身所用的」。然而，對於像台灣或中國這樣非西方社會的邊陲國家，難道我們不能借重西方國家的發展經驗，利用科學哲學來幫助我們發展「本土心理學」或「本土社會科學」嗎？

▣ 《社會科學的理路》

哲學並非我的專業，在那個時代，我對科學哲學的理解其實並不深入，也不透澈。蘇教授是在北京大學社會學系講授科學哲學的權威學者，我要反駁他的論點，唯一的方法就是用我的主張作出具體的研究成果——「拿證據來」。當時我的研究成績乏善可陳，根本做不到這一點，困窘之餘，只好寫一篇〈審慎的回應與暫時的沉默〉，虛晃一招，落荒而逃。

學然後知不足。從此之後，「作出具體研究成果以說明自己的主張」便成為我持之以恆的學術志業。為了達成這樣的目標，我一方面持續研讀科學哲學的經典著作，另一方面在台灣大學心理學研究所講授科學哲學。

在台灣大學講授科學哲學的經驗，使我深深體會到經典翻譯和詮釋的重要性。如果我們沒有把一些科學哲學的經典名著譯成中文，它們就沒有進入中文世界的機會，一般人便很難用它們作為論辯的材料。要使「科學」在華人的文化中生根，不僅要有人像唐代高僧翻譯佛經那樣，將西方科學哲學的經典名著逐一譯成中文；而且要有人能夠撰寫專著，析論各家科學哲學之間的關聯，讓科學研究工作者，能夠相對容易地理解各種科學哲學之間的辯證性發展。因此我不揣淺陋，以將近十年的工夫，撰成《社會科學的理路》（黃光國，2001）一書，介紹二十世紀裡十八位最重要的哲學家對於本體論、知

識論和方法論的主張。

　　《社會科學的理路》一書分為兩大部分：前半部所討論的「科學哲學」，主要是側重於「自然科學的哲學」，尤其強調由「實證主義」到「後實證主義」的轉變；後半部則在論述「社會科學的哲學」，包括：結構主義、詮釋學和批判理論。由於該書包括心理學在內的許多門社會學科，都同時兼具「自然科學」和「社會科學」的雙重性格，今天要想解決本土心理學發展上的難題，就必須採取「多重哲學典範」（multiple philosophical para-digms）的研究取向，針對不同性質的問題，採用最適切的科學哲學來尋求其解決之道。

◙ 「實在論」的科學哲學

　　這裡必須強調的是：我寫這本《社會科學的理路》，目的是要解決非西方國家發展本土社會科學可能遭遇到的難題，而不是為了要「如實地」反映西方科學哲學的「全貌」。更清楚地說，要以「多重哲學典範」建構「含攝文化的理論」，我們所使用的哲學典範，其共同特色必然是主張「實在論」（realism），而反對「實證主義」（positivism）。

　　從 2000 年 1 月起，我開始擔任教育部「華人本土心理學研究追求卓越計畫」主持人。在執行卓越計畫的八年期間，一面思考如何用不同的科學哲學典範解決心理學本土化有關的各項問題，一面撰寫論文，在國內、外學術期刊上發表。該項計畫於 2008 年初結束之後，又整合相關的研究成果，撰成《儒家關係主義：哲學反思、理論建構與實徵研究》一書（黃光國，2009）。

第四節　批判實在論　

　　瑞典戈登堡大學的教授 Allwood 和加拿大著名的本土心理學家 Berry 曾經作過一項大規模的國際性調查，研究世界各地本土心理學運動的源起、發展及其遭遇的困難（Allwood & Berry, 2006）。隨後 Allwood（2011）寫了一

篇論文，題為〈論本土心理學的基礎〉，刊登在一本名為《社會知識論》的
國際學術期刊之上。

我看到這篇論文後，寫了一篇回應文章，題為〈本土心理學中的文化物
化：成就或錯誤？〉（Hwang, 2011），文中很直率地指出：Allwood 的說
法，代表了西方主流心理學界「文化虛無主義者」的標準論點。他不知道本
土心理學者所要解決的問題，也不了解他們解決這些問題的「理論素養」。
本土心理學者建構「含攝文化的理論」，誠然可能把文化物化。Allwood 自
己承認：西方主流的心理學也是一種本土心理學。西方主流心理學的理論，
大多是建立在個人主義的預設之上，這難道不也是一種「物化」嗎？為什麼
把個人主義的文化「物化」，是心理學史上的重大成就；把關係主義的文化
「物化」成心理學理論，就是一種錯誤？

《社會知識論》的執行編輯 James Collier 對我主張的「反實證主義」研
究取向大感興趣，因此請他的兩位博士後研究生，提出了十五項與本土心理
學發展有關的關鍵問題，對我進行訪談，由我逐一作答，並以〈呼喚心理學
的科學革命〉為題，在該刊登出（Evenden & Sandstrom, 2011）。

▣ 科學哲學的典範移轉

這次訪談使我開始注意到「批判實在論」（Critical Realism）的科學哲
學。「批判實在論」是印度裔哲學家 Roy Bhaskar（1944-2014）所提出來的。
Bhaskar 的父親是印度人，母親是英國人，原本修習經濟，在準備博士論文階
段，發現西方的經濟學理論並不足以解釋非西方國家的經濟發展，而深刻感
受到：這根本不是經濟學的問題，而是理論建構的哲學問題。因此改行攻讀
哲學，並提出「批判實在論」的科學哲學。

Bhaskar（1975）將其知識論稱為「先驗實在論」。他之所以明確標示
「先驗」一詞的主要理由，在於支持此一學說的論證方式，乃是「先驗論
證」。所謂「先驗論證」，是「從一個已經發生的現象，推論到一個持久性
結構」，或是「從實際上的某一個事物，推論到更根本的、更深處的、奠定

該事物之可能性的某一事物」。用Bhaskar（1975, pp. 30-36）本人的話來說，所謂「先驗論證」乃是一種「追溯論證」（reproductive argument），是「從某現象的描述、回溯到產生該現象之某事物（或某條件）的描述」。

在〈科學發現的邏輯〉一文中，Bhaskar（1975, pp. 144-146）曾經提出一張圖，說明科學發現的三個步驟：古典經驗論的傳統（包含實證主義）停止於第一步，新康德學派的傳統看到第二步的必要，但它卻沒有像先驗實在論那樣地說清楚第三步所蘊含的意義。

從「批判實在論」的這三個步驟可以看出：科學哲學的發展曾經經歷過三次大的典範轉移（如圖 2-1 所示）：「古典經驗論」（classical empiricism）以休謨（David Hume, 1711-1776）作為代表。這一派的思想家認為：

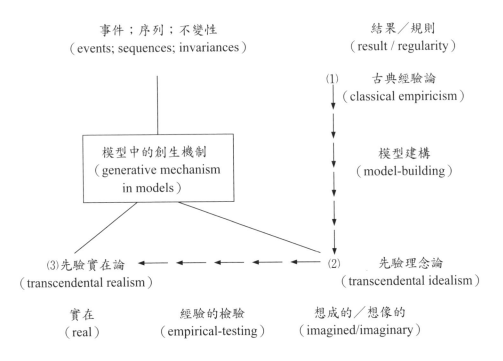

圖 2-1　科學哲學的典範轉移

資料來源：取自 Bhaskar（1975, p. 174）

知識的終極對象是原子事實（automatic facts），這些事實構成我們觀察到的每一事件，它們的結合能夠窮盡我們認識自然所必要的客觀內容。「知識」和「世界」兩者表面的許多點，有同構的對應關係（isomorphic correspondence）。

　　由古典經驗論的背景分歧出的是「實證主義」（positivism）。實證主義者採取了「極端經驗論」（radical empiricism）的立場，他們認為：感官所能經驗到的事實（empirical facts），就是唯一的「實在」（reality），科學家不必在「經驗現象」背後，追尋任何造成此一現象的原因或理由。實證主義者的這種「本體論」立場，和「科學實在論」（scientific realism）完全相反，這是我堅決反對「實證主義」的重要理由之一。

▣ 「先驗的」理論

　　和「實證主義」立場相反的，是康德提出的「先驗理念論」（transcendental idealism），以及大多數「後實證主義」者所衍生出的各種不同版本。依照這一派的觀點，科學研究的對象，其「本體」（noumenon）是「超越」（transcendent）而永遠不可為人所知的；人類所能知道的，是他用「先驗的理念」（transcendental ideas）所建構出來的理論知識。科學家從事科學活動的目標，是要用他創造的想像力（creative imagination），找出有關自然秩序的模型、理念等。這種目標是人為的建構，它們雖然可能獨立於特定的個人，但卻不能獨立於人類的活動，所以必須經得起科學學術社群用各種不同的「實徵研究方法」（empirical research methods）來加以檢驗。

　　依照這種觀點，事件恆常的結合是找出自然規律的必要但非充分條件。知識必須從表面的現象進一步找出底層的結構。自然世界變成人類心智的一種建構，其現代版則認為：知識是科學社群所建構出來的，但這種建構並不是個別科學家憑空想像的，而是整個學術社群針對其研究對象的「實在」（reality）所想像出來的。由於科學活動的目標是要找尋表面現象（phenomena）背後的實在，所以吾人可稱之為「實在論」。

第三種立場是「批判實在論」者所主張的「先驗實在論」（transcendental realism）。它的本體論雖然也採取「實在論」的立場，但它卻認為：科學研究的對象，既不是「現象」（經驗主義），也不是人類強加於現象之上的建構（理念論），而是在持續存在並獨立運作於我們知識之外的實在結構（real structure）。科學活動的目標在於找出產生現象的結構性「機制」（generative mechanism），這種知識是在科學活動中產生出來的。依照這種觀點，科學既不是自然的一種「表象」（epiphenomenon），自然也不是人類製作出來的產品。「知識」和「世界」兩者都是有結構、可分化，並且不斷在變異之中的，而後者獨立於前者而存在。

第五節 普世性社會互動模式

在《儒家關係主義》一書的第一章中，我特別強調：大多數本土心理學者都認為：發展本土心理學的最終目的是希望能夠藉此發展出亞洲心理學（Ho, 1988）、全球心理學（Enriquez, 1993），或普世心理學（Berry & Kim, 1993; Kim & Berry, 1993）。楊國樞（1993）也主張：發展本土心理學的最終目的，是要建立「人類心理學」或「全球心理學」。

▣ 文化心理學的原則

要達到這樣的知識論目標，必須遵循Richard Shweder所提出的一項文化心理學的基本原則：「一種心智，多種心態；普世主義，考量分殊」（One mind, many mentalities; universialism without uniformity）（Shweder, Goodnow, Hatano, LeVine, Markus, & Miller, 1998, p. 871）。所謂「心智」是指「人類認知歷程實際或可能之概念內容的整體」（totality of actual and potential conceptual contents of human cognitive process）（Shweder, 2000, p. 210），它主要是由生物因素所決定的。所謂「心態」是被認知及被激發之「心智」的子集合（that cognized and activated subset of mind），某些特定個人或人民曾經投注

並擁有它，因此可以作為文化心理學者研究的對象。

人類心智的「深層結構」及其心理學功能都是一樣的，但在不同社會中生活的人，卻會隨其生活環境的不同，而發展出不同的心態。本土心理學者希望達成普世心理學或全球心理學的目標，是希望他們所建構出來的知識體系，既要能夠反映人類「心智」（mind）共同的「深層結構」，也要能夠說明某一文化中人們所獨有的特殊心態（mentality）。基於這樣的前提，在「多元文化主義」（multi-culturalism）興起的全球化時代，發展本土心理學的目的，是要依照文化心理學「一種心智，多種心態」的原則，建構既能反映人類共同心智（universal mind），又能說明特定文化中人們心態（mentalities in particular cultures）之「含攝文化的理論」（culture-inclusive theories），以克服現代心理學之父 Wilhelm Wundt（1832-1920）未能以科學方法研究文化的難題，並整合 Vygotsky（1896-1934）所主張的「意圖心理學」（intentional psychology）和「科學心理學」（causal psychology）。

▣ 建構實在論

《儒家關係主義》一書的第二章從「建構實在論」（constructive realism）的觀點，指出：非西方國家現代化最重要的意義之一，是他們的社會科學家必須要懂得如何以西方的科學哲學為基礎，建構「科學微世界」（scientific microworld），來描述社會的文化型態，並解決當前所面臨的各種社會問題。

值得一提的是：「建構實在論」和標榜「後現代」精神的形形色色之「建構主義」（constructivism）並不相同。「建構實在論」將世界之「實在」（reality）區分為三層：第一層實在稱為「真實」（actuality）或實在自身（Wirklichkeit），這是我們生存於其間的世界，也是使作為生物體的我們得以生存的「既予世界」。這個「既予世界」或許真的是有某些結構，或是按照自身的規律而運作。然而，我們卻無從認識這些結構或規則。不管我們如何解釋這個世界，我們所能知悉的世界，包括對於這個世界的「結構」，

以及這些結構是否有時間或空間上的距離及其因果性，都是人類所建構出來的，而這些假設構成了我們所能理解的世界。

　　人類所建構出來的世界，又可以區分為兩種：微世界和生活世界。人類在建構這兩種世界的時候是使用兩種截然不同的思維方式，它們可以說是兩種不同的理性；這樣建構出來的知識，形成了兩種不同的世界觀，而且各有其功能。對人們而言，這兩個世界分別代表了兩種不同層次的實在。

　　《儒家關係主義》一書的第三章析論科學哲學由「實證主義」轉變成為「後實證主義」之後，在本體論、知識論和方法論等各方面所發生的巨大翻轉。從本章的討論中，讀者可以很清楚地看出：我為什麼會旗幟鮮明地反對「實證主義」，並且強調：「科學微世界」的建構，必須以主張「實在論」的「後實證主義」為基礎。

▣ 普世性的社會互動機制：〈人情與面子〉的理論模型

　　在《儒家關係主義》一書的第四章中，說明我如何以後實證主義的科學哲學作為基礎，而建構出〈人情與面子〉的理論模型。該模型將互動的雙方界定為「請託者」（petitioner）及「資源分配者」（resource allocator）。當「請託者」請求「資源分配者」將他掌握的資源作有利於「請託者」的分配時，「資源分配者」心中所作的第一件事是「關係判斷」，他要思考的問題是「他和我之間有什麼樣的關係？」

　　圖 2-2 中代表「關係」的方塊是由代表「情感性成分」的陰影部分及代表「工具性成分」的空白部分所構成。所謂「工具性成分」是指：作為生物體的個人，天生而有各種慾望，在生活中往往必須以他人作為工具，獲取各種資源，滿足一己的慾望。這樣的「工具性成分」和人跟人之間的「情感性成分」常常是夾雜在一起的。依照這兩種成分的多寡，圖 2-2 以一條實線和一條虛線將「關係」分為三大類：「情感性關係」、「混合性關係」和「工具性關係」。「情感性關係」通常是指家庭中的人際關係，「混合性關係」是指個人和家庭外熟人的關係，兩者之間以一道實線隔開，表示兩者之間有

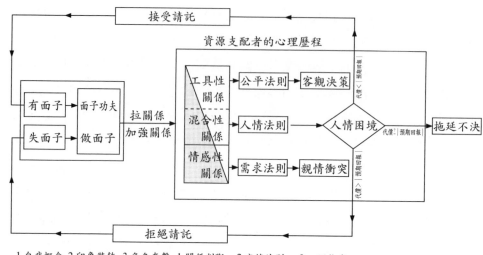

1.自我概念 2.印象裝飾 3.角色套繫　1.關係判斷　2.交換法則　3.心理衝突

圖 2-2　〈人情與面子〉的理論模式

相當清楚的心理區隔，家庭之外的人很難變成為「家人」。「工具性關係」是個人為了獲取某種資源，而和陌生人建立的關係，它和「混合性關係」之間以一條虛線隔開，表示經過「拉關係」之後，屬於「工具性關係」的其他人可以穿過這層心理區隔，使雙方變成「混合性關係」。在儒家文化傳統的影響之下，個人可能傾向於以「需求法則」、「人情法則」和「公平法則」等三種不同的交易法則，和這三類不同關係的社會對象進行互動。

在〈人情與面子：中國人的權力遊戲〉一文中（Hwang, 1987），我用了許多文字描述「人情法則」在華人社會中的意義。倘若我們將華人社會中的「人情法則」看作是「均等法則」的一個特例，它強調個人一旦收受他人的恩惠，一定要設法給予等量的回報，則〈人情與面子〉的理論模式，應當是一個可以適用於各種不同文化的普遍性理論模型。它是生物決定的，反映出人類社會互動的普遍心智。針對這樣的主張，讀者一定會問：「為什麼？你有什麼證據可以支持這樣的論點？」

▣ 結構主義：社會行為的基本形式

在《社會生活的結構》（*The Structures of Social Life*）一書中，Fiske（1991）回顧以往社會學、人類學以及心理學的大量文獻之後，指出：人類社會的關係主要可分為四種模式：

1. 社群分享（communal sharing）：這是一個等同的關係（relationship of equivalence），人們為了要達成位於個人之上的群體目標（super ordinate goal），而融合在一起，並對其集體（collectivity）有高度的認同，認為他們在某些重要的層面上都是同樣的「我們」，而不是「個人」。

2. 權威排序（authority ranking）：這是一種不平等的關係，具有可過渡的不對稱性（transitive asymmetry）。如果某一特定的階層包含三個以上的人，他們可以排成線型的階層。在這種關係中，人們會依其社會的重要性或地位，來建構彼此的關係：占高階者比別人控制更多的人、物及資源，別人也認為他們擁有較多的知識及掌控事物的能力。社會關係中位階較高的人通常握有主動權，能夠作選擇並表現偏好，也能夠宰制較多的低階屬下。如果屬下對上司表現服從及效忠，高階者通常也會給予部屬保護及支持。

3. 平等匹配（equality matching）：這是個別同儕之間的平等關係，其中每一個人的影響力、貢獻及分配之份數，都是均衡的，而且可以一對一的相互對應。平等匹配的展現方式可能是輪流（turn taking），關係中的每一個人依時間順序（temporal sequence），作出同樣的行動；或是同等回報（in-kind reciprocity），人們給予並從他人處獲得同等物品的回報。在分配正義方面，平等分配採取「平等均分」（even distribution into equal parts）的方式，每個人拿到跟別人同樣的一份，所以每個人都不在意他拿到哪一份。

4. 市場計價（market pricing）：這種關係是以市場系統所決定的價值，

以作為中介。在市場計價關係中，人們通常會以「價格」（price）或「效用」（utility）這種普世性的單一尺度，來衡量相關商品或人的價值。這種商品的評價，可以用價格的比率（ratio）來表示；在以物易物（direct barter）的場合，則為兌換比率（exchange ratio）。

▣ 「結構」與「機制」

Fiske（1991）指出：這四種關係模式是人類組織各種社會不同範疇的方法。這四種關係結構展現在人類各種情境、工作、活動種類、行動領域、實質問題和態度之中，意味著這些結構都是產生自同一組的心理基圖（psychological schemata），亦即人類心智共同的深層結構。

Fiske是心理人類學家。他用人類學中「結構主義」的方法，找出人類社會行為的四種基本形式。人類學家李維史陀強調：社會結構並不只是一個特定社會中社會關係的總和，它不是經驗的結果，而是依據「經驗事實」而建造出來的模式，是超越經驗的觀察而達到比較「深遠的實在」（Lévi-Strauss, 1976/1995）。

倘若我們以Fiske（1991）所提出的社會行為之四種基本形式和〈人情與面子〉的理論模型互相比較，我們可以看出：社群分享、平等匹配和市場計價這三種不同的社會行為，和〈人情與面子〉的理論模型中的三種關係「情感性關係」、「混合性關係」和「工具性關係」，以及三種交換法則「需求法則」、「人情法則」和「公平法則」是互相對應的。至於在〈人情與面子〉中，請託者與資源支配者之間的關係，則涉及雙方之間的「權力差距」（power distance）（Hofstede, 2001），也就是 Fiske（1991）理論中所謂的「權威排序」。

從以上的比較中，我們可以看出：Fiske（1991）是從結構主義的角度，將人類社會行為的基本形式加以分類；〈人情與面子〉的理論則是從社會心理學的角度所建構出人類社會互動的普遍模式。從「批判實在論」的角度來看（Bhaskar, 1975），它代表了人類社會互動的普世性「機制」（mechanism）（如圖 2-1 所示）；用建構實在論的哲學來說（Wallner, 1994），這不僅只是把一種理論所用的語言翻譯成另一種理論的語言，而且旨在說明：〈人情與面子〉的理論模型是建立在人類心智處理社會互動的深層結構之上，所以這樣的理論模型應當可以適用在各種不同的文化之中。

第六節　多重哲學典範

　　依據批判實在論者所主張之「本體論的實在論」，我們一旦建構出普世性的社會科學理論之後，便可以用它作為架構，分析任何一種文化系統的理念，藉以發展「含攝文化的理論」。至於要用它們來分析哪一種文化的哪一個層面，則是取決於研究者個人的價值判斷。依照韋伯（Weber, 1949）在《社會科學方法論》一書中的說法：

　　　　人類有限的心智對無限的實在（reality）所進行的一切研究，乃基於一個不言自明（tacit）的前提，那就是只有一小部分的現實構成科學探究的對象，這一部分是因為「值得被認識」而顯得重要。（Weber, 1949, p. 72）

　　韋伯（Weber, 1949）認為，影響任何事件的原因通常有無數個。企圖「毫無預設」地分析事實，其唯一結果就是對無數個別事件的「存在判斷」造成混亂。想要作窮盡的因果分析，不僅在研究上不可行，而且也毫無意義可言。在無限複雜的具體現象中，某些現象因為和我們的價值理念相連結，我們才會賦予普遍的文化意義，才會認為它們是值得認識的，才會以之作為因果分析的對象（Weber, 1949, p. 78），這就是所謂社會科學的「片面性」（one sideness）特徵（Weber, 1949, p. 71）。

▣ 「分析二元論」

根據Archer（1995）所提出的「分析二元論」（analytical dualism），從事文化分析必須嚴格區分「文化體系」（cultural system）和「社會文化的交互作用」（socio-cultural interaction）之不同。

「文化體系是由曾經存在之知識菁英（existing intelligibilia）的著作全集所構成的，這些東西可以被人們所掌握、辨讀、理解，並知曉」。依這個定義來看，「知識菁英在形構一種文化系統的時候，他們所有的理念都必須以通行的語言表達出來（或者原則上是可翻譯的），這是它們可以為人所知的先決條件」（Archer, 1998, p. 504）。

在社會文化互動的層次，在某一時間點上，社會秩序或社會秩序的某一部分會特別重視某些理念。至於哪些理念會受到重視而為那一群人所分享，則是取決於誰堅持或提倡哪些理念，他們為支持這些理念所創造或促成的利益，以及他們提倡這些理念時所遭受到的反對等因素。

Archer 與 Elder-Vass（2012, p. 95）認為：不論是對文化或社會結構，其理論研究都應當包含「歷時性」（diachronic）和「共時性」的分析（synchronic analysis）。前者是要檢視：為什麼某些理念在某些時間變得盛行？誰提倡它們？這些理念在過去和現在曾經遭受到哪些挑戰？後者的目的則是要了解文化的型態（morphostasis），而不是它在時間上的型態衍生（morphogenesis）或轉化。我們要以儒家思想為對象，建構「含攝文化的理論」，必須要以〈人情與面子〉的理論模型為基礎，在「文化體系」的層次上，分析儒家文化的型態。

▣ 儒家思想的內在結構

在《儒家關係主義》一書的第五章中，我進一步說明：我如何以〈人情與面子〉的理論模型作為基礎，分析先秦儒家思想的內在結構（黃光國，2009；Hwang, 2012）。這樣分析所得的結果顯示：先秦儒家思想的內容，包

含了四大部分：

　　1. 儒家的天命觀。

　　2. 儒家的修養論：修身以道。

　　3. 儒家的「庶人倫理」。

　　4. 儒家的「士之倫理」：濟世以道。

　　由於先秦儒家將人際關係的倫理安排分成兩大類：庶人倫理和士之倫理。前者是包括「士」在內的所有人都應當遵循的。由於《儒家關係主義》的焦點是在研究華人社會中一般人的人際關係，因此，我們先將分析的焦點集中在「庶人倫理」之上。

▣ 儒家的「庶人倫理」

　　我認為：儒家經典中最能夠反映儒家「庶人倫理」之特色者，是《中庸》第二十章上所說的一段話：「仁者，人也；親親為大。義者，宜也；尊賢為大。親親之殺，尊賢之等，禮之所由生也。」

　　這一段話說明，儒家主張個人和其他任何人交往時，都應當以「親疏」和「尊卑」這兩個社會認知向度（social cognitive dimensions）來衡量彼此之間的角色關係：前者是指彼此關係的親疏遠近，後者是指雙方地位的尊卑上下。做完評定之後，「親其所當親」，是「仁」；「尊其所當尊」，是「義」；依照「親親之殺，尊賢之等」所作出的差序性反應，則是「禮」。

　　儒家的「庶人倫理」還可以用西方的「正義理論」來加以解釋。後者將人類社會中的「正義」分為兩大類：「程序正義」是指，群體中的成員認為應當用何種程序來決定分配資源的方式；「分配正義」則是指，群體中的成員認為應當用何種方式分配資源（Leventhal, 1976, 1980）。依照儒家的觀點，在人際互動的場合，應當先根據「尊尊」的原則，解決「程序正義」的問題，決定誰是「資源支配者」，有權選擇資源分配或交易的方式；然後再由他根據「親親」的原則，決定資源分配或交易的方式。

　　儒家的「庶人倫理」和我所建構之〈人情與面子〉的理論模型（Hwang,

1987）具有一種「同構」（isomorphic）的關係。當請託者要求資源分配者將他所掌握的資源作有利於請託者的分配時，資源分配者分別以需求法則、人情法則和公平法則來和對方進行互動。在資源分配者的心理過程中，關係判斷、交換法則，以及外顯行動三者和儒家「庶人倫理」的「仁、義、禮」倫理體系是互相對應的；關係判斷對應於「仁」，交換法則對應於「義」，外顯行動則必須合乎於「禮」（如圖2-3所示）。由於「仁、義、禮」倫理體

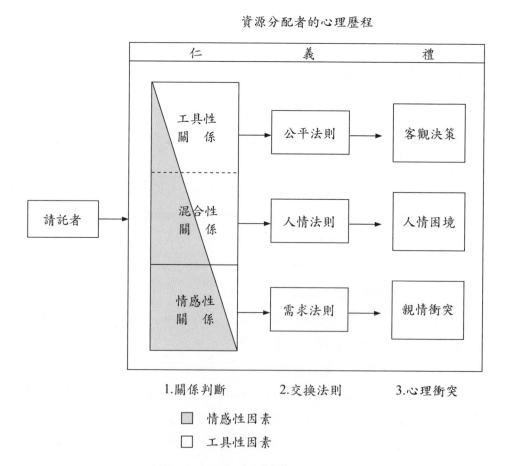

圖2-3　儒家庶人倫理中的「仁—義—禮」倫理體系

系是先秦儒家諸子以人類心智處理社會互動之普世性機制作為基礎而發展出來的，因此它具有一定程度的強韌性，成為支撐住華人生活世界的「先驗性形式架構」（transcendental formal structure）。

▣ 批判理論：五倫與「三綱」

在「程序正義」方面，儒家「庶人倫理」所強調的是「尊尊法則」；在「分配正義」方面，它所強調的是「親親法則」。儒家認為：君臣、父子、夫婦、兄弟、朋友是社會中五種最重要的人際關係，儒家稱之為「五倫」。儒家認為：五倫中每一對角色關係的互動都應當建立在「仁」的基礎之上。然而，由於五倫的角色關係各不相同，他們之間應當強調的價值理念也有所差異：「父子有親，君臣有義，夫婦有別，長幼有序，朋友有信」《孟子·滕文公上》。

父子、夫婦、兄弟三倫旨在安排家庭中的人際關係，是屬於情感性關係的範疇；朋友、君臣則是混合性關係。值得強調的是：除掉「朋友」一倫外，其他四倫都蘊含有「上／下」、「尊／卑」的縱向差序關係：「何謂人義？父慈，子孝；兄良，弟悌；夫義，婦聽；長惠，幼順；君仁，臣忠，十者謂之人義」《禮記·禮運篇》。

這段引文將朋友一倫排除在外，而特別強調：這五種角色關係的互動都必須遵循「尊尊法則」。更清楚地說：依照儒家所主張的「十義」，扮演「父、兄、夫、長、君」等角色的人，應當分別依照「慈、良、義、惠、仁」的原則作出決策；而扮演「子、弟、婦、幼、臣」等角色的人，則應當依照「孝、悌、聽、順、忠」的原則，善盡自己的義務。

▣ 「相對義務」與「絕對義務」

更具體地說，以前述之「庶人倫理」的深層結構作為基礎，儒家對個人生命中的五種角色關係，又按彼此間的「尊卑」及「親疏」程度，分別作不同的倫理要求，而形成一種「相對倫理」，要求每一個人在五種重要的人際

關係中善盡自己的義務，這就是所謂的「五倫」。其中，儒家最重視的是親子關係中的「父慈／子孝」，這樣的倫理安排和儒家的生命觀有十分緊密的關聯。儒家在反思自我生命的起源時，他們並不像基督教那樣，設想出一位獨立於世界之外的造物主，相反的，他們從自己的宇宙觀出發，認識到一個簡單而且明確的事實：自己的生命是父母親肉體生命的延續。儒家有關「孝道」的觀念，都是從這一個不容置疑的事實衍生出來的。

　　我在分析儒家思想的內在結構時，用以詮釋的文本是以孔子和孟子為主的先秦儒家思想。這種「共時性分析」的目的，旨在說明儒家的「文化型態」（morphostasis）（Archer, 1995）。事實上，中國在秦、漢之後的漫長歷史中，儒家思想還有非常複雜的發展，而且對於中國人社會行動有所影響的，也不僅只是儒家思想而已。我之所以決定以孔、孟思想作為詮釋的文本，一則是因為他們廣為一般中國人所熟知，對中國文化有深遠的影響；再則是因為自漢代董仲舒提出「三綱」之說，主張「君為臣綱、父為子綱、夫為妻綱」，將先秦儒家要求自己的「相對義務」轉變成為要求下對上單方面服從的「絕對義務」，對中國社會的歷史發展，造成了非常惡劣的影響。

第七節　文化實在的範疇　　　

　　Archer（1998）主張的「文化實在論」（cultural realism）認為：在任何一個時間點上曾經存在過的文化體系，其內容不論是真是假，它們都是人類實在的產品。「文化體系是由曾經存在之知識菁英（existing intelligibility）的著作全集所構成，這些作品可以為人們所掌握、辨讀、理解，並知曉」。依這個定義來看，「知識菁英在形構一種文化系統的時候，他們所有的理念都必須以通行的語言表達出來（或者原則上是可翻譯的），這是它們可以為人所知的先決條件」（Archer, 1998, p. 504）。基於這樣的見解，我將在下一章中說明，我針對「自我」和「關係」所建構出來之〈自我的曼陀羅模型〉和〈人情與面子的理論模型〉是普世性的。在本書的其餘各章，我將進一步

說明如何以這些普世性模型作為基礎，分析先秦儒家思想的內在結構，而建構出一系列「含攝文化的理論」。

▣ 實在的範疇

從批判實在論的角度來看，這種「含攝文化的理論」一旦建構完成，它對本土心理學或本土社會科學的研究，將會收到相當大的促進作用。Bhaskar的先驗論證認為：「實在」是由三種重疊的範疇所組成。這三個由淺至深的重疊之範疇，Bhaskar（1975）稱之為「經驗範疇」（the empirical）、「真實範疇」（the actual），以及「實在範疇」（the real）。本文及表 2-2 則分別稱之為「事實」（factuality）、「真實」（actuality）與「實在」（reality）。

表 2-2　本體論的範疇及實體的層次

本體論的範疇＼實體的層次	實在範疇	真實範疇	事實範疇
機制	✓		
事件	✓	✓	
實徵經驗	✓	✓	✓

資料來源：修改自 Bhaskar（1975, p. 56）

表 2-2 中的「事實範疇」，是指我們所知覺到的事物範疇。所謂「經驗的」（empirical），是指「可觀察的」「感覺資料」。Bhaskar（1975, pp. 56-62）指出，由於不同的觀察者可能以不同的方式，知覺或經驗到相同的對象。因此，「事實」範疇中的「經驗」，能預設知覺對象具有源生自「實在對象」的「不變性」（intransitivity）。「事件」是指「事物的實質變動」。由於並非所有發生過的事件都會被我們知覺到，人們知覺到的事物，不能窮盡整個世界中發生過的所有「事件」（events）；但未被知覺到的事件，我們仍然可以透過它們本身的作用，來斷定它們的存在。依照 Bhaskar（1975,

p. 58）的說法，「事件的範疇獨立於經驗之外。在缺乏經驗的情況之下，仍然有事件的世界」。

▣「實在」與「機制」

在表 2-2 中，於「事實範疇」與「真實範疇」兩個領域之外，還有一個包含「經驗」、「事件」及「機制」（mechanism）的「實在範疇」。依據 Bhaskar（1975）的說法，所謂「機制」是指「事物發生作用的方式」。在 Bhaskar 看來，促使事物產生實質變動的，是事物本身所具有的「底層結構」（underlying structure）或「內在結構」（inner structure），其中含有一種促使事物發生作用的「機制」。

「機制」若不是存在於事物本身的「底層結構」內，就是存在於事物與事物之間的「底層結構」中。一個事物雖然具有特定的「機制」，但其「機制」未必會被啟動或「執行」（exercised）。一個事件是否發生，取決於事物中的「機制」是否被啟動，並讓事物發生作用。當事物的「機制」被啟動時，該「機制」的作用力卻未必為人所「查知」（realized）。世界中的種種機制，「雖然很少在真實範疇中顯現出來，尤其更少在事實範疇中為人所指認，但它們確屬實在……它們獨立存在，既不是不可知的，也不是『人為構成體』，更不是『柏拉圖式的理型』（Platonic form）」（Bhaskar, 1975, p. 47）。當經驗主義者說：「某事物是實在的（real）」，其意為「我們業已經驗到或能夠經驗到某事物」；但對 Bhaskar 而言，當他說「某事物是實在的」，其意為「某事物的存在獨立於認知者之外，不論我們是否已經或能夠經驗到某事物，更不管我們是否妥當地了解某事物」。

▣ 知識型的謬誤

Bhaskar 的「批判實在論」既能夠含攝後實證主義的知識論主張，也能夠進一步說明：「後實證主義」和「實證主義」在本體論方面的歧異。經驗主義（包括「實證主義」）試圖在事件（events）或其「序列」（sequences）

的「不變性」（invariance）中找出其「規律性」（regularity），但先驗實在論卻辯證性地認為：它是理論模型中某些「機制」（mechanisms）發生作用的結果。「先驗理念論」和「先驗實在論」雖然都強調：「模型建構」（model building）必須想像可能的「創生性機制」（generative mechanisms）如何產生科學家所欲研究的現象（phenomena）。可是，對於「先驗理念論」而言，人們所想像出來的機制僅只是想像而已；但「先驗實在論」卻認為：它是實在的，科學家的任務就是要用各種方法來證明這一點。

　　「想像的／實在的」（imaginary/real）是兩者在本體論上的分水嶺；「想像成／確知其實在」（imaged/known to be real）則是它們在知識論上的區別所在。更清楚地說，科學家在時間點 t_1 想像出來的理論模型，必須用實驗或其他各種方法從事經驗性的檢驗，俾能在下一個時間點 t_2 確知其為真。

　　歷來的實證主義者（positivists）常將表 2-2 中的「事實範疇」與「真實範疇」合而為一，而稱之為「經驗世界」（empirical world）。Bhaskar（1975, pp. 36-45）指出：這種「經驗世界」的概念，會陷入「知識型的謬誤」（epistemic fallacy），其理由有三：第一，僅僅用直接與間接的知覺經驗來界定「實在」，將「整個世界」等同於「經驗世界」，從而縮小了「實在」的範疇；第二，斷定「實在」的基本性質是「經驗世界」中「已被經驗的或可被經驗到的」，這種斷定太過魯莽，顯然是自我設限，而犯了「以偏概全」的謬誤；第三，人類直接或間接經驗的認知意義，可能隨著社會環境的變動而有不同，也就是說在某一社會環境中不具認知意義的經驗，在另一社會環境中可能頗具認知意義。這種作法忽略掉突顯經驗之認知意義的社會環境。

◪ 儒家文化的修復

　　倘若我們能夠在文化系統的層次上建構出「含攝文化的理論」，說明儒家的「文化型態學」，我們便能夠以之作為基礎，研究儒家在特定時空中的「文化衍生學」。用表 2-2 中「實體的層次」來看，這種含攝文化的機制一

且建構出來，它不僅能夠在「實徵經驗」的層次上解釋量化研究的發現，而且能夠在「事件」的層次上，用質化訪談的方法，探討華人在生活世界中的心理與行為。

　　不僅如此，這種「含攝文化的理論」也可以用來說明中國社會中的文化變遷。Archer（1998; Archer & Elder-Vass, 2012）認為：（文化層次的）「理念」以及（社會—文化層次的）「群體」之交互作用，可以解釋文化的闡揚（cultural elaboration）。從社會文化互動的層次來看，在某一時間點上，社會秩序或社會秩序的某一部分會特別重視某些理念。至於哪些理念會受到重視而被哪一群人所分享，則是取決於誰堅持或提倡哪些理念，他們為支持這些理念所創造或促成的利益，以及他們提倡這些理念時所遭受到的反對等因素。

　　在中國近代史上，儒家雖然經過五四時期「全盤反傳統主義」和文化大革命的摧殘，然而，文化並不限於某一時間為某一部分社會秩序所禁制的理念，因為它們通常都只代表文化理念的一小部分。當其他個人或群體擷取那些較不受重視的理念來挑戰現狀時，便可能在社會文化的層次上發生分歧（Archer & Elder-Vass, 2012, p. 95）。

　　中國崛起之後，儒家文化傳統已經在中國社會中逐漸被修復。本書提出之「含攝文化的理論」必然能夠幫助讀者對儒家的「文化型態學」和「文化衍生學」有更全面的了解，本書的問世也很可能有助於儒家文化的復興。

▣ 心理學發展的第三波

　　台灣地區的本土心理學經過三十幾年的發展，已經清楚認識到：心理學的發展經歷過三次大的典範移轉：行為主義以實證主義強調的實徵研究作為基礎；認知心理學以後實證主義的先驗理念論作為基礎；本土心理學則是以批判實在論主張的先驗實在論作為基礎。在全球化時代，發展本土心理學的目的，是要依照文化心理學「一種心智，多種心態」的原則（Shweder et al., 1998），建構既能反映人類共同心智（universal mind），又能說明特定文化

中人們心態（mentalities in particular cultures）之「含攝文化的理論」（culture-inclusive theories），以克服現代心理學之父 Wilhelm Wundt（1832-1920）未能以科學方法研究文化的難題，並整合 Vygotsky（1896-1934）所主張的「意圖心理學」（intentional psychology）和「科學心理學」（causal psychology）。

　　更清楚地說，本書的副標題雖然為「破解韋伯的迷陣」，但本書所要建構之「含攝儒家文化的理論」，一方面可以和韋伯所著的《中國的宗教：儒教與道教》一書對話，一方面可以作為本土心理學及本土社會科學研究的基礎，以開拓心理學發展的第三波，既有「破」、又有「立」，希望能夠藉以對西方主流心理學的研究史發展發動「科學革命」（黃光國，2011）。

參考文獻

林端（1997）：《古代中國儒家倫理與支配的正當化：韋伯比較社會學的批判》
（Konfuzianische Ethik und Legitimation der Herrschaft im alten China: Eine Aus-
einandersetzung mit der vergleichenden Soziologie Max Webers）。Berlin: Dunc-
ker & Humblot。

林端（2002）：〈韋伯論《儒家倫理》：韋伯比較宗教社會學的批判〉。見《儒
家倫理與法律文化：社會學觀點的探索》（頁 166-182）。北京：中國政法大
學出版社。

黃光國（2001）：《社會科學的理路》。台北：心理出版社。

黃光國（2009）：《儒家關係主義：哲學反思、理論建構與實徵研究》。台北：
心理出版社。

黃光國（2011）：《心理學的科學革命方案》。台北：心理出版社。

楊國樞（1993）：〈我們為什麼要建立中國人的本土心理學？〉。《本土心理學
研究》，1，6-88。

Allwood, C. M. (2011). On the foundation of the indigenous psychologies. *Social Epis-
temology, 25*, 3-14.

Allwood, C. M., & Berry. J. W. (2006). Origins and development of indigenous psychol-
ogies: An international analysis. *International Journal of Psychology, 41*(4),
243-268.

Ames, R. T. (2013). *Confucian role ethics and Deweyan democracy: A Challenge to the
ideology of individualism.* Keynote speech for International Conference on Confu-
cianism, Democracy and Constitutionalism: Global and East Asian Perspective.
June 14-15, 2013. Sponsored by Institute for Advanced Studies in Humanities and
Social Science, National Taiwan University, Taipei, Taiwan.

Archer, M. S. (1995). *Realist social theory: The morphogenetic approach.* Cambridge,
MA: Cambridge University Press.

Archer, M. S. (1998). Addressing the cultural system. In M. Archer, R. Bhaskar, A. Collier, T. Lawson, & A. Norrie (Eds.), *CR: Essential readings* (pp. 503-543). London, UK: Routledge.

Archer, M. S. (2005). Structure, culture and agency. In M. D. Jacobs, & N. W. Hanrahan (Eds.), *The Blackwell companion to the sociology of culture* (pp. 17-34). UK: Blackwell.

Archer, M. S., & Elder-Vass, D. (2012). Cultural system or norm circles? An exchange. *European Journal of Social Theory, 15*, 93-115.

Berry, J. W. (1989). Imposed etics-emics-derived etics: The operationalization of a compelling idea. *International Journal of Psychology, 24*, 721-735.

Berry, J. W. (2000). Cross-cultural psychology: A symbiosis of cultural and comparative approaches. *Asian Journal of Social Psychology, 3*(3), 197-205.

Berry, J. W., & Kim, U. (1993). The way ahead: From indigenous psychologies to a universal psychology. In U. Kim & J. W. Berry (Eds.), *Indigenous psychologies: Research and experience in cultural context* (pp. 277-280). Newbury Park, CA: Sage.

Bhaskar, R. A. (1975). *A realist theory of science*. London, UK: Verso.

Cole, M. (1996). *Cultural psychology: A once and future discipline*. Cambridge, MA: Harvard University Press.

Danziger, K. (1990). *Constructing the subject: Historical origins of psychological research*. Cambridge, MA: Cambridge University Press.

Enriquez, V. (1993). Developing a Filipino psychology. In U. Kim & J. Berry (Eds.), *Indigenous psychologies: Research and experience in cultural context* (pp. 152-169). Newbury Park, CA: Sage.

Evenden, M., & Sandstrom, G. (2011). Calling for scientific revolution in psychology: K. K. Hwang on indigenous psychologies. *Social Epistemology, 25*, 153-166.

Fiske, A. P. (1991). *The structures of social life: The four elementary forms of human relations*. New York, NY: The Free Press.

Fiske, A. P. (2002). Using individualism and collectivism to compare cultures: A critique of the validity and measurement of the constructs: Comment on Oyserman et al. *Psy-*

chological Bulletin, 128(1), 78-88.

Geertz, C. (1973). *The interpretation of cultures*. New York, NY: Basic Books.

Geertz, C. (1984). Culture and social change: The Indonesian case. *Man, 19*, 511-532.

Henrich, J., Heine, S. J., & Norenzayan, A. (2010a). The weirdest people in the world? *Behavioral and Brain Sciences, 33*(2-3), 61-83.

Henrich, J., Heine, S. J., & Norenzayan, A. (2010b). Beyond WEIRD: Towards a broad-based behavioral science. *Behavioral and Brain Sciences, 33*(2-3), 111-135.

Ho, D. Y. F. (1988). Asian psychology: A dialogue on indigenization and beyond. In A. C. Paranjpe, D. Y. F. Ho, & R. W. Rieber (Eds.), *Asian contributions to psychology* (pp. 53-77). New York, NY: Praeger.

Hofstede, G. (1980). *Culture consequence: International differences in work-related values*. London, UK: Sage.

Hofstede, G. (2001). *Culture's consequences: International differences in work related values*. Thousand Oaks, CA: Sage.

Hwang, K. K. (1987). Face and favor: The Chinese power game. *American Journal of Sociology, 92*(4), 945-974.

Hwang, K. K. (2011). Reification of cultural in indigenous psychologies: Merit or mistake? *Social Epistemology, 25*(2), 125-131.

Hwang, K. K. (2012). *Foundations of Chinese psychology: Confucian social relations*. New York, NY: Springer.

Kim, U., & Berry, J. W. (1993). *Indigenous psychologies: Research and experience in cultural context*. Newbury Park, CA: Sage.

Lakatos, I. (1978). History of science and its rational reconstructions. *The Methodology of Scientific Research Programmes*. Cambridge, MA: Cambridge University Press.

Leventhal, G. S. (1976). Fairness in social relationships. In J. Thibant, J. T. Spence, & R. T. Carson (Eds.), *Contemporary topics in social psychology* (pp. 211-239). Morristown, NJ: General Learning Press.

Leventhal, G. S. (1980). What should be done with equality theory? In K. J. Gergen, M. S. Greenberg, & R. H. Willis (Eds.), *Social exchange: Advance in theory and re-*

search (pp. 27-55). New York, NY: Plenum Press.

Lévi-Strauss, C. (1976/1995). *Structural anthropology* (M. Layton, Trans.). New York, NY: Basic Books.　謝維揚、俞宣孟、白信才（譯）（1999）：《結構人類學》。上海：上海譯文出版社。

Oyserman, D., Kemmelmeier, M., & Coon, H. (2002). Cultural psychology, a new look: Reply to Bond (2002), Fiske (2002), Kitayama (2002), and Miller (2002). *Psychological Bulletin, 128*, 110-117.

Said, E. W. (1978). *Orientalism*. New York, NY: Vintage Books.　王淑燕等人（譯）（1999）：《東方主義》。台北：立緒文化事業有限公司。

Schimmack, U., Oishi, S., & Diener, E. (2005). Individualism: A valid and important dimension of cultural differences between nations. *Personality and Social Psychology Review, 9*, 17-31.

Schluchter, W. (1986).《理性化與官僚化：對韋伯之研究與詮釋》（顧忠華譯）。台北：聯經出版事業公司。

Shweder, R. A. (1990). Cultural psychology: What is it? In J. W. Stigler, R. A. Shweder, & G. Herdt (Eds.), *Cultural psychology: Essays on comparative human development* (pp. 1-4). Cambridge, MA: Cambridge University Press.

Shweder, R. A. (2000). The psychology of practice and the practice of the three psychologies. *Asian Journal of Social Psychology, 3*, 207-222.

Shweder, R. A., Goodnow, J., Hatano, G., LeVine, R., Markus, H., & Miller, P. (1998). The cultural psychology of development: One mind, many mentalities. In W. Damon (Ed.), *Handbook of child psychology: Theoretical models of human development* (5th ed.) (Vol. 1) (pp. 865-937). New York, NY: John Wiley & Sons.

Triandis, H. C. (1994). *Culture and social behavior*. New York, NY: McGraw-Hill.

Triandis, H. C. (1995). *Individualism and collectivism*. Boulder, CO: Westview Press.

Triandis, H. C. (2000). Dialectics between cultural and cross-cultural psychology. *Asian Journal of Social Psychology, 3*, 185-195.

Wallner, F. (1994). *Constructive realism: Aspects of new epistemological movement*. Vienna, Austria: Wilbelm Braumuller.

Weber, M. (1949). *The methodology of the social sciences*. New York, NY: Oxford University Press.

第三章 自我的曼陀羅模型：
智慧與行動

　　本書第二章指出：由於韋伯分析《中國的宗教：儒家與道教》一書時所使用的研究方法犯了「歐洲中心主義」和「熔接的謬誤」，他對儒家和道教的論述因而構成了一座內容空洞卻又眩人耳目的「社會學迷陣」，學者一旦進入其中，便很難再找到出路。值得強調的是：在西方強勢文化的宰制之下，甚至連受過西方教育的非西方國家學者，也會提出這種二元對立的「韋伯式迷陣」，來迷惑自己。

　　主張「科學無政府主義」（anarchistic theory of knowledge）的 Feyerabend（1993）指出：任何一個理論的周圍都圍繞著一個由「偏差噪音」所構成的海洋，而與所得的證據不相一致。可是，習慣於以單一理論思考問題的心智，甚至不會注意到它明顯的弱點。而跳出這個海洋的方法之一，就是建構另一個理論，來擴大這種偏差。他因此而提出「增生原則」（principle of prolification），主張：即使某種觀點已經得到高度確證和普遍接受，科學家也應當發明並設計與此公認觀點不相一致的理論，來幫助人們克服這種心理上的盲點。

▣ 兩種心理學

　　然而，我們該發展出什麼樣的理論，來和韋伯學說相抗衡呢？我從 1980 年代投身於心理學本土化運動以來，便一直認為：發展本土心理學最重要的意義，在於解決西方心理學懸而未解的一項難題：1879 年，Wilhelm Wundt（1832-1920）在德國萊比錫設立第一個心理學研究室，開始用「科學方法」研究基本認知功能，而成為「科學心理學之父」。他很清楚地了解到這種研

究方法的侷限，所以在出版自己的研究成果時，冠以《生理心理學原理》之名（Wundt, 1874/1904）。為了要研究「人類智力與創造的高級形式」，他又以歷史學的方法研究有關文化議題，出版了二十卷的《民族心理學》（*Volkerpsychogie*）（Wundt, 1916）。

在「科學心理學」創立後不久，深受西方思潮影響的蘇聯心理學者 Lev Vygotsky（1896-1934），為了區分人類與其他動物在種族發生學上的不同，而在 1927 年區分「基本」與「高等」心理歷程的差異。接著，他又根據 Dilthey 和 Munsterberg 在「自然的解釋」和「人類行動的理解」之間所作的區分，將心理學區分為兩種：「因果心理學」（causal psychology），是一種探討因果關係的自然科學；「意圖心理學」（intentional psychology），則是以探討人類意圖為主要內容的「靈性心理學」（spiritualistic psychology）（Vygotsky, 1927）。

Vygotsky 以 38 歲之齡英年早逝；由於他的作品遭到蘇聯共產當局的禁止達二十年之久，直到 1960 年才在西方世界中出版。他雖然和巴伐洛夫、弗洛伊德和皮亞傑屬於同一時代的人物，但他的知名度以及對心理學的影響力，卻遠遠不如他們。

本書第二章提到：要建構「含攝文化的理論」來破解韋伯式的迷陣，可分為兩個步驟：第一步是建構普世性的理論架構，然後再以這些架構來分析某種特定的文化系統，以建構「含攝文化的心理學理論」。在建構普世性的理論架構時，我們所建構的理論必須既能夠反映「意圖心理學」，說明特定文化中人們在生活世界中的行動「事件」，又能夠幫助我們從事「因果心理學」的實徵研究；再以本土心理學的發展，具體解決西方心理學遺留下來的一大難題。

因此，本章首先要說明：我如何進一步建構普世性的「自我」理論。本書其餘各章再逐步說明：如何以這些理論架構作為基礎，分析先秦儒家思想的內在結構，以描述儒家的「文化型態」，並逐一批判韋伯關於《中國的宗教：儒家與道教》一書之論旨。

第一節　婆羅浮屠佛塔

　　「自我」與「關係」是社會心理學中兩個最重要的核心概念。在 2000 至 2008 年之間，我主持「華人本土心理學研究追求卓越計畫」，計畫結束之後，我根據所得研究成果寫成《儒家關係主義：哲學反思、理論建構與實徵研究》一書（黃光國，2009），建構出一系列有關於「關係」之「含攝文化的理論」，其英文版改以「Foundations of Chinese Psychology: Confucian Social Relations」為題出版（Hwang, 2012）。從 2009 年起，我參與台灣大學人文社會高等研究院所支持的「華人社會中的『人觀』與『我觀』研究計畫」，在這段期間，我注意到存在於華人社會中形形色色的「人觀」，更迫切感覺到：我們需要有一個普世性的自我理論，來將這些「人觀」整合在一起。

　　2010 年 7 月 24 至 27 日，亞洲本土及文化心理學會在印尼日惹市的 Gadjah Mada University 舉辦第一屆國際會議，我被推選為第一屆的會長。在開幕典禮的大會致詞上，我批判建立在個人主義預設之上的西方社會心理學理論，並不適用於非西方國家。亞洲本土及文化心理學會的使命，是要啟動一場心理學的科學革命，建造一系列以關係主義作為預設的理論，來取代西方怪異的心理學理論，以幫助非西方國家的人們解決他們日常生活中所遭遇到的各種問題。

　　會議結束後，我在參觀「婆羅浮屠」（Borobudur Temple）的過程中，對於人類「自我」的深層結構突然得到靈感。回國後，因而綜合我在參與「人觀與我觀研究計畫」時的主要思考方向，建構出一個〈自我的曼陀羅模型〉（Mandala Model of Self）（Hwang, 2011），並據此而寫成《心理學的科學革命方案》一書（黃光國，2011），內容分為十一章，仔細析論非西方國家的本土心理學者應如何用多重哲學典範，建構既能反映人類的普世性心智，又能說明特定文化中人們之特殊心態的理論，以啟動心理學之科學革命。

◙ 婆羅浮屠

「婆羅浮屠」位於日惹市西北 40 公里處，完成於西元第九世紀，據說是由當時統治爪哇島的 Sailendra 王朝的統治者所興建，是當時世界上最大的佛教建築物。後來因為火山爆發，使這佛塔下沉並隱蓋於茂密的熱帶叢林中將近千年之久，直到十九世紀初才被清理出來，與中國的長城、埃及的金字塔，以及柬埔寨的吳哥窟，並稱為古代東方的四大奇蹟。

婆羅浮屠本身就是一整座大佛塔，其主要建築分為塔基、塔身和塔頂三個部分。這座塔共九層，下面六層是正方形，上面三層是圓形。塔基是一個邊長為 123 公尺的正方形，高 4 公尺。塔身由五層逐漸縮小的正方形構成。第一層距塔基的邊緣 7 公尺，然後每層以 2 公尺的差距縮小，留下狹長的走廊。塔頂由三層圓形所構成，每一層上建有一圈多孔的舍利塔，三層的舍利塔形成三個同心圓。頂層的中心是一座圓形佛塔，總共被七十二座鐘形舍利塔團團包圍。每座舍利塔裝飾著許多孔，裡面端坐著佛陀的雕像（Soekmono, 1976）。

佛塔的三個部分代表著人生三個不同的修鍊境界，即：欲界（Kamadhatu）、色界（Rupadhatu）和無色界（Arupadhatu）。塔基代表欲界，五層的塔身代表色界，而三層圓形的塔頂和主圓塔代表無色界。1885 年，人們在塔基的下面發現了一個隱藏的部分，這部分隱藏的塔基上刻有浮雕，其中的 160 幅描繪了真實的欲界。色界細緻裝飾的方形，在無色界演化為毫無裝飾的圓形，象徵著人們從拘泥於色和相的色界，過渡到無色界（Soekmono, 1976）。我在第三次參觀這座佛塔，才恍然大悟：婆羅浮屠的結構其實就是一座立體的曼陀羅，兩者都代表了自我之生命境界的原形！

◙ 壇城

西藏佛教中的壇城，稱為曼陀羅（Mandala），通常是以彩色繪成，象徵佛菩薩的莊嚴世界，其基本結構為內圓外方，意即慈悲與智慧。在藏傳佛教

的大法會中，通常會請幾位僧人用一、兩個星期的時間，用五彩細沙，製作壇城。沙壇城的製作，有一定的規矩，製作過程便是一種禪定與智慧的訓練。製作完成的沙壇城，圖案對稱，色彩鮮豔，壯麗莊嚴，能加持法會會場和平吉祥，同時也能加持參加法會的大眾所願皆遂，法喜充滿。

　　法會結束之後，僧人立刻以手指將沙壇城劃破，再將彩色細沙分由信眾帶回家供養，剩下的沙子則灑在河中或大地。壇城象徵佛教修持對自身生命境界所造成的轉化；壇城由製作到毀壞的過程，象徵自身生命的成、住、壞、空；製作和對待壇城的態度，則蘊含了佛教最高的生命智慧：「凡事認真，卻不當真。」佛教相信業力因果，諸法因緣生，諸法因緣滅，「生滅隨緣至」，一切事情的成敗苦樂都要由自己承擔，所以要凡事認真；另一方面，佛教又相信緣起性空，世間萬事萬物皆變化無常，所以不必當真。

　　西藏僧侶在製作壇城的過程中，所蘊含的智慧，幾乎已經包含了東方文化中自我修養的主要概念。曼陀羅內圓外方的結構，則是「自我」（self）的象徵，它表現了心靈的整體性，涵融了人類和外在世界的關係。

▣ 生命的終極目的

　　在榮格所編的《人及其象徵》（*Man and his Symbols*）一書中（Jung, 1964/1999），收錄了 Aniela Jaffe 所寫的一篇論文，題為〈視覺藝術中的象徵主義〉（Symbolism in the Visual Arts）。文中指出：在西元 1000 年左右時出現的各種教派和運動中，煉金術士扮演了極重要的角色，他們尋求的是包括人類心靈與肉體在內的圓滿整體，並為此圓滿整體創造了許多名字和象徵，其中一個核心象徵稱為「正方的圓形」（quadratura circle）。這名稱聽起來令人感到困惑難解，其實它可以用一個標準的曼陀羅原型表現出來，婆羅浮屠這座「立體壇城」中的欲界、色界和無色界，則具體表現出：自我經由修持而可能達到的不同境界。

　　在她的這篇論文裡，Jaffe 指出：不論是在原始人的太陽崇拜或是在現代宗教裡，在神話或是在夢裡，在西藏僧侶繪製的曼陀羅，或是在文明社會中

之世俗和神聖建築的平面圖裡，圓的象徵都是指向生命最重要的境界，即生命的終極圓滿（ultimate wholeness），而方型則是世俗事物、肉體與現實的象徵。

　　在印度用來觀想的「護符」（yantras）中，有一種相當普遍的主題是兩個相互交叉的三角形，其中一個三角形頂點向上，另一個頂點向下。在印度教中，這種形狀象徵濕婆神（Shiva）和剎克蒂神（Shakti）之陰陽神性的結合。在中國，陰陽結合則是以太極圖來代表。這種結合圓滿實現了所有宗教的最終目的：天人合一，或靈魂與上帝的結合。其象徵意義與曼陀羅更普遍的圓形相似，它們代表了心靈或自我的圓滿狀態，在這種狀態中，意識與潛意識的作用是互相融攝的。

▣ 基督教的發展

　　基督宗教藝術的核心象徵不是曼陀羅，而是十字架。在 Carolingian 王朝時代之前，等邊的或希臘式的十字架都是普遍的形式。然而，隨著時間的發展，十字架的重心逐漸上移，呈現出目前直長橫短的拉丁形式。這個發展反映出中世紀時期基督宗教的內在發展，象徵人類信仰重心的移動，從塵世「向上」提升到精神領域。這個趨向源自於實踐基督訓示的一種希望：「我的王國不在這個塵世上」，因為只有天堂才能給出充滿承諾的召喚，中世紀的人把希望寄託在彼岸，世俗生活、這個世界和肉體，都是必須超越的力量。

　　在中世紀的神秘主義（mysticism）中，這種努力達到了巔峰。彼岸的希望不僅表現在十字架重心的上升，同時也表現在哥德式大教堂不斷增加的高度上。這些教堂十字型的建築平面圖，是拉長了的拉丁十字架，似乎是要挑戰地心引力法則。然而，教堂中心的聖水器洗禮池，仍然是標準的曼陀羅平面圖。

　　在文藝復興的萌芽時期，歐洲人的世界觀開始產生了革命性的改變。在中世紀晚期達到巔峰的「向上」運動，開始反轉過來，西方人轉回到俗世之中，重新發現了自然與肉體之美，首次開始環遊世界，並證明了世界是球體。

機械法則與因果律成為科學的基礎。宗教情感、非理性主義、神秘主義的世界，這些在中世紀風靡一時的東西，愈來愈被邏輯思維的傲人成就所掩蓋。

第二節　「方以智」與「圓而神」

　　牟宗三（1955）在其所著的《歷史哲學》一書中，也用「圓」、「方」，以及類似拉丁十字架「向上」的意象，來比較東西文化之差異。牟宗三認為：儒家文化是以孟子「仁義內在，性由心顯」的哲學作為核心，而展現出來的，其文化生命可稱之為「綜和的盡理之精神」；有別於西方「分解的盡理之精神」。

◨ 綜和的盡理之精神

　　在「綜和的盡理之精神」一詞中：所謂的「綜和」是指「上下通徹，內外貫通」；所謂的「盡理」，則是指荀子所說的「聖人盡倫者也，王者盡制者也」、孟子所說的「盡心知性以知天」，以及《中庸》所說的「盡己之性，盡人之性，盡物之性」。「盡心盡性是從仁義內在的心性一面說，盡倫盡制是從社會禮制一面說，其實是一事。盡心盡性就要在禮樂的禮制中盡，而盡倫盡制亦就算盡了仁義內在之心性。」牟宗三認為：心、性、倫、制都是道德生命的發揮，都可以稱之為「理」。這種盡理是「綜和的盡理」。「其所盡之理是道德政治的，不是自然外物的，是實踐的，不是認識的或『觀解的』（theoretical），這完全屬於價值世界事，不屬於『實然世界』事。」中國的文化生命完全是順這一條線而發展出來的。

　　希臘是西方文化源泉之一，他們首先要把握的是「自然」，在探索外界自然的過程中表現其心靈之光。生命是內在的，自然是外在的。「所以中國人之運用其心靈是內向的，由內而向上翻；西方則是外向的，由外面向上翻。」能觀解的「心靈之光」是智，其觀解的是自然，由外而向上翻，就是以「智」把握自然宇宙所以形成之理，所以西方文化「智」的方面特別突出，

是「智的系統」，其文化系統背後的根本精神則是「分解的盡理之精神」。

▣ 分解的盡理之精神

牟宗三所說的「分解的盡理之精神」，就是希臘「學術的傳統」。他認為：在希伯來宗教傳統下產生的基督教精神，也是分解的盡理之精神。因為基督教精神是隔離的、偏至的，所以基督教為了證實上帝之絕對性、純粹性，因此可以放棄現實的一切，甚至放棄現實的生命。可是，因為人與上帝之間「睽隔不通」，人卻永遠不能為上帝。相對之下，在中國文化中，人卻可以與天地萬物為一體，人人可以為聖人，因而中國文化是「圓盈形態」的文化，而西方文化是「隔離形態」的文化；基督教為「離教」，而儒教為「圓盈之教」。

用前述曼陀羅的結構來看，中國「綜和的盡理之精神」、「由內向上翻」，所追求之「圓而神」的生命境界，可以用「太極圖」來表示；西方「分解的盡理之精神」、「由外向上翻」，所追求的生命境界，則可以用「十字架」來表現。理性思考的結果，西方人發現：人不可能變成上帝，人與上帝之間睽隔不通，所以又回歸到現實的俗世世界，用「方以智」的精神發展自然科學，造成西方文化的現代化。

第三節　自我生命的深層結構

牟宗三（1955）以儒家文化「綜和的盡理之精神」和西方文化「分解的盡理之精神」相互比較，他所關注的是「中國文化現代化」的問題。為了方便說明他的理論，而不得不以「圓而神」和「方以智」二元對立的方式，來突顯中、西文化之對比。事實上，作為世界七大奇蹟之一的婆羅浮屠，才是真正代表人類自我生命的深層結構。人類出生後的幼兒時期，都是處在「欲界」之中，只會追求基本慾望之滿足。長大成人後，則進入「色界」的各種不同階段；心智完全成熟之後，才會思索「無色界」的諸般問題，而追求終

極圓滿的人生境界。以曼陀羅內圓外方的結構所代表的「方形的圓」，代表了成年人自我的深層結構。換言之，不管是在哪一個文化之中，成年人自我的深層結構都是由「方以智」和「圓而神」所構成；西方現代的文化只不過是文藝復興運動發生之後，西方人放棄掉對「彼世」的追求，使其「智」的文化特別發達而已。

▣ 「個體」

以自我生命的深層結構作為基礎，我們便可以針對本土心理學發展的需要，建構出一個普世性的自我理論，以說明文化傳統與個人行動之間的關聯。這個理論所關注的焦點，是自我在其生活世界中所採取的行動。在這個理論模型中，所謂「自我」，是指業經社會化而具有反思能力的個人，其生活世界可以用曼陀羅內圓外方的結構圖來表示。在婆羅浮屠的「三界」中，他是處在「色界」裡的一位成人。

圖 3-1 中的「自我」處於兩個雙向箭頭之中心：橫向雙箭頭的一端指向「行動」或「實踐」（praxis），另一端則指向「知識」或「智慧」；縱向雙箭頭向上的一端指向「人」（person），向下的一端指向「個體」（individual）。從文化心理學的角度來看，這五個概念都有特殊的涵義，都必須作進一步的分疏。

「人」、「自我」和「個體」的區分，是人類學者 Grace G. Harris（1989）所提出來的。她指出，在西方的學術傳統裡，個體、自我和人這三個概念有截然不同的意義：「個體」（individual）是一種生物學層次（biologistic）的概念，是把人（human being）當作是人類中的一個個體，和宇宙中許多有生命的個體並沒有兩樣。

由於「個體」是一種生物學層次的概念，作為人類學者的 Harris，並沒有對它做太深入的討論。然而，我們不難推知：作為生物學的個體，世界上所有人類的心智（mind）必然都具有十分類似的深層結構心理功能。以這樣的功能作為基礎，他們才能夠在自己的生活世界中，根據自己的生活經驗，

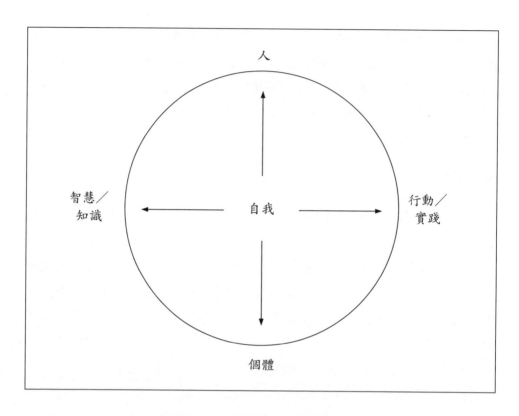

圖 3-1　自我的曼陀羅模型

建構出其獨特的「自我」。

▣ 人

　　「人」（person）是一種社會學層次（sociologistic）的概念，這是把人看作是「社會中的代理人」（agent-in-society），他會在社會秩序中採取一定的立場，並策劃一系列的行動，以達成某種特定的目標。

　　要把「人」看作是「社會中的代理人」，必須注意「社會關係的系統」（systems of social relationships），探討依循某種道德秩序（moral order）而生活的人，如何採取行動，並對他人的行動作出反應。由社會內部的角度來

看，一種社會道德秩序（sociomoral order）的進行，其中所有的動作和宣稱都是公共建構歷程的結果。參與社會互動的人會依照文化特有的「理路」、規則、價值標準，以及他們對事實（factuality）的認識，來從事這種建構工作。他們會不斷的稱呼、分析並詮釋彼此的行動，同時對行動的原因產生出公共論述之流（a stream of public discourse）。

　　人類學家通常是從「結構」和「歷程」的兩種途徑來研究各種不同文化中的「為人之道」（accounts of personhood），以及行動能力的本質（nature of agentive capacities）：「結構」的途徑是檢視某一社會中人們所認可的「社會類別之序列」（the array of social kinds）。由於進入某種受重視之社會類別並不是「人人可得而為之」，它必須經過社會的認定（social validation），因此，「歷程」的途徑是檢視各種不同社會類別的「社會生命週期」（social life cycles），在看待個人在進入或離開某種社會類別時，被公開賦予或剝奪掉哪些行動的能力。

◰ 自我

　　「自我」（self）是一種心理學（psychologistic）的概念，是把人看作是一種經驗匯聚的中樞（locus of experience），其中最重要的部分包括經驗到自己是一個什麼樣的人。西方心理學家通常認為：個人反思覺察（reflexive awareness）的能力會產生出自我的雙元性（duality of self）：作為「主體」（subject）的自我能夠整合自己的行為，使其與其他人的行為有明顯的不同，而能作為「自我認同感」（sense of self-identity）的基礎；同時，自我又能以自己作為覺察的「客體」，清清楚楚地看出自己和世界中其他客體的不同，將自己看作是一個獨特的整體，而獲致一個「個人認同感」（sense of personal identity）。

　　每一個文化對於自我的來源、自我與其肉身之生、老、病、死的關係、自我和各種道德宣稱之關係，以及自我與其他人之間的關係，都存有一定的觀念，而構成此一文化的「人觀」（concepts of person）。作為文化承載者的

「自我」，則成為個體與社會世界發生關聯時的交界點：每一個人都生活在各種不同的社會文化脈絡之中，每一種文化脈絡都會提供一套文化的參考架構，告訴他怎麼做才是一個「好」人，怎麼做就是一個「壞」人（Markus & Kitayama, 1994）。「自我」並不是個人或大腦的一部分，它是「個體」對自身賦予意義的方式。每一個人在他的生活歷程中，對於「如何做人」都會學到許多不同乃至於互相競爭的理解，而「自我」則成為這些不同理解的整合中樞，其功能是作為一套個人特有的解釋參考架構，形塑個人的思想、行動、動機以及情緒反應。

第四節　行動與意義

　　〈自我的曼陀羅模型〉關注的是「自我」在其生活世界中所採取的「行動」（action）或「實踐」（praxis），而不是一般心理學者所說的「行為」（behavior）。我們可以用符號互動論的觀點，來說明這兩組概念之間的不同。在 George H. Mead（1863-1931）構思符號互動論的 1920 年代，正好是行為主義方興未艾的時代。當時有些心理學者正開始研究所謂的「操作性條件反射」（operant conditioning），認為這是所有行為的基礎。Mead 卻頗不以為然。在他看來，在人類的行為中。只有「習慣」（habits）才是機械性地重複以往成功的動作，像穿衣、走路、騎車、吃飯等，都是習慣之例。但習慣卻只占人類行為的一小部分。在某些情況下，個人可能會面對一種他不熟悉的新情境，他無法憑過去的經驗知道什麼是適當的反應；在某些情況下，個人可能面臨一種模糊的情境，而必須在幾種可能的反應中作出抉擇（Mead, 1934）。

◩ 行動與意義意識

　　Mead（1934）將「行動」（act）分為衝動（impulse）、知覺（perception）、操作（manipulation）和完成（consummation）等四個階段。「意義

意識」是促使個人採取行動的第一步驟。當個人面對一個問題情境而產生行動的衝動之後，他會主動知覺當下情境中各種刺激的意義，以之與過去經驗中關於類似刺激的記憶互作比較，並思考可能的後果，再思考採取何種操作性的行動。在許多情況下，個人不必經過實際的嘗試，光只憑想像，也可以學會新的意義或新的操作。在整個操作的過程裡，他會注意整個事件的變化，不斷地對外在環境發生疑問，並產生「意義意識」，直到他發現：自己行動的後果和其對情境的定義諧和一致，其意識中對意義的搜尋才會中止，他的行動才宣告「完成」。

「意義意識」標誌著「行動理論」和「行為學派」的最大不同。行為學派把人類大腦的運作看作是「黑盒子」，但「行動理論」反對這種觀點。用 Eckensberger（1990, 1996）的行動理論來說，「行動」並不是一般心理學者所謂的「行為」，而是指行動者（actor or Agency）的身心狀態。除了看得到的行為之外，看不到的也可以算是行動。動手做某一件事，使之發生，這是行動；故意不動手，而讓事情不發生，儘管從外界觀察不到任何行為或狀態變化，也可算是行動。

在解釋行為時，心理學家常用原因（cause）去說明及預測一個行為是否發生。從行動理論的觀點來看，行動的產生和它的理由（reason）有關。行動理論關心的不是準確地預測個人是否會採取某一個行動，而是去看它的理由。「原因」與「理由」的區別在於，前者旨在於解釋（explanatory），著重於前因與行為的分析；後者的目的是理解（understanding），著重於目的對行動的影響。由於讓事情「發生」或讓事情「不發生」都是行動，其關鍵在於行動者對自身行動的自由意志。

第五節　反思與行動

除了自由意志之外，行動理論還強調：行動者本身具有潛在的自我反省能力（potential self-reflexion），能隨時反省自己的行動。用 Giddens（1993）

的構動理論（structuration theory）來說，作為施為之主體的自我，具有兩種重要的能力：「反身性」（reflexivity），意謂他能夠覺察自己的行動，甚至能夠給出行動的理由；「能知性」（knowledgeability），則是指他能夠記憶、儲存並整理各種不同的知識，使其成為整合良好的個人知識系統。

▣ 行動的結構

Eckensenberger（1996）的「行動理論」（Action Theory）認為：行動的基本結構是：有一個「行動者」依照他的「意向」定出一個行動「目的」，找到一個「方法」（或手段），然後採取實際「行動」，這個行動必然帶來想要與不想要的「結果」。

探討行動的原因和目的，一定要探討行動者的意向（intentionality）。所謂意向是指，行動者與其所處的環境之互動。行動者可以改變環境，可以體驗環境，包括思考它、感覺它、想像它等；行動者也可以述說環境。述說是一種「語言行動」，一般而言，意向這個概念蘊含有未來導向或目的導向（teleological）的意義。行動者的實作實識雖然有規則可尋，但一般人通常只能心領神會，知道如何（how）實作，但不一定知道自己為何（why）要如此作。然而，當個人「反思地監視」（reflexively monitor）自己以及他人的行動時，他的「論述意識」（discursive consciousness）使其能夠計算並評估自己行動的後果，同時為自己以及其他人的行動提供合理化的理由。

用 Ecksensberger（1996, 2012）的行動理論來看，個人為了要從其生活世界的場域中獲取各種資源，必然會進行三種不同層次的反思，它們分別為：「世界取向」（world-oriented）、「行動取向」（action-oriented），以及「主體取向」（agency-oriented）的反思。

▣ 世界取向的初級反思

用存在現象學（existential phenomenology）的角度來看，任何人的生命經驗都是「在世存有」（being-in-the-world），他總是以某種方式與世界關

聯，而不可能遺世獨立，或甚至像笛卡爾所想像的那樣與世界對立。個人是在毫無選擇的情況之下，被「拋擲」到這個世界來的，當他開始有自我意識並發現自我的時候，他已經和自己所存在的「物理世界」和「社會世界」產生著各式各樣的關聯。

　　用〈自我的曼陀羅模型〉來看，個人在成長的過程中，會針對自己所處的外在世界，學到各種不同的「知識」內容，它包含邏輯性、技術性以及工具性的認知基圖（schemata）及行動能力（action competence），也包含社會行動的能力（social competence）。行動主體在其生活世界中，作「世界取向的反思」（world-oriented self-reflection）時，可以基於其個人的偏好，從其知識庫（stock of knowledge）中，選取他認為合宜的目標與方法，並付諸行動。其最後決定因素，為其「社會認知」中的「個人關懷」（personal concerns in social cognition）（Eckensberger, 2012）。

▣ 行動取向的次級反思

　　當個人在生活世界中的行動遭到阻礙或挫折時，他必然會經歷到負面情緒，並產生及企圖控制外界的努力。當他作「世界取向」的反思，並發現他從文化中習得的知識，不足以克服外在世界中的障礙時，他就必須進一步作「行動取向」（action-oriented）的反思，思考採取什麼樣的行動，才可以恢復行動主體和外在世界之間的平衡。「行動取向」的反思必然是未來取向的（future-oriented），有一種基本的目的論結構（basic teleological structure），並且包含決策以及後果的評估，而可能導致正式的行動。

　　在「世界取向」的行動中，個人會以直覺對外在世界中的障礙作主觀的解釋。在「行動取向」的反思中，個人會在自己「行動的脈絡」中（action context）反思障礙的意義，並尋思用何種方式來克服障礙較為合適。在圖 3-1〈自我的曼陀羅模型〉中，橫的雙向箭頭分別指向「行動」與「知識」；縱的雙向箭頭分別指向「人」與「個體」。這意思是說，「色界」中的自我，其實是處於一種力場（field of forces）之中。當他要採取行動時，他的決定

可能會受到幾種力量的拉扯。尤其是當他自我認同於某種社會角色時，他一方面必須思考：自我應當如何行動，才配稱是一個社會性的「人」；另一方面又因為自己同時是生物性的「個體」，而受到各種慾望的拉扯。這時候，行動主體經由文化學得的某些信念、道德或法律，會成為其「規範性的認知基圖」（normative schemata），而成為其規約系統（regulatory system），以引導其反思的方向。

▣ 進化認識論

在〈自我的曼陀羅模型〉的思考架構之下，本章所關懷的不僅是針對「社會世界」的社會實踐，而且還包括針對「物理世界」解決科學問題的學術實踐。Karl Popper（1902-1994）所提出的「進化認識論」（evolutionary epistomology），使科學哲學的主流從「實證主義」轉向「後實證主義」。其進化認識論可以用一個四段圖式來加以說明：

P1→TT→EE→P2

P 表示問題（problem），TT 表示試探性的理論（tentative theory），EE 表示排除錯誤（error elimination）。倘若要以此一圖式來表示普遍性的試錯法，則圖式中的 TT 可以改變為 TS（試探性的解決，tentative solution）。後來，他又將這個圖式修改為下圖（Popper, 1972/1989, p. 313），而成為此一圖式的普遍形式：

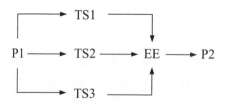

這個經過修正後的普遍圖式，其意思為：當生物體的期望遭遇到挫折前，或是他原有的知識陷入困境的時候，他會設法對這個問題情境提出試探

性的解決方案。這種解決方案可能不只一個，也不一定正確，因此必須將錯誤的解決翻案排除掉，保留尚未被否定掉的解決方案。這樣留下來的方案又可能遭遇到新的問題，如此往復，以至於無窮。換言之，Popper 在其「進化認識論」所提出的公式，具有時間上的可重複性。可是，就行動者在生活世界中解決實質性問題的行動而言，卻具有時間上的不可反逆性（irreversibility），而構成他個人經驗的歷史性（historicity）。

　　個人在思考問題的解決方案時，其整個意識會集中於問題以及各種可能的解決方案之上，而形成所謂的「焦點意識」（focal awareness）。個人在過去生活歷史經驗中累積並儲存在其潛意識中的習性和經驗，則可能被召喚到意識之中，成為其解決問題的「支援覺察」（subsidiary awareness），有助於找出問題的解決方法（Polanyi, 1964）。值得強調的是：個人在思考某一件事情的時候，不論是其「覺察焦點」的意識，或是可以提供其「支援覺察」的潛意識，都不是亂七八糟，而是有結構性的。用日本哲學家市川弘（Ichikawa Hiroshi）所提出的概念來說（Nagamoto, 1993），前者使個人的意識投向某一特定目的，此稱為「意向的結構」（intentional structure）；後者儲存由個人生活經驗學得的各種「習性」，它提供個人各種「實踐的可能性」（possibility of practice），此稱為「取向的結構」（orientation structure）。

▣ 主體取向的三級反思

　　在第二層次的反思過程中，如果涉及個人理想中的自我（ideal self）或有關行動者自身的定位，就進入第三層次的反思（tertiary self-reflection）。人類的最重要特徵之一，是會進行不斷的自我反思。當「行動取向」的反思又遭遇到挫折時，會更進一步追問：「我真正的目的是什麼？」「我個人堅持的品格與信念對我有多重要？」最後，他可能還會問：「我是誰？」「我存在的意義是什麼？」

　　這種第三層次的反思，Eckensberger（1996, 2012）稱為「主體取向」（agency-oriented）的反思。用〈自我的曼陀羅模型〉來看，個人在進行此一

層次的反思時，必然會受到其文化中「人觀」（personhood）的影響，認為符合什麼樣的角色期待，才配稱作一個「人」，從而發展出「自我認同」，並決定以什麼樣的姿態，將自我展現於外在世界之前。

從心理學的向度來看，個人反思覺察（reflexively awareness）的能力會使個人產生自我的雙元性（duality of self）：作為「主體」（subject）的自我能夠整合自己的行動，使自己與其他人有明顯的不同，並以之作為「自我認同感」（sense of self-identity）的基礎。同時，自我又能夠以自己作為反思覺察的客體，看出自己和世界中其他客體之間的關係，並把自己看作是某一特殊社會群體中的一部分，而獲致一種「社會認同感」（sense of social identity）或「個人認同感」（sense of personal identity）。

▣ 冥想的反思

個體的「自我認同」和「社會認同」對於自我所要進行的反思工作具有十分重要的意涵。當個人在日常生活中因為扮演某種角色，而作出各種社會行動的時候，如果他習以為常的「慣習」能讓其順利處理日常中的事物，則他可以不必進行深度的反思工作。相反的，如果他的「慣習」不能讓他解決其所面臨的問題，則他必須開始用其「個人知識庫」（personal stock of knowledge）所儲存的知識，來進行反思，並解決困難。

當個人認同於某一社會群體的時候，他必須和他人進行溝通，並進行社會實在的建構（the construction of social reality）。作為社會群體的一員，他們建構出來的社會實在也可能遭遇到某些共同的問題。在必要的時候，個人就必須進入社會資料庫，搜尋資料，設法解決整個社群所面臨的共同問題。如果他對生活世界中的問題百思不解，無論如何都找不到答案，第三層次反思行動的對象可能達到宗教層面，Eckensberger（1996）稱之為「冥想的反思」（contemplative reflexion）。

第六節　實踐、資源與場域

　　然而，人並不一定會對自己的每一項行動都進行反思。依照 Giddens（1993）的說法，行動者的實作意識（practical consciousness），使他能夠以默會的方式，熟悉並身體化某種實作的技巧或知識。Bourdieu（1990）之「建構主義的結構論」（constructivist structuralism）則是以「習性」（habitus，或譯為「慣習」）這個概念，來說明這種藉由身體化（embodied）所表現出來的結構化特質。所謂「習性」，包括個人身體和心理方面的性向、嗜好和習慣，它是個人身心狀態最典型的外觀和條件，是在某一社會結構條件下，行動者所形成的實踐或行動傾向，讓行動者得以在特定的時空情境和社會關係網絡中，表現出具有一定秩序的動態之身心實踐形式。

▣ 社會實踐

　　Bourdieu所說的「實踐」並不等於Mead所謂的「行動」或「社會行動」（social act）。「實踐」涵蓋的層面要比「行動」寬廣得多，它是個人在其人格發展歷程中學到的思維和行為方法。經過社會化歷程的長時期培養，這種習慣性的處事方式，已經融入個人認知和身體的基圖（cognitive and body schema）之中，並表現在行動者思想、言談、行為等方面的實踐方式上。而表現在行動者意識之中的習性，通常是以語言作為媒介，將外來的訊息依照「上／下」、「男／女」、「冷／熱」等各種不同的對立向度來加以分類，Bourdieu 稱之為「實踐的分類法」（practical taxonomy）。

　　「實踐」必然發生在個人的生活世界裡，它具有一定的時間性和空間性。個人在生活世界中所面臨的情境，並不完全是由他自己所創造出來的。那是因為他生於斯、長於斯、學習於斯，而對其在社會空間中所占的位置產生出一種社會認同，這種認同的感覺或感受，迫使他不得不對外在的情況有所行動、有所反應或有所實踐。

　　大多數人對其生活世界裡所發生的大多數事情都會採取一種順其自然的態度。他們雖然粗略地知道事情總有個來龍去脈，但也明白自己無法完全認識整個事情的真相，因此，他們對於發生在自己周遭中的大多數事情，都會以一種不加反思的態度，聽其自然，而不作任何改變。只有那些與他的社會認同有關的事情，他才會作出回應。

　　由於社會生活千變萬化，很難有一定的規則可循；在大多數情況之下，社會實踐都是一種隨機應變式的即興表演（improvisation）：人們運用其在歷史經驗中所學習到的各種「習性」，作出立即式的反應。他們和其他人進行互動的方式，也很像在玩後期維根斯坦哲學所說的「語言遊戲」（Wittgenstein, 1945）。

◻ 場域與意圖結構

　　任何一種行動或實踐，都發生在某一特定的情境之中：這種場域，Bourdieu（1993）以法文稱之為 champ，或以英文稱之為 field，政治學者稱之為「賽場」（arena），它是行動者運用各種資源，和他人展開鬥爭，希望達成個人目標，以爭取利益的所在。

　　此處所謂的「賽場」或「場域」，一方面固然可以用物理空間的概念來加以理解：人們可以在這個物理空間中從事各種不同形式的鬥爭，以爭取某些特定的社會資源。但更重要的是，它同時是指一種「心理場」（psychological field）（Lewin, 1951）：行動者是因為想要獲致某些可欲的特定目標，心理場中所存在的各個不同成分，才會組成某種型態的「意圖結構」。就行動者所要遂行的社會實踐而言，心理場中的位置和距離不能用尺寸之類的物理概念來加以描述，而必須用諸如角色和關係的概念來加以理解（Orum, 1979）。

　　行動者通常都是生活在文化之中。「文化」提供給行動的規則與規範，無論是作事或是人際間的互動都必須遵循一定的規範，因此文化可以稱為意向的世界（intentional world）（Shweder, 1991），或行動的場域（action field）（Boesch, 1991）。

　　一個行動者所採取的行動必須要參考周遭社會環境提供給他的規則，才能達成目標。但是，從另一個角度來看，文化也是人所創造出來的，行事的規則也可以更改或創新。從行動理論的觀點來看，一方面文化提供行動者的行動範圍與規則，另一方面行動者也不斷在實踐文化所定的規範以及創造新的文化。

▣ 社會交換的資源

　　作為生物的個體，為了維持自己的生存，必須從其所存在的生活世界中獲取各種的資源，來滿足一己的需要。早期主張社會交換論的心理學者在從事實驗研究的時候，大多沿襲行為學派的觀點，將人們認為「有價值之物」，不管是金錢、物品、社會的尊敬等，都一視同仁地視之為「酬賞」（rewards）。這是西方資本主義社會以「擁有」（having）代替「存在」（being）的一種觀念，是一種將社會價值「物化」（reification）的想法，其實是不符合現實的。

　　Foa與Foa（1974, 1976, 1980）提出的社會交換資源理論，將資源分為：愛情、地位、訊息、金錢、物品及服務等六類，這些資源在「具體性」（concreatness）和「特殊性」（particularism）這兩個向度上各有不同的屬性，如圖 3-2 所示。所謂「具體性」是指某類資源具體或抽象的程度；所謂「特殊性」是指個人只能從某些特定的社會對象獲得該項資源。比方說，在圖 3-2 中，「愛情」的「特殊性」最高，而其「具體性」居中，這表示個人只能從某些特定的對象獲得「愛情」，但在其他地方則無法獲得。「金錢」的「特殊性」最低，「具體性」居中，這意味著「金錢」可以用來和不同的對象換取不同的資源。

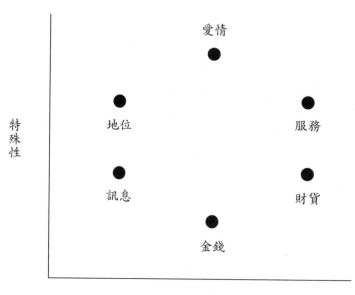

圖 3-2　社會交易之資源在特殊性及具體性二向度上的位置

資源與資本

在 Foa 與 Foa 的資源理論中，最值得吾人注意的是「特殊性」這個向度。許多「特殊性」極高的資源，像愛情、尊敬（地位）等，顯然不是四處可得，而必須從某些特定的對象處方可獲得。換言之，在思考交換原則之適用性的問題時，我們不能不進一步考慮交換雙方之間的關係。

個人所擁有的資源，Bourdieu（1986）稱之為資本（capital）。他將人們在場域裡面所擁有的資本分為三種：文化的、經濟的、社會的。場域之所以存在，是因為行動者意圖要獲取某種特定的資源，而必須承認場域內各種資源分配的合法性，其心理場內所意識到的個人或群體所占據的社會位置，因而形成了一種結構化的體系。由於社會的位置有上下之分，人與人之間的關係有親疏之別，行動者所知覺到的每一個社會位置之占有者，他們在場域中

所擁有的資源、權力和機會都各不相同。為了要獲取某種資源，行動者意識中的意圖結構，會導引他在場域中作出各種不同的社會實踐。

☑ 意圖結構與場域的變化

在每一個場域裡，都有資源的支配者與被支配者。為了要爭取重要的社會資源，有相似習性與實踐的行動者往往會聚在同一個場域裡，進行爭取權勢和排斥他人的鬥爭。在行動者的意識裡，場域的疆界並不是固定不變，隨著鬥爭範圍的擴大，行動者的意圖結構也會跟著擴大或移轉，而場域之外的許多環境因素也會被帶到場域裡面來，並影響個人的實踐或團體的活動。

在同一社會中作為其成員之行動者，雖然可能是各自在其生活世界中的不同場域進行不同性質的社會實踐，可是，由於行動者的意識中之意圖結構可以擴張和移轉，不同行動者的意圖結構也可能彼此重複，而形成他們之間的集體意識（collective consciousness）（Durkheim, 1964）；各個場域內的權力結構或組織方式，也會彼此勾串、互相搭掛，造成社會中諸場域的同質和同源性。

嚴格來說，因社會分工和社會分化的結果，現代工業社會中的每一場域都有其自身的行動邏輯。然而，由於某種場域中的行動者掌握較為豐沛的資源，其權力運作的結果，可能造成其他場域的屈服，也可能迫使其他場域調整其運作邏輯，使其變得和權力中樞的場域大同小異。

在傳統社會裡，人們在其生活世界中所經歷過的場域數目較為有限。然而，在工業社會裡，由於分工複雜，社會分化極為明顯而細緻，因此可能擁有種類極為繁多的場域，他們建構出相對自主的「社會微世界」（social microworlds），Habermas（1987）稱之為「系統」（system），並用各種不同的「科學微世界」來支撐「社會微世界」或「系統」的運作。人們在「社會系統」中工作或競爭，久而久之，各種「微世界」所使用的語言滲入了人們的生活世界，Habermas 稱為「系統」對生活世界的殖民。

第七節　個人知識的發展

　　在圖3-1中，橫的雙向箭頭分別指向「行動／實踐」與「智慧／知識」；縱的雙向箭頭分別指向「人」與「個體」。這意思是說，「色界」中的自我，其實是處於一種力場（field of forces）之中。當他要採取行動時，他的決定可能會受到幾種力量的拉扯。尤其是當他自我認同於某種社會角色時，他一方面必須思考：自我應當如何行動，才配稱為一個社會性的「人」；另一方面又因為自己同時是生物性的「個體」，而受到各種慾望的拉扯。當他要採取行動，而遭到問題時，他可能會先以「個人知識庫」中所儲存的資訊進行反思；如果問題仍然無法解決，他可能會更進一步進入「社會知識庫」中去找尋答案。

　　在上述的自我理論中，「個人知識庫」和「社會知識庫」是兩個非常重要的概念，必須從不同的角度來加以詮釋。首先，我們可以從 Piaget 的認知發展理論，來說明「個人知識庫」的主要內容。

◻ 認知的基圖

　　Piaget（1977）所提出的「發生認識論」認為：知識既不是像「理念論」者所主張的先驗「真理」，也不是像「經驗論」者所說的，是由感官經驗所決定，而是在認識過程中，認識主體與客體交互作用的產物。他所主張的互動論（interactionism）認為：一切認識，甚至知覺認識，都不是現實的簡單摹本。認識總是包含對客體的新經驗融入於先行結構的過程。

　　在Piaget的心理學和認識論中，「基圖」（scheme, schema）是個十分重要的核心概念。所謂「基圖」是指：在同一類活動中，可以從一個情境移轉到另一個情境的認知結構，它可以協調具有相同性質的各種行動，將具有同樣特徵的所有活動予以同化，並且在重複運用中仍然能夠保持其共同性。比方說，一個兒童蒐集玩具的行為，和其稍長後蒐集郵票的行為，可能都是出

自於「聚集的基圖」；將石頭、木塊或數字序列依大小加以排列，則是出自於「秩序的基圖」。

如此一來，我們可以發現很多的基圖。由於一個活動包含著許多行為，通常需要許多基圖才能使某一項活動結構化。換言之，在大多數情況下，基圖並不是單獨起作用的。人的智力行動，就是使各個認知基圖互相協調，使之串聯到一個整體的系統之中。

▣ 適應的歷程

Piaget 認為：生命必須不斷地對變化的外在環境作適應（adaptation），人類的智能不過是生命在其演化過程中所採取的一種「適應」形式。更清楚地說，智力是在生命的成長與總體運動過程中，透過各種不同的適應形式，逐漸發展出來的。它是生物適應環境的一種特殊形式：生物有機體適應環境的方式，是運用物質材料在其世界中進行建造；智力適應環境的方式，則是運用精神材料進行新的創造。

所謂「適應」，是生物有機體隨著環境的變化，不斷地變化自身，以與環境相互協調，而達到平衡的一種歷程，其目的在於追求生物體的自我保存與維持。適應的歷程（process of adaptation）主要包含兩種：「同化」（assimilation），是生物有機體自身不變，而將環境因素整合到生物有機體既有的結構之中；「順化」（accommodation），則是生物有機體以改變自身的方式，來應付環境的改變。同化與順化之間達到平衡（equilibrium），便是所謂的「適應」。

智力活動的適應過程亦是如此。就「同化」的歷程而言，智力活動必須將來自外部現實的經驗材料予以結構化，歸併入認識主體的智力結構或「基圖」中；就「順化」的歷程而言，智力活動也要不斷地改變這些結構或「基圖」，以適應新的環境。「同化」與「順化」兩種機制的運作，是一種雙向的辯證過程：只有當「同化」和「順化」達到平衡，智力的結構或「基圖」成為一個穩固的系統時，其適應過程才告達成。

▣ 智力的發展

　　由此可見，知識既不是如「理念論」者所強調的那樣，源自於先驗的「形式」；也不是像「經驗論」者所主張的那樣，是人腦對於現實事務機械式的反映；而是認識主體和被認識的客體相互作用的一種結果。在 Piaget 看來，主體對於世界的認識，必須以其生物體的發展作為基礎，因此，他窮盡畢生之力，研究兒童智力的發展，探討兒童在時間、空間、數、類等認識範疇（category）的概念，以及邏輯思維的發展。大體而言，兒童智力的發展可分為以下四個階段（Piaget, 1972/1981, pp. 21-57）：「感知—動作」階段（sensory-motor stage）、前運演階段（pre-operational stage）、具體運演階段（concrete operational stage），以及形式運演階段（formal operational stage）。

　　從 11、12 歲到 14、15 歲的少年，其思維能力會逐漸超越具體事物的束縛，並開始用「假設和演繹」的方式，進行形式性的抽象推理，並從前提演繹出結論來。這時候，他能夠根據命題邏輯的要求，將假設形式化，並對它們進行系統化的組合，他的知識也因此而有了無限的可能性。

　　當然，此處說：到了「形式運演階段」，兒童能夠發展出邏輯思維，並非意指：每一個兒童到了這個階段，都會發展出邏輯思維。前面說過：Piaget 是一個互動論者，他反對經驗論的觀點，認為認識是源自於一個有自我意識的主體；也反對理念論的觀點，認為認識是出自於一個既已成形又會將自己烙印在主體上的客體。相反的，他認為：認識源自於主體和客體之間的相互作用。倘若一個特定的文化環境沒有提供兒童足夠的文化刺激，兒童沒有接受邏輯訓練的機會，即使到了「形式運演階段」，他也不會發展出邏輯思考的習慣，他的知識成長也可能因此而受到限制。

第八節　行動的智慧

　　用本章所提出的〈自我的曼陀羅模型〉來看，Piaget（1932）的認知發展理論代表了個人在不同生命階段的認知發展狀態。換言之，圖 3-1 的〈自我的曼陀羅模型〉代表了成人在某一特定時間點上認知狀態的橫截（cross-sectional）面；從個人出生後的發展歷程來看，〈自我的曼陀羅模型〉應當是立體的（tri-dimensional），就像「婆羅浮屠」佛塔那樣。

　　除了認知發展之外，個人「自我」發展的另一個重要面向，是道德的發展。在「個人知識庫」中必然包含有「行動的智慧」，每一種文化傳統都會教導個人在各種不同的社會情境中，應當如何作出最有智慧的行動。用圖 3-1 的理論模式來看，個人在某一特定情境中的社會實踐，主要是受到作為社會施為者的「人」，以及作為生物之「個體」兩種力量拉扯的後果。換言之，每一個社會的成員在其成長的社會化過程中，都必須學會：個體在滿足其慾望的時候，必須遵循何種道德秩序而行動，他才能成為一個被社會所接受的「人」。從心理學的角度來看，個體在與社會互動而不斷成長的過程中，他必須學會這個社會中作為一個「人」所必須遵循的道德。

　　在心理學的領域裡，Piaget（1932）在《兒童的道德判斷》（*The Moral Judgment of the Child*）一書中，首先提倡以結構主義的方法，研究兒童道德判斷的發展。他認為：兒童道德判斷的發展，都是由第一階段的「他律性」發展出「自律性」。這樣的發展，是因為個人認知成熟（cognitive maturity）以及不斷和他人進行整合性互動（synergetic interaction），所造成的認知結構之轉化。兒童必須在認知上發展出邏輯思維的形式運作能力，同時在社會平等的基礎上不斷地和同輩進行互動，他才能夠從成人權威的抑制中解放出來，並發展出互惠（reciprocity）的認知「圖式」（schema）。這種結構性的轉化並不是社會學習的結果，社會學習只能解釋表層的行為改變，而不能說明深層認知結構的發展。

◘ 道德判斷的認知發展階段

在 Piaget（1932）的啟發之下，Kohlberg（1981, 1984）進一步將道德判斷的認知發展，區分為三個層次六個階段：

層次一：前俗規道德期（preconventional morality）

在前俗規道德期中，道德標準是外在而未經內化的，兒童會順從權威人物所強調的規則，以避免受到懲罰或獲得獎賞。他遵從現實主義的道德，認為能夠逃避懲罰或獲得滿足，就是對的。此一層次又可區分出兩個階段：

階段一：懲罰服從取向（punishment-and-obedience orientation）：兒童會以行動的後果來判斷一個行動的對錯，並服從權威以避免受罰。如果一個行動沒有被發現並受到懲罰，他就不會認為這個行動是錯的；反之，一個行動受到的懲罰愈嚴重，這個行動就愈「不對」。

階段二：相對功利主義取向（hedonism orientation）：此一階段的兒童，順從規則的理由是為了要得到獎賞，或滿足個人的目標。他之所以關心他人的未來，主要是想要得到回報。相對功利取向所遵循的道德原則是「你幫我抓背，我也幫你抓背」。

層次二：俗規道德期（conventional morality）

在俗規道德期中，個體會盡力服從社會規範或維持社會秩序，以贏得他人的贊同。他能夠了解他人的觀點，並仔細加以考量。社會讚許和避免受責備，逐漸取代實質的報酬和處罰，而成為道德行為的策動因素。此一層次也可區分出兩個階段：

階段三：「好孩子」取向（'good boy' or 'good girl' orientation）：處於階段三的兒童，其道德思維的目標是希望被認為是好孩子。所謂道德行動，就是作出取悅他人、協助他人或他人所贊同的行動；以他人的評估作為基礎，

來評估自身的行動。「老師說不可以」、「爸爸認為我很好」，是這個時期表達道德贊同的方式。

　　階段四：維持社會秩序取向（social order maintenance orientation）：這個階段的兒童會考慮一般人的觀點，並認為法律反映了社會的意願，所以順從合法權威的規則就是對的。順從的動機不是逃避懲罰，而是因為他相信：規則和法律有助於維持社會秩序，是值得保持的信念。

層次三：後俗規道德期（postconventional morality）

　　後俗規道德期的人會以一種普遍的正義原則來定義對和錯，但它和已制訂的法律或權威人物的命令，可能互相衝突；他所認為的道德正確，也不一定合乎法律的規定。此一層次又可區分出兩個階段：

　　階段五：契約、權利及民主法制取向（contract, right, and democratically accepted law orientation）：處在「社會契約期」的人，了解公正法律的目的是要表達大多數人的心願，以及人類共同的價值，無私的執行這些法律，是每個人都必須遵守的契約。然而，可能危及人類權利或尊嚴的強制性法律，不僅不公平而且應當予以挑戰。與此相較之下，在階段四的人通常不會挑戰現有法律的尊嚴，對這樣做的人也會提出質疑。

　　階段六：個人良知原則取向（individual principles of conscience orientation）：個人以自我選擇的良知原則，作為道德判斷的基礎。這些原則不像摩西十戒那樣的具體，它超越了任何法律、社會契約、抽象道德指引，或普遍的判斷原則（即尊重個人權利的原則）。此一階段的思考方式，使人在面對道德困境時，能夠考慮每個人觀點，並獲致一個大家都認為「公平」的解決方法。

　　Kohlberg（1984）的道德判斷發展理論和Piaget（1932）的基本論點十分類似，他也認為：個人認知結構的發展，源自於環境結構（the structure of environment）和有機體結構（the structure of organism）之間的互動，其目的在

使有機體與環境間的關係，達到更高層次的均衡（equilibrium）。「發展」基本上是一種認知結構的轉化，每一階段都意指一種性質明確的思考模式，而形成一個階層式聚合（hierarchically integrated）的結構秩序，包括：組織反應的特徵，以及聯繫經驗性事物的律則，以實踐適應與均衡的功能。更重要的是：在個體的發展中，不同的思考模式會形成一個不變的順序，文化因素只能影響發展的速率，或給予一個極限，它們並無法改變發展的順序。

第九節　存在意義的反思

　　不論是 Piaget 的認知發展理論或 Kohlberg 的道德發展理論，這些心理學者都宣稱：他們所建構出來的「機制」或「結構」是普世性的。其實不然。就拿和本書主旨關係最為密切的道德發展理論來說，以往在世界各個不同地區所作的許多跨文化研究結果顯示：由階段一至階段四的發展序階基本上是普世性的，符合 Kohlberg（1984）理論的預測。然而，從階段五之後，世界各個不同地區的道德判斷內容便出現相當大的變異，和 Kohlberg 道德發展理論的預測並不相符（Sneary, 1985）。不僅如此，Kohlberg 後來也發現：階段六的道德推理方式只是一種理想，因為很少有人會經常以這種方式來思考，所以 Kohlberg 認為：它是個假設性的結構，只有少數超越階段五的人才能達到這個階段。事實上，Kohlberg 的《道德判斷測量手冊》（*The Measurement of Moral Judgment*）最後一版，已經不再試圖去測量階段六的推理（Colby & Kohlberg, 1984）。

▣ 存在的面向

　　John Gibbs 是 Kohlberg 的學生，他在和 Kohlberg 長久合作之後，看到了 Kohlberg 道德發展理論所面臨的種種問題，因而試圖用 Piaget 種族發生學的觀點重新解釋其理論（Gibbs, 1977, 1979）。他認為：人類發展的獨特之處，在於它有「標準的」和「存在的」兩種面向。依照 Piaget 的觀點，人類的智

慧是一種包含社會、道德和邏輯思維等不同層面的整體現象，其發展和其他生物一樣，都遵循一定的「標準程序」；然而，其成熟卻能作為人類特有之存在面向發展的基礎。

Gibbs（1979）所提出的道德發展理論，其「標準面向」之四階段和Kohlberg 理論的階段一至四是互相對應的。然而，到了青少年時期，隨著第二度思維的不斷「擴大」，在標準發展最高階段的個人中，逐漸能夠用一種客觀的後設觀點，來了解現代的複雜社會系統。不僅如此，他還能夠反思自己存在於世間中的特殊情況。反思自身存在的結果，讓他可能從「社會成員之外的立場」，界定一種屬於個人的「道德理論」，來說明自己所遵循的道德原則（Kohlberg, 1973, p. 192）。然而，由於此種「存在面向」的發展不會受到胚胎發生學之因素（epigenetic factors）的影響，它並不遵循一定的標準序列。世界各地的人在構思其道德、科學和生活哲學時，也會顯現出各種不同的智慧。在這個階段，當個人試圖界定其道德哲學時，流傳於社會中的規範性哲學，很可能成為其第二度思維或後設倫理反思的材料。

▣ 自我認同與社會認同

Gibbs（1977, 1979）對 Kohlberg 道德發展理論的修正，對於本土心理學的發展具有十分重要的意義。用婆羅浮屠的比喻來說，當個體認知的發展進入「形式運演階段」，或其道德發展進入「後俗規階段」，他便從「欲界」進入了「色界」。這時候，其認知能力的發展不僅可能使他學習到各種不同的知識，而且可能學到各種不同的「人觀」。他會綜合各種不同的人觀，形塑出他個人的「自我認同」，也會因為他認同於某一個社會群體，而形成他的「社會認同」。

然而，不論是個人的「自我認同」或是「社會認同」，當個人認同於某一類別的「人」，並在圖 3-1 曼陀羅模型的「現象界」中遵循某種道德秩序而行動的時候，他必然會遭遇到種種亟待解決的問題。如果個人某一方面的知識足以應付其外在環境所提出的各種不同問題，他在這方面的「基圖」便

達到平衡狀態，他的「實作意識」也能夠讓他順利作出各種不同的社會實踐（Giddens, 1984）；他的「慣習」亦足以應付生活中的挑戰（Bourdieu, 1989）；這時候，他只要作「世界取向」的反思或行動（Eckensberger, 1996, 2012），並不需要改變自己的認知結構。

然而，當他的「個人知識庫」中所儲存的「基圖」不足以解決其在生活環境中所遭遇到的問題時，他便要作「行動取向」的反思（Eckensberger, 1996, 2012），從外在環境中獲取更多的訊息，並用順化的方式，改變自己的認知「基圖」，將其儲存到個人的知識庫之中。當個人認知「基圖」的結構有了極大的轉變，使其能夠運用他個人的知識輕易處理過去他認為很棘手的問題時，他的生命境界也可能隨之發生轉化，彷彿在「婆羅浮屠」中往上提升了一層。

第十節　社會知識庫

然而，在許多情況下，個人的知識並不足以解決其所面臨的問題。這時候，他可能必須到各種不同型態的「社會知識庫」中找尋他其需要的知識。

所謂「社會知識庫」是某一文化群體在其歷史發展過程中所累積下來的知識。此處「文化群體」一詞中所謂的「群體」，其存在通常會持續相當長的一段時間，他們處理生活中某些問題的方式，也因而形成了某種固定的模式，也可能構成所謂的「文化傳統」（Shils, 1981），可以藉由各種不同的方法傳遞給其他人。當個人需要這種知識時，他可以向擁有這種知識的專家學習，也可以閱讀相關書籍，在網路發達時代，他更可以上網去搜尋其所需要的知識。

◲ 客觀知識

在人類所建置的「社會知識庫」中，所儲存的最重要資料是 Popper（1972/1989）所謂的「客觀知識」。我們可以借用他所提出的「第三世界」

之概念，來說明「個人知識庫」和「社會知識庫」的不同。

在《客觀知識》一書中，Popper（1972/1989）總結他的「進化認識論」，而提出其「三個世界」的理論，認為人類所經驗到的世界可以分為三個：第一，是物理客體或物理狀態的世界；第二，是意識狀態或精神狀態的世界，或有關活動之行為意向的世界；第三，是思想之客觀內容的世界，包括：科學思想、詩的思想，以及藝術作品的世界。其中，他最重視的是各種不同的理論體系、相關的問題和問題情境，以及圖書館中刊載這些訊息及其批判性辯論的期刊和書籍。

從科學發展的角度來看，問題、猜測、理論、期刊和書籍，其本質都是主觀精神狀態或行為意向的符號表現或語言表現，它們只不過是一種溝通的工具而已。然而，Popper 卻認為：第三世界是一種獨立存在的「實在」。假設有一天，所有的機器和工具以及如何使用它們的主觀知識都毀壞了，但圖書館以及我們從其中學習的學習能力仍然存在，在經過一段時間的調整後，我們的世界仍然可以再次運轉。然而，假設連圖書館都毀壞了，以至於我們無法再從書籍中學習，則我們的文明在幾千年內都不會重新出現。因此，他認為：第三世界不僅是實在的，而且有其自主性。

客觀知識一旦形成之後，便與個人的主觀意向無關，它的存在不會受到個人意志的影響。即使沒有讀者，一本書仍然還是書。換句話說，相對於主觀意識而言，任何知識都是客觀的，有其相對穩定而且可以公開的內容。Popper 認為：將客觀知識和主觀知識分開，知識才能跳脫發明者的主觀意識，而成為全人類可以共享的存在，並使人類能夠根據客觀知識的遺產，繼承並且更進一步地發展知識。

Popper（1972/1989）所說的「主觀知識」，就是「個人知識庫」中所儲存的主要內容。他所說的「客觀知識」，則是科學社群的研究成果，它們會儲存在「社會知識庫」中，成為「社會知識庫」的重要內容，但卻只占「社會知識庫」的一小部分。通常也只有某一科學社群的專家，會去找尋 Popper 所說的那種「客觀知識」。

◙ 文化群體

更清楚地說，在後現代社會裡，每個文化群體都可能針對面臨的生活情境，創造出自己所需要的知識，來解決他們所面對的問題，而構成他們的社會實在（social reality）。他們也可能願意和其他人分享自己的生命經驗，並將其知識置入「社會知識庫」中，而成為「社會知識庫」的主要內容。對他們而言，這種知識也是「客觀的」，但卻不是 Popper（1972/1989）當初所界定的「客觀知識」。

本章對於所謂的「文化群體」採取了一種相當寬鬆的定義，凡是認同於某種文化，他們在日常生活中的社會實踐並因而形成一種傳統者，即可稱之為「文化群體」。像歐洲的基督教、東亞的儒教、南亞的印度教、中東及東南亞的伊斯蘭教，都曾經對某些文化群體產生重大影響，便可以成為本土心理學者研究的對象；即使在現代社會中出現的企業團體、NGO 組織，甚至透過網路而結合的青少年 cosplay 團體，也都可以視之為一種「文化群體」，並成為文化心理學者研究的對象。

從這個角度來看，作為當代主流心理學者主要研究對象的美國白人大學生，其實也不過是一種「文化群體」而已。以他們作為對象所建構出來的心理學知識，尤其是社會心理學知識，當然是相當「怪異的」（WEIRD）。本土心理學的主要任務，就是要正視非西方國家的文化傳統，並研究各種不同文化群體在其日常生活中所採取的行動，以及支持他們作出各種行動的智慧及文化價值。

然而，我必須指出的是：現代世界各個不同地區之間的文化交流愈來愈快速，新的文化群體不斷出現，他們都必然會遭遇到某些共同的問題，都可能成為本土心理學研究的對象。從本章所提出的理論模式來看，即使是所謂的「本土心理學社群」，也只不過是當代世界文化交流後所產生出來的一種「文化群體」而已。認同於本土心理學或甚至是本土社會科學的人，也可能面臨各種共同的問題，並遭受各種不同的挑戰。我們也必須要能夠從本書的角度，對他們所遭遇到的問題，提出合理的解答。

參考文獻

牟宗三（1955）：《歷史哲學》。高雄：強生出版社。

黃光國（2009）：《儒家關係主義：哲學反思、理論建構與實徵研究》。台北：心理出版社。

黃光國（2011）：《心理學的科學革命方案》。台北：心理出版社。

Boesch, E. E. (1991). *Symbolic action theory and cultural psychology*. New York, NY: Springer.

Bourdieu, P. (1986). The forms of capital. In J. G. Richardson (Ed.), *Handbook of theory and research for the sociology of education* (pp. 241-258). New York, NY: Green Wood Press.

Bourdieu, P. (1989). Social space and symbolic power. *Sociological Theory, 7*, 14-25.

Bourdieu, P. (1990). *In other words: Essays towards a reflexive sociology* (A. Matthew, Trans.). Redwood City, CA: Stanford University Press.

Bourdieu, P. (1993). *Sociology in question*. London, UK: Sage.

Colby, A., & Kohlberg, L. (1984). *The measurement of moral judgment* (Vols. I & II). Cambridge, MA: Cambridge University Press.

Durkheim, E. (1964). *The division of labor in society*. New York, NY: The Free Press.

Eckensberger, L. H. (1990). On the necessity of the culture concept in psychology: A view from cross-cultural psychology. In F. J. R. van de Vijver, & G. J. M. Hutschemaekers (Eds.), *The investigation of culture: Current issues in cultural psychology* (pp. 153-183). Tilburg, The Netherlands: Tilburg University Press.

Eckensberger, L. H. (1996). Agency, action and culture: Three basic concepts for cross-cultural psychology. In J. Pandey, D. Sinha, & D. P. S. Bhawuk (Eds.), *Asian contributions to cross-cultural psychology* (pp. 72-102). New Delhi, India: Sage.

Eckensberger, L. H. (2012). Culture-inclusive action theory: Action theory in dialectics and dialectics in action theory. In J. Valsiner (Ed.), *The Oxford handbook of culture and psychology* (pp. 357-402). New York, NY: Oxford University Press.

Feyerabend, P. (1993). *Against method* (3rd ed.). London, UK: Verso.

Foa, E. B., & Foa, U. G. (1980). Resource theory: Interpersonal behavior in exchange. In K. J. Gerger, M. S. Greenberg, & R. H. Willis (Eds.), *Social exchange: Advances in theory and research* (pp. 77-94). NY: Plenum.

Foa, U. G., & Foa, E. B. (1974). *Societal structures of the mind.* Springfield, IL: Charles C. Thomas.

Foa, U. G., & Foa, E. B. (1976). Resource theory of social exchange. In J. W. Thibaut, J. T. Spence, & R. C. Carson (Eds.), *Contemporary topics in social psychology* (pp. 99-131). Morristown, NJ: General Learning Press.

Gibbs, J. (1977). Kohlberg's stages of moral development: A constructive critique. *Harvard Educational Review, 47*, 43-61.

Gibbs, J. C. (1979). Kohlberg's moral stage theory: A Piagetian revision. *Human Development, 22*, 89-112.

Giddens, A. (1984). *The constitution of society: Outline of the theory of structuratian.* Berkley, CA: University of California Press.

Giddens, A. (1993). *New rules of sociological method: A positive critique of interpretative sociologies* (2nd ed.). Redwood City, CA: Stanford University Press.

Habermas, J. (1987). *The theory of communicative action* (Vol. 2). London, UK: Heineman.

Harris, G. G. (1989). *Concepts of individual, self, and person in description and* analysis. *American Anthropologist, 91*(3), 599-612.

Hwang, K. K. (2011). The Mandala model of self. *Psychological Studies, 56*(4), 329-334.

Hwang, K. K. (2012). *Foundations of Chinese psychology: Confucian social relations.* New York, NY: Springer.

Jung, C. G. (Ed.) (1964/1999). *Man and his symbols.* 龔卓軍（譯）（1999）：《人及其象徵：榮格思想精華的總結》。新北市：立緒文化事業有限公司。

Kohlberg, L. (1973). Continuities in childhood and adult moral development revisited. In P. B. Baltes, & K. W. Schaie (Eds.), *Life-span developmental psychology* (2nd ed.)

(pp. 179-204). NY: Academic Press.

Kohlberg, L. (1981). *Essays on moral Development (Vol. 1): The philosophy of moral development*. San Francisco, CA: Harper and Row.

Kohlberg, L. (1984). *Essays on moral development (Vol. 2): The psychology of moral development*. San Francisco, CA: Harper and Row.

Lewin, K. (1951). Problems of research in social psychology. In D. Cartwright (Ed.), *Field theory in social science* (pp. 155-169). New York, NY: Harper & Row.

Markus, H. R., & Kitayama, S. (1994). A collective fear of the collective: Implications for selves and theories of selves. *Personality and Social Psychology Bulletin, 20*, 568-579.

Mead, G. H. (1934). *Mind, self and society*. Chicago, IL: University of Chicago Press.

Nagamoto, S. (1993). Two contemporary Japanese views of the body: Ichikawa Hiroshi and Yuasa Yasuo. In T. P. Kasulis, R. T. Ames, & W. Dissanayake (Eds.), *Self as body: Asian theory and practice* (pp. 321-346). Albany, NY: State University of New York.

Orum, A. M. (1979). Social constraints in the political arena: A theoretical inquiry into their form and manner. *Political Behavior, 1*(1), 31-52.

Piaget, J. (1932). *The moral judgment of the child*. Glencoe, IL: The Free Press.

Piaget, J. (1972/1981). *The principles of genetic epistemology* (W. Ways, Trans.). London, UK: Rouledge and Kegan Paul.

Piaget, J. (1977). *The development of thought: Equilibration of cognitive structures*. New York, NY: Viking Press.

Polanyi, M. (1964). *Personal knowledge*. New York, NY: Harper Torchboo.

Popper, K. (1972/1989). *Objective knowledge: An evolutionary approach*. Oxford, UK: Oxford University Press.　程實定（譯）：《客觀知識》。台北：結構群文化事業有限公司。

Shils, E. (1981). *Tradition*. Chicago, IL: University of Chicago Press.

Shweder, R. A. (1991). *Thinking through cultures: Expeditions in cultural psychology*. Cambridge, MA: Harvard University Press.

Snarey, J. R. (1985). Cross-cultural universality of social-moral development: A critical review of Kohlbergian research. *Psychological Bulletin, 27*, 202-232.

Soekmono, R. (1976). *Chandi Borobudur: A monument of mankind*. Paris, France: The Unesco Press.

Vygotsky, L. S. (1927). The historical meaning of the crisis in psychology: A methodological investigation. In R. W. Rieber, & J. Wollock (Eds.), *The collected works of L. S. Vygotsky* (Vol. 3) (pp. 233-343). New York, NY: Plenum Press.

Wittgenstein, L. (1945). *Philosophical investigations* (G. E. M. Anscombe, Trans.). Oxford, UK: Blackwell.

Wundt, W. (1916). Völkerpsychologie und Entwicklungspsychologie. *Psychologische Studien, 10*, 189-238.

Wundt, W. M. (1874/1904). *Principles of physiological psychology* (E. B. Titchner, Trans.). Cambridge, MA: Harvard University Press.

第二部

傳統中國的理性化

第四章　西歐與中國：解除世界的魔咒

　　上一章提到：〈自我的曼陀羅模型〉是普世性的理論模型，是我為了解決「科學心理學」的偏頗而刻意構想出來的理論模型，它包含了 Vygotsky（1927/1987）所謂的「意圖心理學」或「靈性心理學」。當社會科學家要用它來比較不同文化的差異時，他可以視自己研究的興趣，從「智慧」、「知識」或其他層面切入，也可以思考不同文化中對於「人」的概念。

　　在〈自我的曼陀羅模型〉中，縱向軸雙箭頭的一端指向「人」（person）。「人」是一個社會學層次的概念，每一個社會群體都有一定的道德規範，要求其成員：在生活世界的各個不同領域裡，如何行動才算是一個「人」。Person 這個字翻譯成中文，有兩種不同的譯法：通常它指的是「人」，但是在基督教神學裡，它卻是指「位格」。依照「建構實在論」的哲學（Wallner, 1994），當一個字詞由一種語言翻譯成另一種語言，卻找不到合適的字詞，或發生一字多義的情況時，這個字詞往往蘊含著重要的文化差異。

第一節　基督教文化的斷裂

　　Person 這個字在中文裡的兩種譯法，不僅蘊含著西方基督教文化在歷史上的一個重要斷裂，而且也蘊含著中西文化的根本差異。要了解這一點，我們必須仔細討論 Person 這個字在西方文化中的兩種不同用法。依照 Harris（1989, p. 599）的說法，在西方的社會科學裡，「人」這個概念指的是「社會學者將人類概念化的模式」（sociologist modes of conceptualizing human beings）。然而，在基督教神學裡，「位格」指的是「三位一體」（Trinity）。不論是「人」或「位格」，都是要了解西方文化的核心概念。

▣ 神的名字

所謂「三位一體」是基督教中信徒對神的稱呼。在《神的名字》一書中，Gellman 與 Hartman（1995/1997）指出：

> 猶太教就像回教一樣，神也有許多名字：慈悲的天主、我父、我王、寬恕的天主、審判的天主、降福的聖者、創造萬物的天主、教主、與我們同在的天主、那聖名、那聖地。基督教徒最喜歡的是「我是自有永有的」（ehyeh asher ehyeh, I am what I am）。
>
> 猶太人相信我們永遠不能說出神的真正名字，因為神實在太偉大了，光只一個名字不足以代表祂，所以我們永遠無法真正了解神的全部。在《希伯來聖經》（即《舊約聖經》）一書裡，神的名字是以希伯來文的四個字母書寫的，這四個字母的聲音就像英文的四個字母 Y、H、V、H。當猶太人在《希伯來聖經》一書中讀到神之名 YHVH 時，並不會想要發出祂的聲音。他們會用另一個名字「吾主」（Adonai）來代替。有些基督徒試著將 YHVH 的音發成「耶和華」（Yahweh, Jehovah），但是猶太人卻不可如此做。對猶太人來說，神的名字是奧秘的。

基督教認為，神的主要名字就像《希伯來聖經》一書中的 YHVH 一樣，但是基督教卻將這個名字化成三部分，稱為三位一體。

對基督徒來說，神的第一個名字為「聖父」。當基督徒談到神創造這個世界和萬物時，他們用這個名字稱呼祂。

神的第二個名字為「聖子」，這是耶穌的名字。基督徒談到神以人類的形式來到這個地球時，他們以耶穌名之。意思是，耶穌是人，耶穌也是神。

耶穌在地球上死亡，是為了要將人類從違背神和自己的罪惡中拯救出來。原罪的意思是背叛神並離開了神所示現給我們的道路。

神的第三個名字為「聖靈」。當基督徒談到神在這個世界所做的事情時，他們稱呼神為聖靈。當我們感覺神非常、非常接近我們的時候，我們便可以稱之為聖靈。

◉ 神的歷史

依照《舊約聖經》的說法，神從太初的渾沌中創世。到了西元第四世紀，基督教神學家奧古斯丁（Augustine, 354-430）開始把世界看成是脆弱和不完美的，其生命與存在完全依賴於神。在神與世界之間有一不可跨越的斷層，神從深不見底的「虛無」（nothingness）中創造出每一個存有物，也可以在任何一刻抽回祂支撐世界的手。人類不能依他們自身的努力，到達神那裡。神把他們從虛無中創造出來，並且使他們不斷保持存有狀態，只有這唯一的神，才能保證他們永恆的得救（Armstrong, 1993）。

基督徒知道：耶穌基督以祂的死亡和復活拯救了他們，使他們能夠跨越神和人之間的鴻溝，讓他們的生命本體能夠分享神的存在。然而，祂是如何做到的呢？祂到底是神還是人？「聖子」基督透過其內在「聖靈」所傳布的「聖言」（道），究竟是屬於神的界域，還是屬於神所創造的世界？

◉ 「理論」與「沉思」

對於這些問題，在基督教的歷史上，曾經發生過幾次重大的爭議，基督教神學家對這些問題提出了不同的見解，甚至因此而形成不同的教派。希臘和俄國的東正教基督徒認為：沉思三位一體是啟發宗教體驗的泉源，只有透過直觀才能掌握教義層次的真理，而且祂必然是宗教體驗的產物。正因為三位一體的教義不可理解，才會使我們體悟到神的絕對奧秘。試圖弄明白神的三個「位格」如何變成一體，以及他們如何既相同又有分別等謎樣的問題，不僅超越文字以及人類分析的能力，而且對人類沒有助益。因此，三位一體

絕對不能以字面的意義來加以詮釋，它不是深奧的「理論」（theory），而是宗教「沉思」（theoria）的結果。

希臘人與西方基督徒對於「理論」一詞的不同用法，具有非常重要的意涵。在東正教中，theoria 的意思就是在宗教儀式中進行沉思。在西方，「理論」一詞卻成為可以作出邏輯證明的理性假設。發展出一套有關神的理論，意味著「祂」可以被人類的思想系統所涵蓋。

為西方教會定義「三位一體」學說的拉丁神學家奧古斯丁在他所著的《懺悔錄》（Confessions）一書中，曾經對自己發現神的過程，作了清晰而且充滿熱情的陳述。有一夜，他在 Osteria 的台伯河畔跟他的母親 Monica 共處時，經歷過一次「與神合一」的出神境界。他對這個經驗的描述是：

> 我們的心被朝向永恆存有自身的炙熱感情提升。我們一步步地爬升到超越所有有形物體與天堂本身的境界，在那裡，太陽、月亮與星星的光芒照耀於地球上。我們以對你作品的內在省思、對話與驚奇，而進一步上升，並進入我們自己的心靈之中。（Armstrong, 1993, p. 363）

▣ 自我存在的前提

奧古斯丁對於追求「與神同在」的狂熱，使他在西元第五世紀早期撰寫《論三位一體說》（De Trinitate）的論文時，便以心理角度解析他自己的三位一體說。因為神以祂自己的形象造了我們，我們便應該能夠在心靈深處分辨出這三位一體。我們在內心中所體驗到的三位一體，並不是神本身，而是神留在我們靈魂深處的一個映像。奧古斯丁相信，心中的三位一體會引導我們朝向神，但我們該如何超越這個在靈魂深處反映出來的神之形象，而直接與神接觸呢？

神與人類間無垠的距離，不可能只靠人的努力來穿越。正因為神在降臨

世間的道身上和我們相會，我們才能在我們自身內恢復神的形象，但這肖像已經被原罪所破壞而污損。我們朝向神聖的活動，必須用三重修養鍛鍊來加以改造，這就是奧古斯丁所謂「信仰的三位一體」（the trinity of faith）：堅信（retineo，亦即在我們心中堅定相信道成肉身的真理）、沉思（contempla-tio，亦即沉思冥想這些真理），以及喜樂（dilectio，亦即在這些道理中產生喜樂）。以這種方式培養持續不斷存在的出神感覺，則三位一體的真理便會逐漸展露出來。這種知識並不只是大腦對資訊的取得，而是在自我的深處顯現神聖的統一，由內而外轉化自身的一種創造性鍛鍊。

　　奧古斯丁所處的第五世紀是西方黑暗而恐怖的時代。北方來的蠻族大舉湧入歐洲，促成了羅馬帝國的敗亡。在羅馬傾頹的影響之下，形成其「原罪」的教義，後來更成為西方人的世界觀。西元 529 年，羅馬帝國的皇帝 Justinian（483-565）將位於雅典的最後一所古老之異教學校關閉。四年後，出現了四本神秘主義的論著，假託是由雅典第一個皈依基督教的法官 Denys 所寫。這個假名 Denys 試圖要在希臘神話和《聖經》中的閃族之神間搭起一座橋樑。

▣ 超越存有的奧秘

　　Denys 認為：對於神的所有語言與概念都是不適切的，甚至「神」這個詞本身也是誤導的。因為神是「超越神」（above God）的，是「超越存有的奧秘」；神並不是眾多的存在物之一，他和我們經驗中的任何其他事物大不相同。事實上，對神更為正確的稱呼是「無」（Nothing），我們甚至不應稱呼祂為「三位一體」，因為祂超越所有的存有，祂也超越一切名稱。

　　在他的論文《神之名》（The Divine Names）一書的每一章，Denys 都以一項由神公開揭示的真理為開端，祂的良善、智慧、父權等等。然後他繼續說明，雖然神以這些名銜揭示祂自己的某一部分，但是祂所揭示的並不等於祂自己。假如我們真的想要了解神，我們必須更進一步否定這些特質與名相。因此我們必須說祂既是「神」也是「非神」，先說祂是「良善的」，然後再說祂是「非良善的」。

這個由包括知與不可知的弔詭（paradoxical）過程所引發的震撼，可以把我們從世俗概念的世界提升到不可言喻的真實本身。因此讀《聖經》並非在找出有關神的事實，而是一個將宣道轉化成信理的反論訓練。這個方法便是通神術（theurgy），使我們能夠上升到神本身，同時，又能夠神聖化我們自己。這是一種停止我們思維的方法，我們必須把所有對神的概念拋諸腦後，暫停我們理性的活動，把對神的屬性之否定也放在一邊。只有到了那時，我們才能達到與神合一的出神境地。

▣ 經院哲學

中古時期，歐洲一般大學都設有文學院，教授基礎性的「三藝」，即文法、修辭和邏輯。學生要在文科畢業之後，才能夠進修高等學院的專業課程，或科學範疇的「四藝」，即算術、幾何、天文、音樂。到了十二世紀，歐洲各國掀起了翻譯運動，在王室和主教的支持之下，許多民間學者致力於將希臘的哲學和科學著作譯成拉丁文，此大幅度地加強了其傳統課程中所謂「三藝」或「四藝」的內容，並產生出具有歐洲中古特色的「經院哲學」（scholastic philosophy）。經院哲學大體上是哲學、科學和神學的結合，他們希望藉由希臘傳入的知識和推理方法，來建構一個包容自然世界、人文世界和神聖世界的系統，而不像傳統教會那樣僅只是依賴象徵、比喻、聖禮或神祕經驗。

經院哲學最根本的問題，是「唯實論」（realism）和「唯名論」（nominalism）之爭：前者認為普遍概念實際存在，甚至先於個別事物而存在；後者則只承認個別、具體事物的存在，「普遍概念」只是具有共同性質之具體事物的名稱而已。「唯實論」的根源可以追溯到柏拉圖的「理念論」，他認為不變的完美理念應當「先於」具體事物而存在，譬如幾何觀念先於實際幾何形體而存在，而將變動不居的現實世界僅是不變理念的不完美呈現而已。他的學生亞里斯多德卻認為：普遍概念只能夠存在於具體事物，兩者必須互相依存，概念本身僅只是「名相」（nominal）而已。在中古歐洲，隨著神學觀念的深化，邏輯被廣泛應用，「唯實論」與「唯名論」之間的爭論日趨激

烈，延續到十五世紀，幾乎可以說是與經院哲學興衰相始終。在這場漫長的爭論中，「唯實」派大體代表教會的正統觀念，「唯名」派則反映年輕學者以邏輯作為武器，向傳統觀念進行挑戰，最後突顯出哲學與宗教之間的深層矛盾，並摧毀經院哲學的根基。

▣ 「唯實論」與「唯名論」之爭

這爭論的開端是從 Berengar of Tours 質疑「變質論」（transubstantiation）開始。他認為「聖餐禮」中的酒和麵包不可能如傳統觀念所相信的那樣，在牧師祝聖瞬間轉變為耶穌血肉。他的觀點在 1050 至 1079 年間三次受到教會的正式譴責，因而被迫撤回。其後不久，Roscelin 又在「唯名論」影響下質疑「三位一體」（Trinity）說，認為在邏輯上的聖父（即上帝）、聖子（即耶穌）和聖靈只能是相同的神，或者是三位不同的神，而這又受到 St. Anselm 攻擊，因此在宗教大會中被正式譴責而撤回。St. Anselm 是最堅決的唯實論者，晚年更繼承其師成為坎特伯雷大主教。他最著名的工作，是運用邏輯與辯證法提出「上帝必然存在」的論證，故被公證為經院哲學之父，在 Rescelin 被譴責之後，他更進一步宣稱「唯名論」為異端（陳方正，2009）。

「唯名論」和「唯實論」的對立，變成經院哲學爭議不休的議題。到了十三世紀，思想鋒銳有如剃刀的奧康（William of Occam, 1285-1349）是個極端的「唯名論」者，他的基本觀點是，哲學根本不可能證明任何神學義理，例如：「上帝存在」的命題必須通過信仰，接受教會權威，方能得證。然而，以教皇為首的教會，在實際上卻會犯錯誤，因此只有《聖經》具有無上權威。

阿奎那（Thomas Aquinas, 1224-1274）是奧古斯丁之後最偉大的神學家，也是亞里斯多德哲學最熱心的宣揚者。他遍讀亞氏著作，為之作評注，並在其傳世巨著《神學要義》（*Summa Theologiae*）一書中，將基督教教義與亞里斯多德哲學系統作全面的融合。這雖然不能夠消除兩者之間的某些基本矛盾，例如：宇宙是否有起點和終點、靈魂是否可以脫離軀體存在之類的問題，

然而，他的神學卻吸收了亞氏哲學的理性結構。在他影響之下，隸屬同一教會，後來出任科林斯（Corinth）主教的荷蘭人 William of Moerbeke（約1215-1286），更將亞氏全部著作從希臘文重新翻譯成拉丁文（林鴻信，2013），為歐洲文藝復興運動的發生做了鋪路的工作。

第二節　基督新教倫理與資本主義精神

　　歐洲文藝復興運動發生之後，理性主義興起，有些西方的知識菁英不再以「理性」思考「三位一體」的問題，而把他們追求「位格」的熱忱轉向探索大自然。然而，文藝復興運動發生之後，歐洲文明的各個領域為什麼會不約而同的發生「形式理性」勃興的現象？為了探討這個問題，韋伯在其名著《基督新教倫理與資本主義精神》中，寫了一系列文章，分析基督新教倫理和資本主義精神的輳合之處。韋伯注意到：在十六世紀之後，歐洲許多改信基督新教的地區，例如：荷蘭、英國、日耳曼等地的貴格教會（Quakers）和浸信教會（Baptists）轄區，其商業和經濟活動都相當蓬勃的發展。而這些國家境內信奉天主教的區域卻沒有類似的經濟成就。從傳統基督教神學的觀點來看，宗教信仰和追求財富應當是互不相容的兩回事：在中古世紀，一個虔誠教徒所關懷的應當是「彼世」，而不是「此世」，他應當追求「天國」中的永生和救贖，而不應當在現實世界中追求財富。保守的天主教承襲了這種傳統；可是，改信基督新教的人為什麼既能保持宗教的虔誠，又能追求俗世的財富？韋伯認為：要回答這個問題，必須仔細分析基督新教的教義。

◉ 預選說

　　如眾所知，宗教改革運動是因為 Martin Luther（1483-1546）不滿教會腐化，出賣贖罪券所引起的。在宗教改革運動中，路德（Luther）和卡爾文（Calvin）所領導的教派都曾經發生過極大的影響力。然而，路德雖然攻擊傳統教會，主張閱讀聖經才是得救的真正途徑，而反對透過教會尋求救贖之

道；可是路德關注的焦點仍然是死後靈魂的救贖，而不是俗世的改造。因此，路德教派對資本主義的興起並沒有多大貢獻。相反的，卡爾文教派的終極關懷雖然也是在死後晉入天國，不過它為攻擊教會所提出的「預選說」（doctrine of predestination），卻有助於個人努力工作，而收到改造俗世的效果。

依照卡爾文的說法，宇宙的秩序是由上帝所決定的，人類也是上帝所創造的。我們只知道：在最後審判之日來臨時，有些人將得救，有些人會墮入地獄；可是，一個人是否能得救，是上帝早已決定的，人類的意志和努力根本不能改變上帝最初的決定。用人間的正義標準來揣度上帝的意志，以為人類的美德和罪惡可以改變上帝至高權威的決定，這不只是僭越，而且是不相信上帝。倘若人類的智慧可以窺知上帝的意旨，人類的努力可以改變上帝的決定，上帝所定的宇宙秩序將為之破壞，整個世界將變得荒謬和不可思議。因此，個人不論以如何虔誠的行為來崇拜上帝，都無法改變自己的命運。

◨ 絕對的孤獨

個人的命運既然是預定的，他在上帝之前也因而是絕對的孤獨：他必須孤零零的面對上帝，任何人都無法幫助他。嚴守宗教誡律和聖禮崇拜都不能幫助他，因為嚴格的宗教儀式並不是獲得上帝恩寵的方法。傳教士無法幫助他，因為傳教士並不一定是上帝的選民，他也無法窺知上帝的意旨。教會不能幫助他，因為教友和其他人一樣，都必須經過最後的審判。甚至上帝也無法幫助他，因為基督已經為上帝的選民而死，祂不能為拯救那些註定要永遠死亡的人再死一次。總而言之，在最後審判到來之時，個人必須直接面對上帝；在上帝面前，他是絕對孤獨的。

依照韋伯的分析，作為一個企望得救的卡爾文教徒，處在這種絕對孤獨的狀態裡，他內心必然會感受到無比巨大的焦慮。一方面，他希望自己是上帝的選民，另一方面，他又無法得知上帝的意旨。這時候，他只有從真實的信仰中獲得慰藉。卡爾文認為：每一個真實的信徒都應當相信他自己就是上帝的「選民」，並且把所有的懷疑都當作是魔鬼的誘惑，一律加以摒棄。缺

乏自信就是對上帝的信仰不夠堅定。為了要獲得自信，個人必須在上帝的「召喚」（calling）之下，不停地勤奮工作。對新教徒而言，工作是回應上帝召喚的神聖「天職」（Beruf），「上帝維繫我們生命存在的理由，就是要讓我們行動：工作既是生命的道德目的，也是其自然目的」，對於生命的力量而言，好逸惡勞、不願工作，不僅不道德，而且違反自然。由於生命十分短暫而又十分珍貴，個人必須善用自己的每一分鐘，努力工作，以服事上帝，並建天國於地上，來增加上帝的榮耀。更清楚地說，個人必須由自己在現實世界中的成就，來證實他是上帝神聖意志選定的工具，來肯定上帝對他的「恩寵」。

▣ 禁慾和自律

對於新教徒而言，勤奮工作是上帝指定的生活方式，由克盡天職而獲得的財富，是上帝對其「選民」的寵賜，個人不應加以拒絕。然而，擁有財富不過是在為上帝看管財產而已，個人絕不能因此而沉迷於肉體的享受。「工作致富是為了上帝，而不是為了肉慾和罪惡」，有了錢之後，應當禁制自己的慾望，刻苦自勵，過著高度自律的生活，而不應沉迷於逸樂，以免遭受到靈魂墮落的危險。甚至對於他人的感情，也應當加以禁制，因為「和他人的感情太過親密，會奪占個人的心靈，妨礙他對『上帝之愛』」。這種信仰造成了韋伯所說的「入世禁慾主義」（worldly asceticism），它肯定現世的正當經濟活動，要求個人勤儉刻苦，嚴守生活與工作紀律，不得有奢侈墮落的行為。這種「入世禁慾主義」和舊教為了求取來世救贖的「出世禁慾主義」截然不同：前者形成了一種改造俗世的動力，後者卻無法形成改造俗世的力量。

▣ 改造俗世

在基督教裡，不論是先知在傳達上帝對人類的倫理要求時，或是使徒在要求人們追隨其懿行以求取來世的救贖時，通常都會以預言的方式，描述出符合宗教理想的「彼世」之形象。這種「應然世界」和「實然世界」的明顯

對比，會使個人在面對俗世事務時產生強烈的心理衝突，因而傾向於捨棄俗世事務，並且把自己當作工具，去追求超越現實世界的目標。不僅如此，基督新教認為：人性在本質上是惡的，個人無法經由自己的努力而達到「至善」的境界，他必須信任上帝對誰是「選民」所作的抉擇，在上帝的召喚下努力工作，「建天國於大地上」，增加上帝的榮耀。這種信念使教徒心中產生了高度的緊張性，而孜孜不倦地致力於「改造俗世」的工作。

韋伯認為：這種強調以面對上帝的精神勤奮工作、禁慾自律、改造俗世的清教徒倫理，是文藝復興時期歐洲文明的各個領域中促成理性主義勃然而興的主要精神因素。韋伯之所以主張：基督新教倫理是西方工業資本主義興起的精神動力，其原因即在於此。

然而，韋伯主張基督新教倫理是工業資本主義興起的精神動力，並不是說基督新教倫理是產生工業資本主義的唯一因素。工業資本主義的興起，是科學、政治、法律、經濟和宗教等各個領域「理性化」所輻輳而成的結果。在資本主義經濟秩序形成之後，這個經濟制度就會像取得內在動力的一部機器一樣，它會自行運作，同時還會主動搜尋並訓練具有類似工作倫理的人才，再將之納入於制度之中，以推動制度的運作，而不一定非藉助於清教徒不可。換言之，能夠適應於資本主義制度的人，不一定信仰基督新教，也不一定要遵守新教的誡律，但他最好具備有類似的工作倫理，否則便可能無法適應於資本主義社會。

第三節　解除世界的魔咒

韋伯（甚至大多數西方社會學家）的主要關懷，在於歐洲文藝復興運動發生之後，西方由傳統社會轉變成現代社會的理性化過程中，宗教所扮演的角色。西方社會學家大多認為：宗教信仰是起源於人類對超自然的崇拜，相對於日常生活世界，超自然世界是一個神秘而不可知的世界，因此幾乎所有的巫術和宗教都包含某種「神秘」的性質，並形成其特有的「世界圖象」。

⊡ 世界圖象

〈比較宗教學導論〉一文在討論「世界圖象」的合理化時，韋伯首先界定「世界圖象」（Weltbildes）的意義。他認為：

> 直接支配人類行為的是物質上與精神上的利益，而不是理念。但是由「理念」所創造出來的「世界圖象」，常如鐵道上的轉轍器，決定了軌道的方向。在這軌道上，利益的動力推動著人類的行為。（Gerth & Mills, 1948, p. 280）

那麼，什麼是「救贖宗教」的「世界圖象」？韋伯認為：若是我們將救贖理解為從困苦、饑餓、旱魃、疾病，以及由苦難與死亡中掙脫而得的解放，那麼此一觀念可說是非常古老的。然而，只有當救贖的理念所表示的是一個有系統且合理化的「世界圖象」，並且代表一種面對世界的態度時，此一觀念才具有獨特的意義。這是因為救贖的意義及其心理性質——無論是意圖的還是真實的——都有賴於這樣一個世界圖象與態度。因為「人們希望『自何處』被拯救出來、希望被解救到『何處去』，以及『要如何』才能被拯救，這些問題的解答全在於個人的世界圖象」。

> 在原始的世界圖象中，凡事均為具體的巫術，這種統一性有向兩端分裂的傾向：一是理性地認知與駕馭自然；一是傾向「神秘的」體驗。這種體驗無法用語言表達的內容，是和沒有神存在的世界機制對立的、唯一的「彼世」。事實上，彼世是一個非實體的形上國度，個人能在其中親身體會神聖，並且毫無保留地獲致此一結論。個人，也僅有個人本身，能夠在此追尋到一己的救贖。（Gerth & Mills, 1948, p. 282）

韋伯在〈比較宗教學導論〉一文中曾提出兩種對立的「拒世」型態：一是行動的禁慾，這是以自身作為神的工具，而作出一種合乎神意的行為；另一是神秘論者冥思性的充滿聖靈，他們趨向於一種「擁有」救贖的狀態；個人並非神的「工具」，而是神的「容器」。由於塵世中的行動顯然會排斥非理性的、彼世的宗教狀態，在塵世生活中施展禁慾的行動，成為世界之理性的締造者，透過此世的「志業」（Beruf），以馴化被造物的墮落狀態，此即入世的禁慾（inner worldly asceticism）。與此恰成極端對比的是，以逃離現世作為徹底結論的神秘論，此即出世的冥思（other worldly contemplation）（Weber, 1946, p. 106）。本章第一節描述奧古斯丁在台伯河畔所經驗到的「與神合一」，是屬於「出世的冥思」，基督新教徒致力於此世的「志業」，則是「入世的禁慾」。

在《中國的宗教：儒教與道教》一書中的第八章〈儒教與清教〉中，韋伯開宗明義地說：

> 要判斷一個宗教所代表的理性化水準，我們可以運用在許多方面都彼此相關的兩個主要判準。其一是：這個宗教拒斥巫術的程度；其次則是它將上帝與世界之間的關係，以及以它自身對世界的倫理關係，有系統地統一起來的程度。（Weber, 1964, p. 226）

韋伯在從事《世界諸宗教之經濟倫理》一書的比較研究時，廣泛閱讀了關於儒教、道教、印度教、佛教、古猶太教、伊斯蘭教和古基督教的文獻，發現西方文化的「獨特性」有著多處源頭，例如：古猶太教中的先知和預言即曾指出巫術的無效性，強調唯有尊從神的誡律，才可能得到救贖。西方的一切神學，都以希臘精神為源頭，使得宗教教義的系統化和知性化（Intellectualzation）特別發達。

◉ 「解除魔咒」的動力

在宗教改革後的新教教派中，這種質素重新獲得發揮的空間，就「宗教對於巫術的拒斥」這個判準而言，韋伯認為：

> 禁慾的基督新教之種種表現，顯示它已進到「斥逐巫術」的最後階段。基督新教最具特徵性的形式已將巫術徹底掃除殆盡。原則上，甚至在已淨化的聖禮與象徵的儀式裡，巫術也已被根除。嚴謹的清教徒在自己心愛的人埋葬入土時都不行任何儀式，以確保完全摒除。就此而言，這表示清教徒已經斬斷對巫術運作的所有信賴。對世界之徹底除魅（disenchantment of the world）的工作，沒有比這進行得更徹底的了。（Weber, 1964, p. 226）

當他巡視世界各主要宗教後，發現要斬斷對巫術運作的迷信，必須要像清教徒（尤其是喀爾文教派）般，極端地絕斥「現世」的一切，才可能獲得「解除魔咒」的啟動力。他很有信心的說：

> 相對於天主教而言，基督新教將教會聖禮儀式的救贖絕對予以去除，具有決定性的意義，即使在路德教派也沒有徹底實行這種作法。宗教史上解除世界魔咒的偉大過程，是從猶太教的預言起始，結合古希臘的科學思想，並將追求救贖中所有的咒術手段視作迷信與冒瀆，而並加以摒棄，才宣告得到完成。（引自顧忠華譯，1986，頁25）

然而，在討論巫術、宗教和科學三者的關係時，他並不諱言，即使基督新教拒斥巫術上已經推進到「最後階段」，但這並不意味著清教徒能夠全然脫出我們慣常所認為的「迷信」，北美新英格蘭的女巫審判便是著名的案例（Weber, 1964, p. 226）。

第四節　「天」與「鬼神」的雙重信仰

　　倘若我們了解儒教和道教在中國歷史上的發展，並接受韋伯所提出的這個判準，以「拒斥巫術的程度」來檢視儒教的理性化水準，我們不難看出：中國社會「排斥巫術」的「理性化過程」是發生在 Jaspers 所謂「軸樞時代」之前的西周（約前 11 世紀～前 771 年）。孔子、佛陀、耶穌和蘇格拉底是「軸樞時期」在世界不同地區同時出現的「四大聖哲」（Jaspers, 1957/1962），但是孔子和耶穌並不一樣，他不是創立宗教的教主，也不是「三位一體」中的「聖子」，他在當時所扮演的角色是「述而不作」，總結西周時期中國文化的發展。

▣ 《易經》的詮釋

　　在寫完《基督新教倫理與資本主義精神》一書之後（Weber, 1930），韋伯又接著寫《中國的宗教：儒教和道教》一書，他並刻意以「基督新教倫理」和「儒教倫理」互作對比。然而，從中國和歐洲發展的歷史來看，基督教和儒教在歐洲和中國發展的歷史是完全不一樣的。耶穌本人的身世，以及祂在「三位一體」中的位置，就是讓信徒百思不得其解的「神秘公案」，直到基督新教興起，信徒們才將其尋思的焦點轉向「此世」，而造成歐洲世界的「除魅」（disenchanment）。

　　孔子則不然。他和當時的中國人一樣，都有「天」及「鬼神」的雙重信仰。然而，他對這些形上學的概念卻抱持一種「存而不論」的態度，而致力於提倡儒家的倫理道德。在孔子的時代，當中國人在生活中遇到重大疑難的時候，經常用《易經》卜卦，祈求「天」或「鬼神」給予解答。和孔子同一時代的老子以及孔子的弟子，對於《易經》卦辭和爻辭的內容都分別作了詮釋。在下一章中，我將說明：老子對於《易經》的詮釋，如何發展出中國的科學；本書第六章將要說明：儒家對於《易經》的詮釋，如何使中國人對於

「天」及「鬼神」的雙重信仰，成為儒家道德的形上學基礎。本章則要說明：殷商時期中國人對於「天」的信仰，以及《易經》的源起，和其歷史發展的重要意義。

從殷商一直到西周時代，中國人都深信「帝」、「上帝」或「天」主宰著大自然與人間世。甲骨文原先將至高無上的主宰稱呼為「帝」，後來因為人間的統治者也自稱為帝，不得已只好改稱天上的主宰為「上帝」（胡厚宣，1944）。當時中國人所說的上帝，並非獨一無二的神，但祂對大自然與人間世顯然擁有至高無上的權威（陳夢家，1956）。

▣ 造生者

在《儒道天論發微》一書中，傅佩榮（1985；Fu, 1985）非常仔細地檢視商周時期的宗教觀，他發現：在當時中國人的觀念裡，「天」扮演了「造生者」（Creator）、「載行者」（Sustainer）、「統治者」（Dominator）、「審判者」（Judge），以及「啟示者」（Revealer）等五種不同的角色：

> 「天生烝民，有物有則，民之秉彝，好是懿德。」《詩經・大雅》
> 「天生烝民，其命匪諶，靡不有初，鮮克有終。」《詩經・大雅》

古代中國人相信：「天」為萬有的根源，尤其是人類生命的肇始。然而，「天」並不是獨立世界之外的「造物主」，相反的，它是創生宇宙萬物的根源性力量；宇宙萬物一旦被創生出來，就有它自己運行的儀則，它在於人，則為道德品格（懿德）。所以說，「天」是「造生者」，又是「載行者」。

▣ 審判者

> 「皇矣上帝，臨下有赫。監觀四方，求民之瘼。」《詩經・大雅》

　　然而，人的道德卻有墮落的可能，因此「天」（或上帝）便可能扮演統治者的角色，「臨下有赫。監觀四方」，並對人間違背道德的行為給予懲罰：

> 「非台小子，敢行稱亂，天命殛之。」《尚書・商書・湯誓》
> 「天乃大命文王，殪戎殷受厥命。」《尚書・周書・康誥》
> 「天降威，我民用大亂喪德。」《尚書・周書・酒誥》
> 「旻天大降喪于殷，我有周佑天，致王罰，敕殷命，終于帝。」
> 《尚書・周書・多士》

　　「天」能夠「降威」、「降喪」，能夠「大命文王」，並能「天命殛之」，由此可見，「天」可以扮演「審判者」的角色，能夠判斷人間事物之是非。

◉ 主宰者

　　由於「天」具有超越一切的主宰力，人類必須對「天」抱持誠恐的虔誠心理。

> 「敬天之怒，無敢戲豫。敬天之渝，無敢馳驅；昊天曰明，及爾出王。昊天曰旦，及爾游衍。」《詩經・大雅》
> 「敬之敬之，天維顯思，命不易哉。」《詩經・周頌》
> 「明明在下，赫赫在上，天難忱斯，不易維王，天位殷適，使不挾四方。」《詩經・大雅》

　　尤其是人間的統治者，更應當如此：

> 「天矜于民，民之所欲，天必從之。」《尚書・周書・泰誓》

「天亦哀于四方民，其眷命用懋，王其疾敬德。」《尚書‧周書‧召誥》

「昔在殷王中宗，嚴恭敬畏，天命自度，治民祇懼，不敢荒寧。」《尚書‧無逸》

▣ 啟示者

正因為「天矜于民」、「天亦哀于四方民」，所以人間的統治者必須要有憂患意識，「敬德」、「治民祇懼，不敢荒寧」。然而，個人該如何了解這種主宰作用的「天命」或「神意」呢？這個問題就涉及「天」的第五種角色——「啟示者」：

「今天其命哲，命吉凶，命歷年。」《尚書‧周書‧召誥》

「我有大事休，朕卜並吉。」《尚書‧周書‧大誥》

「予惟小子不敢替上帝命，天休于寧王與我小邦周，寧王惟卜用，克綏受茲命。」《尚書‧周書‧大誥》

「哲」是「智慧」之意。「天」既然能夠予人「智慧」，人想要知道個人的吉凶、壽數，甚至國家興衰，即可以使用占卜的方法，來知道「天」的意志。

第五節　《易經》的發展

除了「天」之外，古代中國人還相信神祇（或鬼神）的存在。對於中國人而言，一切神祇（或鬼神）都是現實人物死後轉化而成的。韋政通（1968，頁 81-82）根據董作賓對甲骨文的研究，指出：殷代的宗教是以祖先崇拜作為核心。殷人相信：人死之後，精靈還繼續存在。因此，殷人對祖

先的看法，是死猶生、亡猶存。

因為祖先可以降禍授福，而且祖先可以直接晉謁上帝，作為上帝與人間世的主要媒介，所以殷代有厚葬的風氣。

從這一點可以看出，殷人祖先崇拜表現的是原始宗教意識。由於殷人相信：「死猶生，亡猶存」，殷商時代，神道思想鼎盛，當殷人遇到生活中的重大事件時，往往用龜甲或獸骨卜兆，祈求「人格神」或「天帝」給予指示。羅振玉在《殷墟書契考釋》一書中，曾經描述殷人以龜甲或獸骨卜兆的方法：

> 「卜用龜甲，也用獸骨。龜背甲厚，且甲面不平，不易作兆，故用腹甲，而棄其背甲。獸骨用肩胛骨及脛骨，皆刮而用之。」古人相信「天圓地方」之說，龜形上有圓甲，四腳方立，具備天地之象；「凡卜祀者用龜，卜他事者皆以骨。田獵用脛骨；征伐之事，用肩胛骨；故殷墟所出，獸骨什九，龜甲什一而已。其卜法，則削治甲骨，使其平滑」，「於此或鑿焉，或鑽焉，或既鑽且鑿焉」，「此即《詩》與《禮》所謂『契』也」。「既契，乃灼於契處以致坼」，甲骨厚薄不一，質地不同，灼時火勢熱度各有差別，殷人即根據灼出的兆象，判定吉凶。古人將兆分類極為精細，每兆都有指示凶吉的文字，稱為「頌」或「繇」，卜者即可曰「視其成兆，根據其頌，斷定吉凶」。

到了西周時期，周人開始藉由《易經》之助，改用蓍草來卜卦。要了解這個變化在中華文化中的意義，我們必須先說明《易經》的發展史。

▣ 伏羲作八卦

《易經》是中國諸子百家的共同經典。《漢書》藝文志謂《易》之作乃：「人更三聖，世歷三古。」「易」之演變由伏羲畫卦，經神農、黃帝、堯、舜，為「易」之上古前期；夏、商、周各用六十四卦，夏成「連山

易」、殷成「歸藏易」、周成「周易」，是為「易」之中古前期，而連山、歸藏早已失傳，今之所稱《易經》專指《周易》。孔子及其門人贊易，作彖、象、文言、繫辭等各篇，為「易」之下古後期。高懷民（1986）所著的《先秦易學史》一書將《易經》在中國歷史上的發展，分為三個時期：第一時期自伏羲氏畫八卦至周文王的「符號易時期」；第二期自周文王演至孔子的「筮術易時期」；第三時期則是自孔子贊易以後的「儒門易時期」（高懷民，1986）。《易經・繫辭傳》中一章說：

> 古者包犧氏之王天下也，仰則觀象於天，俯則觀法於地，觀鳥獸之文，與地之宜，近取諸身，遠取諸物，於是始作八卦，以通神明之德，以類萬物之情。

伏羲氏畫出八卦之後約三千五百年，八卦符號並沒有任何進展。《尚書》中對堯、舜、禹、湯以至於西周的記載，其文化精神集中在治國理民之上。伏羲氏之能夠揚名後代，並不是因為他以超時代的智慧創八卦，而是由於他「王天下」，「作結繩而為罔罟，以佃以漁」，開展了畜牧時代。

◙ 周文王羑里演易

易學發展的第二期鞏固於「周文王羑里演易」。周原本是商朝屬下的一個諸侯國，周文王姬昌（西元前 1152-1056）在父親季歷死後，繼承西伯昌侯之位。商紂時期，建國於岐山之下，積善行仁，禮賢下士，政化大行。

根據《史記・殷本紀》的記載，紂王「以西伯昌、九侯、鄂侯為三公。九侯有好女，入之紂。九侯女不憙淫，紂怒殺之，而醢九侯。鄂侯爭之彊，辯之疾，並脯鄂侯。西伯昌聞之，竊嘆。崇侯虎知之，以告紂，紂囚西伯羑里」。

《史記・周本記》並記載：「崇侯虎譖西伯於殷紂曰：西伯累善積德，諸侯皆嚮之，將不利於帝，帝紂乃囚西伯於羑里。」

殷商時代，神道思想鼎盛，天神、地祇、人鬼的地位至高無上，殷人以甲骨卜吉凶，卜時灼龜甲成兆，兆成則吉凶立判。姬昌被囚於羑里的七年期間，看到紂王逆天暴物，決心有所圖謀於殷。在古代，王者踐位，君臨天下，傳說中是受命於天。為了要向天下召告天命革新，所以必須在卜法之外，另立一種求神問天的方式。他看到古聖伏羲氏傳下的這一套符號系統正可利用，所以潛心研究，總結夏、商兩代八卦的思想，將伏羲八卦演繹成六十四重卦，三百八十四爻，每卦有卦辭，爻有爻辭，成為對後世影響深遠的《易經》。《易經・繫辭傳》云：「易之興也，其當殷之末世，周之盛德邪？當文王與紂之事耶！」「易之興也，其於中古乎！作易者其有憂患乎！」「憂患」一詞，其實就是指羑里之思。

▣ 八卦的哲學思想

由於文王的重卦以及用卦象於筮術，六十四卦與八卦在形態和思想上都有了極大的改變。在形態上，八卦原只是八個三畫的象，單純代表著天、地、雷、風、水、火、山、澤等八種自然現象，彼此卦與卦間沒有互變的關係，本卦中也不講爻位上下。重卦以後，每卦成了六畫的象，卦與卦彼此間有了貞悔變占之關係、相反相錯之關係，本卦中也產生了爻位上下，乘、承、比、應等關係，因而也有了時、位、中、應等要義。

清朝毛奇齡《仲氏易》中云：

> 易有五義，一曰變易，謂陽變陰、陰變陽也；一曰交易，謂陰交乎陽，陽交乎陰；一曰反易，謂相其順逆，審其相背也而反見之；一曰對易，謂比其陰陽，絜其剛柔，而對觀之；一曰移易，謂審其分聚，計其往來，而推移上下之。

在思想上，八卦原只是粗略地描繪宇宙萬物變動的大要。重卦以後，六十四卦則是從各爻之間的變易、交易、反易、對易、移易，給予不同的卦名，

藉以描述人生的處境，並占斷人事之兇吉。理論的哲思變成用世之學，文王更以其聖智，引易道合人事，使理事相應，契合無間，八卦所代表的哲學思想，逐發揮得更有系統、更為精微。這是「文王演易」最重要的意義。

《中國的宗教：儒教與道教》一書在討論中國的「神祇」時，韋伯說：

> 和其他地方一樣，中國原先也有善良的（有益的）與邪惡的（有害的）神鬼二元論。這兩者遍在於整個宇宙，並顯靈於所有的自然現象與人的行動與狀態中。人的「靈魂」被認為是由得自於天的神與取自於地的鬼所組合而成，在人死後即再度離散。這一點倒是和廣泛流傳的精氣靈力多元論相配合。各哲學派別共通的一個說法，可歸結如下：「善」的靈（天上的、男性的）即「陽」的本質，與「惡」的靈（地下的、女性的）即「陰」的本質，兩者結合可以解釋世界的起源。這兩個本質，和天與地一樣，都是永恆的。（康樂、簡惠美譯，1989，頁308；Weber, 1964）

這段論述說明：韋伯對於中華文化中「陰／陽」概念的了解十分膚淺。他在討論「道家的養生術」時，雖然也提到以蓍草和龜甲卜卦的方法（Weber, 1964, p. 191），但卻完全沒有提到《易經》。他似乎知道中國人如何透過「陰／陽」這個「根源性的隱喻」（root metaphor），來建構他們的「世界圖象」，但他不知道道家如何藉由這樣的「世界圖象」發展出中國傳統「有機論」的科學，更不知道孔子及其門人「詮釋」《易經》（即「贊易」）的重要意義。

第六節　天命靡常

在殷商時代，天地神祇的地位至高無上，殷人用龜甲占卜的方法，試圖了解這種「人格神」或「意志天」的意志，希望藉此預知人間事務的吉凶禍

福。人們對占卜所示，毫無選擇，唯有唯命行事，故非理性的「巫術」主導了殷人的社會。到了西周（約西元前 11 世紀至前 771 年），周人不再使用龜甲，而改以蓍草卜卦，象徵著他們對於「天人關係」的觀念其實已經產生了極大的變化。這種變化，是在一連串的歷史事件中形成的。

為了解救西伯昌的「羑里之厄」，周大臣閎夭等人費盡心思，搜購駿馬、美女、珍奇寶物獻給紂王，以博取紂王歡心，他也因而決定釋放西伯昌。西伯昌獲釋後，不但向紂表態效忠，而且請求紂王廢除炮烙酷刑。紂王因此賜給他弓矢斧鉞，授權讓他掌管征伐。

西伯昌重獲自由後，不遺餘力地訪求能幫他治國的能人異士，因而遇到了姜太公。姜太公姓姜或呂氏，名尚，字子牙，是造成西周初期天人關係轉變的另一個關鍵人物（陳復，2009）。其先祖封於申，而後家世沒落，淪為庶人。《韓詩外傳》說他「行年五十，賣食棘津；年七十，屠於朝歌」，婚姻生活亦不順利。這位「故老婦之出夫，朝歌之屠佐，棘津迎客之舍人」，雖然「治天下有餘智」，卻是「田不足以償種，漁不足以償網」〈說苑〉，直到七十歲，才在渭水之濱遇到周文王。根據《史記・齊太公世家》的記載，西伯昌跟姜尚長談之後，很高興地說：「自吾先君太公曰：『當有聖人適周，周以興』，子真是邪？吾太公望子久矣。」所以有人又稱他為「太公望」。

▣ 陰謀修德，以傾商政

姜太公輔佐西伯昌最重要的任務，就是「陰謀修德，以傾商政」。事後齊國稷下學者曾經蒐集姜太公的謀略軼事，編成一本兵書：《六韜》，記錄姜太公告誡西伯昌必須使用的心術：

> 「道在不可見，事在不可聞，勝在不可知，微哉微哉。鷙鳥將擊，卑飛斂翼，猛獸將搏，弭耳俯伏。聖有將動，必有愚色。」《六韜・武韜・發啟》

他勸告西伯昌：侍奉商紂王必須大智若愚，盡量擺低身段，凡事順著商紂王的意志去做，裝出非常溫馴的樣子，藉以鬆懈他對自己的防範之心，不使他對自己的勵精圖治產生疑慮：

「因其所喜，以順其志。彼將生驕，女有奸事。苟能因之，必能擊
之。」《六韜・武韜・文伐》

當時商紂王深信：商王朝是受到天命眷顧的。《尚書》中記載了一段「西伯昌戡黎」的故事：當西伯昌打敗黎國，商朝大臣祖伊很惶恐地奔告於商紂王：「上天已經不再眷顧商朝了。能夠預卜吉凶禍福的龜甲，也不再靈驗了。這不是先王不再照拂我們商紂後代子孫，而是大王平日淫戲的作為自絕於天。現在人民沒有不希望大王早日死掉的，他們甚至在問：『天何不降威？』請問大王，如何是好？」可是紂王仍然冥頑不靈地說：「嗚呼！我生不有命在天？」祖伊不以為然地說：「不然！我們所犯的許多罪過都已經參見於天，怎麼能夠責怪上天？殷朝如果滅亡，恐怕也是上天的意思吧？」

⊡ 周公旦與姜太公

這段對話顯示，到了商朝末年，人們已經普遍相信：天命對於統治者的眷顧並不是無條件的。如果統治者不再受到人民的信賴與接納，上天便可能背棄他。對於這一點，立志「翦商」的姜太公，看得最為清楚。西伯昌晚年，周已經取得「三分天下有其二」的局面。西伯昌逝世後，次子武王姬發繼位，他追封父親為文王，並決心出兵伐紂。

出師之際發生了一件重大的爭議。依照《史記・齊太公世家》的記載：「武王將伐紂，卜龜兆不吉，風雨暴至。群公盡懼，唯太公彊之勸武王，武王於是遂行。」武王決定「伐紂」之事，就當時的政治結構而言，是「叛變」、是「逆天」之舉。杜佑《通典》徵引《六韜》，對這件事有更清楚的描述：

　　當大軍開到汜水牛頭山時，風雨暴至，閃電雷擊，不僅「鼓旗毀折」，連武王的座騎都「惶恐而死」，在這個關鍵時刻，又「卜龜兆不吉」，因此「群公盡懼」，唯有姜太公獨排眾議，認為：「好賢而能用，舉事而得時，則不看時日而事利，不假卜筮而事吉，不禱祀而福從」，他不顧「天意」，而依他對客觀環境中「人事」的判斷，主張繼續前進。

　　他的主張和當時一般人的想法完全相反。周公旦說：「今時迎太歲，龜灼言凶，卜筮不吉，星變為災」，依照當時一般人對於「天意」或「天道」的信念，他認為最好的抉擇應當是「還師」。

▣ 憂患意識

　　周公旦是周文王的第四個兒子，周文王本人是中華文明史上演繹《易經》的重要人物。當時人又普遍相信占卦可以測知天意、預卜吉凶，周公旦是周武王之弟，位高而權重。他的這番話，份量可謂不輕。

　　面對這樣激烈的衝突，姜太公不僅大怒，說：「今紂刳比干，囚箕子，以飛廉為政，伐之有何不可？枯草朽骨，安可知乎？」而且作出「焚龜折蓍，援枹而鼓，率眾先涉河」的大動作。這是他對當時政治局勢的考量和判斷，不再仰賴以卜筮測知「天意」。結果是「武王從之，遂滅紂」。

　　姜太公和周公旦之間的這番衝突和對話，象徵著中國歷史上對於「天道」觀念的重大轉變，對先秦儒家的天命觀產生了重要影響。武王滅紂，《尚書・康誥》的相關記載是：「天乃大命文王，殪戎殷，誕受厥命。」認為「天命」已經轉向文王，不再眷顧殷商。然而，征商勝利之後的第二年，周武王卻生了重病。根據《尚書・金縢》上的記載：「既克商二年，王有疾，弗豫。」陳復（2009）認為：「弗豫」是指一種憂患意識，這不單純是對病情的憂慮，而是對於自己究竟是否獲得天命眷顧的戒慎恐懼。因為一個獲得天命的人，卻突然生重病，實在很難讓人領會到底天意何在。

◻ 天命靡常

　　由於周武王生病一直不能康復，《尚書・金縢》記載：周公先建造三個祭祀台，再築一個台，正對著三個祭祀台，然後站在台上，擺好璧，拿著珪，對三位已逝的周太王、王季與周文王禱告說：上天已經交付給周文王重大的責任，現在他害了極其危險的重病，希望三王能保護他的性命，讓周公自己替周武王而死。這可以看出周公無私謀國的態度。

　　《尚書・金縢》記載：姜太公與召公奭，他們替周武王向上天問卜：「乃卜三龜，一習吉。啟籥見書，乃并是吉。」他們用三個龜殼占卜，都得到吉兆，再打開金櫃核對占書，同樣是吉利。根據占卜的結果，周公相信周武王不會有什麼災難，因為三王的祖先神，應當會眷顧自己的子孫，讓周武王繼續承擔天子的重責。可是，不久之後，周武王卻崩殂了。周公擔心天下是否會質疑：周王室是否真的受到天命的眷顧，因此替尚在童年的周成王「攝行政事」。周王室的成員管叔及其群弟因此放出流言：「周公將不利於成王」，並聯合商紂王的兒子武庚一起造反。「周公乃奉成王命，興師東伐，作〈大誥〉，遂誅管叔，殺武庚，放蔡叔，收殷餘民，以封康叔於衛，封微子於宋，以奉殷祀，寧准夷東土，二年而畢定」《史記・魯周公世家》。

　　這一系列的事件，使周人開始發展出「天命靡常」的觀念（蒲慕州，2004）。他們相信只有涵養統治者的德性，並藉由這德性開啟的智慧，施加善政於百姓，才能確保自己受到天命的眷顧。當周公替成王封其子伯禽至魯國時，他告誡伯禽：「我一沐三握髮，一飯三吐哺，起以待士，猶恐失天下之賢人，子之魯，慎無以國驕人。」

◻ 人文的信仰

　　當周公替成王封其弟康叔至衛國，負責帶領殷民後裔時，也特別告誡康叔：「惟命不于常，汝念哉！無我殄享，明乃服命，高乃聽，用康義民」《詩經・康誥》。由此可見，這時候周公旦已經發展「天命靡常」的想法：

「假哉天命！有商孫子。商之孫子，其麗不億。上帝既命，侍于周服。侍服于周，天命靡常」《詩經・大雅・文王》。更清楚地說，雖然，「上帝既命」，讓天下「侍服于周」，但周公旦仍以「天命靡常」為誡，要求其統治菁英仔細思考：統治者在以此前提之下應有的作為，為後世「儒家人文主義」的發展作出鋪路奠基的工作。

商王室原本特別看重「帝」（上帝），周王室則特別看重「天」（上天）。由上帝轉至上天，雖然同樣都是宇宙終極的存有，其含意卻不同。和「上帝」相較之下，「上天」的意思比較模糊，但範圍卻變得更寬廣。

陳復（2009）認為：面對「卜龜失靈」產生的挫折感，周王室並沒有因此而否認天意的存在，可是，就如同後世鄭國子產所說的：「天道遠人道邇」。「天命靡常」，天道難測，只能藉由把握住「人道」來體察天道，因此，周朝推翻商朝，不僅是政權的交替，更意味著中華文化從此由「鬼神的信仰」邁往「人文的信仰」。這個思想最劇烈的變化是：華人從此變得更務實於人事。商王室凡事都要靠占卜問上帝，才能做決策，他們相信上帝只保護商朝人，結果卻依然不能免於亡國。周王室因此自覺到：不能如此盲目信仰鬼神，必須面對上天啟示的義理，他們相信：上天會藉由人自身的奮鬥，來照顧全部子民現世的幸福，因此而孕育出人文的信仰。

▣ 皇權的憲法基礎

在筮術易時期，周人大幅度地改變了殷人決疑的方法，不再只相信龜甲卜兆，而改為「卜」與「筮」並用，並提高了「人」在決策過程中所扮演的角色。韋伯在論述中國社會中儒教徒和道教徒之間的關係時，他語帶嘲謔地說：「當儒教面對巫術的世界圖象時，是無可奈何的。這種無可奈何，使得儒教徒無法打從內在根除道教徒純粹巫術的觀念。與巫術交鋒，總會有危及儒教本身勢力的危險。」有個士人直接了當的說：「當皇帝不再相信徵兆預示，而為所欲為時，誰還阻擋得了他？」韋伯因此斷言：「在中國，巫術信仰是皇權之憲法基礎的一部分」（Weber, 1964, p. 266）。

周武王（1075 B.C.-1043 B.C.）滅掉商紂之後，面臨的首要任務，是建立穩定的政治秩序。〈洪範〉是紂的遺臣箕子向武王陳述的一篇治國安民之道。「洪」即「大」，「範」即「法」。《書經》中的〈洪範〉篇中說「錫禹洪範九疇」，上天替大自然與人的道德、政治、禍福制定符合其固有本性的規範，將世間的人事與大自然的規律視為「上帝之命」，雖然書中說：〈洪範〉出於箕子之口，其實是經過周人的修正補充，可以說是周人制定的「皇權憲法」。

☐ 謀及乃心

在〈洪範〉篇中，「九疇」是指和治國有關的九個「範疇」。其中第七個「明用稽疑」中記載：「汝則有大疑，謀及乃心，謀及卿士，謀及庶人，謀及卜、筮。」

> 汝則從，龜從，筮從，卿士從，庶民從，是之謂大同。
> 身其康強，子孫其逢，吉。
> 汝則從，龜從，筮從，卿士逆，庶民逆，吉。
> 卿士從，龜從，筮從，汝則逆，庶民逆，吉。
> 庶民從，龜從，筮從，汝則逆，卿士逆，吉。
> 汝則從，龜從，筮逆，卿士逆，庶民逆，作內吉，作外凶。
> 龜筮共違于人，用靜吉，用作凶。

「明用稽疑」是君王面臨重大決策而猶疑不決時，可以參照五方面的意見綜合考量，它們分別是君王、卿士、庶民、龜卜、蓍筮。「從」是指肯定和贊成，「逆」是指否定和反對，在這五方面中，龜和筮仍然具有決定性的。如果龜從、筮從，即使君王、卿士、庶民都反對，也是吉利的。如果君王、卿士、庶民都贊成，而龜和筮有一方「逆」，則都不夠吉利。龜筮二者都「逆」，「共違於人」，就應取消擬議中的計畫。

在箕子的建議中，最值得我們注意的，不僅只是「卜」、「筮」並用，而且是要用心採納不同的意見：「謀及乃心、謀及卿士、謀及庶人」。「乃心」是自己內心的思考決定，「卿士」是大臣們的意見，「庶人」是人民的意見，這三項都是理智的抉擇，顯然神道的權力在衰退，理智的力量逐漸興起。

⊡ 理性的解釋

「筮」和「卜」最大的差別，在於「人」對於卦象的解釋空間。以龜甲卜兆，可以解釋的空間很小。以筮術占斷吉凶的判定則取決於三個因素：第一，卦爻象及卦爻辭的啟示；第二，問占者的本身狀況及客觀遭遇；第三，主筮人的見識。其中主筮人的見識占有非常重要的份量。因為卦爻象變化多端，卦辭或爻辭也可作多方面解釋；如果主筮人明智有見識，裁斷自然比較可靠；如果主筮人見識不足，他可能不知變通，也可能作出相反的結論。所以〈繫辭傳〉說：「極天下之賾者存乎卦，鼓天下之動者存乎辭，化而成之存乎變，推而行之存乎理，神而明之存乎其人。」意思是說，卦爻象、卦爻辭及卦爻之變中含有極深的道理，能夠「神而明之」，而把道理說清楚的卻是「人」，也就是主筮者。《易經・繫辭傳》甚至認為筮占是「聖人之道」：

> 「夫易，聖人之所以極深而研幾也。唯深也，故能通天下之志；唯幾也，故能成天下之務；唯神也，故不疾而速，不行而至。」

正因為《易經》中每一卦的象、辭及爻變都有相當大的解釋空間，到了「儒門易時期」，孔子及其弟子才有可能將之「理性化」。用韋伯或現代西方社會學家的觀點來看，「占卜」可以說是一種典型的巫術。然而，道家和儒門弟子對《易經》的詮釋，卻使中國人對「占卜」的態度發生了根本的改變，其重要性不亞於清教徒在西方「解除世界的魔咒」。在下面兩章中，我將分別討論道、儒兩家詮釋《易經》對中華文化發展所具有的意義。

參考文獻

林鴻信（2013）：《基督宗教之人觀與罪觀：兼論對華人文化的意義》。台北：國立臺灣大學出版中心。

胡厚宣（1944）：《甲骨學商史論叢初集》。台北：大通書局有限公司。

韋政通（1968）：〈從周易看中國哲學的起源〉。見《中國哲學思想批判》（頁31-70）。台北：水牛出版社。

高懷民（1986）：《先秦易學史》。台北：東吳大學中國學術著作獎助委員會。

康樂、簡惠美（譯）（1989）：《宗教社會學》。台北：遠流出版公司。

陳方正（2009）：《繼承與叛逆：現代科學為何出現於西方》。北京：三聯書店。

陳復（2009）：《商周交會在齊國：齊文化與齊學術的研究》。新北市：花木蘭文化出版社。

陳夢家（1956）：《殷墟卜辭綜述》。北京：科學出版社。

傅佩榮（1985）：《儒道天論發微》。台北：臺灣學生書局。

蒲慕州（2004）：《追尋一己之福：中國古代的信仰世界》。台北：麥田出版社。

Armstrong, K. (1993). *A history of god: The 4,000-year quest of Judaism, Christianity and Islam*. New York, NY: Ballantine Books. 蔡昌雄（譯）（2012）：《神的歷史：猶太教、基督教、伊斯蘭教的歷史》（第三版）。台北：立緒出版社。

Fu, P. J. (1985). *The origin and elaboration of heaven in Confucianism and Taoism* (in Chinese). Taipei, Taiwan: Student Book Co., Ltd. （《儒道天論發微》）

Gellman, M., & Hartman, T. (1995/1997). *How do you spell god*? New York, NY: HarperCollins. 楊秋生（譯）（1997）：《神的名字》。台北：立緒文化事業有限公司。

Gerth, H. H., & Mills, C. W. (1948). *From Max Weber: Essays in sociology*. London, UK: Routledge & Kegan Paul.

Harris, G. G. (1989). Concepts of individual, self, and person in description and analysis. *American Anthropologist, 91*, 599-612.

Jaspers, K. (1957/1962). *Socrates, Buddha, Confucius, Jesus*. San Diego, CA: Harcourt Brace Co.

Schluchter, W. (1986).《理性化與官僚化：對韋伯之研究與詮釋》（顧忠華譯）。台北：聯經出版事業公司。

Vygotsky, L. S. (1927/1987). *The historical meaning of the crisis in psychology: A methodological investigation*. NY: Plenum Press.

Wallner, F. (1994). *Constructive realism: Aspects of a new epistemological movement*. Wien, Austria: W. Braumuller.

Weber, M. (1964). *The religion of China: Confucianism and Taoism* (H. H. Gerth, Trans.). New York, NY: The Free Press. 簡惠美（譯）（1989）：《中國的宗教：儒教與道教》（頁 293-317）。台北：遠流出版公司。

Weber, M. (1930). *The protestant ethic and the spirit of capitalism* (T. Parsons, Trans.). London, UK: Routledge. 康樂、簡惠美（譯）（2007）：《基督新教倫理與資本主義精神》。台北：遠流出版公司。

Weber, M. (1946). *From Max Weber: Essays in sociology*. NY: Oxford University Press.

第五章　西方的眼鏡：巫術或科學？

　　韋伯一生學術研究的焦點，是在探討近代西方文明中工業資本主義興起的原因。為了探討此一問題，他在其皇皇巨著《經濟與社會》（*Economy and Society*）一書中，曾經提出了一組對比的概念，用以突顯西方文化的特質。韋伯認為：從十六世紀歐洲文藝復興運動發生之後，許多西歐國家在其科學、法律、政治、宗教等不同領域，都發生了理性主義勃興的現象。

第一節　形式理性和實質理性

　　在韋伯看來，十六世紀後，歐洲文明展現出來的「理性主義」蘊含有一種獨特的「形式理性」（formal rationality），它和世界上其他文明所強調的「實質理性」（substantive rationality），顯然不同。「形式理性」強調的是作一件事時，「方法和程序的可計算性」（calculability of means and proce-dures），它重視的是「不具任何價值色彩的事實」（value-natural fact）；相反的，「實質理性」則是指根據某一清楚界定之立場所判定的「目標或結果的價值」（value of ends or results）。前者重視方法和程序，任何人都可以用同樣的方法和程序來追求自己的目標；後者重視目標或結果，對達成目標之方法或程序卻不作明確交代。只有少數熟諳這些特殊方法或程序的人，才能用以追求自己認為有價值的目標。

▣ 形式理性的經濟行動

　　在韋伯看來，市場中的交易行為是「所有理性之社會行動的基本型態」，也是資本主義經濟秩序的基礎。在這種交易過程中，個人會以自己所

欲獲得的財貨作為考慮的準據，精打細算地追求自己的最大利益，而將「神聖的禁忌、特殊群體的特權，或者對兄弟尊長的義務」一律排除在外，不予考慮。以「客觀理性」的精打細算來追求「主觀理性」的實質利益，這種兼具雙重理性的交易行為，韋伯稱之為「形式理性的經濟行動」；相反的，如果一項交易的目的不具備此種特性，而是為了要達成某一特殊群體的目標，以滿足該團體的利益，或維護該團體的價值，則稱之為「實質理性的經濟行動」。

了解這種作為「資本主義經濟秩序之基礎」的社會行動之後，我們便可以進一步來討論：為什麼「形式理性」的興起有助於資本主義的發展。韋伯認為：從十六世紀文藝復興運動發生之後，歐洲文明的各個不同領域，包括：科學、法律、政治、宗教、藝術……等，都產生出「形式理性」勃興的現象，其中最有助於資本主義之發展者，計有以下各層面。

一、科學和技術

文藝復興運動發生之後，以實驗和數學為其理性基礎的自然科學勃然而興，科學家們在物理、化學、天文、地理……等自然科學的研究上，都獲得了輝煌的成就。科學知識的普及使人們以科學的世界觀取代了宗教性或神秘性的世界觀，而將自然界中的諸般事物看作是可以用科技方法的精打細算來加以控制的「因果機械」（causal mechanism）。結果不僅逐步地「解除了世界的魔咒」（disenchantment of the world），而且讓人們可以利用高度精確的科技知識來從事生產工作。

二、法律與司法

在東方或傳統社會裡，「實質性法律」（substantive law）是由聖賢或君王制訂的，其特徵是：「宗教性的戒律和世俗性的法規未曾清楚地劃分開來」，結果「倫理與法律的責任、道德的規勸與法律的命令都糾結在一起，

缺乏形式上的清晰性」；法官在判案時也很難根據法律，而往往必須憑藉道德、神諭、聖旨、「個人在某一案例中的公平感」，或是「其他無法以理智控制的方式」。在這種法律體系之下，一般人很難預料自身的法律後果，在韋伯看來，這種法律體系也是「非理性的」。

　　文藝復興之後，「法律形式主義」（legal formalism）興起，歐洲各國的法律秩序從宗教、倫理和俗世的道德中逐步分化出來，而形成一個「邏輯清晰、內部一致，而且至少在理論上是無懈可擊的形式性法律體系」（system of formal law），「能夠涵蓋在邏輯上設想得到的所有事實情境」。這種「形式性法律」的制訂，必須經過一定的嚴謹程序；法令的制訂程序必須符合憲章的要求，而且每一個人都能夠清楚地意識到法律的變革。因此，在最理想的情況之下，如果有人因為某一案件必須訴諸於法，當事人便能夠很清楚地預期到法官的裁判可能是什麼。法律形式主義使法律體系像一架理性機器般地運作。處於這種法律體系之下，個人或團體預知本身行動之法律後果的可能性大為提高，他們也因此而有相對的極大自由。

三、行政組織

　　行政組織中「形式理性」的興起，便是蘊含著行政組織的科層化。從歐洲文藝復興之後，行政組織的科層化不只以政府機構為然，其他如軍隊、政黨、教會、大學、利益團體、企業組織……等的行政組織，亦莫不如是。行政組織科層化之後，其組織結構與功能的劃分將變得十分清晰，組織中每一個機構的管轄範圍、機構中權力的分布，以及每一職位的權責，都會以正式的規章來加以規定。更重要的是，科層化的組織在運作之時，其職員會以一種「形式性的無私精神」（spirit of formalistic impersonality）從事工作：他對同樣性質的所有案件，都會一視同仁地以同樣的方式處理，既無喜怒愛惡，亦不講私人感情，絕不因對方求情、個人特權或上司（違反規定）的命令而有所變動。這種「形式性的無私精神」使得科層化的行政組織能夠像一架理

性機器般的運作，而展現出精確、快速、連續、清晰、統一，以及嚴格控制等的性格。

　　科技、法律、行政組織等不同領域中的理性化發展，造成具有高度可預測的環境。在這樣的環境裡，企業家可以運用各種科技知識從事生產工作。他可以用各種方法來了解市場的需要和變化。他知道自己受到的法律保護，也了解自己各項行動的法律後果。他能夠精確地計算自己的投資和收益，也能夠盡力求取自己的最大利益。因此，韋伯認為：形式理性的勃興，有助於現代工業資本主義的發展。

第二節　「科學微世界」和「生活世界」

　　西方理性主義興起的最重要成果之一，即是科學的快速發展。科學的快速發展意味著科學家們不斷地建構出一個又一個的「科學微世界」（scientific microworlds），讓人們可以藉由這樣的「科學微世界」，來看到嶄新的「世界圖象」。科學家們在建構科學微世界時所使用的系統性知識，與他們在日常生活中使用的知識是完全不同的。為了說明這兩種知識的不同，在《儒家關係主義：哲學反思、理論建構與實徵研究》的第二章（黃光國，2009；Hwang, 2012）中，我刻意從幾個面向來突顯「科學微世界」和「生活世界」的差異。

▣ 生活世界

　　「生活世界」（lifeworld）是胡賽爾最先提出來的概念（Husserl, 1936/1970）。對個人而言，它是一種原初的世界，是一切事物都自明地呈現出來的世界。個人在未有科學知識之前，便不斷地在認識其日常生活中的經驗，並作出各種不同的解釋、組合和反應。它是一種前邏輯、前技術性和前工具性的存有論境域，其豐富性根植於個人直接經驗的生活感受。它是不固定的、可滲透的，但也是牢不可破的；人無法超越其界線，也無法窮盡其內容。

　　生活世界必然存在於歷史的某一個時間點上。不同歷史世代，或不同文化中人們的生活世界，其內容均不相同。經濟蕭條、戰爭或國內政爭等重大事件，都可能造成生活世界的變異。然而，生活在同一文化中的人們，其生活世界在經歷各種變異之際，卻有一種可以作為先驗條件的形式架構，持續地支撐著生活世界，這就是所謂的「文化遺產」。

　　每一個科學的建構都可以視之為一個相應的「微世界」。以「實在論」作為基礎所建構出來的理論模型固然可以看作是一種「微世界」，而社會科學家在某一主題引導之下，根據某種特定觀點，針對某種社會現象所作出的詮釋，也可以看作是一種「微世界」。在眾多諸如此類的微世界中，「建構的實在」（constructed reality）取代了「既予的世界」，而成為可予以證明的建構。

◉ 語言遊戲

　　語言是文化的承載體。人們在其生活世界裡，必然會使用各種語言，並與社會中的其他人玩不同的語言遊戲。維根斯坦在其後期哲學中主張：世界是由各種各樣的生活形式（life form）所組成的，而語言則是由各種各樣的語言遊戲所組成的。所謂「生活形式」是指：在特定的歷史和文化條件之下，人們以其所繼承的風俗、習慣、制度、傳統等文化遺產作為基礎的思維方式和思考方式。語言遊戲必須根植於生活形式之中，遵守規則則是語言遊戲的基礎。雖然任何遊戲都有其規則，都必須按照特定的規則進行，但我們在玩遊戲的過程中，可能自己制訂規則，也可能隨時改變它的規則（Wittgenstein, 1945/1953）。

　　我們日常生活中所使用的語言是由或大或小、或原始或複雜、功能各異的語言遊戲所組成的開放系統。它們之間不具有形式上的一致性，只具有或多或少的相似性，維根斯坦稱之為「家族相似性」（family resemblance）。由此觀之，科學家所建構出來的理論微世界，不過是眾多語言遊戲中的一種。

　　然而，人們在「生活世界」和「科學微世界」中所玩的語言遊戲，卻有

其本質上的不同：科學知識的微世界是由科學家個人所建構的；人們在生活
世界中所玩的語言遊戲，則是某一文化群體經過長久的歷史演變出來的
（Wallner & Jandl, 2001）。除此之外，我們還可以將人們在這兩個世界之知
識所使用的思考方式、理性類型、建構方式和世界觀列如表 5-1 所示，從這
幾個不同的層面，來說明這兩種世界的基本差異。

表 5-1　生活世界與科學微世界中兩種知識的對比

功能	生活世界	科學微世界
建構者	文化群體	單一科學家
思維方式	原初性思考	技術性思考
理性種類	實質理性	形式理性
建構模式	參與式建構	宰制式建構
世界觀的功能	生命的意義	認知世界

資料來源：取自黃光國（2009，頁 31）

◘ 原初性思考與技術性思考

　　具體的生活世界是科學世界的基礎，可是科學世界卻是與生活世界截然
不同的另一種新的存在。自然的科學世界是人類為了達到控制自然、開發自
然、利用自然的實用性目的而建構出來的世界，它在本質上是一種「宰制性
的建構」（dominative construction），是在特定的主題指引下所發展出來的
世界。然而，科學世界並非人類所建構的唯一主題世界，除此之外，人類還
會因其不同的需求，在不同主題引導之下，建構出倫理世界、美感世界、宗
教世界等。由於每一種主題世界都是人們在某種主題引導下，用特定的詮釋
方式所建構出來的，與該主題不相關的現象會被排除掉，因此，它先天地具
有一定程度的片面性和偏狹性。

　　人們在「科學微世界」和「生活世界」中所使用的語言和思考方式，也

有其根本的不同。人們在「生活世界」中所使用的自然語言，是生活在同一文化的人在其歷史長河中所建構出來的。在該文化源起之初，人們恆久而專注地觀察其生活世界中的事物，刻意屏除掉一己之意志，以一種虛靜的態度，盡量讓每一事物在他們所創造的語言或文字中呈現其自身。這種思考方式，海德格稱之為「原初思考」（originative thinking）或「本質性思考」（essential thinking）（Heidegger, 1966）。由於人們相信：事物的「存在」呈現在人們所締造出來的語言或文字之中，最後，人們用語言取代了事物，以為：人們所建構出來的「實在」，就等於「實在自身」。當人們用語言說出某物時，他同時也讓某物正如這些文字之意義般地出現。所以說，「語言是存在的家」，而「存在」便安居於語言之中。

　　科學家們在建構其理論之「微世界」時所使用的語言和思考方式，則與此全然不同。科學知識是科學家為了達到某一特定目的所製作出來的一種手段或方法，具有一種強求或挑釁的性格，要求以最少的支出，獲得最大的收益。這種「技術性思考」（technical thinking）不再如笛卡兒哲學所說的那樣，讓存在物如其所是地呈現，並成為認識的對象；相反的，它會以各種不同的方式去榨取和儲藏自然界中的能源，將許多自然物轉化成為「貯存者」。

　　技術性思考必須以「基礎律」（ground principle）作為基礎。德文的「基礎律」（Grundsatz）是譯自拉丁文的 principium，兩者均源自希臘文的 axioma，原意指最有價值或非常珍貴之物；在科學命題的領域之內，它是指作為始端的命題（first proposition），其他命題的意義都必須在這個基本意義的照明之下，才得以成立。在基礎律的支配下，現代人總是在其表象思考中不斷地計算著，思考轉變成為理性的思考，基礎律則成為「理性」思考的根本，藉由它，理性才能完美地施展出自己的本性，才能成為真正的理性（Heidegger, 1974）。

▣ 實質理性與形式理性

　　然而，什麼叫作「真正的理性」呢？難道人們在其生活世界中所使用的

原初思考方式不是理性的嗎？法國社會學家 Durkheim（1912/1965）認為，
不論是在哪一種文化之中，包括宗教和神話在內的所有社會表徵（social re-
presentation），都是理性的。他認為：概念和範疇都是社會生活和集體生活
的產物。因為概念是集體的，所以人們才會認為它是真實的；同樣的，只有
人們認為某種概念為真實時，它才能成為真實的。宗教試圖用一種心智的語
言將現實表達出來，這種心智的語言將事物聚集在一起，並且在事物之間建
立起一種內在的聯繫，最後將事物分類，並加以系統化。在他看來，宗教所
使用的心智語言和科學所運用的語言在本質上並沒有區別。科學邏輯的基本
概念起源於宗教，科學思想僅僅是比宗教更加完善的形式而已。因此，他主
張：「凡是理性的事物都是社會的；凡是社會的事物也都是理性的」（every-
thing which is social is rational and everything which is rational is social）。換言
之，生活在不同社會中的人，從他們社會內部的立場來看，流傳於該社會中
的集體意識或社會表徵，不論它是神話、宗教或科學，都是理性的。然而，
人們在生活世界和微世界中所使用的理性難道沒有差別嗎？

　　我們可以藉由韋伯（Weber, 1921/1963）對比較「宗教社會學」所作的研
究，來思考這項問題。本章第一節開宗明義地指出：韋伯畢生學術研究的焦
點，是在探討近代西方文明中工業資本主義興起的原因（Weber, 1930/1992,
1978）。為了探討此一問題，他曾經提出「形式理性」和「實質理性」之對
比的概念，用以突顯西方文化的特質。

　　換言之，當年韋伯關注的問題是十八世紀啟蒙運動發生之後，西方文明
的整體轉變，這種轉變涉及西方人生活的每一個面向，其中最重要的是科學
家以其「形式理性」建構出來的「科學微世界」，並不包含有任何「實質理
性」的成分。

◨ 參與式建構與宰制式建構

　　從韋伯的概念架構來看，每一個「科學微世界」都是科學家為了要達到
控制自然，並利用自然的目的，科學家可以針對人類所關切的不同層面，基

於某種特定的觀點而建構出來的。這樣建構出來的每一個「科學微世界」都具有獨特的任務，它們既不是永恆的，也不是絕對必然的；當其任務不再當令，或人們面臨新的任務時，科學家們便需要製作出新的建構。這種科學知識的微世界是歐洲文藝復興運動發生之後，科學家以笛卡兒「主／客」二元對立思考方式，在某一特定範疇從事研究，所獲致的結果。這種建構知識的方式和非西方文化中人們在其生活中所使用的建構方式有相當大的差異。

我們可以用人類學家 Levy-Bruhl（1910/1966）對於「原始」思維方式的研究來說明此一論點。Levy-Bruhl 深入研究原始民族的「集體表徵」，他認為：原始民族的觀念，包括神話和宗教信仰，是藉由「神秘參與律」（law of mystical participation）的原則，而形成其文化系統（Evans-Pritchard, 1964）。這種「參與律」把人類和自然視為是不可分割地包容在整體之中，而形成一種「宇宙整體意識」（Tylor, 1871/1929）。

在「前現代」或者所謂的「原始」文化中，依「參與律」所建構出來的「集體表徵」通常不會受到經驗的駁斥。人們對於矛盾的事物（contradic-tions）雖然都很敏感，但他們對於由「參與律」所建構出來的集體表徵，卻不會刻意地想要消除其中的矛盾。許多「前現代」的文化會用語言盡可能地描述每一種情境裡的人以及事物之意象，他們因此而擁有十分豐富的辭典（rich lexicon），其中字詞的意義不僅彈性多變，而且可以隨著意象的變化而重新加以塑造。Levy-Bruhl 因此認為：被前現代文化選定為優越的思考方式（superior forms of thought），根本不可能轉化成為人類心智的普遍法則。

在「前現代」文明中，人們在其生活世界中建構知識的方式，可以說是一種「參與式的建構」（participative construction）；近代西方人以笛卡兒「主／客」二元對立方式所建構出來的科學微世界，則是一種「宰制式的建構」（dominantive construction）（Shen, 1994）。以這兩種不同方式所建構出來的知識，具有完全不同的性質，彼此之間是不可通約的（incommensur-able）。

⊡ 兩種世界觀

　　不論是在生活世界或科學微世界中，人們所使用的語言以及他們所玩的語言遊戲往往蘊含有某種特定的世界觀（worldview）。然而，什麼叫世界觀呢？對於這個問題，語言學家 Whorf（1956）指出：我們的心靈必須將變化多端的世界所呈現給我們的萬花筒式印象加以整理，整理的方法主要是依賴我們的語言系統。在學習母語的時候，我們同時學會了一套分類的語彙，用以稱呼外在世界中的事物，以及一套語法規則，用以描述並思索外在世界。換言之，我們所使用的語言，將形塑我們認識到的世界。

　　然而，生活世界中的世界觀和科學微世界中的世界觀卻有其本質上的不同：生活世界中的世界觀是某一文化中的人們在其歷史長河裡，以「原初性思考」思索宇宙的性質及人類的遭遇，而逐步建構出來的；科學微世界中的世界觀則是科學家們為了操弄或控制某一領域中的對象，以「技術性思考」所作出的一種建構。社會學者 Walsh 與 Middleton（1984）在其著作《轉化中的視野：形塑一種基督徒的世界觀》（*The Transforming Vision: Shaping a Christian World View*）一書中指出：人們在生活世界中所用的世界觀通常會回答四種問題：我是誰？我的人生處境是什麼？我為什麼會受苦？解救的方法是什麼？更清楚地說，一種世界觀不僅會描述人類的本性，而且還會說明人和其外在世界的關係，以及人在世界中的歷史處境。除此之外，世界觀還會針對人類所經驗到的問題提供一種診斷，並開立一種解決問題的處方。

　　然而，科學微世界中的世界觀並不具備此種功能。在後期孔恩的哲學（post-Kuhn philosophy）中，他強調：科學革命的過程會發生兩種基本的變化：一是詞義的變化（changed of word-meaning）；另一則是觀看世界之方式的變化（changed in ways of seeing），世界觀的變化是以詞義的變化作為基礎。他所提出的辭典（lexion）理論指出：科學的辭典是由一套具有結構和內容的術語所組成，科學家們可以運用辭典中的術語，來對世界或自然界進行描述，而成為理論中的命題。理論和辭典是密不可分的，一個理論的微世界，

必須用一部特定的辭典來加以理解。不同的理論需要用不同的辭典才能加以理解，理論一旦改變，辭典也必定要隨之改變。

科學社群的成員在學習他們所使用的辭典時，並不是一個個地學習術語的定義，而是用「範例」（examplers）學習某一科學社群對這些術語的約定描述（stipulative description）。這種以整體的方式，成組成套地學習科學語言中的指稱術語及相關的自然定律，稱之為「局部整體論」（local holism）。藉由此種途徑所學到的科學辭典，蘊含一種認識世界的方式。科學社群的成員必須學會同一部「辭典」，了解其中「術語」的意義，彼此之間才能充分交流；他們必須擁有同樣的世界觀，才能思索同樣的科學問題，並且在同一科學社群中從事有關的研究工作。

第三節　巫術系統的理性化？

從前述各節的分析，我們可以看出：「科學微世界」的建構確實是西方文明的獨特產物，是非西方文化所欠缺的。然而，這並非意指：非西方文化未曾發展出他們自己的「科學」。以「歐洲中心主義」的角度來看非西方文化，便很可能會誤以為：非西方文化沒有科學。

《中國的宗教：儒教與道教》一書的第七章「正統與異端」在討論「巫術系統的理性化」時，韋伯認為：中國的正統與異端對於巫術的、泛靈論的觀念都採取容忍的態度，加上道教積極的護持，這些觀念得以繼續存在，並在中國人的生活中極具支配力量。

▣ 巫術的世界圖象

他認為：在中國，古代的種種經驗知識與技術的理性化，「都朝向一個巫術的世界圖象發展」。天文學除了曆算科學外，其餘都變成了占星術。曆算之學源自古代，起初是用來調整適當的農業季節，技術方面仍然原始，「一點也比不上巴比倫的成就」。原先是曆法製造者的太史轉變成執掌天文

與占星術的官方部門。「靠著大量複製政府所製作的曆書，時占術的經營成為占日師的財源。當人們要為某事尋一黃道吉日時，即需詢問他們。」對地震、山崩、隕石、異胎、童謠的解釋，以及各式各樣巫術的「占候學」，建立起龐大的文獻。「它完全用來測試鬼神是否安頓得當，如果不當，那麼國家的領導方面就得關心其後果。」

藥劑學以及與之相關的藥理學，都曾有過相當的經驗性成果。「它們完全以泛靈論的方式被理性化。」長生術中作為神藥藥方的植物，就像希伯來人的生命樹一樣，大量生長於「西方樂土」西王母的林園裡。「中國人的向外擴張，在某種程度上也受到此種尋找樂土之希望的牽引，就像始皇帝為求長生靈藥的海上探險一樣。」

在第九世紀時，數個堪輿學派經過一場爭鬥之後，講究「形狀」的學派戰勝了更傾向泛靈論的對手。「這些風水師擁有較為廣大的收取費用之機會，恐怕是致勝的決定性因素。」自此之後，山岳、丘陵、岩石、原野、樹木、花草與川流的形狀，都被認為具有風水的含意。「僅止是一塊石頭，就可以因其形狀而保護一整個地區免於凶神惡鬼的侵襲。」

▣ 巫術性的「理性」科學

韋伯認為：在中國，巫術性的「理性」科學（magically "rational" science），其上層結構的蹤跡到處可見。它涵蓋了早期簡單的經驗技術，並且具有可觀的技術內容，正如各種「發明」所證實的。這個上層結構是由時測法、時占術、堪輿術、占候術、史書編年、倫理學、醫藥學，以及在占卜術制約下的古典治國術所共同構成。其中，巫術師在民間的地位是最高的，其營業利得實際上也經常最為優厚（也因此常被視為異端）。

在以「五」作為神聖數字的宇宙論思辨裡，五星、五行、五臟……等，連結起大宇宙與小宇宙的對應關係。表面上看來似乎是巴比倫式的，不過，仔細予以詳較，它們是對中國本土的。中國這種「天人合一」的哲學與宇宙創成說，將世界轉變成一個「巫術的園地」（magic garden）：

　　每一個中國的神話故事都透露出非理性的巫術如何受人歡迎。粗野而不談動機的神祇（dei ex machina）從天而降、穿越於世界而無所不能；只有對路的咒術（countercharms）才能對付它們。面對這些，破解奇蹟的倫理理性（ethical rationality）是毫無作用的。

　　所有這些不僅受到包容與許可，而且因為巫術的世界圖象受到承認，而更加興盛。由於各式各樣的巫與覡都有可加以利用的營利機會，它們也不斷生長茁壯。道教，因其非教養、非理性的性格，甚至比儒教還更傳統主義。道教沒有自己的「精神」（ethos）；巫術，而非行動，決定人的命運。（Weber, 1964, p. 200）

▣ 道教與巫術

　　韋伯（Weber, 1964）認為：老子是個想「從塵世中抽身出來，才會有餘暇與氣力來『思索』，以及補捉神秘之感覺」的「隱士」。道教徒則是「神秘主義者」。作為社會學家，韋伯「所關懷的並不是作為哲學家的老子」，也不是老子對於「道」的解釋，而是他「在社會學脈絡中的地位及其影響」（p. 246）。韋伯指出：在中國歷史上的初期階段，老子與其門徒「如同所有的神秘主義知識分子一般，他們所尋求的其實是不動心的忘我」。後代的巫師則一致認為他們自己是老子「道教的」繼承者，並且將他視為始祖（p. 247）：

　　　　在中國，大多數古老的民間神祇，以及一整批新出籠的神靈，都受到一個教士階層的庇護。此一階層之所以受到容忍，是因為他們宣稱自己源自於一位哲人：老子及其教義。此一教派的義理最初與儒教大體上並無不同。後來它卻與儒教互相對立，最後則徹底被視為異端。（Weber, 1964, p. 177）

　　韋伯的這個說法將他論述的焦點集中到中國社會中的「巫師」，卻忽略了道家對於《易經》哲學「理性化」的重要意義。

第四節　道家對《易經》的詮釋

　　在韋伯看來，道教跟巫術緊密連結在一起，所以才會被儒教視為「異端」。上一章談到：自從周文王羑里演易，西周時期，人們不再用龜甲卜兆，卜筮變成非常普遍的現象。在那個「民神雜糅，不可方物；先人作享，家為巫史」的時代，人們在遇到生活中的困頓事件，而無法作決策的時候，往往都會求助於神明。覡、巫是能夠幫助人解釋「天意」的人，而卜筮則是他們常用的方法。由於「其聰能聽徹之」、「其明能光照之」，所以能讓求助者覺得「明神降之」，而信任他們對「天意」所作的解釋。

▣ 「道」的詮釋

　　到了春秋戰國時代，群雄並起，「百家爭鳴」，許多知識分子開始對《易經》作出不同的詮釋，《易經》成為諸子百家的共同經典。對於這個轉變，《莊子‧天下》的說法是：

> 「古之所謂道術者，果惡乎在？曰：『無乎不在。』曰：『神何由降？明何由出？』『聖有所生，王有所成，皆原於一』不離於宗，謂之天人。」《莊子‧天下》

　　莊子所謂通曉天地之道的「道術者」，其實就是《國語‧楚語》中所說的「其智能上下比義，其聖能光遠宣朗」的「巫」、「覡」，他們之所以能夠「配神明，醇天地，育萬物，和天下，澤及百姓」，憑藉的本事就是「明於本數，係於末度，六通四群，小大精粗，其運無乎不在」。

　　具有這種「絕地天通」的本事，「其明而在數度者」，「舊法世傳之史

尚多有之」。「史」是替諸侯世家貴族服務的史官。到了春秋戰國時期：

> 「天下大亂，賢聖不明，道德不一，天下多得一察焉以自好。譬如
> 耳目鼻口，皆有所長，時有所用。」

這種人，莊子稱之為「一曲之士」，認為：他們雖然號稱能夠「判天地之美，析萬物之理，察古人之全」，其實很少有人能夠「備於天地之美，稱神明之容」。所以「內聖外王之道，闇而不明，鬱而不發，天下之人各為其所欲焉，以自為方」。因此，莊子很感慨地說：

> 「悲夫！百家往而不反，必不合矣！後世之學者，不幸不見天地之
> 純，古人之大體，道術將為天下裂。」

莊子認為：諸子百家「不見天地之純，古人之大體」，並擔心「道術將為天下裂」，在這種情況下，不論是道家或是儒家都一定要對他們所認識的「道」作出他們認為最妥善的詮釋，因而使《易經》中蘊含的宇宙觀展開其「理性化」的過程。

▣ 「道」的意義

在討論「正統跟異端學派的對立」時，韋伯很清楚地指出這種「巫術性『理性』科學」的文化根源：

> 「道」本身是個正統的儒家概念，它意指宇宙的永恆秩序，同
> 時也是宇宙的運行，它通常是某種形而上學的認定，缺乏一種通貫
> 性的辯證結構。就老子而言，「道」與神秘主義者追尋「神」的典
> 型有關。道是不變的要素，因而也是絕對的價值；它是指秩序與萬
> 事萬物的根源，是所有存在的永恆原型，是無所不包的理念。簡言

之，它是神聖的總體與唯一。正如所有冥思性的神秘主義，個人唯有完全脫離俗世的關懷及肉身的慾望，直到擺脫掉所有的行動（「無為」），才能及於道。不止孔子自己，連同他的門派也都能夠並且也的確接受這點。對於孔子與老子而言，「道」的概念是一樣的，並且是具有同等的妥適性。（Weber, 1964, pp. 181-182）

　　「道」確實是儒、道兩家思想的共同根源。「道」確實是「缺乏通貫性的辯證結構」。然而，它僅只是一種「冥思性」的神秘主義嗎？它和神秘主義者一樣是在「追尋神」（god-seeking）嗎？韋伯的上述論述，說明他不僅對中華文化的起源缺乏相應的理解，而且也不知道道家詮釋《易經》對於中華文化發展的主要意義。

　　《道德經》上說：「道生一，一生二，二生三，三生萬物」，與〈易傳〉中所說的：「易有太極，是生兩儀，兩儀生四象，四象生八卦」，其實是在敘述同樣的道理。更清楚地說，《易經》的宇宙觀認為：宇宙間的萬物莫不各有其「道」，「一陰一陽之謂道」。《道德經》則進一步加以詮釋：「萬物負陰而抱陽，沖氣以為和」，宇宙萬物之謂道，都是由「陰」、「陽」兩種對反的力量，互相激盪所構成，這就是〈易傳〉所說的：「太極生兩儀，兩儀生四象，四象生八卦。」

　　八卦中每一卦的「象」，都是由上、中、下三爻所構成。這三爻可以是實線所代表的「陽爻」，也可以是虛線所代表的「陰爻」。《道德經》所謂的「道生一」，一是指「太極」，「一生二」的「二」是指「陰陽兩儀」，「二生三」，則是指構成每一卦之「象」的「天、地、人」三爻，這是每一個卦「象」的生成原理。而〈易傳〉所說的「太極生兩儀，兩儀生四象，四象生八卦」，則是「八卦」的生成原理。相傳周文王被拘於羑里時，將「八卦」中的每一卦作不同的重複組合，演繹成由六爻構成的六十四卦，並加上〈卦爻辭〉，用以代表宇宙萬物演變的狀態（如下頁圖所示）。

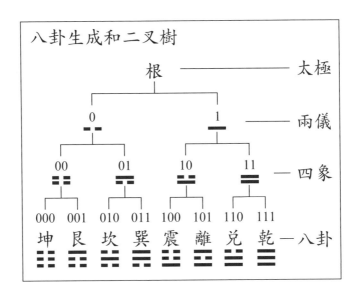

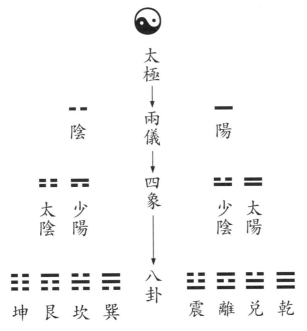

在道家對《易經》的詮釋裡，「道」是個有多重意義的概念。當代哲學家嚴靈峰（1966）、唐君毅（1986）、袁保新（1984）、傅偉勳（1985）等人，都曾經以《老子》一書中有關「道」的敘述為基礎，剖析「道」的哲學意涵。茲以傅偉勳之分析為架構，綜合以上各家之言，略述老子「道」的六大面向（six dimensions or aspects）：

道體（Tao as Reality）：**道是真實存在的形而上之本體。**
「有物混成，先天地生，寂兮寥兮，獨立而不改，固行而不殆，可以為天下母。吾不知其名，字之曰道，強為之名曰大。」〈二十五章〉

道原（Tao as Origin）：**道是宇宙萬物生化之根源。**
「道生一，一生二，二生三，三生萬物。」〈四十二章〉
「道生之，德畜之，物形之，勢成之。是以萬物莫不尊道而貴德。」〈五十一章〉

道理（Tao as Principle）：**道是宇宙萬物生存變化的必然規律。**
「天之道，不爭而善勝，不言而善應，不召而自來，綿然而善謀。天網恢恢，疏而不失。」〈七十三章〉
「天之道，其猶張弓與。高者抑之，下者舉之；有餘者損之，不足者補之。天之道，損有餘而補不足。」〈七十七章〉

道用（Tao as Function）：**道是人生守道修身、為人處世所應遵守的法則。**
「見素抱樸，少私寡欲。」〈十九章〉
「上善若水，水善利萬物而不爭，處眾人之所惡，故幾於道。」〈十九章〉

道德（Tao as Virtue）：道即為德，包括道體的「玄德」，以及使人得於道體之「德」。

「生而不有，為而不恃，長而不宰，是謂玄德。」〈五十一章〉

「持而盈之，不知其已；揣而銳之，不可長保。金玉滿堂，莫之能守；功成身退，天之道。」〈九章〉

道術（Tao as Technique）：道是可以運用到政治或軍事上的方略或方法。

第五節　「道」的作用

本章上一節指出「道」在《老子》思想中的多義性。然而，人該如何認識「道」呢？韋伯認為：

> 藉由冥思而與神聖的實體合而為一的興趣，使老子像大多數的神秘主義者一樣，完全貶低以入世的文化作為宗教性救贖的途徑。就某種程度而言，老子確實也是如此。對他來說，至善，這種心神的狀態，是一種神秘的合一（unio mystica），而不是像西方的禁慾主義那樣，必須從積極的行動，來證明神的恩寵。（Weber, 1964, p. 182）

「冥思」確實是道家修煉的重要方法之一。然而，從前述「道」的六大面向來看，「冥思」不僅只是一種「修身」的方法，它同時也是道家了解宇宙萬物之「道理」，能追溯其「道體」或「道原」的方法。老子的《道德經》其實就在敘述這樣的方法。

▣ 萬物之本

> 「有物混成，先天地生，寂兮寥兮，獨立而不改，周行而不殆，可
> 以為天地母，吾不知其名，字之曰：『道』。」《道德經・二十五
> 章》

　　這一段話可以看作是道家對於「道」所作的基本定義。我們可以想像，當年這本書的作者在沉思宇宙之本原的時候，他感覺到：在生生不息的萬物背後，應當有一個既化育他們又推動著他們的根本性力量，這種「獨立而不改，周行而不殆」的根本性力量，無以名之，只能勉強稱之為「道」。

> 「天下萬物生於有，有生於無。」〈四十章〉
> 「道生一，一生二，二生三，三生萬物，萬物負陰而抱陽，沖氣以
> 為和。」〈四十二章〉

　　「道」是宇宙萬物的「本體」（noumenon），所以它不是某種特定的「有」；但作為宇宙萬物的根本，它又不是絕對的「無」。因此，「道」是既「有」又「無」的超越性概念，也是「陰」、「陽」之間的辯證性統一。宇宙萬物都各有其「道」，所以說「萬物負陰而抱陽，沖氣以為和」；可是「道」卻又不是宇宙萬物。倘若我們要為「道」找一個基本符號象徵（prime symbol），則太極圖就是「道」最恰當的符號象徵。這個符號代表的意義是：「道」創生了萬物，而又必須寄存在萬物之中；它無所不在，卻又不能孤立的存在（成復旺，1992，頁70）。用莊子的話來說：

> 「夫道有情有信，無為無形。可傳而不可授，可得而不可見。自本
> 自根，未有天地，自古固以存。神鬼神帝，生天生地。在太極之先

而不為高，在六極之下而不為深，先天地生而不為久，長於上古而不為老。」〈大宗師〉

◉ 道法自然

「道」超越了時間和空間的限制，「未有天地，自古固以存」；同時又超越了任何有形的個體，「自本自根」；「道」創生了萬物，而又周流於宇宙萬物之中，是「萬物之所繫，一化之所恃」，「神託於秋毫之末，而大宇宙之總」，宇宙中萬物的存在和流變，莫不各有其「道」：

「夫道者，覆天載地。……山以之高，淵以之生，獸以之走，鳥以之飛。日月以之名，星歷以之行。麟以之遊，鳳以之翔。」
「神託於秋毫之末，而大宇宙之總。」
「節四時而調五行」，「夫太上之道，生萬物而不有，或化象而弗宰。」《原道訓》

這種「太上之道」，是一種沒有意志、沒有目的的自然力，是「自己而然」，沒有任何外力可以使之然；其生化萬物的原理亦是自然無為，所以老子說：

「道法自然。」〈二十五章〉
「輔萬物之自然而不敢為。」〈六十四章〉
「大道氾兮，其可左右。萬物恃之以生而不辭，功成而不有。衣養萬物而不為主，可名為小；萬物歸焉而不為主，可名為大。以其終不自為大，故能成其大。」〈三十四章〉

由於「道」是一種沒有意志的自然力，它雖然無所不在（其可左右），

萬物必須「恃之以生」，但是它卻不會歸功於自己。人們在每一件事物身上都可以看到「道」的力量，所以可能認為它很「小」；但它又是一種「衣養萬物」的力量，所以又可能認為它很「大」。不論人們怎麼稱呼它，「道」自身總是沉默不語，而「終不自為大」，所以人們才會主觀地稱其為「大道」。

◙ 道與語言

用西方哲學的概念來說，這種「萬物恃之以生」的「道」，是「超越的」（transcendent），所以它也是無法用語言文字或感覺器官來加以描述的。在《道德經》第一章中，老子便開宗明義的指出：「道可道，非常道；名可名，非常名。」見諸於語言文字的「道」，便已經不是「道」的本來面貌。莊子非常清楚地闡明了道家的這種立場：

> 「道不可聞，聞而非也；道不可見，見而非也；道不可言，言而非也；知形形之不形乎？道不當名。」《知北遊》

莊子曾經說過一個很有趣的寓言，可以用來說明「道」和「語言」之間的關係：

> 「南海之帝為攸，北海之帝為忽，中央之帝為渾沌。攸與忽時相遇於渾沌之，渾沌待之甚善。攸與忽謀報渾沌之德，曰：『人皆有七竅，以視、聽、食、息，此獨無有，嘗試鑿之。』日鑿一竅，七日而渾沌死。」《應帝王》

「攸」是攸然以明，可以用太極圖的「陽」來代表；「忽」是忽然之暗，可以用太極圖的「陰」來代表。明與暗或陰與陽，都是源於渾沌，而又依於渾沌似明非明、似暗非暗，是「陰」、「陽」二者的辯證性統一。人類

若是企圖用感覺器官或語言文字來理解「道」，就等於是在替「渾沌」開竅，七竅開盡，「渾沌」亦不得不死。

⊡ 視之不見／聽之不聞

「道」既然無法用語言文字來加以表述，然而，人如何能夠「知」「道」呢？老子提出的方法是用「冥思」（meditation）來體悟「道」：

> 「道之為物，唯恍唯惚。惚兮恍兮，其中有物；恍兮惚兮，其中有象；窈冥兮，其中有精；其精甚真，其中有信。」
> 「自古及今，其名不去，以閱眾甫。」〈二十一章〉
> 「視之不見，名曰夷；聽之不聞，名曰希；搏之不得，名曰微；此三者，不可致詰，故混而為一。」
> 「執古之道，以御今之有，能知古始，是謂道紀。」〈十四章〉

「形之可見者，成物；氣之可見者，成象」《吳澄・道德真經注》，「物」與「象」都是可以由感官感知的形而下之存在。「精」是指精神，或事物內在的生命力；「信」是指信實、靈驗（成復旺，1992，頁69），是由「周行而不殆」的「道」所透露出來的訊息，這兩者都是感覺器官無法感知到的形而上之存在。形而上的「道」，必須藉由形而下的「象」或「物」，才能呈現其「精」或「信」；可是，倘若我們企圖用感覺器官來理解「道」，我們一方面會覺得它是「視之不見」、「聽之不聞」、「搏之不得」，另一方面又覺得它並不是全然的空無，而具有「夷」、「希」、「微」的窈冥性格。

⊡ 天人合一

乍看之下，這種追求「恍惚」、「窈冥」狀態之「冥思」，與古希臘人在 theoria 的宗教儀式中所作之「沉思」（contemplation）似乎非常相似。仔

細加以比較，兩者之間又有其根本的不同。古希臘人在theoria的宗教儀式中作「沉思」，是希望在變動不居（becoming）的現象後面，找出不變的「存在」（being）；但道家「冥思」的目的並不在於此。

　　對於老子而言，處於「無狀之狀、無物之象」之「恍惚」狀態中的「道」，本身雖然不可知，而無法用言語來加以描述；可是「道」之所寄託的「物」，卻是可知而且可以用語言文字來加以描述的。所以《道德經》第一章在講完「道可道，非常道；名可名，非常名」之後，馬上緊接著強調「無名，天地之始；有名，萬物之母」。在老子看來，人有完全的能力可以了解「道」在萬「物」之上的運作：

> 「大曰逝，逝曰遠，遠曰返。故道大，天大，地大，人亦大，域中
> 有四大，而人居其一焉。」〈二十五章〉

　　「大曰逝，逝曰遠，遠曰返」，是指「道」在某一特定事物上的運行規律。「道大，天大，地大，人亦大」，可以解釋為：人類個體的發展具體而微地重現了物種發展的歷程，「人心的條理和自然的條理有某種合轍之處」，因此，透過適當的途徑，人心便能夠了解大自然中萬物運行的規律（劉述先，1989/1992，頁98）。

　　然而，「域中四大」之一的人，應當如何了解萬物運作之律則呢？對於這個問題，道家和古希臘哲學家也有非常不同的看法。古希臘哲學所注重的是「個別」與「一般」之間的關係。希臘哲學家關於「個別」與「一般」之關係的討論，後來發展成為形式邏輯。這種思維方式傳到西方基督教世界之後，又和他們對於「三位一體」的思辨結合在一起，埋下了「理性主義」的種子。歐洲文藝復興運動發生之後，發展出以科學實驗來確定因果關係的方法。近代歐洲的自然科學和技術，便是以形式邏輯系統和實驗方法兩者為基礎所發展出來的。

回「常道」與「觀復」

不論是發展形式邏輯或是從事科學實驗，都必須先預設主、客的對立。更清楚地說，作為研究主體之研究者必須和他所要研究的客體站在對立的立場，才能從眾多的個體之中抽象出一般的形式原則，也才能夠從事科學實驗。然而，這並不是道家的立場。在道家看來，「道」是一種不可知的「渾沌」、「恍惚」或「窈冥」狀態，他們對所謂的因果關係也毫無興趣。道家最關心的問題是：自然狀態下的「物」在時間向度上所展現出來的「道」：

「萬物莫不尊道而貴德，道之尊，德之貴，夫莫之命而常自然。」〈五十一章〉

「常自然」便是不受外力干擾而在自然狀態下所展現出來的「常道」。然而，人應當如何理解萬物之「常道」呢？

「人法地，地法天，天法道，道法自然。」〈二十五章〉
「致虛極，守靜篤。萬物並作，吾以觀復。夫物芸芸，各復歸其根。歸根曰靜，靜曰復命，復命曰常，知常曰明。不知常，妄作凶。」〈十六章〉

老子主張用「致虛極，守靜篤」之「天人合一」的方法，就事物本來的自然樣態來看待事物。用老子的話來說，這就是「人法地，地法天，天法道，道法自然」，或者是「以身觀身，以家觀家，以鄉觀鄉，以天下觀天下」，處身於事物的自然狀態之中，以主客不分的方式，用心靈去親身感受；而不是像希臘人那樣，站在事物之外，以主、客對立的方式，用感官去觀察，用智慮去思考。「萬物並作，吾以觀復」，用這樣的方式體察事物在時間向度上的變化，便可以看到「夫物芸芸，各復歸其根」。每一件事物經過一定時

間的變化之後，最後總是會回復到它原始的狀態。這種過程，老子稱之為「歸根」、「復命」。這種事物變化的律則是永恆不變的，掌握住這樣的律則，則人能「執古之道，以御今之有，能知古始」，所以說：「自古及今，其名不去，以閱眾甫」。

▣ 「體知」

對於如何用直觀的方法來認識外在世界，莊子也有類似的說法：

> 「天地有大美而不言，四時有明法而不議，萬物有成理而不說。聖人者，原天地之美，而達萬物之理。是故，至人無為，大聖不作，觀於天地之謂也。」《莊子・知北遊》

天地之美、四時之序、萬物之理，都無法用語言的描述或分析來了解，必須藉由親身的體驗，用直觀的方法，「原天地之美，達萬物之理」。藉由「觀於天地」以體會萬物之理的方法，莊子稱之為「體知」。對莊子而言：「體知」基本上是一種實踐的問題，而不是知識的問題，必須訴諸於主體實踐才能夠完成。他說：「夫道，有情有信，無為無形；可傳而不可受，可得而不可見」《大宗師》，這種可以意會而不可以言傳的「道」，當然很難轉化成為知識上的普遍原理。

▣ 得心應手

莊子所說的「庖丁解牛」就是一個很好的例子：庖丁在其長久的實踐中，掌握了熟練的解牛技巧，他為文惠君解牛時，「手之所觸，肩之所倚，足之所履，膝之所踏」，十分的乾淨俐落，甚至解牛時發出的聲響，也是「莫不中音，合於桑林之舞，乃中經首之會」。文惠君嘆為觀止，問他為什麼能夠如此神乎其技？庖丁的回答是：他「所好者道也」，早已經超出「技」的範疇。他剛開始解牛時，所看到的是整隻牛的形體。三年之後，掌

握住牛的經絡結構，解牛時便再也看不到全牛，而能夠「依乎天理」、「因其固然」、「以神遇不以目視，官知止而神欲行」。因為牛的關節處有間，「而刀刃者無厚」，「以無厚入有間」，所以能遊刃有餘，一把解牛刀用了十九年而刀刃猶新。《天道篇》所記載的「斫輪」人之言，更清楚地說明了這一點：

> 「臣也以臣之事觀之，斫輪徐則甘而不固，疾則苦而不入，不徐不疾，得之於手而應於心，口不能言，有數存焉於其中，臣不能以喻臣之子，臣之子亦不能受之於臣，是以行年七十而老斫輪。古之人與其不可傳也，死矣。然則，君子所讀者，古人之糟魄矣。」

輪人扁的技巧完全是靠個人實踐經驗累積起來的。這位行年七十的「斫輪」老手，憑著多年經驗，在斫木為輪的時候，能夠「不徐不疾，得之於手而應於心」。他雖然知道其間「有數存焉」，但這中間的「數」到底是什麼，卻是只能體會、不能言傳，甚至無法傳授給自己最親近的子女，更不能形成抽象的一般理論（蒙培元，1992）。在道家看來，和這種親身體驗的「道」相較之下，書本上的文字記載，只不過是「古人之糟魄」罷了！

道家認為：「離卻文字方為道，捨盡語言始近真」，以道家思想作為基礎的中國科學所關懷的核心問題是：如何把握「物」在其自然狀態下所展現出來的「道」，並善加利用，而不是將「物」之「存在」與「時間」二分，再從其中抽象出形式性的律則。中國傳統的科學和技藝也是依照「質料」（樸）的本性製作「器具」（器），而不是用人工方法改變其性質，再加以製作。

第六節　「本體論」與「宇宙論」

　　從這裡我們看到了中、西文化的根本差異。從古希臘時期開始，西洋哲學所關注的焦點問題之一，便是：「人類如何認識其外在世界？」人類認識外在世界的努力，稱為「認識論」或「知識論」（epistemology），它是由兩個希臘字episteme（知識或知識型）和logos（科學、學科）合併而成。在西元前六、七世紀時，希臘人的哲學思考便已經表現對於「知識」及「真理」的強烈欲求。所謂「理論心態」（theoria 或 theoretical attitude）原本是希臘人的一種宗教儀式，在這種儀式中，個人必須屏除掉他對現實生活的關懷，採用一種超然冥想的態度，試圖穿透變幻不居的表象世界，以找出其背後永恆不變的真理。以這種方式所獲得的理型世界的知識，希臘哲學家稱之為「理論」（theoria）或「科學」（science, logo），它和僅具有相對意義的主觀意見（doxa）截然不同。

　　在西方的文化傳統裡，人認識外在世界的主要途徑之一，是把認識的主體和外在世界中的客體對立起來，以之作為認識的對象。文藝復興運動發生之後，這樣的文化傳統更發展成為笛卡兒「主／客」對立二元論的哲學，對近代科學的發展造成了極大的影響。

　　用〈自我的曼陀羅模型〉來看：在西方的文化傳統裡，自我在作「世界取向之反思」（world-oriented reflection），並思考「人如何認識世界」的問題時，作為思考之主體的「人」，最後必然會思考：這個被認識的對象，其本體（noumenon）究竟是什麼？

▣ 「存在」與「流變」

　　對於這個問題的回答，涉及希臘哲學中有關「存在」（being）和「流變」（becoming）兩種世界觀之間的對立。這種張力最早呈現在雅典詩人荷馬（Homer）撰寫的史詩《伊利亞特》（*Iliad*）之中：荷馬企求眾神，以他

們的「神授之知」（divine knowledge）來糾正他得自「謠傳」（rumor）的俗世之見，他因此而在「真理」與「表象」之間作了重要的區分。這樣的區分促使西方哲學家不斷思考：人類應當如何從不可靠的「感官訊息」中來認識「實在」，從而產生對於「實在」的穩定知識？

在《社會科學的理路》一書中（黃光國，2013），我指出：現代西方科學哲學中所爭論的議題，包括：「唯實論／實在論」、「表層結構／深層結構」、「現象／本質」等，都可以追溯到希臘時期對於「存在」（being）和「流變」（becoming）兩種觀念之間的緊張和對立。在蘇格拉底之前，主張「存在」的思想家是 Parmenides；主張「流變」的代表人物則為 Heraclitus。注重「存在」的人認為：在變動不居的世界中，存有永恆的真理和價值。它們不是存在於不斷變動的物理世界之中，而是存在於純粹「存在」的領域之中；人們應當努力走向追求真理之路，以之作為生活的指引。

強調「流變」的思想家則否認有這種真理之路，他們也不認為世間有什麼純粹「存在」的領域；相反的，他們主張：宇宙間唯一不變的真理就是「變易」。世間的事物從來就不單只是它們目前所處的狀態，而是不斷地在變成為另一種狀態。

◙ 「宇宙論」

在《本體論研究》一書中，中國哲學家俞宣孟（2005）認為：西方哲學對於「存在」的研究，構成其「本體論」（ontology），這是西方哲學的獨到之處。傳統中國哲學並不以 being（「存在」或「是」）作為分析單位，也沒有這樣的哲學範疇。

在中國哲學裡，最基本的單位是「陰／陽」，每一件東西都是由「陰」和「陽」兩種對反的力量所構成。有些人因此認為：老子所說的「道生一，一生二，二生三，三生萬物」是中國文化中的「本體論」。其實不然。「道」雖然是宇宙間萬物的「本體」，一是太極，二是「陰／陽」，三是「天地人」三才，萬物和人一樣，都存在於「天地」之間。俞宣孟（2005）指出：

這段引文中的「生」字，說明了它是在談宇宙生成原理的「宇宙論」（cos-mology），而不是本體論。

在上一節中，我指出：老子主張用「致虛極，守靜篤」之「天人合一」的方法，就事物本來的自然樣態來看待事物。用老子的話來說，這就是「人法地，地法天，天法道，道法自然」，或者是「以身觀身，以家觀家，以鄉觀鄉，以天下觀天下」，處身於事物的自然狀態之中，以主客不分的方式，用心靈去親身感受；而不是像希臘人那樣，站在事物之外，以主、客對立的方式，用感官去觀察，用智慮去思考。這是道家認識世界的「方法論」。「萬物並作，吾以觀復」，用這樣的方式體察事物在時間向度上的變化，便可以看到「夫物芸芸，各復歸其根」。每一件事物經過一定時間的變化之後，最後總是會回復到它原始的狀態。這種過程，老子稱之為「歸根」、「復命」。這種事物變化的律則是永恆不變的，掌握住這樣的律則，則人能「執古之道，以御今之有，能知古始」，所以說：「自古及今，其名不去，以閱眾甫」，這是道家的「知識論」。

▣ 超越的本體

在《超越與實在：從心理學的第三波論中、西文明的整合》一書中（黃光國，2015），我指出：在西方基督教的文化傳統裡，「上帝」是個超越的概念，人和超越的上帝之間有一道無法跨越的鴻溝，人永遠無法用他的理性來認識上帝的「本體」。歐洲文藝復興運動發生之後，西方人將他們對「上帝」的追索，轉向現實世界中的各種不同對象，從事「世界取向的反思」，也形成建構「科學微世界」的「本體論、知識論、方法論」。

中國文化並沒有「超越的上帝」。「天」雖然也是個「超越的」概念，但「天」並沒有成為中國人思索的對象。我們要想培養出下一代的科學家，讓他們在科學研究上有真正的創發，一定要讓他們對西方的科學哲學有相應的理解，知道西方文化中的科學家如何用「主／客」二元對立的方式，追索其研究對象的「超越本體」。這也是我撰寫《社會科學的理路》一書的最重

要理由（黃光國，2001，2013）。

第七節　中國的科學

　　以道家的「宇宙論、知識論、方法論」作為基礎，用「主／客」不分的方式，體會自然界中每一事物的變化，不是不能發展科學，而是已經發展出另一種型態的「科學」。這種科學，李約瑟稱之為「有機論」的科學，此與西方人以「主／客」對立的方式建構科學微世界，所發展出來之「機械論」的科學，有其本質上的不同。要說明這兩者之間的差異，必須從西方科技界所謂的「李約瑟論題」談起。

▣ 李約瑟論題

　　清朝末年，一連串的重大挫敗使得中國人喪失了民族自信心，他們和韋伯一樣，以為中國文化傳統裡，根本沒有「科學」。到了五四時期，發起新文化運動的知識分子更相信：唯有「民主」和「科學」這兩尊「洋菩薩」才能救中國，由此而產生出「科學主義」和「反傳統主義」，至今猶難以自拔。

　　在那個時代，不論是中國或西方的知識分子都普遍相信：中國沒有「科學」。直到李約瑟（Joseph Needham,1900-1995）出版其《中國科技文明史》一書，才改變了世人的看法。李約瑟是英國生物學家，1937 年他在劍橋大學的霍普金斯實驗室聘用了三位中國研究生助理，後來他與其中之一的魯桂珍（1904-1991）發生婚外情。魯桂珍為金陵女子大學畢業生，她向李約瑟介紹中國的醫學和科技發明，使他大為震驚，認為中國文明在科學技術史上發生過巨大作用，但並未受到充分認識，因而決心研究科學技術史。

　　1941 年起，他榮膺「英國皇家學會」院士銜。珍珠港事變爆發後，英國政府有意加強對中國的科技援助，特定任命他為駐華大使館顧問及「中英科學合作辦事處」（Sino-British Science Cooperation Office）主任，讓他有機會

到日本占領區之外的各地參訪，訪問學術機構，結交中國學者，並大量蒐集相關書籍及資料，作為他日後著作的根據（Winchester, 2008）。

▣ 中國科技文明史

從 1954 年起，他所著的《中國科技文明史》陸續出版。在這部鉅著中，李約瑟根據非常詳實的史料指出：直到十五、十六世紀之前，中國的科學一直比西方發達，世界上許多重大的關鍵性發明，都是由中國人所完成的，而且這些發明在傳入歐洲之前，早已經在中國使用了幾百年。令人感到奇怪的是：這些發明傳入歐洲之後，立即對歐洲社會造成重大影響，但它們對中國社會結構的影響卻甚為微小。比方說，中國人在魏晉時期發明的「護肩輓馬法」，在西元十世紀傳到歐洲，使得交通運輸大為便利，農村式商業因之興盛，並促進中世紀以後的都市發展。中國人在秦漢時代發明了羅盤和船的尾舵，中世紀傳入歐洲之後，使其航海事業大為發達，不僅能夠環航非洲，而且還發現了新大陸。唐代發明的火藥，十四世紀傳入歐洲，轟平了許多王國的碉堡，並促成了歐洲的貴族封建政治。宋代發明的印刷術傳到歐洲之後，更有助於歐洲文藝復興運動的發生。除此之外，中國人在醫學、天文學、機械學、動力學方面，都有十分輝煌的建樹（Needham, 1954-2004）。

▣ 李約瑟難題

根據他自己所蒐集到的資料，李約瑟認為：西方文藝復興後期所發生的科學，事實上是由世界上各民族共同奠下基礎的。在這個前提下，李約瑟提出了著名的「李約瑟難題」：「為什麼現代科學出現於西方，而不是在中國？」

針對這個問題，李約瑟也提出了自己的答案。1930 年代是英國知識分子的「紅色年代」。在前蘇聯物理學家 B. M. Hessen 和維也納學派左翼歷史學家 E. Zilsel 的影響之下（劉鈍、王揚宗，2002），李約瑟指出：直到 1905 年清廷宣布廢除科舉考試制度之前，中國的仕吏科層制度使得大多數的知識分

子，把擔任公職當作是掌握權力的最重要途徑。明代以後的科舉制度又將考試內容限定在儒家經典的範圍之內，使知識分子對道家式的探索自然毫無興趣。有興趣探索自然的「巫、醫、樂師、百工之人」被貶抑在社會底層，「君子不齒」；而中國的農業生產體制使商人階級從未獲得像歐洲人那樣的社會地位，科技發明無法轉化成為商業競爭，從而又使這些發明對社會結構的影響減到最低。

▣ 李約瑟論旨

中國歷史上高度理性化的「封建官僚體制」（bureaucratic feudalism）阻止了資產階級和資本主義的出現。在文藝復興時期，西方的「軍事－貴族封建體制」（military-aristocratic feudalism）都徹底崩潰，而被資產階級所取代時，農業生產體制、仕史科層體制和儒家意識型態三者構成了中國社會所謂的「超穩定結構」（金觀濤、劉青峰，2000），直到二十世紀初期，都很少受到科技發明的影響。結果中國人儘管在歷史上發明了許多東西，卻沒有像歐洲那樣，在文藝復興時期之後產生資本主義革命。

李約瑟認為：中國之所以會形成其獨特的社會體制，是因為其所處的地理環境：北面是寒冷的冰原，西面被沙漠切斷，南面是叢林，東面是寬廣的海洋，造成其獨有的水利問題，尤其是治理黃河的問題。中國人從很早的時候就必須集中資源，修建水利網，其水利網超出歐洲任何一個封建領主的領地，所以中國必須發展出中央集權式的官僚文明，而不是封建主義。

李約瑟甚至大膽預言：如果中國人處在像歐洲那樣的環境，「那將是中國人發明科學技術和資本主義，而不是歐洲人；歷史上偉大人物的名字將是中國人的名字，而不是伽利略、牛頓和哈維等人的名字」。

▣ 科學史的兩個面向

李約瑟對於這個問題的回答，可以稱為「李約瑟論旨」。在〈科學的歷史〉一文中，Kuhn（1968）指出：區分科學史的一個重要向度，是內部史和

外部史的不同。主張內部史的科學史家把科學看作是一門獨立的學科，科學家們理性地運用科學方法來解決清楚界定的問題，不管社會上發生什麼事情，都不受外界影響。而屬於內部史的科學史家幾乎不談國王和總統、戰爭和革命、經濟變遷和社會結構。

主張外部史的科學史家認為：雖然科學家希望擺脫社會或社會變遷的影響，這一點其實是無法做到的。科學必然存於社會之中，科學家是在特定文化背景中社會化的人，他們具有獨特的需要和目標，而且是在某種社會背景中，為成功而奮鬥的人。既然科學是大社會的一部分，是在這個大社會裡運作的，合理的科學史必然不能不顧及外部史。

從科學史的角度來看，所謂「李約瑟論旨」所強調的是科學的「外部史」。西方及中國學術社群對於這種史觀的反應，有相當明顯的不同（陳方正，2009）。Price 曾經和李約瑟、王鈴合作研究蘇頌大水鐘（Heavenly clockwork），李約瑟並且以之作為其論旨的重要證據之一（Needham, Wang, & Price, 1960）。但 Price（1961）在其所著的《自巴比倫以來的科學》一書中，卻明白宣稱：只有西方文明才產生了「高等科學技術」，其他文明與社會只是因為日常生活需要，而產生「類似噪音的低級技術」而已。他也提到：他後來又發現一個和蘇頌大水鐘一樣精巧的希臘機械鐘，其年代卻比蘇頌大水鐘早一千年。

▣ 反事實的假設

在《中國科技文明史》一書出版到第十一冊的時候，美國科學史刊物 *Isis* 曾經舉辦了一次「書評論壇」（Review Symposia），邀請兩位歷史學者執筆。科學史家 White（1984）指出：李約瑟始終緊抱他六十年前劍橋學生時代被灌輸的觀念和看法，使得他的工作遭遇到不必要的困難。現代的科學史家已經沒有人像他那樣，以單線進步的方式來看待問題，他們必須考慮眾多交互作用的因素。在為李約瑟七十歲祝壽的論文集中，Graham（1973）指出：現代科學出現的先決條件是「希臘邏輯和幾何、印度數字及代數的相遇，

希伯來－基督教直線時間的進步意識，以及上帝為宇宙立法的宗教意識」，相信祂制定宇宙萬物必須遵從之法則。在他看來，社會經濟因素雖然也可能發生作用，但西方文化傳統才是導致現代科學的基本因素。他同時也指出：宋代的沈括雖然被看作是重要的科學家，但他心目中並沒有像歐洲學者那樣的「自然科學」觀念。

曾經在 1980 年代和李約瑟合作過的 Sivin（1982）發表了一篇論文，題為《為什麼中國沒有發生科學革命：真的沒有嗎？》，文中批評：李約瑟問題是一種「反事實的假設」，它正如在問「為什麼我的名字沒有出現在今天報紙的第三版」，根本不可能有合適的答案。

▣ 中國科技的宣教師

在李約瑟去世前一年，荷蘭科學史家Cohen（1994）出版了《科學革命：歷史的探究》一書。書中詳細分析李約瑟所提出的中國對西方科學之五項主要影響，他的結論是：由於他們共同源自於古希臘文明的傳統，西方的確從伊斯蘭文明吸收了重要的科學成果。中國與伊斯蘭文明在歷史上雖然有許多接觸，但中國的科技並沒有藉由後者的翻譯中介而傳到歐洲。而且由於中國和西方的自然哲學不相容，「西方似乎沒有從遙遠的中國得到很多」。他因此稱李約瑟為中國科技的「宣教師」（Preacher），這可以說是李約瑟在現代科技史上的定位。

2004 年，《中國科技文明史》一書出版最後的第七卷（Needham, 1954-2004），以研究中國科技、經濟史聞名的漢學家伊懋可（Mark Elvin）在其第二部分的序言中指出：此書第一卷出版半世紀以來，「李約瑟的工作仍然只是很有限地融入一般科學史的脈絡之中」、「李約瑟從未解決『李約瑟問題』，至今也沒有任何其他人能夠在令人心服口服的情況下做到這一點」。所以這問題可能「比我們現在大多數人所能想到的，還要艱難」。更清楚地說，李約瑟的工作中，能夠融入一般科學史的「有限」部分，其實是他所蒐集到的實徵性資料。至於他對其問題所提出的「史觀」或「史論」，則存有

極大的爭議性。

◉ 中國的反應

　　李約瑟論題在中國引起了和西方截然不同的反應。在中國決定採取「改革開放」路線後不久，1982年中國科學院自然辨證法通訊雜誌社在成都召開了「中國近代科學落後原因」研討會，會後出版《科學傳統與文化》論文集（李約瑟，1983），絕大多數的參與者都和李約瑟同樣採取「外部史」觀，金觀濤、樊洪業、劉青峰（1983）在論文集的第一篇文章便開宗明義地宣稱：今天「任何具有科學史常識而又不帶偏見的人，都會承認：在人類歷史上長達千餘年的時期內，中國科技曾經處於世界領先地位，並對整個人類文明作出許多決定性的影響」。

　　李約瑟過世後，中國科學院自然科學史研究所的劉鈍、王揚宗（2002）出版了《中國科學與科學革命：李約瑟難題及其相關問題研究論著選》一書，書中蒐集了二十世紀中外學者的相關重要論文三十篇，包括西方學者對李約瑟論題的尖銳批評，可說是中國人對此一問題較為持平的總結。

第八節　結論

　　嚴格說來，李約瑟說中國的科學是「有機論」的科學，這個說法並不精準。在希臘傳統裡，「有機體」（organism）具有「整體」（wholeness）的意味，在西方之宇宙起源論的傳統（cosmogonic tradition）裡，世界是一個有機的整體（organic whole），此稱為Kosmos；現象並不是經外力整理才成為統一的整體，而是由許多彼此依存卻又遵循某些原理的「部分」所構成（Barnes, 1987）。

　　在西方宇宙起源論的傳統裡，涉及有機整體的現象必然遵循某些先行預定的原則（Turner, 2004），因此宇宙起源論必然產生形上學的問題，而必須追尋本質性的原則：宇宙是如何開始的？它的第一原則是什麼？自然現象存

在及成長的本質是什麼？什麼是界定它們的本質性原則？這些原則是如何實現的？

　　然而，《易經》提出的宇宙論（cosmology）並不是宇宙起源論；在《易經》的文化裡，人們是用陰陽五行的概念在解釋宇宙間諸般事物的現象，他們並不像宇宙起源論傳統中的人們那樣，不斷追索現象之後的本質性問題。換句話說，韋伯說中國的科學是「巫術花園」，固然是一種「西方中心主義」式的誤解；而李約瑟說中國的科學是「有機論」的科學，也只能說是一種「西方中心主義」式的「同情」之了解。

◉ 理性化的代價

　　在韋伯所處的時代，幾乎沒有任何西方人認為：中國曾經發展出他們所謂的科學。時至今日，絕大多數的西方人（甚至中國人自己）也還無法理解：中國傳統中的「有機論」科學對人類具有什麼意義。然而，韋伯卻很敏銳地指出：宗教和科學衝突的來源，與早期巫術和宗教之間的衝突有許多類似的地方。巫術式的世界圖象，劃分了兩個世界：一個是俗世事物的世界，另一個是靈魂、精靈、神祇所處的「背後世界」。人們藉助巫術、儀式及信守禁忌，可以操控，甚至賄賂神祇。同樣地，在科學的世界圖象裡，人類回到俗世的中心，來操縱或支配外在世界。問題是，科學的世界圖象這種思維方式，傾向於接收宗教信仰的獨斷性格，它一方面強迫宗教退到「神秘體驗」的原始狀況中，另一方面又宣稱：對科學的絕對服從是現代生活的「根本前提」。

　　宗教的需求源自人類無法化解的「內在苦惱」。科學知識縱使有「偉大的幻想」，以為自己可以徹底解決異議紛歧的困擾，但事實上，科學畢竟只有部分綜攝的能力，當它將機械式的世界圖象絕對化，它就已經不再有「啟蒙」的作用，反倒是在「渲染神化」（顧忠華譯，1986，頁35）。對於這一點，韋伯始終抱著警惕的心情，不贊成人們對科學懷有「近乎聖化的迷信」。

　　在我看來，要讓西方人理解道家思想與中國「有機論」科學之間的關係，是非常艱難之事。然而，這並不是問題的重點。對中國人而言，他們的

當務之急，是學習西方的科學哲學，一方面建構「科學微世界」，另一方面知道西方科學的弱點和侷限，以了解現代科學對於自然可能造成的巨大破壞；先做到老子所說的：「知其短，守其長」，等到人類對於所謂的「現代性」有徹底的反省之後，他們或許會回過頭來，虛心學習道家（「有機論」）科學觀對於人類所具有的重要意義。

參考文獻

成復旺（1992）：《神與物遊：論中國傳統審美方式》。台北：商鼎數位出版有限公司。

李約瑟（1983）：《科學傳統與文化：中國近代科學落後的原因》。中國科學院自然辯證法通訊雜誌社（編）。選自成都會議上宣讀的論文。

金觀濤、劉青峰（2000）：《整體的哲學》。四川：四川人民出版社。

金觀濤、樊洪業、劉青峰（1983）：〈文化背景與科學技術結構的演變〉。《自然辯證法通訊》，1-81。

俞宣孟（2005）：《本體論研究》。上海：上海人民出版社。

唐君毅（1986）：《中國哲學原論：原道篇（卷一）》。台北：臺灣學生書局。

袁保新（1984）：〈老子形上思想之詮釋與重建（2）〉。《鵝湖》，111，36-42。

陳方正（2009）：《繼承與叛逆：現代科學為何出現於西方》。北京：三聯書店。

傅偉勳（1985）：〈老莊、郭象與禪宗：禪道哲理聯貫性的詮釋學試探〉。《哲學與文化》，12（12），2-18。

黃光國（2001）：《社會科學的理路》。台北：心理出版社。

黃光國（2009）：《儒家關係主義：哲學反思、理論建構與實徵研究》。台北：心理出版社。

黃光國（2013）：《社會科學的理路（第三版）》。台北：心理出版社。

黃光國（2015）：《超越與實在：從心理學的第三波論中、西文明的整合》。台北：心理出版社。

蒙培元（1992）：〈老莊哲學思想特徵〉。見陳鼓應（主編）：《道家文化研究（第二輯）》（頁111-124）。上海：古籍出版社。

劉述先（1989/1992）：〈由天人合一新釋看人與自然之關係〉。見《儒家思想與現代化》（頁502-521）。北京：中國廣播電視出版社。

劉鈍、王揚宗（2002）：《中國科學與科學革命：李約瑟難題及其相關問題研究

論著選》。遼寧：遼寧教育出版社。

嚴靈峰（1966）：《老莊研究》。台北：中華書局。

顧忠華（譯）（1986）：《理性化與官僚化：對韋伯之研究與詮釋》（原作者：
　　W. Schluchter）。台北：聯經出版事業公司。（原著出版年：1938）

Barnes, J. (1987). *Early Greek philosophy* (Penguin Classics). Harmondsworth, UK: Pen-
　　guin Books.

Cohen, H. F. (1994). Why the scientific revolution eluded China. In *The scientific revol-
　　ution: A historiographical inquiry* (pp. 439-483). Chicago, IL: University of Chic-
　　ago Press.

Durkheim, E. (1912/1965). *The elementary forms of religious life*. New York, NY: The
　　Free Press.

Evans-Pritchard, E. E. (1964). *Social anthropology and other essays*. New York, NY: The
　　Free Press.

Graham, A. C. (1973). China, Europe, and the origins of modern science: Needham's the
　　grand titration. In S. Nakayama, & N. Sivin (Eds.), *Chinese science* (pp. 45-69).
　　Cambridge, MA: The MIT Press.

Heidegger, M. (1966). *Discourse on thinking*. NY: Harper and Row.

Heidegger, M. (1974). The principle of ground. *Man and World, 7*(3), 207-222.

Husserl, E. (1936/1970). *The crisis of European sciences and the transcendental pheno-
　　menology* (D. Carr, Trans.). Evanston, IL: Northwestern University.

Hwang, K. K. (2012). *Foundations of Chinese psychology: Confucian social relations*.
　　New York, NY: Springer.

Kuhn, T. (1968). The history of science. *International Encyclopedia of Social Science,
　　14*, 74-83.

Lévy-Bruhl, L. (1910/1966). *How natives think* (L. A. Clare, Trans.). New York, NY:
　　Washington Square Press.

Needham, J. (1954-2004). *Science and civilization in China, 7 vols*. Cambridge, MA:
　　Cambridge University Press.

Needham, S., Wang, L., & Price, D. J. de S. (1960). *Heavenly clockwork: The great As-*

tronomical clocks of medieval China. Cambridge, MA: Cambridge University Press.

Price, D. J. de S. (1961). *Science since Babylon.* New Haven, CY: Yale University Press.

Shen, V. (1994). *Confucianism, Taoism and constructive realism.* Bruck: WUV-Universitasverlag.

Sivin, N. (1982). Why the scientific revolution did not take place in China: Or didn't it? *Chinese Science, 5*, 62-63.

Turner, J. S. (2004). *The extended organism: The physiology of animal-build structures.* Cambridge, MA: Harvard University Press.

Tylor, E. B. (1871/1929). *Primitive culture* (5th ed.). London, UK: John Murray.

Wallner, F. G., & Jandl, M. J. (2001). *The importance of constructive realism for the indigenous psychologies approach.* Paper presented at Scientific Advances in Indigenous Psychologies: Philosophical, Cultural, and Empirical Contributions, Institute of Ethnology, Academia Sinica, Taipei, Taiwan.

Walsh, B. J., & Middleton, J. R. (1984). *The transforming vision: Shaping a Christian world view.* Downers Grove, IL: Inter-Varsity Press.

Weber, M. (1964). *The religion of China: Confucianism and Taoism* (H. H. Gerth, Trans.). New York, NY: The Free Press.

Weber, M. (1921/1963). *The sociology of religion.* Boston, MA: Beacon Press.

Weber, M. (1930/1992). *The protestant ethic and the spirit of capitalism* (T. Parsons, Trans.). London, UK: Routledge.

Weber, M. (1978). *Economy and society* (G. Roth & C. Wittich, Trans.). Berkeley, CA: University of California Press.

White, L. (1984). Contribution to review symposia. *Isis, 75*(1), 177.

Whorf, B. L. (1956). Science and linguistics. In J. B. Carroll (Ed.), *Language, thought, and reality: Selected writings of Benjamin Lee Whorf* (pp. 207-219). Cambridge, MA: MIT Press.

Winchester, S. (2008). *The man who loved China.* New York, NY: Haper.

Wittgenstein, L. (1945/1953). *Philosophical investigations* (G. E. M. Anscombe & R. Rhees, Trans.). Oxford, UK: Basil Blackwell. 范光棣、湯潮（譯）（1986）：

《哲學探討》。台北：水牛出版社。尚志英（譯）（1995）：《哲學研究》。台北：桂冠圖書公司。

第六章 「天道」與「鬼神」：
儒家道德的形上學基礎

　　韋伯以其「理念型」的研究方法分析儒家文化傳統，他對儒教倫理作出的最重要論斷是：儒教的理性主義意指「理性地適應於世界」；清教徒的理性主義意指「理性地支配這世界」。這裡要問的問題是：所謂的「理性主義」究竟是指什麼？

　　韋伯特別提醒：在思考這個問題的時候，要避免陷入價值判斷的陷阱。當韋伯說到西方理性主義的獨特性時，他絲毫沒有意味其絕對的優越性。因為理性的概念表面看似簡單，其實不然。除非從某一特定的理性觀點來看，否則沒有任何事本身是非理性的。對享樂主義者而言，禁慾是非理性的，而禁慾主義者對享樂主義的看法也是如此。因為生活行為可以根據種種極端不同的終極目的，並且朝向極端差異的不同方向來加以理性化，理性應被視為一種「歷史概念」，必須以其與某種特定的非理性或其他理性類型的對比，來加以釐清（Freund, 1968, p. 213）。

第一節　兩種理性　

　　在〈比較宗教學導論：世界諸宗教之經濟倫理〉一文中，韋伯指出：

　　　「理性主義」（rationalism）一詞有許多不同意涵。就體系思想家對於世界圖象的理性化而言，它是指：以愈來愈精確的抽象概念為手段，愈來愈能理論性地支配現實。換一個觀點思考，理性主義又可以是：對合適的手段愈來愈精確地計算，有條理地達成既定有

的現實目的。這兩種理性主義事實上是一體相連的，但卻是兩種涇
渭分明的類型。（Gerth & Mills, 1948, p. 293）

▣ 儒家的理性

前一章指出：這兩種「理性主義」所強調的「理性」，韋伯分別稱之為
「實質理性」（substantive rationality）和「形式理性」（formal rationality）。
清教徒的理性主義強調的是「形式理性」，儒教則是強調「實質理性」：

> 就其欠缺任何形而上學，而又沒有絲毫宗教的痕跡而言，儒教
> 中理性主義的高張程度，使其處於我們可能稱之為一種「宗教」倫
> 理的極端邊緣位置。同時，就其缺乏且拒斥任何非功利的判準而
> 言，儒教比其他任何倫理體系，更加是嚴正的理性主義，或許除了
> 邊沁（J. Bentham）的「功利主義」之外。不過，即使不斷作真實而
> 且表面的類比，儒教與邊沁及其他所有西方的實用理性主義之間，
> 實仍有極大距離。文藝復興的最高藝術理想之為「理性的」，在於
> 它相信有一適當的「規準」（canon）；文藝復興的人生觀之為「理
> 性的」，在於它拒斥傳統主義的束縛而信奉自然的理性（naturalis
> ratio）力量。這種類型的理性主義瀰漫當時，儘管其中也雜有某些
> 柏拉圖式的神秘主義元素。（Gerth & Mills, 1948, p. 293）

從表面上看，儒家似乎「欠缺形而上學，而又沒有絲毫宗教的痕跡」，
其實，儒家倫理並非沒有形上學的基礎。本章所要指出的是：儒家的「理性
主義」道德其實是建立在「天」及「神祇」雙重信仰的結構之上，而這是很
難用西方「宗教」的概念來加以理解的。

◙ 「德」的起源

我們可以順著韋伯有關「理性化」和「世俗化」的理路，來說明韋伯對儒家的誤解。巫師是世界上最古老的行業，世界上所有的文化在其歷史發展的過程中，都出現過「巫師」這個行業。從西周之後，周人棄龜甲而代之以蓍草，卜筮變成非常普遍的現象。《國語・楚語》上有一段記載：

> 古者民神不雜，民之精爽不攜貳者，而又能齊肅衷正，其智慧
> 上下比義，其聖能光遠宣朗，其明能光照之，其聰能聽徹之。如是
> 則明神降之，在男曰覡，在女曰巫。

在那個「民神雜糅，不可方物；先人作享，家為巫史」的時代，人們遇到生活中的困頓事件，而無法作決策的時候，往往都會求助於神明，想要尋求「絕地天通」（絕地民與天神相通）之道。「覡」、「巫」是能夠幫助人解釋「天意」的人，而卜筮則是他們常用的方法。由於「其聰能聽徹之」、「其明能光照之」，所以能讓求助者覺得「明神降之」，而信任他們對「天意」所作的解釋。

本書第四章指出：「卜筮」和「龜卜」有極大的不同。「卜筮」的出現代表「人」開始用他的理智，參考《易經》，來解釋「天意」或「神意」。在本書第四章中，我很清楚地指出，然而，周代人神思想的重大轉變是：「神」的地位逐漸下降，「人」的地位逐漸提升，最後則是聚焦在掌握權力者的「德」之上。在《古代中國的人觀》一書中，Munro（1969, p. 185）追溯「德」這個概念在中國文化中的起源，並指出：

> 「德是人對天定法則所持的一貫態度；理想的德，是指：在日
> 常行為中表現於恪遵天定法則。這種態度能維持個人與天的相通，
> 因此德具有宗教的性格。在周代，德發展出一種新的意義，指統治

者施於人民的恩澤（或簡稱為『仁』），因為這種行動符合天的主
要旨意。就這個意義而言，德自然會使人民朝向施予恩澤的人，並
在心中產生感情與忠誠。」

◉ 「民，神之主也」

東周時期，由於歷王、幽王失德敗政，周王室威信喪失，諸侯各懷異
心，加上災禍連年，人民受難，於是怨天之詩流行，使原先高高在上的天和
神，其地位逐漸下降。到了春秋前期，諸侯爭權，兵禍迭起，人與神（天）
之間，不但輕重易位，人甚至成為神的主宰。

《左傳》桓公 6 年（西元前 706 年），楚武王為了擴張領土，企圖侵略
漢東，首要目標便是漢東最大的隨國。隨侯因受寵臣少師的蠱惑，又自以為
對神的供奉一向豐厚，神必定會保佑他，於是準備迎戰。這時候賢臣季梁力
持異議，向隨侯說：「夫民，神之主也，是以聖王先成民而後致力於神。」
他反覆析論「民和而神降之福」的道理，並希望「君姑修政而親兄弟之
國」，當可免除這場災難。隨侯聽從了他的建議，楚國果然沒有發動戰爭。
他所說的「民，神之主也」、「聖王先成民而後致力於神」，最先奠下「民
重於神」的理論基礎。

◉ 「君」、「民」的「相對理論」

約半世紀後，僖公 19 年（西元前 641 年），宋襄公為了管理東方的夷
人，想配合當地的習俗，用活人去祭神。司馬子魚告誡宋襄公：「古者六畜
不相為用，小事不用大牲，而況敢用人乎？祭祀以為人也。民，神之主也，
用人其誰饗之！」在這段話中，我們再次看到「民，神之主也」的記載，可
見「祭祀以為人也」已經是當時相當普遍的一種觀念。

襄公 14 年（西元前 560 年），晉悼公問掌樂的太師師曠：「衛人出其
君，不亦甚乎？」師曠對曰：「夫君，神之主也，民之望也。若困民之主，

置神之祀，百姓絕望，杜稷無主，將安用之，弗去何為？」在這段對話中，「民，神之主也」一句中的「民」被換成了「君」，在這個對話架構中，「君」與「民」身分雖然不同，但「君」也是「人」。師曠認為，「天之愛民甚矣」，一個好的國君，必須體天之德，「賞善而罰淫，養民如子」。依天之德，「豈其使一人肆於民上，以從其淫而棄天地之性，必不然矣」。君王若反其道而行，成為「困民之主」，使「百姓絕望」，則放逐其君，是合於天意的。師曠「弗去何為」的言論，使「君，神之主也」和「民，神之主也」幾乎有相同的意義，說明了為「君」之「德」，同時也為「君」、「民」的「相對倫理」提供理論基礎，成為後世孟子「聞誅一夫紂矣」的思想根源。

▣ 皇天無親，惟德是輔

莊公 32 年（西元前 662 年），傳說有神降臨虢國莘的地方（今河南陝縣），周惠王問內史過神降的意義，內史過答道：「國之將興，明神降之，監其德也；將亡，神之將之，觀其惡也。故有得神以興，亦有以亡。虞、夏、商、周皆有之。」周惠王派他去虢國祭祀。內史過知道虢公曾向神祈賜土地，復命時就稟告周惠王：「虢必亡矣，虐而聽於神。」

在神降臨虢國的期間，對百姓暴虐的虢公派太史囂去祈「神賜之土田」。太史囂無奈而又感慨地說：「虢其亡乎！吾聞之，國將興，聽於民；將亡，聽於神。神，聰明正直而壹者也，依人而行。虢多涼德，其何土之能得！」

僖公 5 年（西元前 655 年），內史過與太史囂「虢必亡」的預言果然應驗了。這一年，晉獻公派使臣到虞國借路以便攻打虢國，虞國的大夫宮之奇以「唇亡齒寒」的道理阻止。虞公蓋既以為「晉，吾宗也，豈害我哉」，又相信「吾享祀豐潔，神必據我」。宮之奇在率領他的族人逃離虞國之前，向虞公進最後的忠告：「臣聞之，鬼神非人實親，惟德是依。故周書曰：皇天無親，惟德是輔；又曰：黍稷非馨，明德惟馨。又曰：民不易物，惟德繄物。

如是，則非德民不和，神不享矣。神所憑依，將在德矣。」虞公沒有聽從他
的勸諫，答應晉國借道。是年 12 月，晉國滅虢國，軍隊在回程中，也滅了虞
國。

　　在宮之奇和虞公的對話中，最值得注意的是，他為了說明「鬼神非人實
親，惟德是依」的道理，一再引用《周書》的說法，反覆強調「皇天無親，
惟德是輔」、「黍稷非馨，明德惟馨」、「民不易物，惟德繫物」，結論是
「非德，則民不和，神不享矣」。由此可見，在周代，統治者必須「敬德修
業，以民為本」的民本思想已經相當流行，孔子說他「述而不作，信而好
古」，其實就是因為他的思想繼承了這樣的文化傳統。

第二節　孔子的生平及志業

　　社會學者 Walsh 與 Middleton（1984）在其著作《轉化中的視野：形塑一
種基督徒的世界觀》中指出：人們在生活世界中所用的世界觀，通常會回答
四種問題：我是誰？我的人生處境是什麼？我為什麼會受苦？救贖的方法是
什麼？更清楚地說，一種世界觀不僅會描述人類的本性，而且還會說明人與
其外在世界的關係，以及人在世界中的歷史處境。除此之外，世界觀還會對
人類所面對的難題提供一種診斷，並開立出解決問題的處方。

▣ 孔子的終極關懷

　　綜觀孔子一生的行誼，我們可以看出：他確實是在思考世界觀的問題。
然而，孔子思考的基準點並不是「個人」，他不是像基督徒那樣思索：
「我」為什麼受苦？「我」的救贖方法是什麼？相反的，生活在中國歷史上
的春秋戰國時代（772 B.C.-221 B.C.）他所思考的終極關懷是：如何恢復社會
秩序，使天下蒼生免於受苦？

　　從周平王東遷之後，王室勢力衰微，周天子成為虛有其名的「共主」，
齊桓公、晉文公、宋襄公、楚莊王、秦穆公相繼稱霸，他們「挾天子以令諸

侯」，而諸侯又相互兼併，「篡盜之人，列為侯王，詐譎之國，興立為強」、「遂相吞滅，併大兼小，暴師經歲，流血滿野」。政治上的動亂，造成倫理道德和社會秩序的瓦解，「父子不相親，兄弟不相安，夫婦離散，莫保其命」，甚至出現了「臣弒其君，子弒其父」的現象。

孔子的遠祖本為殷商貴族，武王伐紂、商朝滅亡後，周武王將紂王之弟微子啟封於宋，以繼承殷商血脈。微子啟之弟微仲為孔子的第十五代遠祖，其後人在宋國長期執政。孔子的前四代祖先防叔因為政治動亂，逃到魯國，孔家才在曲阜落地生根。

曲阜原為商奄之地，其原住民為東夷人。殷商滅亡之後，商人大量流入商奄境內，與東夷人混居。曲阜的居民也呈現出雙層結構，被統治者是東夷人，統治者是周人，其祭禮分別在亳社與周社舉行。

孔子出身於魯國陬邑的一個沒落家庭。他的父親叔梁紇當過魯國的陬邑大夫，孔子三歲時，父親身故，由母親將孔子撫養成人。孔子幼年家境貧寒，當過魯國貴族季氏的「會計」（委吏）、「牧童」（乘田），對基層民眾的生活有深入的了解。

◻ 「龜山操」

周室東遷以後，文物喪失殆盡，唯有孔子故居魯國，因為是周公舊封，「猶秉周禮」，保存有較完整的西周典章制度；連一般縉紳先生都懂得一些詩、書、禮、樂。在環境的薰陶下，孔子在幼年時就會「陳俎豆，設禮容」。成年後，立志向學。他自己極其好學，既「學無常師」，又「不恥下問」，因此對西周傳統文化了解極深，常以周公思想的傳承者自居。他看到當時「禮崩樂壞、諸侯僭越」的情形，不免感到憂心忡忡。中年後，魯國發生內亂，他逃到齊國，開始收徒講學，名聲漸著。51 歲多時，魯國亂平，又回到魯國，在季氏的支持下，先後擔任過中都宰、司空、大司寇等職。

在大司寇任內，齊魯兩國夾谷之會，孔子輔魯定公與會，「攝行相事」。當時齊人計畫劫魯定公，孔子看穿了齊的陰謀，在會中誅齊淫樂，責

齊非禮，使齊景公敬服，會後歸還前所侵魯國之田，孔子因而名聞一時。大司寇職掌司法，他先誅殺當時陰謀惑眾的少正卯，肅清社會風氣，《史記‧孔子世家》載他：「與聞國政三月，粥羔豚者弗飾賈，男女行者別於塗，塗不拾遺，四方之客至乎邑者，不求有司，皆如歸」。

接著，他推行「強公室，墮三都」的計畫。當時魯國政權落入三桓（孟孫氏、叔孫氏、季孫氏）之手，孔子想一舉而毀去三桓的都城，恢復魯君的權威，卻遭到三桓的抗拒。此時，齊國以一隊歌舞美女，獻給魯君。季桓子慫恿魯定公接受，君臣醉心於女樂，朝政廢棄。孔子人單勢孤、權微，只好離開魯國。去國途中，曾援琴而歌，曰：「予慾望魯兮，龜山蔽之。手無斧柯，奈龜山何！」這就是著名的「龜山操」。

◨ 「知天命」

那一年，他54歲。去魯之後，他與弟子周遊列國十四年，希望有諸侯能接受他的政治學說，但始終未受到重用。68歲回魯國後，他致力於有系統地整理中華文化的遺產，刪詩、書，訂禮、樂，贊周易，因魯史作春秋。

孔子回顧他一生學養的成長歷程，說：「吾十有五而志於學，三十而立，四十而不惑，五十而知天命，六十而耳順，七十而從心所欲，不踰矩。」《論語‧為政》這一段「夫子自道」，是說自己少年時期，便立志向學；到了30歲，學禮有成，待人處世已經知所進退。「仁」是孔子學說的核心，「禮」強調外在的行為，「仁」則是內心價值的根源。「三十而立，四十而不惑」是孔子認為自己的思想由「立於禮」進展到「依於仁」，「禮」找到內心的依據，內外相應，所以不惑。

孔子曾經說：「加我數年，五十以學易，可以無大過矣」《論語‧述而》。他說這句話時，顯然年齡未過50歲，對自己「學易」的造詣，也自覺有所不足。後來他又說自己：「五十而知天命」《論語‧為政》，到了50歲，由於「學易」的領悟，使他的「仁道」思想，向上開通於「天道」，達到「天人通貫」的境界，所以說「知天命」。

□「贊易」

　　從 51 歲開始，他先作「中都宰」的地方官、作「大司寇」的朝廷官，「攝相事」、「與聞國政」，正想有所作為的時候，忽然失意去職，去國流浪，學者批其為甘願獻身赴道的弟子，周遊列國歷經危難，受盡譏諷。這一番將近二十年的閱歷，將他磨練得真正的「通達」，所以他說：「六十而耳順」、「七十而從心所欲，不踰矩」。所謂「耳順」，是指「知天命」之後，以「天道」之知反照「人道」，是以所聞者無不順。所謂「從心所欲，不踰矩」，是指「天人融通」、兩者合一，思想言行與道無所不合。

　　在孔子思想最為圓熟的晚年，他展開「贊易」的工作，集伏羲、文王以來易學發展之大成，將原本是斷事決疑的「筮術」，轉變成為哲學理論，建立了一個完整的天人思想體系，作為儒家思想的基礎。孔子及其門下後學所作的「十翼」，從此與卦象、卦辭並列，易學也成為儒門「六學」之一，完成了中華文化「理性化」的過程。

第三節　《易經》的理性化

　　了解孔子的生平與志業，我們便可以仔細檢視韋伯對儒家倫理所作的論斷。首先我們要談孔子及其門人「贊易」的意義，及由此彰顯出來的儒家之天命觀。

□ 易卦的象徵符號

　　在《韋伯的社會學》第四章中，Freund 指出：

　　　　宗教社會學重視的是人類宗教活動或行動與超自然力量的關聯。由於這些力量超出正常觀察的範圍之外，人們必須創造出一些象徵符號來和它們取得連繫，來對自己描繪它們，並了解它們的行

動。如果人們相信：日常生活事務背後隱藏著某些不直接顯現出自身的力量，他們就必須找出一些方法來彰顯它們的意義，而象徵符號即是這種方法。由於占卜是以間接方式展示意義，象徵符號就成為唯一的溝通工具，這方面很難追究其真實性。換言之，象徵符號是一種沒有語言的工具，能夠讓人類領會到那些並不說話之存在物的意旨。（Freund, 1968, p. 187）

從這個角度來看，由八卦演變而成的「易經六十四卦」，無疑就是西周時期人與「神」或「天」溝通最重要的象徵符號。而古代中國社會中的「巫」或「覡」，則是在卜筮後，解釋這些象徵符號的「巫師」。

根據《易傳》的解釋，《易經》中的每一卦都是由「陰／陽」衍生出來的，每一卦的結構都分別代表了天、地、人，也就是宇宙間特定時空中「人」的狀態或遭遇：

> 是故《易》有太極，是生兩儀，兩儀生四象，四象生八卦，八卦定吉凶，吉凶生大業。
> 昔者聖人之作易也，將以順性命之理；是以立天之道，曰陰與陽；立地之道，曰柔與剛；立人之道，曰仁與義。兼三才而兩之，故易六畫而成卦。分陰分陽，迭用柔剛，故易六位而成章。《說卦傳》

根源性隱喻

《繫辭下傳》說：《易經》這本書，「廣大悉備；有天道焉，有人道焉，有地道焉」。在前述《繫辭傳》和《說卦傳》的這兩段引文中，則說明：在《易經》八八六十四卦中，每一卦的結構都兼備天、地、人三才之道，而以六畫之爻象之。六畫之卦，以初、三、五為陽位，以二、四、六為陰位，

再更迭六爻之柔剛以居之，由交錯的卦象，即可以看出天地間之文理：

> 昔者聖人之作易也，幽贊於神明而生蓍，參天兩地而倚數，觀
> 變於陰陽而立卦，發揮於剛柔而生爻，和順於道德而理於義，窮理
> 盡性以至於命。《說卦傳·第一章》

《易傳》提出了「一陰一陽之謂道」的基本命題，並用陰陽對立的衍生變化，來說明宇宙間萬事萬物運作的根本道理：

> 一陰一陽之謂道；繼之者善也，成之者性也。仁者見之謂之
> 仁，知者見之謂之知，百姓日用而不知，故君子之道鮮矣。

「道」是宇宙萬物之生化原理，屬於形而上的超越層次，唐君毅所著的《哲學概論》認為：「道」是不可知、不可見的；「道」之呈現其大用，為陽之生，陰之化；繼續此生生化化，化化生生，以至於無窮無盡者，即是「善」，其流注於個體生命而終有所成，則謂之「性」。因為「道」不可知、不可見，它雖然隨時踐履於百姓的日常生活之中，人們在觀念上卻不會清楚覺察到「道」的運作。人們經常覺察到的是「陰／陽」以及由此衍生而出的「日／月」、「天／地」、「柔／剛」、「仁／義」……等之對比。

由於這些對比的概念均是由「陰／陽」衍生而來，所以「陰／陽」可以說是它們的「根源性隱喻」（root metaphor），與一般的「隱喻」有所不同（程石泉，1996），但又不失其「隱喻」的性格。Foucault（1985）對於西方文化中「知識型」（episteme）之進展的研究指出：「隱喻」是一種「前現代」（pre-modern），甚至是一種「前經典」（pre-classical）的語言。正因為《易經》有不精確而且未曾清楚界定的特性，所以讓後人可以有詮釋的空間。

▣ 儒門「贊易」

　　孔子及其弟子「贊易」對於中華文化的「理性化」，具有十分重要的意涵。本書第四章的析論指出：從周武王滅商建國，到周幽王亡國，西周（1066 B.C.-771 B.C.）共歷三百多年，是中華文化進入「軸樞時期」（Axial Age）之前的醞釀時期（Jaspers, 1949/1953）。孔子下過相當大的功夫，蒐集自唐、虞、夏、商以來，魯、周、宋、杞各國的文獻材料。傳說中，他曾經定《禮》、《樂》、《詩》、《書》，並根據魯史作《春秋》，這些文獻，都成為他平常傳授給學生的教材。

　　傳說中「羑里演易」的周文王，是周武王的父親。在武王伐紂事件中改變態度，而認為「天命靡常」的周公旦，則是孔子最為崇敬的人物。在這樣的文化背景之下，先秦儒家形塑出其獨特的天命觀。根據《漢書・儒林傳》的記載，孔子晚年喜好讀《易經》，甚至「韋編三絕」，在傳說中，他和弟子合寫了十篇解讀《易經》的著作，稱為「十翼」，合稱《易傳》。

▣ 「天人合一」

　　儒家對《易經》的解釋，將原本為卜筮之書的《易經》轉變成為一本重要的哲學著作，孔子說：「郁郁乎文哉，吾從周。」在此之前的殷商時期，「神道思想」盛行，人們普遍相信：超越的「人格神」或「意志天」可以決定「人」在世間中的安危禍福，所以殷人用「龜甲卜兆」或是周人用「蓍卜」的方法來測知天意，都可以說是一種「巫術」。然而，孔子及其門人「贊易」之後，卻使《易經》完全脫離了「巫術」的性格，讓儒家所主張的「人道」與他們篤信的「天道」互相合輒，這種「天人合一」的世界觀對後世的中國人產生了重大的影響。

　　我們可以舉一個實際的例子，來說明孔子及其門人「贊易」的重要意義。伏羲作八卦，原本只有「乾、坤、震、巽、坎、離、艮、兌」等八個圖，成為所謂的「八卦圖」（如圖6-1「易經六十四卦」的外側）。周文王演易，

將它制作成六十四個「重卦」，每卦各六爻，有卦名（如圖 6-1 的內部各卦）。並就各爻之間的關係和演變，作了初步的解釋。以「雷風恆」卦（如圖 6-2 所示）為例，文王的解釋成為該卦的「文本」（如圖 6-3 所示），孔門弟子對該卦的解釋是「彖」（如圖 6-4 所示），對各爻的解釋則是「象」（如圖 6-5 所示）。從「彖」和「象」的內容，我們可以看出：孔門弟子是用儒家思想在解釋卜筮的結果。

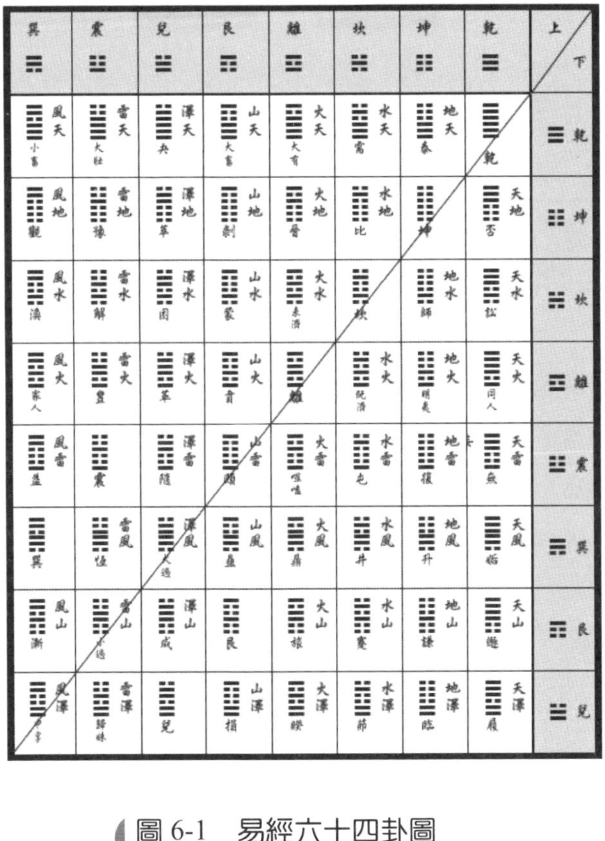

圖 6-1　易經六十四卦圖

█ 圖 6-2　雷風恆

雷風，恆：亨，無咎，利貞，利有攸往。

初六：浚恆，貞凶，無攸利。

九二：悔亡。

九三：不恆其德，或承之羞，貞吝。

九四：田無禽。

六五：恆其德，貞，婦人吉，夫子凶。

上六：振恆，凶。

█ 圖 6-3　雷風恆：卦本文

象曰：恆，久也。剛上而柔下，雷風相與，巽而動，剛柔皆應，恆。
恆亨無咎，利貞；於其道也，天地之道，恆久而不已也。利有攸往，
終則有始也。日月得天，而能久照，四時變化，而能久成，聖人久於
其道，而天下化成；觀其所恆，而天地萬物之情可見矣！

█ 圖 6-4　雷風恆：彖

象曰：雷風，恆；君子以立不易方。

　　初六：象曰：浚恆之凶，始求深也。

　　九二：象曰：九二悔亡，能久中也。

　　九三：象曰：不恆其德，無所容也。

　　九四：象曰：久非其位，安得禽也。

　　六五：象曰：婦人貞吉，從一而終也。夫子制義，從婦凶也。

　　上六：象曰：振恆在上，大無功也。

　　圖 6-5　雷風恆：象

▣ 「不占而已矣」

《論語·子路》中有一則記載：

子曰：「南人有言曰：『人而無恆，不可以作巫醫』，善夫！」

「不恆其德，或承之羞。」

子曰：「不占而已矣。」

　　這裡所說的「不恆其德，或承之羞」，是《易經》中「恆卦」的爻辭之一。在這一則記載裡，孔子強調的重點不是占卜，而是從「不恆其德，或承之羞」，引申出：「做人若無恆心，事情就不能做好。」孔子的重點，在於從爻辭中尋求道德訓誡，作為待人處世的道理。他說「不占而已矣」，因為他知道：《易經》的精神不在於占卜，而在於如何從占卜中引申出人生道理。

　　再舉個例說明：《左傳》記載，宣公 12 年，晉國與楚國交戰。當時晉軍將領不服從軍令，強渡黃河追擊楚兵，這時晉國的知莊子就以《易經》的師卦判定：「此師殆哉！周易有之，在師之臨曰：『師出以律，否臧凶』。」

在這一個案例中，知莊子並沒有卜卦，而是直接引用《易經》的「師卦」爻辭「師出以律，否臧凶」的說法，認定晉軍將領不服從軍令，已經違背了「師出以律」的基本道理，因此必有大害。知莊子對《易經》的方式和孔子一樣，是「不占而已矣」。

「不占而已矣」象徵當時中國知識分子對《易經》態度的轉變。這改變的重要意義之一是：《易經》中的陰陽變化，已經脫離了與占卜的關係。孔子與知莊子的「不占而已矣」表明了一種新態度，其意為「不必占了」，直接把握《易經》中陰陽變化的道理才是關鍵，這成為一個新時代的開始。從此之後，《易經》最重要的意義，在於詮釋者如何透過「陰／陽」的變易，說出他們對宇宙中諸般事物的了解。

第四節　歐洲中心主義的論斷

在《中國的宗教：儒教與道教》一書中，韋伯非常敏銳地注意到中國人對於「天」及「神祇」信仰中的這種雙重結構。在討論中國的「神祇」時，他指出：

> 此處，無時間性的、永恆不變的道，取得了宗教的最高地位。它是由神聖不可變更的巫術儀式與月令結合而成：儀式用來制服鬼神，月令則是農耕民族所不可或缺的。由此，自然的法則與儀式融入於「道」的統一性。終極而至高無上的，並不是一個超世俗的創世主，而是一種超神的、非人格的、始終同一的、永久的存在。它可以保證永恆秩序之妥當及其超越時間之存在。非人格性的天威，並不向人類「說話」。正如世界其他各地一樣，它是透過地上的統治方式、作為宇宙秩序一部分的自然與傳統的穩固秩序，以及人間所發生的事故，來顯示其自身。（Weber, 1964, p. 28）

⊡ 非理性的本源

　　韋伯所謂「超神的、非人格的、始終同一的、永久的存在」，就是中國人對於「天」的信仰。韋伯說得非常正確：它可以保證永恆秩序之妥當及其不受時間的約制之存在。因為它和基督新教徒所信仰的上帝一樣有「絕對的意志」，所以這種非人格的天威，並不向人類「說話」。韋伯認為：「這種樂天的宇宙和諧觀對中國人而言是根本的，也是從原始的鬼神信仰逐漸蛻變而來的」（Weber, 1964, p. 28）。

　　然而，在《中國的宗教：儒教與道教》一書的後續論述中，他卻一再強調儒教「非理性的本源」是「巫術」，卻忽略掉「天」的重要性：

　　　　（清教）與儒教的對比是很清楚的：兩者各有其非理性的本源，一個是在巫術，另一個是全能上帝不可臆測的決定。但是，從巫術推演出來的傳統被認為是業已證明的巫術方法，是不可動搖的。要避免鬼神震怒的話，所有由此衍生出來的生活樣式，都是不可變更的。（Weber, 1964, p. 240）

⊡ 純粹巫術性宗教

　　在比較清教與儒教時，韋伯一再強調：儒教是一種捍衛「傳統主義」的倫理，旨在肯定並通應既有的社會秩序：

　　　　這個對世界採取無條件肯定與適應的倫理，建立在純粹巫術性宗教不可動搖而且持續存在的預設之上。其適用範圍包括皇帝的職位：他個人的品格必須為鬼神的善行、天降時雨，以及四時豐收負起責任；包括祖先崇拜：這是官方的宗教信仰或是民間宗教信仰的基礎，也包括非官方的（道教的）巫術治療，以及其他形式的泛靈

論對付鬼神的方式（亦即對人類英雄之功能性神祇的信仰）。
（Weber, 1964, p. 229）

在上述引文中，韋伯一而再地指出：儒教容許「純粹巫術性宗教」的存在。本章指出：孔子及其門人一方面重新詮釋《易經》，孔子本人又主張「不占而已矣」，對中華文化的發展而言，其重要性絕不亞於清教徒的「拒斥巫術」。令人遺憾的是：韋伯對此似乎一無所知，反倒以一種「歐洲中心主義」的心態，用清教徒的「拒斥巫術」來評價儒家：

就我們所知，（儒家）從來不曾出現過任何倫理的先知預言：從一位高舉倫理要求的超俗世上帝所發出的先知預言。也沒有代替這個的「神靈」信仰，或提出要求並堅持忠實履行契約的神靈。這是一種在鬼神的守護、約誓或不管什麼關係之下的個別特殊義務，從來不曾牽涉到人格本身以及個人生活態度的內在形塑。（Weber, 1964, pp. 229-230）

▣ 泛靈論的巫術

以「陰／陽」變易之道作為基礎發展出來的中華文化，當然既不可能有「高舉倫理要求的超俗上帝」，也不可能有「堅持忠實履行契約的神靈」。即使如此，儒家倫理講究的是「在鬼神的守護、約誓或不管什麼關係之下的個別特殊義務」嗎？它不涉及「人格本身以及個人生活態度」的「內在形塑」嗎？

儒家倫理是否涉及「人格本身以及個人生活態度」的內在形塑，我將留待本書第七、八兩章，再作進一步的析論。這裡我要強調的是：孔子思想中對於「天」和「神祇」雙重信仰的結構，可以作為儒家道德的形上學基礎。然而，韋伯在作「儒教與清教」的比較時，卻只是片面性地指出：

　　泛靈論的巫術，也是唯一留存下來的民間宗教形式，決定了對任何改革的傳統主義式畏懼，因為改革可能會帶來惡的魔力或激怒鬼神。這種巫術是有教養的中國人所鄙視的；可是由於官方祭典之性格，它卻是受到支持的宗教型式。這種泛靈論的保留，說明了中國人為什麼會那麼輕信巫術。在巫術信仰下，疾病與不幸都是個人招致天怒的徵兆。（Weber, 1964, p. 233）

▣ 缺乏「幽闇意識」？

　　儒家道德形上學的基礎，在於中國人對於「天」的信仰。「鬼神」或韋伯所謂「泛靈論的巫術」，其實只扮演了輔助性的角色。現在韋伯竟然把「泛靈論的巫術」當作是中國「唯一留存下來的民間宗教型式」，他當然會認為：儒家思想本質上具有「畏懼改革」的「傳統主義」性格。這是他對儒家最嚴重的錯誤論斷。正因為他有這種先入為主的成見，所以他認為：

　　　　無論是官方的國家祭典，還是道教，中國的宗教意識都未能為個人的宗教生活，創造出像清教的生活律則那樣強烈的動機。這兩種宗教型態，完全缺乏罪惡的魔鬼勢力，以致於無法讓虔信正統或是異端的中國人，為了得到救贖而起來應戰。（Weber, 1964, p. 206）

　　這是韋伯非常出名的論點，也是一種「歐洲中心主義」的論點。韋伯認為：儒教和道教的宗教型態，「完全缺乏罪惡的魔鬼勢力」，以致於無法讓虔信這兩種宗教的中國人，「為了得到救贖而起來應戰」。他很明顯地是用基督教的教義來評斷中國的宗教。他完全不了解儒家對「天」及「鬼神」雙重信仰作為形上學基礎的倫理體系所蘊含的文化動力。不幸的是，這種論點已經被國際社會科學社群所接受，甚至連中國學者也普遍同意：缺乏「幽闇意識」是儒家文化無法產生民主政治的主要因素（例如：張灝，1989）。

第五節　儒家道德的形上學基礎　　　

　　在殷商時期，中國人確實把「天」和「神祇」混為一談。從西周之後，這兩者逐漸分離，尤其是在老子和孔子分別詮釋《易經》之後，中國人對「天」與「神祇」雙重信仰的結構，已經成為儒家道德形上學的基礎。儒家思想對於「天」和「神祇」之間，有非常明確的區分，一個人死後可能變成「鬼」或「神」，但他絕不可能變成「天」。不幸的是：韋伯在其著作中卻沒有小心地在此二者之間作出區分。譬如他說：

> 　　神與鬼都是有力的存在。然而，不管他們多麼有力量，沒有任何單一的神、神格化的英雄或任何神靈是「全知的」或「全能的」。從儒教徒嚴肅的生命哲學來看，虔敬者之遭逢不幸，只不過是「神意無常」而已。（Weber, 1964, p. 29）

▣ 孔子的「形上天」

　　儒家正確的說法是「天命靡常」，而不是「神意無常」。在中國人信仰的雙重結構裡，「天」和「神」是完全不同的概念。韋伯說：沒有任何單一的神是「全知」或「全能」的，這是正確的，但儒家卻相信「天」是創生宇宙萬物的「全能」力量。這兩者之間的區辨對儒家倫理體系的建立，具有十分重要的意義，必須仔細析辨。

　　孔子對於「天」和「鬼神」的態度，反映出當時中國人對於「天」和「神」雙重信仰的結構，可以作為儒家道德的形上學基礎：

> 「子不語：怪、力、亂、神。」《論語‧述而》

　　孔子對於諸如「怪、力、亂、神」之類的形上學概念，絕口不談，這是他對於「天」或「神祇」的基本態度。然而，不談鬼神，並不表示他不相信鬼神：

　　曾子曰：「慎終追遠，民德歸厚矣。」《論語‧學而》
　　「祭如在，祭神如神在。」
　　子曰：「吾不與祭，如不祭。」《論語‧八佾》

　　正因為他相信：人死了之後可能變成鬼神，所以他不僅贊成祭拜鬼神，而且主張祭祀的時候，必須恭敬虔誠，「祭如在，祭神如神在」，他的得意門生曾參更主張：處理祖先後事必須「慎終追遠」，認為這樣做有益於社會上的道德風氣。勞思光（1995）在其所著的《新編中國哲學史（一）》中，將孔子思想中對於「天」的概念稱為「形上天」，認為：此形上意義之天與「人格天」的最大差別，在於「形上天」只表一實體，只有理序或規律，而無意願性，故對應於「天道」觀念。我同意勞思光將孔子思想中對於「天」的概念稱為「形上天」，因為孔子對於「天」始終堅持著「存而不論」的態度。然而本文將要指出的是：孔子本人雖然不願意討論「形上天」的屬性，然而，在他言談中顯露出來的「形上天」卻是一個多義的概念，同時兼具周人思想中「天」所扮演的各種不同角色。

▣ 「鬼神」的範疇

　　對於孔子而言，「鬼神」和「天」雖然都是「超越」（transcendent）而不可知的存在，但它們卻分屬於兩種截然不同的範疇：

　　孟懿子問孝。子曰：「無違。」
　　樊遲御，子告之曰：「孟孫問孝於我，我對曰『無違。』」
　　樊遲曰：「何謂也？」

子曰：「生事之以禮。死，葬之以禮，祭之以禮。」《論語・為政》

孔子相信：人死了之後，仍然有靈魂的存在，自己的祖先死後會變成神，所以他對弟子說明「孝」的具體作法，就是「生，事之以禮。死，葬之以禮，祭之以禮。」祭祀的時候，務必非常虔誠，「祭如在，祭誰如神在」，如此「慎終追遠」，即可「民德歸厚」。

人死後所變成的「人格神」，具有人的特性，是可以與人溝通的：

子疾病，子路請禱。
子曰：「有諸？」
子路對曰：「有之，誄曰：『禱爾于上下神祇』。」
子曰：「丘之禱久矣！」《論語・述而》
子曰：「非其鬼而祭之，諂也。見義不為，無勇也。」《論語・為政》

〈誄〉是古書篇名。「上下」指「天地」，天上之神曰「神」，地下之神曰「祇」。孔子久病不癒，子路請大家為孔子祈禱。孔子問他：「有這回事嗎？」子路以為孔子在質問他，所以說：「有啊。〈誄〉上有一篇說：『祈禱者必須向天地間的神祇祈求保佑』。」孔子的回應則是：「丘之禱久矣！」

◉ 意志天

然而，孔子認為：祈求「鬼神」之類的「人格神」保佑，不僅要看對象，而且要有正當性，否則就是一種「諂媚」的行為。所以說「非其鬼而祭之，諂也。」像「鬼、神」這種可以「諂媚」，可以向它禱告的「人格神」，和「天」屬於完全不同的範疇。對先秦儒家而言，「天」和「鬼、神」都是超越性的存在，「人」死後可能「上天」，也可能變成「鬼、神」，但「鬼、神」絕不可能變成「天」。「天」彷彿有意志，可以被想像

成一種「意志天」，但此種「意志」卻不同於「人格神」所具有的意志。

　　子見南子。子路不說。
　　夫子矢之曰：「予所否者，天厭之！天厭之！」《論語・雍也》
　　顏淵死。子曰：「噫！天喪予！天喪予！」《論語・先進》
　　子疾病，子路使門人為臣。病間曰：「久矣哉！由之行詐也。無臣
　　而為有臣，吾誰欺？欺天乎？且予與其死於臣之手也，無寧死於二
　　三子之手乎？且予縱不得大葬，予死於道路乎？」《論語・子罕》

　　南子是當時著名的蕩婦。孔子和她見面後，子路很不高興。孔子知道
後，趕緊對他解釋：「這是我所否定的人，上天也討厭她啊！」
　　孔子的得意門生顏淵死後，他很悲痛地說：「天喪予！天喪予！」
　　孔子周遊列國途中，魯君派人請他回國，不料孔子卻害起病來，而且病
勢沉重。因為孔子曾經當過魯司寇，應有家臣。所以子路要其他弟子扮家臣，
準備治喪。孔子知道這事，便斥責他：「我辭去司寇之職已經很久了。現在
沒有家臣卻裝作有家臣，這種事要欺騙誰呢？欺騙天嗎？我與其死在家臣之
手，還不如死在學生之手呢！即使我不再受重用，不能以禮大葬，也不致於
死在道路上罷？」
　　在這三則故事中，孔子所說的「天」都是「意志天」，它有自己的道德
意志，可以扮演「裁判者」或「主宰者」的角色，對人的行為表示「厭惡」
（天厭之），獎勵或懲罰一個人的行為（天喪予），但「人」卻不能「欺
天」，也不能像對待「人格神」那樣地對祂作工具性的操控。

◉「天」的道德意志

　　在《論語》中還有一則對話，可以說明這兩者之間的關係：

　　王孫賈問曰：「『與其媚於奧，寧媚於竈』何謂也？」

子曰：「不然！獲罪於天，無所禱也。」《論語‧八佾》

　　就字面意義而言，「奧」是指「室之西南隅」。朱熹的注釋指出：祭竈神是「五祀之一」，依當時的風俗，要先祭竈神，祈求「上天言好事，下地保平安」；祭畢，再於室的西南隅設饌祭拜過往神明。「與其媚於奧，寧媚於竈」是孔子時代通行的俗語。依照《集解》的注釋：「奧，內也，以喻近臣；竈，以喻執政。」王孫賈是當時衛國執政的大夫，彌子瑕則是衛靈公的倖臣，兩人都想利用孔子的聲名和學術地位。他對孔子這麼說，其實是希望孔子與自己接近。孔子了解他的意思，故意答以：「獲罪於天，無所禱也。」如果做了違反「天道」的事，即使向竈神禱告也不會有用，表示自己既不媚於「奧」，又不媚於「竈」。

　　當時的人相信：「皇天無親，惟德是輔」《蔡仲之命》，作為宇宙萬物的創生性根源，「天」必然會公正無私地施行其「道德意志」，而和一般的「鬼神」有所不同，不能用「媚於竈」或「媚於奧」的方法來加以收買。這種情形有點像基督新教倫理中「超越的」上帝，在「預選說」中，祂要以誰作祂的選民是早已決定的，不論祈禱、上教堂、買贖罪券或其他任何方法，都不能改變祂的決定。

▣ 倫理宗教

　　「天」並不是「人格神」。在先秦儒家的觀念裡，「天」的「道德意志」也不同於基督新教「預選說」中上帝的「絕對意志」。陳來（1996，頁192）為了追索儒家思想的根源，在深入探討中國古代宗教與倫理思想之後，認為：

　　　　西周時期的天命觀強調的並不是必然性的「命」之觀念：西周的天命觀「並不認為宇宙是一連串因果鏈條拘定的嚴整秩序，並不認為一切事物在冥冥之中已預先確定了所有安排和結局，並不認為

宇宙秩序闡釋了一種鐵的必然性和命運」。「在命定論的宇宙觀中，上帝除了作為初始因、第一推動者、宇宙必然性鏈條的制定者，對此後宇宙的發展不必再付出關懷和責任。與之不同，西周的天命觀也肯定天命神意的主宰作用，但這種主宰作用不是體現為宇宙和人類安排了一個必然性的鏈條，而是根據事物的發展和人類的狀況隨時加以控制、干預和調整。所以前一種命定論多是自然宗教面對自然現象所抱持的態度，後者則是倫理宗教面對社會歷史、人類命運所產生的一種理解、要求、思想，並把這種要求訴諸於天命論的形式。」

《太平御覽》上還有一則故事，可以說明孔子對於「人格神」和「形上天」的觀念並不相同：

孔子病，子貢出卜。
孔子回：「子待也！吾坐席不敢先，居處若齋，食飲若祭，吾卜之久矣！」

和前述「子路請禱」的故事對比之下，我們可以看到孔子對於「人格神」和「形上天」的不同態度。對於「人格神」，個人可以用「禱告」的方法，來表達自己的意願；但對於「惟德是輔」的「形上天」，個人卻只能用自己的道德行動來祈求自己的心安。

孔子患病後，子路請他對「上下神祇」禱告的時候，孔子的回應是：「吾禱之久矣！」當子貢請他對「天」出卜的時候，孔子卻叫他「稍待，別急」，因為他平日「坐席不敢先，居處若齋，食飲若祭」，自己平日所作所為，「仰不愧於天，俯不怍於人」，就像在對「天」問卜，現在又何必急於問卜？這種說法，與他所主張的「不占而已矣」是一致的。

第六節　「命運」與「使命」

　　從以上的析論中，我們可以看出：孔子和當時大多數中國人一樣，相信宇宙中有一種超自然的力量可以影響個人的安危禍福。然而，他對於「天」和「鬼神」等超自然力量的態度，卻反映出一種「義命分立」的人生觀（唐君毅，1986，頁132-147；蔡仁厚，1984，頁133-151）。他在個人無可如何的「命運」和個人當為的「義」之間，畫了一道明顯的界線：

> 祭如在，祭神如神在。
> 子曰：「吾不與祭，如不祭。」《論語、八佾》
> 樊遲問知。
> 子曰：「務民之義，敬鬼神而遠之，可謂知矣。」《論語・雍也》
> 季路問事鬼神。
> 子曰：「未能事人，焉能事鬼？」
> 敢問死，曰：「未知生，焉知死？」《論語・先進》

　　正因為「形上天」可以決定人在世間的安危禍福，所以當司馬牛向子夏抱怨：「人皆有兄弟，我獨無」，子夏安慰他：「死生有命，富貴在天」，同時又勸他：「君子敬而無失，與人恭而有禮，四海之內，皆兄弟也」《論語・顏淵》，在當時的人看來，「天」是能夠決定「人」之「生死」、「富貴」以及有無兄弟的一種「超越性力量」。這種超越性力量並不是「人」的意志所能夠左右，是屬於「命」的範疇。至於「君子敬而無失，與人恭而有禮」，則是屬於「義」所當為的範疇。子夏的說法，充分反映出先秦儒家「義命分立」的人生觀。

▣ 「自我」的雙元性

這裡我們還可以看出先秦儒家所主張的一種「人觀」。儒家的生命觀將自我分為兩個層次：「行動的自我」（active self）或「時間性的自我」（time-engaged self），是人的努力可以發生作用的部分，它恆常在時間之流中進行反思與成長（Cheng, 2004）；「先驗的我」（transcendental self）是由「天」、「命」所決定，是作為「主體」的「自我」對其「超越的本體」進行反思所得的結果。

用〈自我的曼陀羅模型〉來看，心理學層次的「自我」（self），或緊扣於「時間性的自我」（time-engaged self），在個人所處的時空中，依據個人的「智慧／知識」，針對自己所遭遇到的問題，不斷採取各種因應的「行動」（action）。當個人作「第一度的自我反思」（first order self-reflection）時，他會思考自己作過的事，在時間之流中，調整自己的行動（如圖 3-1 所示）。

個人的「自我」對其超越本體所作的想像，可以稱為「先驗的我」（transcendental self）。這是社會學層次的「人」（person），它是個人將社會認定作為「人」的標準內化之後，再根據自己實際生命經驗所形成的「理想自我」（ideal self）。它在時間之流上較為恆定，當個人遭遇到生命中的重大變故時，往往會以自己的生命經驗和「先驗的我」互相比對，進行「第二度的自我反思」（secondary order self-reflection），再決定自己未來要走的方向。

▣ 天命

「先驗的我」是由「超越的主宰」所決定的。孔子對「自我」在人生中的遭遇作第二度反思的時候，他也承認：個體生物層次的生命受到命運的支配：

伯牛有疾，子問之。

自執其手，曰：「亡之，命矣夫。斯人也，而有斯疾也。」《論語‧
雍也》

　　孔子的弟子冉伯牛病危，孔子去探望他，很惋惜地將其疾病歸之於
「命」。此處所說的「命」，顯然是支配個人生物生命之遭遇的「命運」。
然而，孔子卻很少論及這一類的「命」，他所關懷的是賦予其道德使命感的
「天命」。

孔子曰：「君子有三畏：畏天命，畏大人，畏聖人之言。小人不知
天命而不畏也，狎大人，侮聖人之言。」《論語‧季式》

子曰：「不知命，無以為君子也。」《論語‧堯曰》

　　此處所謂的「命」或「天命」，是指道德使命。人不知天命，則一定只
考慮現實利益，見利必趨，見害必避，何以為君子。反過來說，知天命者，
見利不必趨，見害不必避，唯「義」是從。孔子說他自己：「五十而知天
命」《論語‧為政》，此後以周文王的道德傳承者自居，而有強烈的道德使
命感。

◉「使命」

子曰：「天生德於予，桓魋其如予何？」《論語‧述而》

　　根據《史記‧孔子世家》記載：孔子周遊列國時，和弟子習禮於大樹
下。宋司馬桓魋要殺孔子，當他拔掉大樹時，弟子催他：「快跑！」孔子很
鎮定地說：「天生德於予，桓魋能拿我怎麼樣？」

　　「天」是超越的「意志天」，「德」是指「仁德」。「天生德於予」是

上天賦予我實踐「仁德」的「使命」或「天命」。不管是「使命」也好，「命運」也罷，都是作為行動主體對其「命」所作的「先驗性詮釋」（tran-scendental interpretation），前者是主動的，可以作為個人行動的指引；後者是被動的，可以以個人日後的經驗來加以檢驗。

匡城本來屬於鄰國，定公 6 年，魯國軍隊攻打鄰國，季氏家臣陽虎與顏尅率兵攻入匡城。孔子因為貌似陽虎，周遊列國來到匡城時，又正好由顏尅駕車，所以被匡人圍住。孔子很坦然地說：

> 「文王既沒，文不在茲乎？天之將喪斯文也，後死者不得與於斯文也！天之未喪斯文也，匡人其如予何？」《論語・子罕》

孔子相信：他自己就是商周文化的繼承人，只要「上天」不想讓周文化斷絕，那麼匡人就應當不會加害於他。這樣的信心顯然是出自於他的道德使命感，是源自於他的「自我理想」。

◻ 命運

孟子也繼承了孔子的這種天命觀。他在討論堯、舜和禹三人之間的禪讓關係時說：

> 舜之相堯，禹之相舜也，歷年多，施澤於民久。啟賢，能敬承繼禹之道。益之相禹也，歷年少，施澤於民未久。舜、禹、益相去久遠，其子之賢不肖，皆天也。非人之所能為也。莫之為而為者，天也；莫之致而致者，命也。《孟子・萬章上》

「禹」是舜所推薦的帝位繼承人，「益」則是禹所推薦的繼承人。孟子在討論他們三人時，將三人之間關係的長短，及其親生兒子的賢或不肖，歸之於天，同時提出了一個重要的命題：「莫之為而為者，天也；莫之致而致

者，命也。」此處的「天」、「命」，指的是影響個人生物生命之遭遇的「命運」，而不是個人應盡的「使命」。孟子的這段話為「命運」的「天」、「命」觀，下了一個清楚的定義。

⊡ 天良與正命

「行動的自我」所做的一切努力只有在一定的範圍內可以發生作用。在個人竭盡心力後仍然無法改變的事情，那些「莫之為而為」、「莫之致而致」的部分，是個人必須承擔的「命運」。然而，不管個人的「天命」或「命運」如何，作為一個「人」，他必須依照自己「良知」（conscience）的判斷，順照「天道」做事。如果一個人做事違反了「良知」或「天道」，他便很可能被譴責為不是「人」。

> 孟子曰：「莫非命也，順受其正。是故知命者不立乎巖牆之下。盡其道而死，正命也；桎梏而死，非正命也。」《孟子‧盡心上》

孟子認為：人生的安危禍福，無非都是命。但命有「正命」和「非正命」之分：依循自己的「良知」，竭盡人事之後，再也無法加以改變的成敗利鈍，稱為「正命」；自暴自棄、自甘墮落所招致的不幸，便不是正命。因此，知命的人會以坦然的態度接受「正命」，他不會故意放縱胡為，給自己招來不必要的禍害。在這樣的前提下，孟子提出了「盡心知性以知天」的著名主張：

> 孟子曰：「盡其心者，知其性也。知其性，則知天矣。存其心，養其性，所以事天也。殀壽不貳，修身以俟之，所以立命也。」《孟子‧盡心上》

孟子以為：人所有的天賦本性都是由天所決定的，人只有在盡心竭力實

踐自己潛能的時候，他才知道自己的本性是什麼，也因此才能知道上天賦予自己的「使命」是什麼。常存行「道」之心，作事不違背自己天賦的良知（天良），才是事奉上天、對待生命的最好辦法。至於殀壽窮通的命運遭遇並不是人力所能決定的；人所能做的，便是「修身以待」，找出自己真正的「立命之道」。

第七節 「天命」與「天良」

在討論《中國的宗教：儒教與道教》一書中的「正統與異端」時，韋伯曾經注意到儒家倫理可區分為「庶人倫理」和「士之倫理」兩大類：

> 從官僚體系擁有的樂觀之理性主義觀點來看，真正的儒教處世哲學是「市民的」（civic），就像所有的啟蒙文化一樣，它也包含有迷信的成分。作為一種「身分性的」（status）宗教，它是主智主義的士人階層之道德，他們的特徵是，以教養為傲。（Weber, 1964, p. 206）

如果韋伯所說的「市民的處世哲學」是指「庶人倫理」，而且所謂「身分性的宗教」是指「士之倫理」的話，這個說法是可以接受的。本書第七、八章將分別討論這兩種倫理。然而，儒教的處世哲學包含了哪些「迷信」的成分呢？

▣ 「天命」與「神意」

當韋伯析論儒家的「天命觀」時，他說：

> 在古典的經書裡，可以追溯出某種類似奧義的命定論信仰（Predestination）。這個觀念的意義是二元論的，因為中國的官僚體系主

要是由士人階層所構成，其本質不同於戰士的英雄主義，其身分團體亦與純粹的人民有所區別。（Weber, 1964, pp. 206-207）

這個論點卻很有商榷的餘地。從本章的析論可以看出：儒家的「天命觀」及其「盡心知性以知天」的「人生觀」其實只有一種，並不會因為一個人是屬於「士人階層」或「市民」（庶人）而有「二元論」的「命定論信仰」。這一點可以從韋伯接續的論述中看出來：

民間信仰裡顯然沒有任何神意（providence）的觀念，不過它至少發展出一套由星宿支配個人命運的占星術信仰。儒教的奧義之學（如果有這麼一門秘學的話），似乎並非完全不信仰神意。不過，一般而言，神意與個人的實際命運並沒有什麼關聯。對孟子而言，更是如此。正如所有原始的共同體崇拜一樣，它指涉的只是社會集體本身的和諧與最終命運。（Weber, 1964, p. 207）

在中國民間，所謂「由星宿支配的占星術」，通常是指「八字」或「紫微斗數」。在中國，韋伯所謂的「奧義之學」並不會因為其使用對象是「士」或「庶人」而有所不同。在中國人「信仰的雙重結構」裡，它是由「天」所決定的，而不是由「神」或「神意」所決定的。韋伯之所以反覆強調這一點，他要說的其實是：

儒教沒有真正推演出像希臘的命運（moira）那樣的命定觀：那是足以使個人生命出現極大逆轉（peripeteia）的一股非理性的、非人格的命運之力。這是人類所有純粹的英雄精神所特有的觀念，它總是高傲地拒絕相信慈悲的神意。（Weber, 1964, p. 207）

▣ 韋伯的盲點

由於韋伯認定：儒教缺乏這種「足以令個人生命出現極大逆轉」的、「所有純粹的人類精神所持有的」力量，他幾乎看不出「盡心知性以知天」的人生觀具有任何積極的意義。他也知道孔子具有強烈的使命感：

> 孔子顯然認為：他自己的使命及其潛在影響力，確實為神意所安排。除此之外，確實可以發現在本質上有所扭曲的對非理性之「命運」的信仰。據說，只有「君子」才會知道命運；並且，若不相信命運，就不可能是個有修養的人。（Weber, 1964, p. 207）

《論語‧堯曰篇》記載孔子所說的最後一句話是：「不知命，無以為君子也。」從儒家的生命哲學來看，這句話中所說的「命」是指「使命」，而不是「命運」。韋伯對這句話的詮釋是：

> 儒教的「君子」，必須學習在知曉命運中過活，並且在內心裡以高傲的平靜來面對命運，因為他已將全副心力投注於一己人格的塑造使其完美。（Weber, 1964, p. 207）

在他看來，儒家的「君子之教」，其目的僅只是在追求「一己人格的塑造及其完美」，讓自己在內心裡能夠「以高傲的平靜來面對命運」，這是「士」和「庶人」之間的最大不同。韋伯所要強調的是，不論是儒家的「庶人倫理」或「士之倫理」，都缺乏基督新教那種「轉化俗世」的力量：

> 像其他各處一樣，對神意的信仰，支撐了知識分子能接受的那種斯多噶式的英雄主義，那是一種類似蒙田（Montaigne）所謂的「覺悟」（preparedness）。意思是平靜地接受無可變更的命運，藉

以證明他們有修教而受過教育的態度。一般平民追求的是幸福與財富，無所謂命運或畏懼命運；或者聽任運氣流轉，當作是命數（fatum），而非宿業（kismet）。根據傳教士的報導，雖然後者似乎才是常例。（Weber, 1964, p. 207）

◘ 轉化俗世的力量

韋伯所說的「神意」，其實是中國人所說的「天意」。韋伯一再強調：孔子相信他的使命感是「為神意所安排的」；儒家的知識分子「相信神意」，說明他試圖以歐洲的基督教作為「背景視域」，來詮釋中國人對「天」及「鬼神」雙重信仰的結構。在他看來，「民間信仰裡雖然沒有任何神意的存在」，而知識分子卻「相信神意」，其間差別在於一般平民「聽任運氣流轉，當作是命數」，而知識分子卻能夠「平靜地接受那無可變更的」，以證明那種「有教養的、受過教育的態度」。這是韋伯對於儒家倫理的最大誤解。這誤解的根源是因為：他把基督新教倫理看作是一種文化系統，來加以分析；再以之作為參考架構，設定許多「比較點」（points of comparison），來和儒家倫理互作比較；卻沒有把儒家倫理當作是一種文化系統，結果他完全無法理解中國人「天」及「鬼神」雙重信仰的結構，看不出儒家「天命觀」中所蘊藏的內在動力，也不知道孟子「盡心知性以知天」之人生觀有轉化俗世的力量。

在本書第七、八兩章，我將從「文化系統」的觀點，分別討論儒家的「庶人倫理」及「士之倫理」。我要特別強調的是：儒家倫理雖然可分為這兩種，但「士」和「庶人」並不是兩種僵固的社會階層，他們的「天命觀」也只有一種。一個人是否要成為「士」，完全是出自於自己的選擇。更清楚地說，一個人是否要實踐「仁道」，以及他要實踐「仁道」到什麼樣的程度，完全取決於個人的道德自覺，而不是取決於他的身分。孟子因此強調：

孟子曰：「求則得之，舍則失之，是求有益於得也；求在我者也。求之有道，得之有命，是求無益於得也，求在外者也。」《孟子・盡心上》

孟子曰：「苟為善，後世子孫必有王者矣。君子創業垂統為可繼也。若夫成功，則天也。君如彼何哉，彊為善而已矣。」《孟子・梁惠王下》

這兩段話中的「天」、「命」，均是「命運」義。孟子以為：個人只要找到符合自己天性的人生之道，他做任何事情都可以「操之在我」，只要他努力去做，便一定可以有所收穫；不做，便一定一無所獲，這就是所謂的「求在我者」。像「為善」、踐行「道」的使命，便是其中之例。有些事情與自己的天性不符，是自己無法控制的，努力去做，也不一定會有收穫。像「創業垂統」之類的事，如果成功，只能歸諸於天。孟子之所以鼓勵人要「盡心知性」，找到自己的「人生之道」，「彊為善」、「盡其道而死」，便是基於他這樣的天命觀。

▣ 「誠」與「天良」

在《孟子》的論述裡，有幾段很經典的話語，可以用來闡明先秦儒家思想中「天道」、「仁道」、「良心」和「盡己」之間的關聯。

孟子曰：「乃若其情，則可以為善矣，乃所謂善也。若夫為不善，非才之罪也。惻隱之心，人皆有之；羞惡之心，人皆有之；恭敬之心，人皆有之；是非之心，人皆有之。惻隱之心，仁也；羞惡之心，義也；恭敬之心，禮也；是非之心，智也。仁義禮智，非由外鑠我也，我固有之也，弗思耳矣。故曰：『求則得之，舍則失之。』或相倍蓰而無算者，不能盡其才者也。《詩》曰：『天生蒸民，有物有則。民之秉彝，好是懿德。』孔子曰：『為此詩者，其

知道乎！故有物必有則，民之秉彝也，故好是懿德。』」《孟子・
告子上》

孟子曰：「萬物皆備於我矣。反身而誠，樂莫大焉。強恕而行，求
仁莫近焉。」《孟子・盡心上》

孟子曰：「居下位而不獲於上，民不可得而治也。獲於上有道：不
信於友，弗獲於上矣；信於友有道：事親弗悅，弗信於友矣；悅親
有道：反身不誠，不悅於親矣；誠身有道：不明乎善，不誠其身
矣。是故誠者，天之道也；思誠者，人之道也。至誠而不動者，未
之有也；不誠，未有能動者也。」《孟子・離婁上》

　　在第一段引文中，孟子引述《詩經》中的說法，認為：作為「造生者」
的「天」，在創生宇宙萬物時，都各有其遵循的法則，「人」亦不例外。儒
家所講的「仁、義、禮」（見本書第七章）倫理體系，以及如何使用這些倫
理法則的「智慧」（見本書第三章〈自我的曼陀羅模型〉），都是這樣的法
則。由於這些法則都是「我固有之」的，「非由外鑠我也」，因此它也是
「人皆有之」的，所以說「萬物皆備於我矣」。「天道」不會因人而異，也
不會欺騙人，所以說「誠者，天之道也」；只要「反身而誠」，「自我」願
意以「誠」反思自己的「良心」，它一定可以體悟到與「天道」相通的「仁
道」。所以說，「思誠者，人之道也」。正因為儒家主張的「仁道」與「天
道」相通，所以我刻意將儒家所講的「良知」稱為「天良」。至於「自我」
是否願意「求仁」或「行仁」，則取決其是不是真的願意以「誠」面對「天
良」，所以說：「至誠而不動者，未之有也；不誠，未有能動者也。」在本
書第三部中，我將進一步說明：先秦儒家諸子如何以這樣的道德形上學為基
礎，發展出其獨特的文化型態。

第八節　「天」及「鬼神」雙重信仰的功能

從本章的析論中，我們可以看出：中國人對於「天」和「神祇」雙重信仰的結構，對於維繫儒家倫理的運作各有其重要的功能。由於韋伯認為：泛靈論的巫術是「民間唯一留存下來的宗教信仰」，而忽略掉「天」的角色，因此他無法看出：儒家道德的形上學基礎，也不可能對儒家倫理作出公正的論斷。舉例言之，韋伯指出，在中國社會：

> 個人可以用一種原始的互惠辦法，對付這些鬼神：以如此這般的儀式供奉，來換取如此這般的好處。如果人的供奉無缺，而且德行無誤，這名守護神還是無法保護人，那麼他就會被取代。只有其法力業經證明的神明才值得崇拜。（Weber, 1964, p. 29）

◪ 神的階序

這個說法基本上是正確的。在研究中國的民間宗教時，我們可以蒐集到不計其數的例子來說明這一點，然而，韋伯卻完全忽略掉這種宗教實踐所具有的社會功能（Durkheim, 1912/1965）。我們可以拿韋伯所提到的一個例子來說明韋伯的盲點：

> 中國古代，每一個地方都有一位二元體的農民神祇（社稷）：它是沃土之神（社）與收穫之神（稷）的結合。這位神祇具有施行倫理性懲罰的神格。除此之外，祖先神靈的廟宇（宗廟）也是祭祀的對象。這些神靈（社稷宗廟）構成農村地方祭典的主要內容。（Weber, 1964, pp. 21-22）

在中文世界裡，「神」與「鬼神」這兩個名詞有時可以互換使用，代表所有神靈。一切神靈都是由現實世界的人物轉化而成。祖先神是由祖先之靈變成的；「鬼」則是對自己懷有敵意之他者的亡靈。祖先神如此，自然神亦是如此（傅佩榮，1985，頁 78）。《國語・魯語》上記載孔子對於自然神的的看法：「山川之靈，足以紀綱天下者，其守為神；社稷之守者為公侯，皆屬於王者。」

在儒家文化裡，家庭是社會的基礎。如果一個人一生善盡自己對家庭的義務，他在亡故後便可能成為祖宗崇拜的對象（例如：Thompson, 1996）。然而，儒家對道德的要求並不僅止如此而已，尤其是受過教育的「士」，儒家更希望他們的施仁範疇，不只要能「修身、齊家」，而且要能夠「治國，平天下」，因而具有對抗「不義」的力量（Bellah, 2011）。如果一個人的道德行為對整個社會群體有所貢獻，他的道德成就「足以紀綱天下」，他死後就很可能會被供奉成為「山川之靈」或「社稷之守」。他對社會的貢獻愈大，他的地位也愈高，實踐儒家「大德必得其祿，大德必得其位」的文化理想，形成儒家文化中獨特的「階序人觀」，和西方基督教文化中的「平等人觀」完全不同（Dumont, 1970, 1980）。

▣ 相對倫理

《左傳》上還有一段話：「神，聰明正直而壹者也，依人而行。」由於「神」不僅聰明智慧，而且公正無私，所以可以扮演「審判者」的角色，代天行動，觀察人間的善惡。即使變成了神，他仍然必須要能夠順應人民的願望，「依人而行」。孟子曾經說過：

> 「民為貴，社稷次之，君為輕。是故得乎丘民而為天子，得乎天子為諸侯，得乎諸侯為大夫。諸侯危社稷，則變置。犧牲既成，粢盛既潔，祭祀以時，然而旱乾水溢，則變置社稷。」《孟子・盡心下》

　　孟子這段話，最常為人引用的是「民為貴，社稷次之，君為輕」。其中「社稷」一詞是指「國家」；「變置社稷」中的「社稷」一詞，則是指「社稷之神」。整段話最重要的意義，在於它說明儒家心目中的「相對倫理」。孟子認為：在上述任何一種關係中，每個人都應善盡自己的角色義務，不論是人世間的天子、諸侯或大夫，或是已經成為神的「社稷之守」，都不例外。當民眾對「社稷之守」是「犧牲既成，粢盛既潔，祭祀以時」，卻仍然發生「旱乾水溢」的災害時，這是「社稷之守」沒有盡到職責，所以應當予以「替換」（變置社稷）。

　　不幸的是，韋伯只看到中國人對於鬼神的操弄，他既不了解其中蘊含了儒家的「相對義務」，也不了解「天」及「鬼神」雙重信仰如何構成中國之宗教的道德形上學基礎，他如何可能對儒家倫理作出公正的評斷？

▣ 儒家思想的內在結構

　　用 Archer（1995）所主張的「分析二元論」（analytical dualism）來看，我們要想正確評估儒家倫理，並給予適當的定位，就必須建構「含攝文化的理論」，來說明儒家的「文化型態」，並與韋伯的儒家倫理之論旨對話。《儒家關係主義：哲學反思、理論建構和實徵研究》一書的第五章說明：我如何以〈人情與面子〉的理論模型作為基礎，分析先秦儒家思想的內在結構（黃光國，2009；Hwang, 2012）。這樣分析所得的結果顯示：先秦儒家思想的內容包含了四大部分：

　　1. 儒家的天命觀。

　　2. 儒家的修養論：修身以道。

　　3. 儒家的「庶人倫理」：「仁、義、理」倫理體系。

　　4. 儒家的「士之倫理」：濟世以道。

　　作為一種「文化系統」，儒家思想的這四個部分各自構成一種「子系統」（sub-system），各個子系統之間彼此有緊密關聯。本書第一章指出：韋伯以對基督新教的分析作為基礎所提出的命題，反映出他視野的博大精深；

可是，他對儒家倫理的研究其實並不深入。在缺乏對手理論競爭的情況下，我們很容易被他對儒家倫理之「社會學的洞識」（sociological insight）所折服（金耀基，1985），並陷入他所布下的迷陣之中。

　　在本章中，我只針對韋伯在其《中國的宗教：儒教與道教》一書中的論點，討論了先秦儒家思想中的天命觀。在本書其餘各章節，我將以我所建構的「含攝文化的社會科學理論」，逐一批駁韋伯對於儒家倫理的偏頗見解。

參考文獻

金耀基（1985）：〈儒家倫理與經濟發展：韋伯學說的重探〉。見《金耀基社會
　文選》（頁 253-280）。台北：幼獅文化事業公司。

唐君毅（1986）：《中國哲學原論：原道篇（卷一、卷二）》。台北：臺灣學生
　書局。

黃光國（2009）：《儒家關係主義：哲學反思、理論建構與實徵研究》。台北：
　心理出版社。

張灝（1989）：《幽暗意識與民主傳統》。台北：聯經出版公司。

陳來（1996）：《古代宗教與倫理：儒家思想的根源》。北京：三聯書店。

傅佩榮（1985）：《儒道天論發微》。台北：臺灣學生書局。

勞思光（1995）：《新編中國哲學史（一）》（增訂八版）。台北：三民書局。

程石泉（1996）：《易學新論》。台北：文景書局。

蔡仁厚（1984）：《孔孟荀哲學》。台北：臺灣學生書局。

Archer, M. S. (1995). *Realist social theory: The morphogenetic approach*. Cambridge,
　UK: Cambridge University Press.

Bellah, R. N. (2011). *Religion in human evolution: From the paleolithic to the axial age*.
　Cambridge, MA: The Belknap Press of Harvard University Press.

Cheng, C. Y. (2004). A theory of Confucian selfhood: Self-cultivation and free will in
　Confucian philosophy. In K. L. Shun, & D. B. Wong (Eds.), *Confucian ethics* (pp.
　124-147). Cambridge, MA: Cambridge University Press.

Dumont, L. (1970, 1980). *Homo hierarchicus: The caste system and its implications*.
　Chicago, IL: University of Chicago Press.

Durkheim, E. (1912/1965). *The elementary forms of religious life*. New York, NY: The
　Free Press.

Foucault, M. (1985). *The history of sexuality* (Vol. 1 & 2) (R. Hurley, Trans.). New York,
　NY: Vintage.

Freund, J. (1968). *The sociology of Max Weber*. London, UK: Fabler.

Gerth, H. H., & Mills, C. W. (1948). *From Max Weber: Essays in sociology*. London, UK: Routledge & Kegan Paul.

Hwang, K. K. (2012). *Foundations of Chinese psychology: Confucian social relations*. New York, NY: Springer.

Jaspers, K. (1949/1953). *The origin and goal of history*. London, UK: Routledge and Kegan Paul.

Munro, D. J. (1969). *The concept of man in early China*. Stanford, CA: Stanford University Press.

Thompson, L. G. (1996). *Chinese religion: An introduction*. Belmont, MD: Wadsworth.

Walsh, B. J., & Middleton, J. R. (1984). *The transforming vision: Shaping a Christian world view*. Downers Grove, IL: Inter-Varsity Press.

Weber, M. (1964). *The religion of China: Confucianism and Taoism* (H. H. Gerth, Trans.). New York, NY: The Free Press.　簡惠美（譯）（1989）：《中國的宗教：儒教與道教》（頁293-317）。台北：遠流出版公司。

第三部

先秦儒家的文化
型態學

第七章　儒家的庶人倫理：「仁、義、禮」倫理體系

　　韋伯的宗教社會學認為：救贖宗教信奉的不是「神聖的律法」，而是神聖的信念。他們往往基於支撐它們的預言與卡理斯瑪要素，而在倫理層次上採行一種革命性的步調。除非是奠基於宗教賦予世界的意義，否則生命態度本身便沒有任何意義。置身於此種宗教信仰類型的人，會一直不斷地受到內在緊張性的侵擾，通常享受不到內心的安寧（Freund, 1968, p. 178）。

▣ 儀式或律法的宗教？

　　在韋伯看來，作為文化宗教之一的中國儒教，是一種講究秩序與定型化習俗的宗教，也是一種接受現世且試圖適應現世的純粹儀式性宗教。

　　　律法是「神聖的」，雖然有時它是以異常精微的推論作為基礎。適應世界可能導致一種純粹官僚體制的道德形式，儒教就是最顯著的典型，因為它徹底不再關懷一切的超越。傳統的勢力是如此之強，因而將道德行為限定於一系列實用的訓示與法則之上。實用主義排除了一切禁慾主義與一切的神秘主義，世界意義的問題因此成為次要的。（Freund, 1968, p. 177）

　　在《中國的宗教：儒教與道教》一書中，韋伯認為：

　　　基督教奉行的是上帝的誡律，而不是任何俗世的教喻或命令。這是一種先驗性的倫理準則（transcendental anchorage of ethics），

它要求個人追求來世的目標，使個人在上帝的律令和人間社會之間產生一種高度的緊張性。基督教的傳教士們設法要喚醒人們心中的「罪感」（feeling of sins），以作為個人自制和自律的基礎。

儒家根本沒有原罪的概念。他們所謂的「罪」，包括：冒犯傳統權威、父母、祖先和上司，以及違反風俗、傳統儀式、穩定的社會秩序。個人修養德性的目的是在追求今生今世的長壽、健康和財富，以及身後不朽的令名；至於禁慾、苦修、宗教冥想，以及隱居避世，則是儒家所鄙視的。這種不是出自內心，而是外鑠性的倫理，造成「對現世無條件的肯定與適應」（unconditional affirmation and adjustment to the world）。（Weber, 1964, pp. 156-157）

第一節　「天道」與「人道」

▣ 泛靈論的宗教

從孟子「盡心知性以知天」的天命觀來看，韋伯的這種論述顯得非常的武斷。他完全不了解儒家倫理的超越根源（transcendent origin）在於「天道」，也不知道儒家所強調的「人道」（personhood），是一種與「天道」相通的「先驗性」倫理準則。他認為：

巫術性或泛靈論的宗教並不認得神（God），而只認得慈善與邪惡的靈（spirits）。一般而言，它是一種實質卻又不可見的存在，不具人格性卻又擁有某種可以顯靈的意志，會在事件的過程中顯現出來。主要的救贖宗教，例如：佛教，也同樣沒有意識到神的概念。至於眾神，它們可能有各種名稱而且不過是Usener所謂「一時的神」（gods of the moments）。換言之，人們相信：他們在某一特

定事件發生時會插上一手，事後祂們便會為人所遺忘，除非類似的
事情再度發生，人們才會再度回想起祂們。（Freund, 1968, p. 186）

　　這裡，我們又可以看到韋伯的「歐洲中心主義」。他只看到基督教中的
「神」，卻看不到古代中國人對於「人格神」和「形上天」雙重信仰的結
構。他的著作中幾乎沒有提到《易經》，對於《易經》中「陰／陽」相盪的
哲理，也只有非常皮相的了解。在《中國的宗教：儒教與道教》一書的第五
章談到「君子理想」時，他說：

　　　神與鬼、善與惡、屬天的陽氣對屬地的陰氣等，此種二元論也
　　同樣存在於個人的靈魂中，擴展人的陽氣也因此成為教育（包括修
　　身）的唯一課題。凡是能使自身陽氣壓制住附在己身之惡靈（鬼）
　　力量的人，就會擁有支配鬼神的力量；根據古老的觀念，他就具有
　　巫術的力量。善靈指的是守護世界之秩序、美與和諧的神靈。
　　（Weber, 1964, p. 131）

▣ 〈易傳〉中的宇宙論

　　我們可以從《易經》中的宇宙論來說明這一點。上一章提到，〈易傳〉
是否為孔子所作，固然不無爭議；然而如果我們說：〈易傳〉作者在解釋
《易經》中各卦爻的意義時，曾經受到先秦儒家思想的深遠影響，這應當是
可以接受的。
　　在〈易傳〉「十翼」中，以〈彖傳〉的內容與宇宙論的關係最為密切，
例如：

　　「大哉乾元，萬物資始，乃統天。雲行雨施，品物流行，大明終
　　始，六位時成，時乘六韻以御天。」（乾）

「至哉坤元，萬物資生，乃順承天。坤厚載物，德合無疆。」
（坤）

「天道下濟而光明，地道卑而上行；天道虧盈而益謙，地道變盈而
流謙。」（謙）

「天地以順動，故日月不過而四時不成。」（謙）

「反復其道，七日來復，天行也。」（復）

「天地之道，恆久不已也，利有攸往，終則有始也。日月得天而能
久照，四時變化而能久成，……視其所恆，則天地萬物之情可見
矣。」（恆）

「天地養萬物。」（頤）

「天施地生，其益無方。凡益之道，與時偕行。」（益）

「天地相遇，品物咸章。」（姤）

「天地革，而四時成。」（革）

「天地感，而萬物化生。」（咸）

◉ 宇宙觀的特色

在《易經》的宇宙觀中，「元」是「始生萬物之德」，「乾元」是屬於
天的「元」。天是構成一切存在的根據，它必須仰賴這種「始生萬物之德」
的「乾元」，方能成就其偉大。所以說：「大哉乾元，萬物資始，乃統
天。」然而，天雖然有「乾元」，能夠行雲施雨，但若要使品物流行，還必
須藉助於「坤元」之力，故曰：「至哉坤元，萬物資生，乃順承天。」資始
是授氣，資生是成形，意思是說：「坤元」之德在生育資長宇宙萬物，但這
種生育資長的作為必須順承天意，代天完工，故造物之功屬地，「天地感而
萬物化生」。這樣的宇宙觀具有幾個明顯的特色：

第一，它假設宇宙本身具有無限的創造力，宇宙中萬物的流行變化均由
天地的相交、相遇、相感而不斷顯現。它不像西方某些哲學體系那樣，在宇

宙之外另外樹立一個超越的實體，並假設宇宙萬物均由此實體所創造出來。

　　第二，《易經》的宇宙觀假設宇宙間萬物的變化，具有一種循環性的關係。「天地之道」是「利有攸往，終則有始」，「恆久不已」。「天行」的法則是「反復其道，七日來復」。「天地革，而四時成」，「日月得天而能久照，四時變化而能久成」，由於天地運行，歷久不爽，所以說：「天地以順動，故日月不過而四時不忒。」

　　第三，《易經》的宇宙觀假設宇宙萬物是生生不已、永無止息的。在前述的引文中，「乾元」之德是「資始萬物」，「坤元」之德是「資生萬物」，「始」之意即為「生」，所以說「天地之大德曰生」；而周易六十四卦的最後一卦為「未濟」，〈象傳〉又強調「終則有始」，這些觀念都蘊含了「剝極必復」、「否極泰來」、「生生不已」的往復循環式的宇宙觀。

◉ 人生論

　　在《易經》的觀念中，人為宇宙中萬物之長，人的滋生和宇宙中萬物的滋生，都遵循同樣的原理。因此，〈繫辭傳〉說：

> 「是故闔戶謂之坤，闢戶謂之乾，一闔一闢謂之變，往來不窮謂之道。」〈上十一〉
> 「乾坤其易之門耶？乾，陽物也；坤，陰物也；陰陽合德，而剛柔有體；以體天地之撰，以通神明之德。」〈下六〉
> 「夫乾，其靜也專，其動也直，是以大生焉。夫坤，其靜也翕，其動也闢，是以廣生焉。廣大配天地，變通配四時，陰陽之義配日月，易簡之善配至德。」〈上六〉

　　這些敘述主要是以男女交媾的意象為基礎，再以類比（analogy）的方法，去推論宇宙的性質，所以說代表「乾」、「坤」的「廣大配天地、變通配四時、陰陽之義配日月」。因此，有人以為：《易經》中蘊含的宇宙論，

是先民以其對人類男女生殖的觀念為基礎而發展出來的。這種說法是否正確，暫且不論，我所要指出的是：就《易經》的宇宙論來看，「天道」和「人道」顯然是相通的。所以〈彖傳〉上說：

> 「日月得天而能久照，四時變化而能久成，聖人久於其道而天下化成。」（恆）

▣ 「人道」

上述引文顯示，〈彖傳〉的作者以為：宇宙間的萬物都是從「天（乾）道變化」中獲得其性、命，「天命之為性，率性之為道」，萬物都應保全其性、命，循其性而行，「各正性命」，這樣才能「保合太和」，也才能達到「萬國咸寧」的境界。宇宙萬物雖然形體分殊歧異，分殊形體的存在卻有其共同目的，它們必須「各正性命」、互相協調，才能達到共同的目的；所以說「天地睽而其事同」，「男女睽而其志通」，「萬物睽而其事類」，「天地交而萬物通」，「上下交而其志同」。換言之，宇宙萬物必須「順乎天而應乎人」，「其德」才會「剛健而文明」。以男女關係為例，「女正位乎內，男正位乎外，男女正，天地之大義也」。由此引申而出，則可以推至其他人際關係的安排亦應當遵循合於「天道」的「人道」。因此，〈十翼〉中的〈序卦〉上說：

> 「有天地然後有萬物，有萬物然後有男女，有男女然後有夫婦，有夫婦然後有父子，有父子然後有君臣，有君臣然後有上下，有上下然後禮義有所錯。」

從以上引文中，我們可以很清楚地看出，先秦時期〈十翼〉的作者顯然認為：人是宇宙間的萬物之一，天、地分陰陽，人間有男女，男女結合為夫

婦之後，又衍生出父子、君臣等社會關係；這種社會關係的安排（人道）是應當與「天道」相互通契的，而「禮義」之道就是與「天道」相互通契的「人道」。

▣ 本天道以立人道

我們固然無法肯定〈易傳〉中的〈十翼〉是否為孔子所作，然而，從儒家的其他典籍中，我們可以看出：孔子亦是用這種「本天道以立人道」的方法建立倫理體系的。孔子自己雖然不喜歡談論「怪、力、亂、神」，可是他卻很喜歡觀察大自然的運行，以體悟的方法從其中獲得靈感，以締建其倫理體系：

> 子在川上曰：「逝者如斯夫！不舍晝夜。」《論語・子罕》
> 公曰：「敢問君子何貴乎天道也？」
> 孔子對曰：「貴其『不已』。如日月東西相從而不已也，是天道也；不閉其久，是天道也；無為而物成，是天道也；已成而明，是天道也。」《禮記・哀公問》
> 子曰：「予欲無言。」
> 子貢曰：「子如不言，則小子何述焉？」
> 子曰：「天何言哉？四時行焉，百物生焉，天何言哉？」《論語・陽貨》

以上這些例子顯示：孔子如何「本天道以立人道」，從自然界的運行，體悟出人世間的道理。他在川上看到流水不息，喟然感嘆：時間流逝有如川水，「不舍晝夜」。看到日月運行不已，悟出大自然「不閉其久」、「無為而物成」、「已成而明」等道理。他對學生說：「予欲無言。」子貢問他：「您不想講話了，那我們向誰學習呢？」孔子反問：「天何言哉，四時行焉，百物生焉。天何言哉？」言下之意是：我說的道理不過是反映「天道」

罷了，你們看到「四時行焉，百物生焉」，難道還不能夠體悟「天道」嗎？

　　孔子的這些說法，和〈十翼〉中「象辭」上所說的「天行健，君子以自強不息」的觀念是互相契通的。《中庸》在闡述「誠」的哲學時，亦有類似想法：

「誠者，天之道也；誠之者，人之道也。」《中庸·第二十章》
「故至誠無息。不息則久，久則徵，徵則悠遠，悠遠則博厚，博厚則高明。」《中庸·第二十六章》
「誠則形，形則著，著則明，明則動，動則變，變則化。唯天下至誠為能化。」《中庸·第二十三章》
「誠者，物之始終；不誠無物。是故君子誠之為貴。」《中庸·第二十五章》
「唯天下至誠，為能盡其性；能盡其性，則能盡人之性；能盡人之性，則能盡物之性；能盡物之性，則可以贊天地之化育；可以贊天地之化育，則可以與天地參矣。」《中庸·第二十二章》

　　從以上各節的敘述中，我們可以看出，先秦時期的中國人認為：天與人之間存有一種內在的含攝關係。宇宙萬物皆從天道之生生變化中得其性、命，而人為萬物之一，故人的性、命亦是如此。「道」普遍存在於萬物之作用上，其存在於人間社會者，即為「人道」。孔子觀察自然界生生不息的作用，以之類比於人間的生生不息，認為「人道」和「天道」是相通的。從日月代明、四時錯行、淵泉時出、川流不息等自然現象中，先秦儒家悟出：「誠者，天之道也。」宇宙中任何事物的始終都含有「誠」的道理，「至誠無息」，「唯天下至誠為能化」，「不誠則無物」。由於「人道」即「天道」，「誠之者，人之道也」，只要至誠無妄，得自天道的人性便可以朗現出來，所以說：「唯天下至誠，能盡其性」，能盡其性，則「可以贊天地之化育」，「與天地參矣」。

▣ 儒家人文主義

　　這種類比式的推論方式，並非康德所謂的「理論理性」，我們也無法用任何科學的方法在經驗界中加以驗證。然而，它卻是中國儒家所獨有的「實踐理性」，它支持個人去踐行儒家的「仁道」。根據我對先秦儒家思想的分析：儒家倫理的主要內容，是一套結構綿密的「仁、義、禮」倫理體系（黃光國，2009；Hwang, 2012），這套倫理體系的中心德目為「仁」，是儒家道德的最高理想，也是所有德行的根本。韋伯說：

> 　　儒教徒對於超越俗世之上的上帝無所負欠；因此，他也從未被某種神聖的「因」或「理念」所束縛。對他們所謂的道而言，亦復如是。道只是規制的、傳統的禮儀之具現，而其指令亦非「行動」（action），而是「虛無」（emptiness）。（Weber, 1964, p. 236）

　　從本節的析論中，我們已經可以看出：「道」絕不僅只是「規制的、傳統的禮儀之具現」。此處我要指出的是：如果西方人只想以基督教神學的框架來詮釋儒家，他們既看不出儒家道德形上學的基礎，也會誤以為儒家「缺乏與此世相抗衡的自主反制力」。正因為韋伯不了解儒家的道德形上學基礎，所以他才會說：

> 　　中國的倫理，在自然生成的個人關係圈裡，或模仿此種關係而形成的結合體裡，發展出其最強烈的動機。這與作為被造物的清教倫理最終要達到人之義務的客觀化，形成強烈的對比。對隱匿而超越於俗世之上的上帝所負有的宗教義務，促使清教徒將所有的人際關係，包括生命裡最自然親近的關係，都看作是一種超出生物有機關係之精神狀態的手段與表現。相反的，虔誠的中國人，其宗教義務則促使他在既定的關係裡去發展自己。

　　本質上，一個中國儒教徒的義務總是對具體對象，在生前死後盡孝道，並對根據那些與他相近的人在自己生活中的地位，對他們善盡恭順之道。（Weber, 1964, p. 236）

　　這段引文涉及好幾個問題。首先要談的第一個問題是：清教倫理最終可以達到「人的義務之客觀化」。事實上，只要我們了解儒家道德形上學的基礎，我們同樣可以用現代西方人的思考方式，將「人的義務客觀化」。當然，我也必須承認：在我們將儒家文化中的人際義務建構成客觀的知識體系之前，從西方人的角度來看，儒家這套以「天道」作為基礎而建構出來的「人道」（儒家稱之為「仁道」）確實是很難理解的。在《中國的宗教：儒教與道教》一書中，韋伯毫不掩飾地表現出他的無知：

　　真正的先知預言會創造出內在的價值基準，並有系統地將行為導向此一內在的價值基準。面對於此，「現世」在倫理上被看作是應根據規範來加以塑造的原料。相反的，儒教則要適應外在，適應於「現世」的狀況。一個適應良好的人只要將其行為理性化到能適應的程度即可，不是形成有系統的統一體，而是由種種有用的特質所構成的一個組合體。（Weber, 1964, p. 235）

　　接著，韋伯又很武斷地說：

　　在中國的民間宗教裡，泛靈論觀念使個人靈魂多元論的信仰持續不斷，可說是此一事實的一種象徵。不追求超出於現世以外，個人必然缺乏一種與此世相抗衡的自主反制力。（Weber, 1964, p. 235）

　　在中國民間宗教裡，誠然是有「泛靈論」的觀念，可是，本章第一節已

經指出：「泛靈論」並不是儒家「仁道」的基礎。先秦儒家誠然不鼓勵弟子去探索形上學之「超越的」鬼神世界，可是，先秦儒家思想並非沒有形上學的基礎，儒家倫理與道德的形上學基礎，在於「天道」，而不在於超越的「上帝」。可是，韋伯似乎完全無法理解傳統中國文化中「道」這個核心觀念，他對儒家倫理其實也沒有相應的理解。

第二節　儒家的庶人倫理

　　依照我對「儒家思想之內在結構」的分析（黃光國，2009；Hwang, 2012），先秦儒家將人際關係的倫理安排分成兩大類：庶人倫理和士之倫理；前者是包括「士」在內的所有人都應當遵循的。在上述引文中，韋伯所談的其實僅只是儒家的「庶人倫理」而已。由於《儒家關係主義》一書的焦點是在研究華人社會中一般人的人際關係，因此，我將分析的焦點先集中在「庶人倫理」（黃光國，2009；Hwang, 2012）。我一向主張：本土心理學的知識論目標，是要根據文化心理學「一種心智，多種心態」（one mind, many mentalities）的原則（Shweder et al., 1998），先建構出足以反映人類普世性「心智」的理論，再以之作為架構，分析某種特定的文化系統，而建構出「含攝文化的心理學理論」，用以研究人們特有的心態。

▣ 「仁、義、禮」倫理體系

　　在該書第四、第五兩章中，說明了：我如何建構普世性的〈人情與面子〉之理論模型，再以之作為基礎，分析儒家思想的內在結構。這樣分析的結果顯示：儒家的「庶人倫理」，是由「仁」、「義」、「禮」三個核心概念所構成的。依照我的分析，儒家經典中最能夠反映儒家倫理中「仁」、「義」、「禮」三個概念之間的複雜關係者，是《中庸》上所說的一段話：

　　「仁者，人也；親親為大。義者，宜也；尊賢為大。親親之殺，尊

賢之等，禮之所由生也。」〈第二十章〉

　　「殺」即是差等之意。儒家主張：個人和任何其他人交往時，都應當從「親疏」和「尊卑」兩個認知向度（cognitive dimensions）來衡量彼此之間的角色關係：前者是指彼此關係的親疏遠近，後者是指雙方地位的尊卑上下。作完評定之後，「親其所當親」，是「仁」；「尊其所當尊」，是「義」；依照「親親之殺，尊賢之等」所作出的差序性反應，則是「禮」。

　　用西方社會心理學的「正義理論」來看，《中庸》上的這段話還有一層重要的含義。「正義理論」將人類社會中的「正義」分為兩大類：「程序正義」，是指群體中的成員認為應當用何種程序來決定分配資源的方式；「分配正義」，則是指群體中的成員認為應當用何種方式分配資源（Leventhal, 1976）。依照儒家的觀點，在人際互動的場合，應當先根據「尊尊」的原則，解決「程序正義」的問題，決定誰是「資源支配者」，才有權選擇資源分配或交易的方式；然後再由其根據「親親」的原則，決定資源分配或交易的方式。在第二章的圖 2-3「資源分配者的心理歷程」中，與「交換法則」對應的「義」，主要是指「分配正義」。

▣ 「仁、義、禮」倫理體系的運作

　　依照儒家的「仁、義、禮」倫理體系來看，考慮互動雙方關係的親疏，是儒家所謂的「仁」；依照雙方關係的親疏選擇適當的交換法則，是「義」；考慮雙方交易的利害得失之後作出適切的反應，則是「禮」；三者構成了儒家「仁、義、禮」倫理體系的核心部分。

　　在「儒家的庶人倫理」中，我以一條對角線將和「仁」對應的長方型分為兩部分：斜線部分稱為「情感性成分」，空白部分稱為「工具性成分」，這意思是說：儒家所主張的「仁」，是有差序性的「親親」，而不是普遍性的對任何人都「一視同仁」。同時，我又以一條實線和一條虛線將代表「關係」的長方形切割成三部分，並依其「情感性成分」的多寡，分別稱之為「情

感性關係」、「混合性關係」和「工具性關係」。在代表家人間的「情感性關係」和家庭外的「混合性關係」之間，以一條實線隔開，這意思是說：儒家認為，家人和外人之間存有一種難以穿透的心理界線（psychological boundary），應當根據不同的「分配正義」或「交換法則」來進行社會互動。

用〈人情與面子〉的理論模式來看，父子、夫婦、兄弟三倫是屬於「情感性關係」，個人應當以「需求法則」和他們進行交往，以盡力獲取各種資源，來滿足對方的不同需要。朋友一倫屬於「混合性關係」，應當以「人情法則」和對方互動。至於君王，一般庶民很少有與之直接互動的機會，在此可以暫且不論。

▣ 由親及疏

我們可以從儒家典籍中找到許多證據來支持以上各項論述：

樊遲問仁。
子曰：「愛人。」《論語・顏淵》
子貢曰：「如有博施於民，而能濟眾，何如？可謂仁乎？」
子曰：「何事於仁？必也聖乎！堯舜其猶病諸！夫仁者，己欲達而達人，能近取譬，可謂仁之方也己。」《論語・雍也》

孔子以「愛人」來解釋「仁」。他認為：一個真正「愛人」的人，必定能夠「推己及人」，「己欲立而立人，己欲達而達人」。他所說的「人」，並不是指某一個特定的對象。然而，他也明白：一個人要將「愛人」的精神推廣到每一個人身上，做到「仁者無所不愛」，並不是容易之事。在社會互動情境中，個人為了表示他對別人的「仁」或「愛」，往往必須將其所擁有的某些資源施予別人。這時候，他便面臨現實的限制：個人的資源有限，他如何能夠無止盡地施「仁」於他人？孔子平常不肯以「仁」許人，有人問他：「某人仁乎？」他的回答不是「不知其仁也」，便是「未知，焉得仁」，這

主要原因之一，便是一個人很難做到「無所不愛」。因此，子貢問他：「如果有人能夠『博施於民，而能濟眾』，能不能稱之為『仁』？」孔子的回答是：「這豈止是仁！簡直可以說是『聖人』了。堯舜恐怕都還做不到呢！」

因此，孔子認為：「仁德」的實踐，應當「能近取譬」，從「事親」做起，由親及疏，一步步往外推：

> 孟子曰：「仁之實，事親是也。」《孟子・離婁上》
> 孟子曰：「未有仁而遺其親者也。」《孟子・梁惠王上》
> 孟子曰：「事孰為大？事親為大。……事親，事之本也。」
> 《孟子・離婁上》

在盡到「事親」的義務之後，他才能一步步地由近及遠，向外實踐「仁道」：

> 子曰：「弟子入則孝，出則弟，謹而信，汎愛眾，而親仁，行有餘力，則以學文。」《論語・學而》
> 有子曰：「其為人也孝弟，而好犯上者，鮮矣！不好犯上，而好作亂者，未之有也。君子務本，本立而道生。孝弟也者，其為仁之本歟！」《論語・學而第一》

孔子所說的「入則孝，出則弟，謹而信，汎愛眾，而親仁」，已經蘊含了「踐仁」的順序。儒家認為：家庭中的「孝弟」是「仁之本」，一個人要實踐「仁」的德性，應當從「務本」做起，先講求「孝弟」、「篤於親」，再論及其他。

◨ 居仁由義

孟子也有類似的看法。在先秦儒家諸子中，孟子對「義」的討論最為詳

盡。他認為：個人對於「義」或「不義」的判斷，應當以「仁」為基礎，這就是所謂的「居仁由義」：

> 孟子曰：「仁，人心也；義，人路也。舍其路而弗由，放其心而不知求，哀哉！人有雞犬放，則知求之，有放心而不知求。學問之道無他，求其放心而已矣。」《孟子‧告子上》
>
> 孟子曰：「自暴者，不可與有言也；自棄者，不可與有為也。言非禮義，謂之自暴也；吾身不能居仁由義，謂之自棄也。仁，人之安宅也；義，人之正路也。曠安宅而弗居，舍正路而不由，哀哉！」《孟子‧離婁上》

孟子經常仁、義並舉，認為「仁，人心也；義，人路也」，「仁，人之安宅也；義，人之正路也」，不過他也同意：實踐「仁、義」，應當從家庭中做起：

> 孟子曰：「仁之實，事親是也。」《孟子，離婁上》
>
> 孟子曰：「未有仁而遺其親者也」《孟子‧盡心上》

和孟子同一時代的陽朱提倡「為我」，主張「拔一毛以利天下而不為」；墨翟鼓吹「兼愛」，主張「愛人之父如己之父」，孟子痛罵他們：「楊氏為我，是無君也；墨氏兼愛，是無父也。無父無君，是禽獸也」《孟子‧滕文公下》，其主要原因即在於楊、墨的主張違反了儒家「以仁居心」、「愛有差等」的原則。

值得強調的是：儒家雖然主張「愛有差等」，認為實踐「仁道」應當從家庭中做起，但儒家並不認為「仁」的實踐可以僅止於此。尤其是對於「士」，儒家更賦予他們一種使命感，認為他們應當從家庭開始，由內而外，一步步向外推行「仁道」，「親親而仁民，仁民而愛物」《孟子‧盡心

上》，「以其所愛及其所不愛」《孟子‧盡心下》。這一點，對於了解儒家思想的結構有十分重要的含義，我們將在下面「士之倫理」一節中，再作深入討論。

◙ 交接以禮

不管「資源支配者」選擇用何種「交易法則」和對方交往，依照儒家的主張，他在衡量雙方交易的利害得失，並作出適當反應的時候，都應當注意「以禮節之」。在東周時期，「禮」本來是指宗教儀節；到了西周初期，「禮」的宗教功能逐漸喪失，各種形式的「禮」轉變成為維持政治和社會秩序的工具（徐復觀，1963）。根據儒家典籍的記載，當時的「禮」主要包含三項成分：

1. 儀節：指完成某一儀式必須經過的步驟和程序，即每位儀式參與者在儀式進行的時空中必須完成的行為，例如：《禮記》、《儀禮》、《周禮》上所記載的朝覲之禮、聘問之禮、喪祭之禮、婚姻之禮等，都各有其儀節。

2. 器：指完成某項儀節必須使用的器具，包括：車、服、旗、章、鐘、鼎、玉、帛等。

3. 名：指用以表示儀式當事人、主持人及參與之親疏、尊卑（或長幼）關係的名稱，例如：家族中繁複的親屬稱謂，或政治上由天子、諸侯以至於卿大夫的爵號名分，都是其中之例。

在東周封建時期，貴族在禮制中可以使用的「名」和「器」都有詳細的明文規定，孔子本人對這方面也非常重視。有一次，子路向孔子問施政的優先順序，孔子說：「必也正名乎！」子路笑他「迂」，然後說了一篇：「名不正則言不順，言不順則事不成，事不成則禮樂不興」的大道理。還有一次，仲叔于奚在衛齊之戰中救了衛軍統帥孫桓子。衛侯要賞他采邑，仲叔于奚一面辭謝，一面要求准許他在朝見時，使用諸侯專用的樂隊和馬飾。衛侯同意了，孔子知道後卻大表惋惜，認為「不如多與之邑」，又講了一篇「唯名與

器不可以假人」的道理。

　　他看到當時「禮崩樂壞」，諸侯相互攻伐兼併，有些諸侯弒君犯上，雖然保有禮樂的形式，卻失掉禮樂應有的內涵。因此他喟然慨嘆：「禮云，禮云，玉帛云乎哉？樂云，樂云，鐘鼓云乎哉」《論語・陽貨》。

　　子曰：「人而不仁，如禮何？人而不仁，如義何？」《論語・八佾》

　　子曰：「君子義以為質，禮以行之，遜以出之，心以成之，君子哉。」《論語・衛靈公》

　　根據朱子的注釋，「質」是「質幹」的意思。孔子認為：君子應當「以仁居心」、「義以為質」、「禮以行之」、「遜以出之，信以成之」，如果缺少了「仁心」，「人而不仁」，即使勉強維持「禮、樂」的形式，也沒有什麼意義。

　　在商周之前，「禮」僅具有外在的強制性和約束力。孔子將「禮」、「仁」、「義」相提並論，把外在的禮儀改造成為一種「文化心理」的結構（李澤厚，1985），希望個人能夠以「仁心」的道德本體作為基礎，在各種不同的社會情境中考慮互動雙方的關係，以作出合乎「義」的道德判斷，其外顯行為則應當符合「禮」的原則，「仁、義、禮」三者合而為一，成為儒家倫理最明顯的特色。

第三節　忠恕之道

　　在「程序正義」方面強調「尊尊法則」，在「分配正義」方面強調以「仁、義、禮」倫理體系作為基礎的「親親法則」，這可以說是儒家「庶人倫理」的「形式結構」。關於孔子重視「禮」之差序性的討論，可見蔡尚思（1982，頁 62-79）。孔子主張依照儒家的標準，為歷史人物定名分、寓褒

貶，這種作法胡適（1919，頁87-101）稱之為「正名主義」。

　　用 Archer（1995）所主張的「分析二元論」來看，這是我以先秦儒家經典的內容作為分析對象，所建構出來之「含攝文化的理論」，也是儒家的「文化型態學」。用〈自我的曼陀羅模型〉來看，個人在實踐這樣的文化型態時，必然會因為心目中有某種理想的「人」之形象，而會有不同的強調重點。

　　青年時代的孔子曾經想要恢復周代的禮樂制度，一度特別重視「禮」。中年之後，思想逐漸成熟，深刻體會到「仁」的重要性，開始招生授徒，對學生講授「仁」的意義，並以「仁」來評價學生。孔子非常了解「仁」和一般的「才能」並不相同：

> 孟武伯問：「子路仁乎？」
> 子曰：「不知也。」
> 又問。
> 子曰：「由也，千乘之國，可使治其賦也；不知其仁也。」
> 「求也何如？」
> 子曰：「求也，千室之邑，百乘之家，可使為之宰也；不知其仁也。」
> 「赤也何如？」
> 子曰：「赤也，束帶立於朝，可使與賓客言也；不知其仁也。」
> 《論語‧公冶長》

　　用〈自我的曼陀羅模型〉來看，不論是「千乘之國，可使治其賦」的經濟才能，「千室之邑，百乘之家，可使為之宰」的內政才能，或是「束帶立於朝，可使與賓客言」的外交才能，都是以「知識」作為基礎，它們和以「仁道」的「實踐理性」作為基礎的「智慧」並不相同。孔子了解他的弟子各有不同的才幹，但對他們能不能實踐「仁道」，卻一律回答：「不知其仁也。」

▣ 忠恕之道

　　然而，孔子所主張的「仁」究竟是什麼？為什麼他也不知弟子之「仁」？要回答這些問題，必須要了解孔子平日講學的核心理念。《論語》中記載孔子和弟子的對話，絕大多數都是弟子問，由孔子回答。只有少數幾次，是由孔子主動向弟子提問：

> 子曰：「賜也，汝以予為多學而識之者歟？」
> 對曰：「然。非歟？」
> 曰：「非也，予一以貫之。」《論語・衛靈公》

　　有一次，孔子主動問子貢：「你認為我是個博學強記的人嗎？」子貢說：「對啊。難道不是這樣的嗎？」孔子特別強調：「不是。我所謂的『道』是可以『一以貫之的啊！』」然而，這「一以貫之」的「道」究竟是什麼？

> 子曰：「參乎，吾道一以貫之。」
> 曾子曰：「唯。」
> 子出，門人問曰：「何謂也？」
> 曾子曰：「夫子之道，忠恕而已矣。」《論語・里仁》

　　有一次，孔子主動向曾子強調說：「吾道一以貫之。」曾子說：「是。」孔子離開後，其他的弟子問曾子：「老師所說的『一貫之道』究竟是什麼？」曾子的回答是：「夫子之道，就是『忠』和『恕』兩個字罷了！」

　　這是理解孔子思想非常重要的一段對話。朱熹對於「忠恕」的注釋是：「盡己之謂忠，推己及人之謂恕。」更清楚地說：在孔子平日對弟子所講述

的「仁道」中，只有「忠」和「恕」兩個字是可以「一以貫之」，對待任何人都適用的普遍性倫理原則，但「孝」並不是。「孝」只適用於對待雙親，並不是對任何人都適用。《論語》上又有一段話：

> 子貢曰：「有一言而可以終身行之者乎？」
> 子曰：「其『恕』乎；己所不欲勿施於人。」《論語・衛靈公》

若將這段對話放置在前述兩段對話的脈絡來考量，有些人就會覺得奇怪：為什麼孔子說他的「一貫之道」是「忠」、「恕」兩個字，其中卻只有「恕」字是「一言而可以終身行之者」？難道「忠」不「可以終身行之」嗎？

▣ 「仁道」與「階序人」

本書第八章在判定儒家倫理的屬性時，將會指出：「己所不欲，勿施於人」是一種「不作為」的「消極義務」，是每一個人都可以做得到的，所以孔子認為它是「一言而可以終身行之者」。然而，作為儒家倫理的「仁道」不僅只是有要求人不作為的「消極義務」，它更有要求人作為的「積極義務」：

> 子曰：「人之過也，各於其黨。觀過，斯知仁矣。」《論語・里仁》
> 子曰：「已矣乎！吾未見能見其過而內自訟者也。」《論語・公冶長》
> 子曰：「苟志於仁矣，無惡也。」《論語・里仁》
> 子曰：「唯仁者，能好人，能惡人。」《論語・里仁》
> 子曰：「不仁者，不可以久處約；不可以長處樂。仁者安仁。知者利仁。」《論語・里仁》
> 子曰：「我未見好仁者，惡不仁者。好仁者，無以尚之；惡不仁

者，其為仁矣，不使不仁者加乎其身。有能一日用其力於仁矣乎？
我未見力不足者。蓋有之矣，我未之見也。」《論語‧里仁》

從孔子所說的這一系列話語中，我們可以看出：他思想中有一種非常值
得我們注意的「階序人」觀，是以個人實踐或違反「仁」的境界來加以界定
的。孔子最不以為然的是所謂的「不仁者」，他們不可能長久處在窘困
（約）的境地裡；若是長久處於窘困，必定會為非作歹；也不可以長久處在
富貴安樂的境地裡，若是長久處於安樂，必定會驕奢淫佚。「知善知惡是良
知」，因為他們沒有「良心」，不辨善惡，所以經常犯過錯而且不懂得自我
反省（內自訟）。這種人經常成群結黨，只要看他們犯的過錯，就可以知道
他們是不是「仁者」（「觀過、斯知仁矣」）。

◙ 「良心」與「仁者」

「知善知惡是良知」，「仁者」必然是有「良心」的人，所以孔子說：
「唯仁者，能好人，能惡人」。只要一個人有「良知」，他就不會為惡，所
以孔子又說：「苟志於仁矣，無惡也。」然而，「仁者」又可以大略分作三
大類：「惡不仁者」、「好仁者」及「用力於仁者」。「惡不仁者」通常都
很聰明，他們會用公制的角度精打細算，不會違反「己所不欲，勿施於人」
的「消極義務」，所以說「智者利仁」，「不使不仁者加乎其身」。

「好仁者」也就是所謂的「仁者」，他們有「良心」，能夠很清楚地作
道德判斷，所以能夠「安仁」。但，什麼叫「安仁」呢？

子曰：「富與貴，是人之所欲也，不以其道，得之不處也。貧與
賤，是人之所惡也，不以其道，得之不去也。君子去仁，惡乎成名？
君子無終食之間違仁，造次必於是，顛沛必於是！」《論語‧里
仁》

　　這段引文中所說的「道」，是孔子最重視的「仁道」。孔子很清楚地認識到：富貴，是人之所欲；貪賤，是人之所惡。然而，他卻認為：要想追求富貴、脫離貪賤，必須要作為「君子」遵循「仁道」。如果違背了「仁道」，即使能夠在社會上成名，那又有什麼意義？因此，孔子告誡弟子：「君子無終食之間違仁，造次必於是，顛沛必於是！」

◪ 素其位而行

　　《中庸》上還有一段論述，進一步說明儒家「仁者安仁」的重要主張：

> 「君子素其位而行，不願乎其外。素富貴，行乎富貴。素貧賤，行乎貧賤。素夷狄，行乎夷狄。素患難，行乎患難。君子無如而不自得焉。在上位，不陵下；在下位，不援上。正己而不求於人，則無怨；上不怨天，下不尤人。故君子居易以俟命，小人行險以徼幸。子曰：『射有似乎君子；失諸正鵠，反求諸其身。』」
> 《中庸・第十四章》

　　「素」是「現在」的意思。「素其位而行，不願乎其外」，是在自己所處的位置上「行仁」。「素富貴，行乎富貴。素貪賤，行乎貪賤」，其意義完全等同於「君子無終食之間違仁，造次必於是，顛沛必於是」。這句話中「不願乎其外」一詞，與孔子所說：「不在其位，不謀其政」是相通的。曾子曾引用《易經》「艮卦」的〈象辭〉，進一步申說其義：「君子思不出其位」《論語・憲問》，這句話的意思其實就是：要求自己不管處在什麼位置，都要心無旁騖，集中全力來「行仁」。

◪ 反求諸己

> 子曰：「仁遠乎哉？我欲仁，斯仁至矣！」《論語・述而》

　　孔子這句話旨在強調：一個人要不要實踐「仁道」，完全取決於「自我」。「我欲仁，斯仁至矣」，只要「我」想作，就一定可以做到：

> 子曰：「君子求諸己，小人求諸人。」《論語・衛靈公》
> 子曰：「當仁，不讓於師。」《論語・衛靈公》

　　個人不管是居處在什麼樣的位置，都應當「正己而不求於人」，要求自己善盡自己的義務，把自己該做的事情做好。居上位的人，不欺凌下屬；居下位的人，不攀援上司，「仁者安仁」，君子能安心居於平易的地位，等待時機的到來；小人卻會冒險鑽營，希望能僥倖求得富貴。

　　「鵠」是古代箭靶的正中心，君子有所求而不得，要像射箭未中靶心那樣，「不怨天，不尤人，而反求諸己」。孟子更仔細地說明了這種生命態度：「仁者如射，射者正己而後發；發而不中，不怨勝己者，反求諸己而已矣。」

▣ 用力於仁

　　儒家不僅教人「安仁」，而且要求儒家弟子用力「行仁」。孔子說：「有能一日用力於仁矣乎？我未見力不足者。」當冉求和孔子說：「非不悅子之道，力不足也。」孔子立即斥責他：「力不足者，中道而廢；今汝畫！」由此可見，孔子認為：每一個人都應當在自己所占的崗位上全力「行仁」，行仁的範圍愈大，個人的道德成就也就愈高，要以「力不足」作為藉口，那就是「畫地自限」：

> 樊遲問仁。
> 子曰：「愛人。」《論語・顏淵》
> 子貢曰：「如有博施於民，而能濟眾，何如？可謂仁乎？」
> 子曰：「何事於仁？必也聖乎！堯舜其猶病諸！夫仁者，己欲立而

立人，己欲達而達人，能近取譬，可謂仁之方也已。」《論語・庸也》

孔子以「愛人」來解釋「仁」。孔子認為：一個懂「愛人」之道的人，必然是能夠「推己及人」的人。他「己欲立而立人，己欲達而達人」，自己在社會上站得住腳，也設法使他人在社會上站得住腳；自己在德業上有所成就，也努力使他人在德業上有所成就。

▣ 「五倫」與「孝」

所以當子貢問他：「如果有一個人能夠做到博施濟眾，能不能說他是『仁者』呢？」孔子的回答是：「這豈止是『仁者』而已？簡直都可以稱作是『聖人』了。要想做到『己欲立而立人，己欲達而達人』，應當從身邊最親近的人做起，由近及遠，這才是實踐『仁道』的方法呢！」

從這樣的論述脈絡來看，先秦儒家認為：在「五倫」的對偶關係中實踐「仁道」，雖然會因為角色的不同，而有不同的倫理要求，但只要能夠做到「盡己」和「推己及人」，盡到了自己的角色義務，便可以說是有「良心」的人。

何謂人義？「父慈，子孝；兄良，弟悌；夫義，婦聽；長惠，幼順；君仁，臣忠，十者謂之人義」《禮記・禮運篇》。

即使是儒家最重視的「孝道」，亦復如是。當弟子向孔子問「孝」，孔子經常會針對每個人情況的不同而給予不同的答案。《論語・為政篇》中，連續記載了幾個案例：

孟懿子問孝。

子曰：「無違。」

樊遲御，子告之曰：「孟孫問孝於我，我對曰『無違。』」

樊遲曰：「何謂也？」

子曰：「生，事之以禮。死，葬之以禮，祭之以禮。」

孟武伯問孝。

子曰：「父母唯其疾之憂。」

子游問孝。

子曰：「今之孝者，是謂能養。至於犬馬，皆能有養，不敬，何以別乎？」

子夏問孝。

子曰：「色難有事，弟子服其勞；有酒食，先生饌，曾是以為孝乎？」《論語‧為政》

孔子對「孝」作出的各種不同詮釋，其實是他以「盡己」和「推己及人」的精神，針對每個弟子的不同狀態，所作的不同建議。

▣ 汝安，則為之

針對這個問題，《論語》上還有一則很值得討論的案例：

宰我問三年之喪；「期已久矣！君子三年不為禮，禮必壞；三年不為樂，樂必崩。舊穀既沒，新穀既升，鑽燧改火，期可已矣！」

子曰：「食夫稻，衣夫錦，於汝安乎？」

曰：「安。」

「汝安則為之！夫君子之居喪，食旨不甘，聞樂不樂，居處不安，故不為也。今汝安，則為之。」

宰我出，子曰：「予之不仁也！子生三年，然後免於父母之懷。夫三年之喪，天下之通喪也。予也，有三年之愛於其父母乎」

《論語‧陽貨》

父母亡故後，為父母守喪三年，是當時社會的一般習俗。但宰我認為

「守喪三年」的時間太長，他想了一大堆理由：「君子三年不為禮，禮必壞；三年不為樂，樂必崩」，請教孔子：「是不是可以改為一年？」孔子問他：「父母餵你吃得飽，讓你穿得好，你只為他守喪一年，心安嗎？」宰我說：「安。」孔子的回答是：「汝安，則為之。」因為有「良心」的君子認為，父母守喪期間「食旨不甘，聞樂不樂，居處不安」，所以才不興禮樂。這時候你既然行禮作樂而不會覺得良心不安，那麼你就做吧！

◙ 心理社會均衡

對於孔子所主張的「仁道」而言，「良心安，則為之」是個非常重要的概念。先秦儒家認為：一個有「良心」而「知善知惡」的人，只要憑著「良心」盡心做事，就不會覺得「良心」不安：

> 子曰：「知者不惑。仁者不憂。勇者不懼。」《論語・子罕》
> 司馬牛問君子。
> 子曰：「君子不憂不懼。」
> 曰：「不憂不懼，斯謂之君子矣乎？」
> 子曰：「內省不疚，夫何憂何懼？」《論語・顏淵》
> 子曰：「君子道者三，我無能焉！仁者不憂。知者不惑。勇者不懼。」
> 子貢曰：「夫子自道也。」《論語・憲問》

儘管孔子認為：「仁者不憂」而「內省不疚」，就可以「不憂不懼」，但在他跟宰我對話的故事中，宰我離開後，他便對學生批評宰我，認為宰我「不仁」，因為「子生三年，然後免於父母之懷」，他問學生：「予也有三年之愛於父母乎？」

宰我聽到老師對他的批評後，心中不知作何感想？從這一則故事中，我們可以看出：在儒家文化中，「良心不安」的問題並不僅止於「內省不

疚」，還要能夠面對「關係網絡」中的其他人，才能夠「仰不愧於天，俯不
怍於人」，以保持個人的「心理社會均衡」（psychosocial homeostasis）
（Hsu, 1971）。

第四節　「禮」與「仁」　

　　在宰我和孔子的對話中，另外一點值得注意之處，是他反對「守喪三
年」的理由是：「三年不為禮，禮必壞；三年不為樂，樂必崩」。在一般狀
況下，孔子非常重視禮樂的重要性：

　　顏淵問仁。
　　子曰：「克己復禮為仁。一日克己復禮，天下歸仁焉。為仁由己，
　　而由人乎哉？」
　　顏淵曰：「請問其目！」
　　子曰：「非禮勿視，非禮勿聽，非禮勿言，非禮勿動。」
　　顏淵曰：「回雖不敏，請事斯語矣！」《論語・顏淵》

⊡ 不作為的消極義務

　　如眾所知，孔子對弟子的教誨通常都是「因材施教」，不同的人即使問
了同樣的問題，也會有不同的回答。顏淵是孔門弟子中德行的表率，孔子曾
經稱讚他：「賢哉，回也！一簞食，一瓢飲，在陋巷。人不堪其憂，回也不
改其樂。賢哉，回也」《論語・雍也》。
　　顏淵聰敏過人又好學深思。他和子貢都是孔子的得意門生。有一次，孔
子問子貢：「你和顏回哪一個人比較聰明？」子貢的回答是：「賜也，何敢
望回！回也，聞一以知十；賜也，聞一以知二。」，孔子很同意他的說法：
「弗如也，吾與汝，弗如也」《論語・公冶長》。

當子貢問孔子：「有一言而可以終身行之者乎？」孔子的回答是：「其『恕』乎！己所不欲，勿施於人」《論語・衛靈公》。用本章上一節的分析來看，孔子所說的「己所不欲，勿施於人」，是一種不作為的「消極義務」（negative duties），是每一個人在任何時候都可以做得到的，所以孔子認為它是「可以終身行之」的。

同樣的，當顏淵回孔子：什麼是「仁」？孔子對他的回答是：「克己復禮」為「仁」。顏淵要求他作進一步的解釋，孔子的回答是：「非禮勿視，非禮勿聽，非禮勿言，非禮勿動。」其實這也是一種「不作為的義務」，孔子認為「克己復禮」是每一個人只要下定決心，都可以做得到，所以說：「為仁由己，而由人乎哉？」

▣ 「行仁」與「守禮」

用孔子所主張的「階序人」觀來看，不論是「克己復禮」，或是「己所不欲，勿施於人」，都是屬於「安仁」的層次。當個人「用力於仁」，致力於實踐「仁道」時，孔子所重視的是「行仁」，而不僅只是「守禮」：

> 子曰：「人而不仁，如禮何？人而不樂，如樂何？」《論語・八佾》

孔子認為：「禮」、「樂」都應當以「仁」作為內核，一個人如果進不能「用力於仁」，退不能「守仁」，即使保有「禮樂」的外在形式，仍然沒有什麼意義。相反的，一個「用力行仁」的人，也可能不受「禮」的拘束：

> 子曰：「管仲之器小哉！」
> 或曰：「管仲儉乎？」
> 曰：「管氏有三歸，官事不攝，焉得儉！」
> 「然則管仲知禮乎？」

曰：「邦君樹塞門，管氏亦樹塞門；邦君為兩君之好有反坫，管氏亦有反坫。管氏而知禮，孰不知禮？」

管仲，名夷吾，字仲，齊大夫，相齊桓公，齊國大強，為五霸之首。有人聽到孔子批評管仲的器量狹小，以為是說他太儉省，所以問孔子：「管仲儉乎？」

孔子說：管仲娶三姓女，自朝而歸，家有三處；一處有一處之官，每一事都有專人管理，「官事不攝」，排場綽闊得和君王一樣，怎麼稱得上節儉？

來人再問：「管仲知禮嗎？」

「樹塞門」是用屏風或土牆樹立在門內或門外，以隔開內外，當時只有國君可用。「坫」是，在兩楹之間用土構築的台子。兩國君王相會，應酬飲酒以後，把酒器還放坫上，稱為：「反坫」，這也只有君主可用。現在管仲家不僅「樹塞門」，而且也用「反坫」之禮，所以孔子說：「管仲如知禮，那還有誰不知禮呢？」

子路曰：「桓公殺公子糾，召忽死之，管仲不死。」
曰：「未仁乎？」
子曰：「桓公九合諸侯，不以兵車，管仲之力也。如其仁！如其仁！」《論語・憲問》
子貢曰：「管仲非仁者歟？桓公殺公子糾，不能死，又相之。」
子曰：「管仲相桓公，霸諸侯，一匡天下，民到於今受其賜！微管仲，吾其被髮左衽矣！豈若匹夫匹婦之為諒也，自經溝瀆而莫之知也？」《論語・憲問》

⊡ 「行仁」的機會

　　齊僖公生了三個兒子：諸兒、糾、小白。僖公死後，諸兒立為襄公，襄公無道，鮑叔牙知道大亂將起，所以保護公子小白投奔莒國。及至襄公的徒弟無知弒襄公自立，召忽跟管仲兩人也保護公子糾投奔魯國。齊人殺掉無知之後，公子小白從莒國搶先趕回齊國，立為桓公。魯國派兵保護公子糾回齊，卻吃了敗仗。齊國要求魯國殺掉公子糾，並將管仲、召忽兩人解送回國。此時，召忽自殺，管仲被囚而至齊，卻因為好友鮑叔牙的保薦，桓公不僅釋放他，而且任命他為宰相。因此，子路和子貢兩人分別問孔子：「桓公殺公子糾，召忽死之，管仲不死，又受命為桓公的宰相，算不算仁者？」

　　孔子指出：管仲相桓，九合諸侯，不以兵車，一匡天下，民到於今受其賜。「如果沒有管仲，我們都要做披著頭髮、衣襟左扣的夷狄了。」如果他也跟著公子糾，一起在溝瀆自殺，今天沒有人會知道他的功績。「他又何必在乎一般匹夫匹婦的諒解？」

　　孔子對管仲的評價顯示出：他心目中「階序人觀」的高低，取決於個人「行仁」範圍的大小，而不是「忠信」或「恭順」的程度。然而，在孔子所處的時代，倘若一個人沒有受到君王的重用，在政治體系中沒有掌握一定的權力，他只能在自己的「位置」上「施仁」。儘管孔子一再告訴弟子：「不患無位，患所以立，不患莫己知，求為可知也」《論語‧里仁》，有時他也會感嘆：「莫我知也夫！」子貢問他：「為什麼沒有人知道你呢？」孔子的回答是：「不怨天，不尤人：下學而上達；知我者其天乎！」

⊡ 顏淵之死

　　「下學而上達」是指學習「仁道」，而能上達於「天道」，是儒家所謂「內聖」的功夫。至於個人是否有「外王」的機會，則只能取決於「天命」，所以說「知我者其天乎」！孔子的命運如此，他的弟子又何嘗有異？顏淵是孔子最為鍾愛的學生，孔子曾經稱讚他：「賢哉！回也。一簞食，一

瓢飲，在陋巷，人不堪其憂，回也不改其樂，賢哉！回也」《論語・雍也》。

在孔子的心目中，顏淵是個「安仁」的人。他曾經稱讚：「回也，其心三月不違仁。其餘，則日月至焉而已矣。」

在孔子 69 歲那年，他的兒子孔鯉過世；隔一年，顏淵也過世，得年僅 42 歲。

顏淵死，子曰：「噫！天喪予！天喪予！」《論語・先進》
顏淵死，子哭之慟。
從者曰：「子慟矣。」
曰：「有慟乎？非夫人之為慟而誰為？」《論語・先進》

孔子為顏淵之死哭得非常傷心。有弟子提醒他：「您的悲傷過分了。」孔子說：「有過分嗎？我不為他悲慟，還為誰悲慟呢？」顏淵死後，魯哀公問他：弟子中誰最好學？孔子的回答是：「有顏回者好學，不遷怒，不貳過，不幸短命死矣。今也則無，未聞好學者也」《論語・雍也》。由此可見，孔子確實為顏淵之死感到悲慟與惋惜。

顏淵死，顏路請子之車以為之椁。
子曰：「才不才，亦各言其子也。鯉也死，有棺而無椁，以吾從大夫之後，不可徒行也。」《論語・先進》

然而，當顏回的父親顏路因為家裡貧窮，請求孔子賣掉座車，為顏回買付棺材的外椁安葬，但孔子拒絕了。他說：「不論作兒子的人有沒有才幹，每個父親都會為自己兒子說話。我的兒子孔鯉過世時，也是有棺而無椁，因為我當過大夫的官職，依照禮制，出門不能沒有座車而用走路，所以我沒有賣車來為他買椁啊！」

顏淵死，門人欲厚葬之，子曰：「不可。」門人厚葬之。

子曰：「回也視予猶父也，予不得視猶子也。非我也，夫二三子

也。」《論語‧先進》

　　孔子的弟子要厚葬顏回，孔子反對，但弟子們還是厚葬他。孔子竟然責怪弟子說：「顏回像父子一樣地對待我，我卻不能像兒子一樣地對待他。這不是我，是你們這些學生要這麼做的啊！」

　　在旁人的眼中看來，孔子是個過分遵守禮制的人。當過大夫的官，出門就一定要有座車，而不願徒行；最鍾愛的學生死掉了，也捨不得賣掉座車來為他買槨安葬。

　　然而，孔子在兒子過世時，沒有賣車為他買槨；顏淵過世後，也拒絕賣車為他買槨，其用意是要「視之猶子」，這是出自孔子的「仁心」。但他的門人不知道他的用心，仍然買槨厚葬顏回。所以孔子才會責怪他們：「非我也，夫二三子也」，門下弟子都無法了解孔子的用心，難怪他會浩歎：「莫我知也乎！」

 參考文獻

李澤厚（1985）：〈孔子再評價〉。見《中國古代思想史論》（頁7-58）。台北：
　　谷風出版社。

胡適（1919）：《中國古代哲學史》。上海：商務印書館。

徐復觀（1963）：〈以禮為中心的人文世紀之出現及宗教的人文化：春秋時代〉。
　　見《中國人性論史：先秦篇》（頁36-62）。台中：東海大學。

黃光國（2009）：《儒家關係主義：哲學反思、理論建構與實徵研究》。台北：
　　心理出版社。

蔡尚思（1982）：《孔子思想體系》。上海：人民出版社。

Archer, M. S. (1995). *Realist social theory: The morphogenetic approach*. Cambridge, MA: Cambridge University Press.

Freund, J. (1968). *The sociology of Max Weber*. London, UK: Fabler.

Hsu, F. L. K. (1971). Psychological homeostasis and Jen: Conceptual tools for advancing psychological anthropology. *American Anthropologist, 73*, 23-44.

Hwang, K. K. (2012). *Foundations of Chinese psychology: Confucian social relations*. New York, NY: Springer.

Leventhal, G. S. (1976). The distribution of reward and resources in groups and organizations. In L. Berkowitz (Ed.), *Advances in experimental social psychology* (Vol. 9) (pp. 91-131). New York, NY: Academic Press.

Shweder, R. A., Goodnow, J., Hatano, G., Le Vine, R., Markus, H., & Miller, P. (1998). The cultural psychology of development: One mind, many mentalities. In W. Damon (Ed.), *Handbook of child psychology (Vol.1): Theoretical models of human development* (pp. 865-937). New York, NY: John Wiley & Sons.

Weber, M. (1964). *The religion of China: Confucianism and Taoism* (H. H. Gerth, Trans.). New York, NY: The Free Press.

第八章　儒家的「士之倫理」：
濟世之道

　　在韋伯的宗教社會學裡，核心的概念是「救贖宗教」。在《中國的宗教：儒教與道教》一書中，韋伯一再強調：基督新教是一種「救贖宗教」，儒家倫理則是一種「俗世倫理」。然而，什麼是「救贖宗教」的「世界圖象」？韋伯認為：若是我們將救贖理解為從困苦、饑餓、旱魃、疾病，以及終究由苦難與死亡中掙脫而得的解放，那麼此一觀念可說是非常古老的。

　　然而，只有當救贖的理念所表示的是一個有系統且合理化的「世界圖象」（Weltbildes），並且代表一種面對世界的態度時，此一觀念才具有獨特的意義。

第一節　救贖宗教與俗世倫理

　　這是因為救贖的意義及其心理性質，無論是意圖的，還是真實的，都有賴於這樣一個世界圖象與態度。因為「人們希望『自何處』（wovon）被拯救出來、希望被解救到『何處去』（wozu），以及——讓我們也別忘了——『要如何』才能被拯救，這些問題的解答全在於個人的世界圖象」。

◨ 救贖的意義

　　針對這個「救贖」的概念，韋伯舉出了許多不同的可能，例如：人可能希望從政治、社會的隸屬狀態中被拯救出來，而被引領到一個此世的彌賽亞未來王國去；或者可能希望從因儀式不淨所致的污穢或耽溺於肉體的不淨中被拯救出來，而渴望達到——靈魂、肉體皆美的存在或——純粹精神性的存

在。

人可能希望自人類激情及慾望永無止盡的無聊嬉戲中被拯救出來，而冀求清淨觀想的神聖境界。

人可能希望從根性及原罪之軛下被拯救出來，而仰望徜徉於自由祥和的父神之懷永恆裡。

人可能希望從為苦難、悲哀與死亡的有限性，以及地獄刑罰中被拯救出來，而盼望在地上或天堂裡獲得永遠的至福。

人可能希望從承受前世作為之因果報應的輪迴裡被拯救出來，而冀求永恆的寂滅。

此外，當然還有許多不勝枚舉的可能。各種可能的背後，總有對現實世界感到「無意義」的態度；相應於此所隱含的要求則是：無論如何，世界整體會是、可能是、也應該是有意義的「秩序界」（Kosmos）。這種純正的宗教理性主義之核心要求，完全是知識階層的產物。這種對有意義宇宙的形上學需求的妥當之道，其結果與影響程度極為多樣（Weber, 1946）。

韋伯認為：每一種救贖宗教都會要求其信徒作一種激進的價值觀轉向（radical axiological turn），這種轉向使他們能夠遠離俗世及其巫術的解釋。在韋伯看來，巫術與宗教之間並沒有清楚的界線，每一種宗教都混雜有巫術的成分，但救贖宗教卻有可能將之排除，並促使世界解釋宗教的魔咒（a religious disenchantment of the world）。因此，救贖宗教能夠成為宗教理性化的驅動力量。

韋伯認為：儒教純粹是一種「入世的（inner-worldly）道德倫理」（Weber, 1946）。儒教所要的是適應這個世界及其秩序與習俗，它所代表的只不過是給世上受過教育的人「一部由政治準則與社會禮儀規制所構成的巨大法典」（pp. 217-218）。

▣ 俗世的倫理

對於「儒教的本質」，他的析論是：

　　這個世界的宇宙秩序被認為是固定而不可違反的，社會秩序不過是此一秩序的一個具體類型而已。宇宙秩序的偉大神靈顯然企盼世間的和樂，尤其是人類的幸福。社會秩序亦是如此。人唯有將一己融入內在和諧的宇宙之中，方可且當可獲致心靈的平衡與帝國的「祥和」。如果有人無法做到這一點，那麼人的不可理喻，尤其是國家與社會的領導無方，就該為此負責。（Weber, 1964, pp. 152-153）

在這個大前提之下，他認為儒家倫理的中心概念是「禮」：

　　受過傳統習俗教育的人，會合宜而且虔敬地參加古老的儀式典禮。他會根據儒教的基本概念，重視自己的身分習尚與「禮節」（propriety）（！），表現莊重而且優雅地控制著自己所有的舉止、姿態與動作。典籍中經常喜歡詳盡地描述孔子如何以恭謹無失的典雅行事：作為一個世間之人，他懂得如何依據身分等級，以最繁複的禮儀，與所有參加典禮的人揖讓進退。在孔子留下來的話語裡，「有教養的人」、「士」或「君子」，是反覆出現的中心概念。這樣的人，無論是其內心或是社會關係，都能保持和諧，並且在任何的社會情境裡，無論其對象的地位是高是低，都能平穩鎮定、行事如恆，而無損於自己的尊嚴。在合於禮儀秩序的宮廷氣氛下，他們以自制的沉著與正確無瑕的態度，展現出這個人的典雅與尊嚴。（Weber, 1964, p. 156）

韋伯沒有對儒家的「文化型態」作整體性的系統分析，便判斷：儒家社會的基本義務是「恭順」：

　　儒教倫理中沒有救贖的觀念。不管是從靈魂的輪迴，或是從彼世的懲罰，儒教徒都沒有被「拯救」的慾望。這兩個觀念都是儒教

所不知的。因為生命是被肯定的，儒教徒不想獲得生命的救贖。因為社會現世是被接受的，他也不想要有擺脫社會現世的救贖，他只想透過自制，謹慎地掌握住此世的種種機運。他沒有從原罪或人的墮落中被拯救出來的渴望，因為這是他所不知的。他只希望從無尊嚴可言的粗野不文中被拯救出來，沒有別的。只有違反作為社會基本義務的恭順（piety）時，才構成儒教徒的「罪」。（Weber, 1964, pp. 156-157）

▣ 儒教的本質

從以上的論述，我們可以看出：韋伯不僅對儒家倫理所知有限，而且幾乎不了解中國人對於「天」及「鬼神」雙重信仰的結構所具有的社會功能。本書第六章指出：孔子及其門人對於《易經》的詮釋，對於日後中國社會的理性化和俗世化起了相當大的作用。中國文化中並非沒有超越的概念，儒家道德的形上學基礎——「天」，就是個超越的概念。然而，「形上天」並不是「人格神」。儒家對於「形上天」的所有想像，都是為了要實踐他們對於「此世」的理想。如果「救贖宗教」的意義是從「此世」被解救出來，到「彼世」的「天堂裡獲得永遠的至福」，「徜徉於自由祥和的父神永恆之懷」裡，依照這種「歐洲中心主義」的觀點，儒家倫理確實不是一種「救贖宗教」。

然而，如果「救贖宗教」的意義是從社會和政治的宰制狀態中被拯救出來，而被引領到一個「此世的」彌賽亞未來王國去，或是從「人類激情及慾望永無止盡的無聊嬉戲」中被解救出來，而去追求一種「清淨觀想的神聖世界」，則先秦儒家所提倡的「士之倫理」顯然是一種「救贖宗教」，而「士」則是「救贖」任務的擔綱者。下一節，我將從春秋戰國時期的時代背景，討論先秦儒家希望培養出什麼樣的「士」。下一章，我再進一步討論儒家修養的「工夫論」。這樣的論述可以清楚地顯示：儒家並不是像韋伯所說

的僅只是一種「俗世倫理」而已。

第二節　軸樞時期社會中心的「賽場」

春秋戰國時期，中國社會發生了極大的變化，這樣的變化，讓「士」的階層得以在中國歷史的舞台上出現。然而，從世界的宏觀角度來看，這個變化並不只發生在中國，而是世界幾個主要文明在「軸樞時期」（axial age）同時發生的。

我們可以借用希伯萊大學（Hebrew University of Jerusalem）教授艾森斯塔（S. N. Eisenstadt）（1923-2010）的現代化理論，來說明春秋戰國時期「士」的階層之所以出現的時代背景。

▣ 艾森斯塔的現代化理論

艾森斯塔的理論係以Comte、Weber、Durkheim、Tonnis等古典社會學大師的概念為基礎，加上結構功能論對於現代化的觀點，以及批判理論對於後者的批評，綜攝而成。他和結構功能論一樣，一方面很重視權力、意義和社會連帶等象徵符號的問題；另一方面又不忽略它們和市場及社會分工等機構層面之間的關聯。然而，他卻不像結構功能論那樣，認為象徵符號或機構的模式會形成恆久不變的「系統」。相反的，在他看來，任何一種「系統」的疆界和模型既不是自然生成的，也不是一成不變的。人的自主性活動以及群體和群體之間的衝突，會不斷地導致符號和機構的建構或重構，因此而改變系統的疆界和模式。

▣ 文明的「前提」與「規格」

艾森斯塔非常重視文化符號對於機構的影響。他認為：長期來看，一個文明的「前提」（premises）或「規格」（format）將形塑出許多不能化約為物質因素的符號、概念和行動，甚至成為人們重新建構世界的取向。這種取

向的承載者，他們所造成的張力，以及當前機構的反應，構成了人類歷史上社會及文明發展的動力。他不像一般的西方社會學者那樣的認為：個人對於自利的追求可以解釋所有的行為。在他看來，個人在各種不同的方案間作抉擇時，其自利動機當然是十分重要的決定因素。然而，這些可供選擇的方案卻是由文化所界定的，社會的發展也因而是由文化所塑造的。

至於社會存在的物質層面，艾森斯塔（Eisenstadt, 1981）在論及「社會分工」時，區分了兩種不同的社會範疇：一類是「天生或生態的界域」（ascriptive or ecological contours），例如親族、宗族、部落的界線，以及城市和鄉村的分界等。另一類是「機構的界域」（institutional contours），這種機構通常具有一種法人的性格，大多訂有甄選成員的明確標準，也有一定的權力結構，並由少數領導者指導其中的政治活動。平時他們會從事各種技術性或功能性的活動，以創造或操縱各種不同的資源，並在各種「市場」上和其他機構或個人進行經濟、政治或文化的交易。

☐ 原始社會

艾森斯塔將人類歷史上出現過的社會分為三大類：在「軸樞時期」之前（pre-axial age）的原始社會裡，並沒有清楚的意識型態，俗世和超越的範疇沒有明顯的分界，正統和異端之間也沒有形成清楚的對立。社會中雖然有一些掌管禮儀和方術的專家，但他們的社會活動和參考架構都沒有經過分化。社會族群主要是以「天生或生態的界域」來加以劃分，「機構的界域」只在萌芽階段。社會階層並不明顯，政治鬥爭也還沒有意識型態化。菁英的地位並未固定下來，社會中心也尚未發展成型，他們與符號模式之間也沒有什麼關聯。政治生活雖然受到宗教、派系和個人傾向的影響，但造成政治摩擦的主要原因卻是資源的分配和統治地位的爭奪。這種社會的適應和創新能力都相當薄弱。

在人類歷史上的某個階段，古希臘、古猶太、帝制中國、早期的基督教和印度的佛教等幾種主要的文明，都經歷過 Karl Jasper 所謂的「軸樞時期」

（axial age），並發生過一系列革命性的變化，由農業社會發展出商業、城市、文學和比較複雜的政治結構，並且不斷地分化出新的政治和文化群體、不同的結構和市場，以及日益複雜的社會階層（Eisenstadt, 1982）。艾森斯塔認為：這種變革的核心，主要是由三種彼此關聯的發展所構成：第一，是隨王權之興起而出現的知識分子，他們會進一步分化成為政治、軍事及文化菁英；第二，有些文化菁英會深入思索人類的經驗、人與宇宙的關係，以及人與超越界的關係，並將他們的思想予以理性化，而成為比較穩固的意識型態；第三，是建構出所謂的「社會中心」（social center）。

◉ 軸樞時期的「文化符碼」

在艾森斯塔看來，社會學的核心問題之一，是某種「文化視野」（cultural vision）如何能夠決定菁英的地位，使其進入不同的機構或市場之中。他引用 Edward Shils 的概念，將社會區分為「中心」（center）和「邊緣」（periphery），同時又借用 Robert Redfield 的術語，將文化區分為「大傳統」（great tradition）和「小傳統」（little tradition），認為社會中心所認同的是「大傳統」，而社會邊緣所踐行的則是「小傳統」。

文化的「大傳統」是指，在「社會中心」運作權力時必須掌握的某種「文化符碼」（cultural code）。通常只有受過相當水準之教育的少數知識分子，才有能力掌握這種符碼，也才能成為主要文化的擔綱者，並有較大的可能性成為社會階層中占有較高地位的菁英或次級菁英。像希伯萊的祭師、印度的僧侶、儒家的士，都是其傳統文化的擔綱者，他們的主要任務是在思索社會的「前提」，並在這些「前提」下，針對每一事件建構各種可行的方案，以提供當權者作選擇。他們在現實社會中可能並不掌握實權，也很少採取政治或經濟行動，但卻因此而能夠成為社會建構過程中的主要推動者。

所有的社會生活都會形成社會階層。在這些少數的文化菁英中，只有少數人能夠真正掌握住財富和權力，其他大多數人只是有機會參與關鍵性的文化歷程和政治鬥爭而已。因此，「社會中心」的菁英，又可以分為「向心

的」（centripetal）和「離心的」（centrifugal）兩大類，他們為爭取各種資源，而不斷地展開權力鬥爭。儘管如此，「社會中心」通常都能夠保持某種程度的整合，能夠累積並控制相當數量的物質資源，並能夠針對各種文化、政治和經濟的問題設立議程表，用以支配或安排社會菁英的日常生活與活動；同時，又能夠提供一種「賽場」（arena），以作為社會菁英權力鬥爭的場所，並在此作出能夠影響大部分社會的宏觀決策。

▣ 「現代社會」中的儒家文化

第三種類型的社會，就是所謂的「現代社會」（modern societies），是由這些軸樞文明中的基督教文明最先發展出來，再擴散到其他文明去。在「現代社會」中，不僅會出現愈來愈多的工商業機構，並採用西方的科技，從事生產工作，更重要的是：它會採取政治上的多元主義，允許持有不同意識型態的「離心菁英」，成立政治性的機構，並在政治市場上和其他機構展開競爭。

艾森斯塔（Eisenstadt, 1973）在討論現代化問題時，態度相當持平公允。他盡量避免以西方人的觀點，要求其他文化放棄自己的傳統，而去跟隨歐美的現代化道路，而是希望各民族以自己的文化傳統為基礎，找尋自己的現代化道路。然而，他早年在討論儒家文化的現代化問題時，也受到韋伯的影響，認為儒家思想過於保守，缺乏轉化社會的精神力量，而且儒家和政府關係太過於密切，並沒有在政治勢力之外，另外設立一個獨立的文化和教育系統，用以批判政治權力（Eisenstadt, 1968）。

第三節　「士」的使命　

▣ 傳統的斷裂

中國研究並不是艾森斯塔的專業領域，他對中國的了解主要是受到韋伯

的影響（Eisenstadt, 1973）。從「分析二元論」的角度來看（Archer, 1995）他的這個說法，指的是中國歷史的現實，是儒家的「文化衍生學」（morpho-genesis），而不是儒家的文化理想。要了解儒家在這一方面的主張，必須先說明產生儒家「士之倫理」的時代背景。

在《儒家思想與東亞現代化》一書中（黃光國，1988），我指出：儒家所主張的倫理，在本質上是一種「地位倫理」（status ethic）。對於社會上一般的「庶人」，儒家固然有其文化設計，但對於承載有文化使命的「士」，儒家還有更高一層的倫理要求。

▣ 「士」的興起

在孔子所處的時代，「士」在社會上扮演了一種特殊的角色。許倬雲曾將《左傳》中記載的春秋戰國人物，分為三大社會階層團體：公子集團、卿大夫集團，以及士集團（Hsu, 1965）。他的統計分析顯示：在春秋早期，公子集團在政治上扮演了重要的角色，他們或者襄理國政、或者統帥軍隊、或者從事外交，甚或篡奪君位。及至春秋中期，公子集團的地位日益下降，卿大夫集團的勢力逐漸上升，而成為新興的政治中心。卿大夫集團和公子集團一樣，大多出身自少數幾個貴冑大家族。到春秋末期，情況丕變。諸侯為了壯大自己的實力，不得不大量啟用和自己沒有血緣關係的幹才，授予「士」的地位而「爭相養士」。對於才能卓越之士，諸侯卿相往往不惜「執賓主之禮」，「賢下士，喜賓客以相傾」。結果出身庶人的「士集團」人數激增，迅速取代了卿大夫集團，並在政治舞台上扮演了重要角色。

「士」本為封建貴族中地位最低的一個階級，原本是由貴族子弟所擔任。封建社會秩序解體之後，庶人也開始有出仕的機會。然而，庶人要想出身為士，卻必須先接受教育，憑藉本身的知識或才幹，才能身晉入「士」的階級。在商周時期，「學在官府」，到了春秋末期，民眾受教育的需求大增，私人講學之風因此興起，造成當時「百家爭鳴」、「處士橫議」的局面。

▣ 士志於道

在這樣的社會背景之下，孔子聚徒講學的首要目標，是希望他們能夠出仕為「士」，實踐儒家的理想。因此，儒家賦予「士」一種使命感，認為「士」應當「濟世以道」：

> 子曰：「人能弘道，非道弘人。」《論語・衛靈公》
> 子曰：「朝聞道，夕死可矣。」《論語・里仁》

儒家希望：弟子們能夠「志於道」，要立志「弘道」，不要把「道」當作是弘揚個人名聲的工具。由於儒家認為「道」的追求具有絕對的價值，是一件必須「生死與之」之事，孔子不僅要求弟子「篤信善學，守死善道」〈泰伯〉，甚至說出「朝聞道，夕死可矣」的話。曾子和孟子則更進一步地闡述儒家的這種理想：

> 曾子曰：「士不可以不弘毅，任重而道遠。仁以為己任，不亦重乎？死而後已，不亦遠乎？」《論語・泰伯》
> 孟子所謂宋勾踐曰：「……故士窮不失義，達不離道。窮不失義，故士得己焉。達不離道，故民不失望焉。古之人，得志，澤加於民；不得志，修身見於世；窮則獨善其身，達則兼善天下。」《孟子・盡心篇》
> 孟子曰：「……居天下之廣居，立天下之正位，行天下之達道。得志與民由之，不得志，獨行其道。富貴不能淫，貧賤不能移，威武不能屈，此之謂大丈夫。」《孟子・滕文公下》

依照儒家「德治主義」的理想，掌握實權的一國之君有能力也有責任在其封國內推行「仁政」，使其國內人民「廣被仁澤」，然後再逐步漸進，由

「一國興仁」發展到「天下興仁」的理想境界。在這個過程中，「士」扮演著十分重要的角色。他應當堅持「道」的理想，在得志的時候，「以道事君」、「與民由之」、「澤加於民」，甚至「兼善天下」。他施行仁澤的範圍愈廣，他的道德成就也愈高。這就是儒家所強調的「修身、齊家、治國、平天下」。反過來說，如果他「不得志」，也應該「窮不失義」、「獨善其身」、「獨行其道」，以求「修身見於世」。唯有如此地「守死善道」，「富貴不能淫，貧賤不能移，威武不能屈」，才是所謂的「大丈夫」。

⊡ 以道事君

儒家在評估個人道德成就的高下時，是以他在作道德判斷並履行道德實踐時，施行「仁澤」所及的群體大小而定。「士」在「得志，澤加於民」時，惠及的群體愈大，他的道德成就也就愈高。用朱元晦的話來說：「仁者如水。有一杯水，有一溪水，有一江水，聖人便是大海水」《朱子語類・卷三十三》，所謂「杯水、溪水、江水、大海水」，可以用個人施「仁」的群體大小作為其衡量尺度。「澤加於民」時，「民」的群體愈大，愈是「仁澤廣被」，其道德成就也愈高。

儒家的理想是「大德必得其祿，必得其位」，「士」必須「仁以為己任」，占更高社會地位的顯貴、王侯亦莫不然：

孟子曰：「三代之得天下也，以仁；其失天下也，以不仁；國之所以廢興存亡者亦然。」

孟子曰：「天子不仁，不保四海；諸侯不仁，不保社稷；卿大夫不仁，不保宗廟；士庶人不仁，不保四體。」《孟子・離婁》

孟子曰：「桀紂之失天下也，失其民也；失其民者，失其心也。得天下有道，得其民，斯得天下矣！得其民有道，得其心，斯得民矣！得其心有道，所欲，與之聚之；所惡，勿施爾也。」《孟子・離婁》

　　天子、諸侯、卿大夫，都是在社會上占有較高地位的人，孟子認為：他們在做各種涉及正義的判斷時，也應當以「仁」為基礎，以免失去民心，而不能長久保其祿位。之前說過：儒家所強調的這種「仁」，基本上是個人以對其所屬群體的「愛」為基礎，當政者在其權力範圍之內作各項決策時，都應當考慮其所屬的群體，「所欲，與之聚之；所惡，勿施爾也」。孟子以為：做臣子的人，最重要的責任便是「格君心之非」，引君於正途。儒家認為：「君仁莫不仁，君義莫不義，君正莫不正」，只要「一正君，而國定矣」《孟子·離婁》，因此，孟子主張：「君子之事君也，務引其君以當道，志於仁而已」《孟子·告子》。

第四節　儒家倫理的屬性

◨ 無條件的倫理約束

　　為了要說明先秦儒家所主張的「士之倫理」和「庶人倫理」有什麼不同，在《儒家關係主義：哲學反思、理論建構及實徵研究》一書的第七章中（黃光國，2009；Hwang, 2012），我刻意引用西方倫理的概念，建構出「含攝文化的理論」，來說明儒家倫理的特色。

　　韋伯認為：儒家倫理是一種強調「特殊主義」（particularism）的「個人關係主義」（Personalism），而且這只是「把有機的恭順轉嫁到其他的社會關係之上而已」。他說：

　　　　個人關係主義的功能，主要顯示在社會倫理上。直到今天，在中國還欠缺對非個人性社團（sachlichen Gemeinschaften）的義務感，而不管這社團是政治性的、意識型態的，或者其他任何性質的。在中國，所有的社會倫理都只是將與生俱來的恭順關係轉化到其他被認為與此同質性的關係上而已。在五項自然的社會關係裡，

對君、父、夫、兄（包括師）、友的義務，構成（無條件）倫理約
束的整體。

韋伯將「君、父、夫、兄、友」等五種關係混為一談，並認為他們都是
「無條件的倫理約束」，這種作法是對儒家倫理的嚴重扭曲。為了說明儒家
倫理和西方個人主義倫理的不同，在《儒家關係主義》一書的第七章中，我
引用西方倫理學對「積極義務／消極義務」以及「不完全義務／完全義務」
的區分，來說明儒家倫理的性質。首先，我強調：全盤套用西方倫理學概念
來理解儒家倫理時可能遭遇到的困難；然後，再用一套修正過的概念系統，
來說明以人際情感作為基礎之儒家倫理的屬性。

Nunner-Winkler（1984, p. 349）引述倫理學家 Gert（1973）的觀點，指
出：「消極義務」（negative duties）是要求人不作某種行為，例如：不可殺
人、不可偷盜、不可撒謊等。由於它只是「不作為的義務」（duty of omis-
sion），在不和其他義務衝突的情況下，不論是在任何時空，或者是對任何
人，個人都應當嚴格遵行，不能因為個人的性情偏好而有所例外。由於它具
有強制性，所以康德又稱之為「完全義務」（perfect duties）（Kant, 1797/
1963），例如：Kohlberg 之後俗規道德期中的「傷害原則」、「正義原
則」，都是此中之例。康德甚至認為：即使對兇嫌撒謊可以挽救朋友的性
命，個人也不應當撒謊。

☐ 積極義務與消極義務

「積極義務」可說是康德倫理學中所說的「不完全義務」（imperfect
duties），它是要求個人「作為的義務」（duty of commission），且通常是指
引人們行動的格律（maxim），例如：「諸善奉行」，而不會說出具體的行
動。由於「積極義務」通常並不界定其使用範圍，也不會顯示對什麼人做了
什麼樣的善事才算是完成此種義務，而個人又不可能隨時隨地對任何人都承
擔起「積極義務」，因此，個人往往必須具有康德所謂的「判斷力」（power

of judgment），以考慮各種具體的時空條件，以及其本身的性情偏好，來決定是否要作出符合道德格律的行動。由於「積極義務」允許有例外，因此又稱為「不完全義務」。違反了「完全義務」通常會被認為是一種罪惡（vice），而未實踐「不完全義務」則只是缺乏美德（lack of virtue）而已。

　　以上的理論分析是西方學者對理性主義倫理所作的後設倫理反思。當我們要用這樣的觀點來思考儒家倫理的性質，馬上會遭遇到相當大的困難。儒家所主張的「仁道」，也可以分為「積極義務」和「消極義務」的兩個層面。可是，我們卻無法用上述的理路來判定：「仁道」中包含的「積極義務」與「消極義務」和康德所分出的「不完全義務」和「完全義務」互相對應。從康德倫理學的觀點來看，儒家的「仁道」本質上全部是「不完全義務」，其中並無「完全義務」可言；然而，儒家的生命觀卻以為：作為「仁道」之核心的「孝道」，應當是一種「完全義務」。這一點，對於了解儒家的特性有十分重要的含義，必須再做進一步的詮釋。

　　儒家的「仁道」包含有「積極」和「消極」的兩個層面，積極的「仁道」是以各種不同的資源加惠於他人，例如孔子說：「夫仁者，己欲立而立人，己欲達而達人」《論語・雍也》，孟子也因此而極力推崇禹和稷：「禹思天下有溺者，猶己溺之也；稷思天下有飢者，猶己飢之也」《孟子・離婁下》。

　　然而，這種「人飢己飢、人溺己溺」的精神，畢竟是只有像禹、稷那樣的聖人才做得到，一般人所擁有的資源有限，他如何能夠對所有的人都實踐「積極義務」？因此孟子主張：「仁者以其所愛，及其所不愛」《孟子・盡心下》，「老吾老，以及人之老；幼吾幼，以及人之幼」《孟子・梁惠王上》。先愛和自己關係最親近的父母，然後再視彼此關係的親疏遠近，一層層地往外施「仁」，結果便成為如前節所述具有差序性質的「庶人倫理」。

▣ 「己所不欲，勿施於人」：消極義務

　　除此之外，儒家所主張的「仁道」還包含有「消極」的層面，這就是孔

子所說的：「己所不欲，勿施於人」《倫語・顏淵》，也就是子貢所說的：「我不欲人之加諸我也，我亦欲無加諸人」《倫語・公冶長》。由於這是一種「消極義務」，此處所指的「人」，並不是指某一特定對象，而是指所有的其他人，包括不屬於「五倫」之內的其他人。用〈人情與面子〉的理論模型來看，這種「消極義務」不僅適用於「情感性關係」或「混合性關係」，而且也適用於「工具性關係」之中。

　　從前述對「完全義務」所下的定義來看，「己所不欲，勿施於人」是「每個人不管對誰在任何情況下都應當嚴格遵行」的一條格律，應當是屬於「完全義務」才對。然而，從康德倫理學的觀點來看，儒家所主張的「仁道」，不論是積極或消極義務，都是「不完全義務」，其中並無「完全義務」可言。儒家主張由親而疏的「庶人倫理」，固然是「不完全義務」，而儒家所主張的「己所不欲，勿施於人」，也是一種「不完全義務」。

　　康德是個理性主義者，他認為：適用於一切有理性者的「斷言律令」（categorical imperative）之一是：「行動者行為的格律依每一個有理性者的意志，必須能成為普遍的自然法則。」從人的特殊自然稟賦，從某些情感和癖好，甚至從人類理性獨有的一種特殊傾向推演出來之原則，並不一定適用於每一個有理性者的意志，它固然能提供我們一項格律，但卻不能作為一項法則；換言之，它能提供一項主觀原則，但卻無法提供一項客觀原則（Kant, 1797/1963）。由於「己所不欲，勿施於人」是以個人的情感和癖好（欲）為基礎，在《道德形上學底基本原理》一書之一項註腳中，康德（Kant, 1797/1963, p. 97）特別提到孔子所說的這句話，認為它無法作為一項普遍法則，因為它不包含「對自己的義務底根據，也不包含對他人的愛底義務，最後亦不包含彼此間不可推卸的義務底根據」，所以它並不能稱為是一項「完全義務」。

　　從以上的論述顯示：硬要用康德的理性主義倫理學來判定儒家倫理的屬性，並不恰當。因此，我主張：應融會西方倫理學對「積極義務／消極義務」、「不完全義務／完全義務」的區分，另外提出一套新的概念架構（如

表 8-1 所示），來描述儒家這種以人際間之情感作為基礎的「仁道」。

| 表 8-1 | 由行動、理性及情感等三種不同觀點所判定的儒家倫理之特性 |

儒家倫理之內容	Gert 之行動觀	康德之理性觀	我的情感觀
銀律	消極義務	不完全義務	消極義務 （完全義務）
庶人倫理 （孝道）	積極義務	不完全義務	無條件的 積極義務
士之倫理 （忠）	積極義務	不完全義務	積極義務 （不完全義務）

在表 8-1 中，我將儒家倫理的內容依道德主體行動的「作為／不作為」分成三類。從儒家的角度來看，「己所不欲，勿施於人」這種以「仁心」作為基礎的「銀律」是可以「終身行之」的「消極義務」。在不和其他義務發生衝突的時候，每個人在任何情況下都可以嚴格遵循，而且也應當嚴格遵循。孟子在〈公孫丑上〉一篇中強調：「行一不義，殺一無辜，而得天下，皆不為也。」可以說是「銀律」的具體實踐。以康德的概念來說，作為道德主體的個人，都有不可泯滅的人格尊嚴，都是目的自身；除非他因為道德的理由而應受到懲罰，我們便不可以犧牲他，以他作為工具，來達成其他目的，即使是為了「得天下」，也不可以（李明輝，1990）！

第五節　「忠」與「孝」

令人遺憾的是：韋伯並沒有對儒家倫理的內涵作系統性的分析，也沒有針對此一議題建構出「含攝文化的理論」。他既不了解儒家的「消極義務」，也看不出在儒家倫理中，「忠」與「孝」這兩種「積極義務」有什麼不同，反倒很武斷地說：

封建制的基礎是以榮譽（honor）列為首要德性，而家產制的基礎則是恭順。封臣之忠誠的可靠性奠基於前者，諸侯之臣僕與屬官的隸屬性則以後者為基礎。其間差異並非對反，而只在於強調的重點。

封建制的殘餘仍然強烈地存在於中國的身分倫理中。對封建諸侯的恭順（孝），與子女對父母的孝順、官職結構裡下對上的恭順，以及一般人對任官者的恭順並列，因為「孝」這個共通的原則，適用於所有這些關係。

事實上，封建的忠誠已經轉化成為官吏之間的恩護（patronage）關係。最基本的忠誠性格是家產制的，不是封建制的。對子女不斷灌輸的主要美德，是對父母親無條件的孝道。當發生衝突的時候，孝先於一切德行。（Weber, 1964, p. 157）

▣ 孝道：無條件的積極義務

在這段論述中，我們可以很清楚地看出韋伯犯了「熔接的謬誤」，以及他對儒家倫理的最大誤解。他談的其實是他對中國社會的觀察，而不是他對儒家倫理的分析。在先秦儒家思想中，「忠」和「孝」是兩種完全不同的道德原則（Hwang, 1999）。

從儒家自身的角度來看，作為「庶人倫理」之核心的「孝道」，雖然是「積極義務」，可是，個人並不能隨自己的意志來決定要不要「盡孝」。由於儒家的生命觀認為：「身體髮膚，受之父母」，個人的生命是父母親生命的延續，對個人來說，「盡孝」固然是個人的義務，但「不孝」卻是一種無可原諒的罪惡。因此，我們無法說「孝道」是康德所界定的「完全義務」，我們卻應當說它是一種「無條件的積極義務」。

從儒家對於「君／臣」關係和「父／子」關係之論述的對比中，我們最容易了解「孝道」這種「無條件積極義務」的屬性。儒家雖然強調「尊尊法

則」，主張：居於尊上地位的「父、兄、夫、長、君」，應當依照「慈、良、義、惠、仁」的原則作決策，居於卑下地位的「子、弟、婦、幼、臣」，必須根據「孝、悌、聽、順、忠」的原則，與之交往。然而，如果居上位的人違反了「仁」的原則，儒家卻主張：「當不義則爭之」，更確切地說，「當不義則爭之」是儒家所強調的普遍性原則，任何人作出不義的行為時，個人都應當挺身抗爭：

> 曾子問孔子：「若夫慈愛恭敬，安親揚名，則聞命矣。敢問子從父之令，可謂孝乎？」
> 子曰：「是何言與？是何言與？昔者天子有爭臣七人，雖無道，不失其天下。諸侯有爭臣五人，雖無道，不失其國。大夫有爭臣三人，雖無道，不失其家，士有爭友，則身不離於令名。父有爭子，則身不陷於不義。故當不義，則子不可以不爭於父，臣不可以不爭於君。故當不義則爭之。從父之令，又焉得為孝乎？」《孝經・諫爭章》

▣ 事父母幾諫

荀子在〈子道篇〉中亦主張：「入孝出弟，人之小行也。上順下篤，人之中行也。從道不從君，從義不從父。」值得強調的是：在先秦儒家的概念裡，「君臣」和「父子」是兩類截然不同的關係，在這兩類關係裡，居於優勢地位者犯了不義之行，居於卑下地位的人經過反覆諍諫之後，如果居上位者不願聽從，居下位者的反應也應當有所不同：

> 「父母有過，諫而不逆。」《禮記・祭義》
> 「子之事親也，三諫而不聽，則號泣而隨之。」《禮記・曲禮》
> 子曰：「事父母幾諫，見志不從，又敬不違，勞而不怨。」

《論語・里仁》

「父母有過，下氣怡色，柔聲以諫。諫若不入，起敬起孝。悦則復
諫。不悦，與其得罪於鄉黨州閭，寧孰諫。父母怒，不悦，而撻之
流血，不敢疾怨，起敬起孝。」《禮記・內則》

在儒家看來，父母親是自己生命的根源，是「己身所從出」之人；親子
之間的關係，是永遠無法切斷的血緣關係。在「孝」的大前提之下，父母有
過，作子女的人只能「諫而不逆」、「下氣怡色，柔聲以諫」、「幾諫」。
縱然「父母怒，不悦，而撻之流血」，而表現出極端「不慈」的行為，子女
也只能忍耐到底，「號泣而隨之」、「不敢疾怨，起敬起孝」、「又敬不
違」。換言之，子女對父母親的「孝」，是一種必須無條件踐行的「積極義
務」，也就是韋伯所說的「無條件的倫理約束」，而不能隨個人的判斷來決
定「做」或「不做」，我們可以稱之為「無條件的積極義務」。

▣ 忠：積極義務

儒家雖然要求每一個人在其生活中踐行「庶人倫理」，但在兩千多年前
的戰國時代（403 B.C.-221 B.C.），先秦儒家並不認為：每一個庶人都有相同
的權利可以參與「公共領域」或「公共場域」中的事物，並形成「公共意見」
或「共同世界」。相反的，他們賦予作為知識分子的「士」一種強烈的使命
感，要求他們實踐儒家的文化理想。由於「士」可能在政府組織中占有某種
主要的職位，因此儒家希望他們在自己能力所及的範圍之內施行「仁道」。
施行「仁道」的範圍愈廣，個人的道德成就也就愈高。這就是所謂的「修身、
齊家、治國、平天下」。

在戰國時代，作為國家統治者的君王掌握最大的權力。依照儒家的「尊
尊法則」，居上位的人擁有較大的決策權力；因此，依照儒家的構想，
「士」一旦出仕之後，他實踐儒家文化理想的最重要途徑便是「以道事
君」、「格君心之非」，引君於正途。依照儒家的文化理想，以對群體的

「仁」為基礎，士在出仕之後，便可以和統治者產生出一種對等的關係：

> 孟子告齊宣王曰：「君之視臣如手足，則臣視君如腹心；君之視臣
> 如犬馬，則臣視君如國人；君之視臣如土芥，則臣視君如仇寇。」
> 《孟子‧離婁》

這種觀念反映出儒家式的「相對倫理」，用儒家的概念來說，「以道事君」就是所謂的「忠」。「君仁／臣忠」固然是儒家的理想，然而，當擁有決策權的君王企圖作出違反「仁道」的決定時，作為臣下的人，又該如何呢？

◉ 忠於「仁道」

君臣之間並不像父子關係那樣，有不可割裂的血緣關係。當君王殘暴不仁而又不聽人勸諫的時候，臣下的反應也應當有所不同：

> 齊宣王問卿。
> 孟子曰：「王，何卿之問也？」
> 王曰：「卿不同乎？」
> 曰：「不同。有貴戚之卿，有異姓之卿。」
> 王曰：「請問貴戚之卿。」
> 曰：「君有大過則諫，反覆之而不聽，則易位。」王勃然變乎色。
> 曰：「王勿異也。王問臣，臣不敢不以正對。」王色定。
> 然後請問異姓之卿。
> 曰：「君有過則諫，反覆之而不聽，則去。」《孟子‧萬章下》

有一次，孟子和齊宣王對話時便將君臣之間的關係分為「貴戚之卿」和「異姓之卿」。「貴戚之卿」與國君關係密切，國君有大過，反覆規勸他而不聽，則可能危及國家，在「民為貴，社稷次之，君為輕」的原則下，應該

易置之。「異姓之卿」與國君關係疏遠，君王有過，反覆勸諫而不聽，便可以離開這個國家而他去。譬如君王「無罪而殺士」或「無罪而戮民」，作為臣下的大夫或士更可以離職他去，不必留情。遇到暴虐無道、不行仁政的君王，有勢力的諸侯更應當挺身而出，弔民伐罪：

> 齊宣王問曰：「湯放桀，武王伐紂，有諸？」
> 孟子對曰：「於傳有之。」
> 曰：「臣弒其君可乎？」
> 曰：「賊仁者謂之賊，賊義者謂之殘，殘賊之人，謂之一夫。聞誅一夫紂矣，未聞弒君也。」《孟子‧梁惠王下》

這些觀念在在顯示出：先秦儒家諸子強調尊卑主從關係之差序性，乃是以互動雙方必須確守「仁道」的原則作為大前提。如果尊長的一方背離了「仁道」的原則，從屬的一方便沒有盲目遵從的義務，這是儒家「自律性道德」的最大特色。近代許多研究中國政治文化的漢學家，經常注意到中國歷史上政治人物作道德判斷時的自主性及自律性（李弘祺譯，1983；Metzgar, 1977, 1981），其文化根源即在於此。

第六節　結論：儒者的人格？

從這個角度來看，儒家思想中並非沒有「救贖」的概念，儒家思想中「救贖」的「擔綱者」就是「士」。正因為韋伯對儒家的「士之倫理」一無所知，所以他才會認為：中國社會中的「實踐理性主義」（Praktische Rationalismus）就是「官僚體系對於生活的最根本態度」。

⊡ 官僚體系的倫理？

> 它擺脫了所有的競爭，得以完全的伸展。沒有理性的科學、沒有理性的藝術活動、沒有理性的神學、法律學、醫藥學、自然科學或者工藝學；沒有任何神聖的或者人間的權威能和官僚體系相抗衡。它只產生了一種切合於官僚體系的倫理，此一倫理也僅限於考量士族內部的傳統勢力，以及鬼神信仰。（Weber, 1964, pp. 151-152）

韋伯因此斷言：中國文明與西方文明的最大不同是，「沒有其他特殊的現代理性主義因素來支持官僚體系或與之抗衡」。中國的官僚體系是「被接植於古老的地基上而延續下來的，而此種地基在西方早就因古代城邦的發展而崩解了」。

支持中國官僚體系中之「傳統主義」的古老地基是什麼？韋伯的答案是：「缺乏內在價值基準」的「儒者人格」。在《中國的宗教：儒教與道教》一書中，韋伯一再強調：儒教徒「缺乏內在核心」、「缺乏中心自主價值立場」：

> 「儒教的生活方式雖是理性，但是卻不像清教那樣（由內心），而是由外部所制約的」（p. 314），（清教徒）一般心理—生理的統一性與穩定性，和中國人受外在固定規範約制的生活方式所形塑的不穩定特質，形成強烈的對比。由無數的因襲套在中國人身上的枷鎖，使其呈現出一種缺乏內在核心（Innenheraus）和缺乏中心自主價值立場的統一之生活態度。

◉ 內在的價值基準

　　真正的先知預言會創造出一個內在的價值基準，有系統地導引行為。面對此一基準，「現世」是必須根據倫理規範來加以塑造的材料；相反的，儒教要求適應外在「現世」的狀況。一個適應良好的人，必須將其行為理性化到某種程度，它不是要形成有系統的統一體，而是由種種有用的、個別的特質所構成的組合體。

　　儒家當然沒有基督教傳統中的「先知預言」，但儒家並非僅只教人要「適應外在『現世』的狀況」。事實上，儒家十分重視個人「統一人格」的培養。儒家也有十分清楚的內在價值基準，他們相信：「仁道」這種內在價值基準是與「天道」相通的，所以也應當是超越的。因此，儒家的人格是所謂的「道德人格」。時至今日，在中文裡，「人格」一詞仍然含有「道德」的意義。

　　在儒家文化中，一個有道德人格的人，通常稱為「君子」。怪異的是：韋伯對此似乎一無所知，他大言不慚地說：

　　　　儒教重視大眾的馴服與君子的尊嚴，由此塑造成的生活型態必然呈現出本質屬於消極的特質。這種生活方式不可能使人追尋內在「統一的人格」，藉由這種努力我們才能將之與人格這個觀念連結在一起。生命只是一連串的事故，它並沒有在一個先驗的目標下構成一個有系統的整體。（Weber, 1964, p. 235）

　　「君子」追求的是儒家文化理想的「仁道」，而不是西方現代文化所強調的「內在統一的人格」。對於「君子」而言，他的「先驗的目標」就是他人生所要走出的「道」。這一點，我將留待下一章，再作更細緻的討論。

參考文獻

李弘祺（譯）（1983）：《中國的自由傳統》（原作者：W. T. De Bary）。台北：聯經出版公司。

李明輝（1990）：〈孟子與康德的自律倫理學〉。見《儒家與康德》（頁 47-104）。台北：聯經出版公司。

黃光國（1988）：《儒家思想與東亞現代化》。台北：巨流圖書公司。

黃光國（2009）：《儒家關係主義：哲學反思、理論建構與實徵研究》。台北：心理出版社。

Archer, M. S. (1995). *Realist social theory: The morphogenetic approach*. Cambridge, MA: Cambridge University Press.

Eisenstadt, S. N. (1968). Introduction to Max Weber's on charisma and institution building. In S. N. Eisenstadt (Eds.), *Charisma and institution building* (pp. ix-vi). Chicago, IL: Chicago University Press.

Eisenstadt, S. N. (1973). *Tradition, change, and modernity*. New York, NY: John Wiley & Sons.

Eisenstadt, S. N. (1981). Sociological approaches to the study of the historical process. In Klingenstein & Lutz (Eds.), *Spezialforschung und "gesamtgeschichte"*. Vienna, Austria: Weiner Betirage zur Geschichte der Neuzeit.

Eisenstadt, S. N. (1982). The axial age: The emergence of transcendental visions and the rise of the clerics. *Archives Européennes de Sociologie, 23*(2), 294-314.

Gert, B. (1973). *The moral rules*. New York, NY: Harper & Row.

Hsu, C. Y. (1965). *Ancient China in transition: An analysis of social mobility, 722-222 B. C.* Stanford, CA: Stanford University Press.

Hwang, K. K. (1999). Filial piety and loyalty: Two types of social identification in Confucianism. *Asian Journal of Social Psychology, 2*, 129-149.

Hwang, K. K. (2012). *Foundations of Chinese psychology: Confucian social relations.*

New York, NY: Springer.

Kant, I. (1797/1963). *Groundwork of the metaphysic of morals* (H. J. Paton, Trans.). NY: Harper & Row.

Metzgar, T. A. (1977). *Escape from predicament: Neo-Confucianism and China's evolving political culture*. NY: Columbia University Press.

Metzgar, T. A. (1981). Selfhood and authority in Neo-Confucian political culture. In A. Kleinman, & T. Y. Lin (Eds.), *Normal and abnormal behavior in Chinese culture* (pp. 7-27). Dordrecht, The Netherland: Reidel.

Nunner-Winkler, G. (1984). Two moralities? A critical discussion of an ethic of care and responsibility versus an ethic of rights and justice. In W. M. Kurtines, & J. L. Gewintz (Eds.), *Morality, moral behavior, and moral development* (pp. 348-361). New York, NY: John Wiley & Sons.

Weber, M. (1964). *The religion of China*: *Confucianism and Taoism* (H. H. Gerth, Trans.). New York, NY: The Free Press. 　簡惠美（譯）（1989）：《中國的宗教：儒教與道教》（頁 293-317）。台北：遠流出版公司。

Weber, M. (1946). *From Max Weber: Essays in sociology*. NY: Oxford University Press. 康樂、簡惠美（譯）（1989）：《宗教與世界：韋伯選集 II》（頁 53-99）。台北：遠流出版公司。

第九章　「道」與「君子」：儒家「自我」的追尋

　　在儒家的文化傳統裡，本書第七、八兩章所說的「庶人」和「士」，是指不同的「社會地位」（social status）；「君子」則是指樂於實踐儒家倫理的人。一個人可以選擇要成為一個「士」或「庶人」，這是他個人的「自我認同」。然而，不論是「士」或「庶人」，都必須努力作為「君子」，以實踐儒家倫理，而不能甘為「小人」，這是他必須具備的道德修養。

第一節　君子之教

　　令人遺憾的是：由於韋伯對於儒家倫理缺乏相應的理解，他經常把「士」和「君子」混為一談，也不了解「君子」和「小人」的對張在儒家文化中的意義。《中國的宗教：儒教與道教》一書第五章在討論「君子的理想」時，他說：

> 神與鬼、善與惡、屬天的陽氣對屬地的陰氣等，此種二元論也同樣存在於個人身上，這使得開展人之靈魂中的陽氣成為教育（包括修身）的唯一課題。凡是能使自身陽氣壓倒附在己身的惡靈（鬼）力量的人，就會擁有支配鬼神的力量；根據古老的觀念，他就具有巫術的力量。善靈是指那些守護世界之秩序、美與和諧的神靈。因此，使自己達到完美並反映出此種和諧，是個人獲得此一力量的重要且唯一的手段。在士（活躍）的時代裡，君子（貴人），亦即以前的「英雄」，就是那些圓滿完成自我的人。就文獻傳統授

予其門徒的準則（canon）而言，那種具有永恆價值的古典精神之美，已使他們已成為一種「藝術作品」。（Weber, 1964, p. 131）

本書第四章指出：「陰／陽」是中華文化中的一種「根源性隱喻」（root metaphor），神與鬼、善與惡、天與地，都是由此衍生而出。但這種「根源性隱喻」，絕不是西方的「二元論」，兩者有其本質上的差異，而無法用西方的「二元對立」來理解「陰／陽」之間的關係。韋伯說：「開展人之靈魂中的陽氣」是儒家教育（修養）的唯一課題，已經令人感到怪異。至於說「能使自身陽氣壓倒附在己身的惡靈（鬼）力量」，就會擁有「支配鬼神的力量」，也就具有「巫術」的力量，只能說是韋伯獨樹一幟的想像，在儒家思想中前所未聞。

▣ 道德與肉體間的緊張

對儒教的理想人「君子」而言，「典雅與威嚴」表現於充分履行傳統的義務。因此，首要的德行與自我完成的目的，是在生活中所有的情境中，典禮與儀式上表現得體。達到此一目標的適切手段，是戒慎而理性的自我控制，以及抑制任何可能動搖心境平衡的非理性情欲（irrational passions）。

儒教徒單單渴望一種從缺乏教養的野蠻狀態下超脫出來的「救贖」。他期望著此世的福、祿、壽與死後的聲名不朽，來作為美德的報償。就像真正的古希臘人一樣，他們沒有先驗的倫理準則，沒有超越上帝戒律與塵世肉體間的緊張性，沒有追求彼世目標的取向，也沒有根本惡（radical evil）的觀念，凡是遵從一般人能力所能及的戒命者，就能免於罪過。（Weber, 1964, p. 228）

這樣的論述，反映出韋伯是用一種「歐洲中心主義」的心態在評估儒家倫理。儒家誠然「沒有追求彼世目標的取向」，然而，本書第六章即指出：

儒家並非「沒有先驗的倫理準則」，儒家「仁道」的基礎，就是超越的「形上天」；儒家也不是沒有「根本惡」的觀念，儒家與「天道」相通的「仁道」，與個人的慾望之間，其實有相當高度的緊張性。

孔子之所以經常殷殷告誡弟子，要作為「君子」，毋為「小人」（余英時，1987a，1987b；高明，1983），正是因為他清楚地看到：儒家的倫理要求與作為生物體的「塵世肉體」之間有一種高度的緊張性。

▣ 儒家的教育主張

本書第六章指出：中國人信仰「天」及「鬼神」的雙重結構，是儒家道德形上學的基礎，有助於證成儒家建立在「天道」基礎之上的「人道」。「天道」體現在宇宙的各個不同層面，在「天道」所朗現出來的眾多面向中，儒家最為重視的是人倫關係的合理安排，認為這是每一個人都必須努力學習並實踐的「人道」。《中庸》對這方面的修養有最為完整的論述：

> 「仁者，人也；親親為大。義者，宜也；尊賢為大。親親之殺，尊賢之等，禮所生也。」
> 「在下位不獲乎上，民不可得而治矣。故君子不可以不修身。思修身，不可以不事親；思事親，不可以不知人；思知人，不可以不知天。」
> 「天下之達道五，所以行之者三，曰：君臣也，父子也，夫婦也，昆弟也，朋友之交也。五者，天下之達道也。知，仁，勇，三者，天下之達德也。所以行之者，一也。」
> 「或生而知之，或學而知之，或困而知之。及其知之，一也。或安而行之，或利而行之，或勉強而行之。及其成功，一也。」
> 子曰：「好學近乎知，力行近乎仁，知恥近乎勇。」
> 「知斯三者，則知所以修身。知所以修身，則知所以治人。知所以治人，則知所以治天下國家矣。」

這是儒家對其教育主張的最完整論述。孔子認為：儒家所主張的「仁道」是和「天道」相通的；「仁道」的內容包含儒家對於「君臣、父子、夫婦、兄弟、朋友」等「五倫」在「仁、義、禮」各方面的主張，也構成儒家弟子學習（知）和實踐（行）的主要內容。每一個人都應當以此作為「修身」的主要內容，「反求諸己」，要求自己在各種倫理關係中，盡到自己的角色義務。

▣ 三達德

儒家認為：「五倫」是「天下之達道」，以「知、仁、勇」來實踐「五倫」，則是「天下之達德」。用〈自我的曼陀羅模型〉來看，用「好學」的方法學習儒家的「仁、義、禮」倫理體系，是讓一個人有「智慧」，所以說「好學近乎知」（智慧）。

「大學之道，在明明德，在親民，在止於至善」《大學‧第一章》：學習儒家「仁道」的主要目的在於追求「至善」，「至善」永無止境，「力行」的結果，也只能「近乎仁」，才能接近儒家所嚮往的「仁」之境界。如果個人的行為違背了以「仁、義、禮」倫理體系為基礎的道德原則，他便應當感到可恥，並勇於改過，所以說「知恥近乎勇」。「三達德」的實踐，對於了解儒家「仁道」與肉體之間的緊張性有極其重要的意涵，必須要再作進一步的析論。首先，以下要談的是儒家「知識」的特性。

▣ 「智慧」與「哲學」

本書第二章說明：我如何以「後實證主義」的科學哲學作為基礎，建構出〈人情與面子〉的理論模型（黃光國，2009；Hwang, 1987, 2012）。在本書第七章中，又說明：我如何以〈人情與面子〉的理論模型作為參考架構，用詮釋學的方法，分析儒家思想的內在結構。這樣建構出來的「仁、義、禮」倫理體系，構成了一種「含攝文化的理論」，它是社會科學家以某種特定觀點作為預設，所建構出來的一種「科學微世界」。一般華人在其生活世界裡，

對這樣的「科學微世界」可能毫無所覺，甚至在儒家經典內，我們也看不到這種客觀化的系統性知識。

用本書第三章所提出之〈自我的曼陀羅模型〉來看，這種以西方科學哲學作為基礎所建構出來的「知識」，與中華文化傳統所流傳下來的「智慧」並不相同。在《聖人無意》一書中，法國哲學家 Jullien（1998）指出：中華文化傳統中的道家、儒家、佛家思想，和西方的哲學，有其本質上的差異。儒、道、佛各家聖人對其弟子所作的訓誨，應當說是一種「智慧」（wisdom），而並不是西方意義中的「哲學」（philosophy）。西方的哲學是哲學家以某一觀念作為基礎，用辯證性的邏輯思考，逐步推演出來的。這種優先的觀念，就是海德格所說的「基礎律」（principle of ground）。它源自希臘文的 axiom，在命題推演的過程中，它是作為始端的命題。中華文化傳統中的「智慧」卻強調「勿意、勿必、勿固、勿我」，它沒有優先的觀念（意）、沒有固定的立場，也沒有個別的自我。因此，聖人所說的觀念都可以保持在同一個平面之上，並沒有先後之別。

▣ 「嘉言懿語」與「客觀知識」

正因為西方哲學是以某一種觀念作為基礎，用辯證性思考逐步推演出來的；不同的哲學家可以根據不同的預設，發展出不同的哲學。因此，西方的哲學是有歷史的，不同的哲學家對某一特定範疇中之事物所作的解釋，也不斷地在進步。與此對比之下，智慧卻沒有歷史，任何人都沒有辦法寫一部智慧的「發展史」。聖人可以從不同的角度說出不同的話語，他所說的每一句話，雖然不斷地在變化，但卻是智慧的「全部」，所以需要一再的重複。

為了要進行辯證性的思考，西方哲學對其核心概念必須給予清楚的定義，讓人了解其意義，藉以正確認識外在世界中的事物。針對其認識之對象所存在的範疇，哲學家可以用各種不同的方法，來檢驗其命題陳述的正確與否，而逐步朝向所謂的「真理」邁進。相形之下，聖人的「智慧」卻是以「嘉言懿語」的方式呈現，其中不必有嚴謹的定義，但卻能提醒人注意到大家視

之為理所當然的事物之「道」。對於這些他所熟知的事物，他之所以會視若無睹，只不過是因為他被偏見遮蔽，看到了事物的一面，卻看不到事物的另一面。聖人所說的智慧話語，讓他意識（悟）到事物的整體，而不是學習到某種認識世界的方法。

用 Eckensberger（1996, 2012）的行動理論來說，本書第二、七兩章對於儒家「庶人倫理」和「五倫」的析論，是我以西方科學哲學作為基礎，進行「世界取向」的反思，所建構出來的一種「科學微世界」。它和許多科學理論一樣，能作為現代社會科學家分析問題的思考工具。在孔子的時代，一般人乃至於孔子弟子在其生活世界裡所認識到的儒家，大多是聖賢的「嘉言懿語」，它們並不構成這樣的「客觀知識」。然而，孔門弟子是如何學習「作人之道」的呢？

第二節　先秦儒家的知行觀　　　

我要強調的是：即使是對於先秦儒家諸子而言，所謂的「仁、義、禮」倫理體系，也僅只是一種「隱含式的理論」（implicit theory）而已。他們心中或許明白，但卻沒有將之客體化，也無法用 Jullien 所說的「西方式哲學」，將它們整理成客觀的「知識」體系。因此，先秦儒家諸子在教育弟子並論及其心目中理想的「人」時，往往會因為價值觀的不同，而對其傳授的知識內容有不同的強調重點，並形成其獨特的知行觀。

◻ 孔子的知行觀

本書第七章的分析指出：在「仁、義、禮」倫理體系裡，孔子最重視的是「仁」的概念。仔細檢視《論語》的內容，我們可以看到：孔子不斷地鼓勵弟子用各種方法去學習「仁」：

子曰：「苟志於仁矣，無惡也。」《論語・里仁》

子曰：「里仁為美。擇不處仁，焉得知？」《論語・里仁》

子曰：「汎愛眾，而親仁。」《論語・學而》

子貢問為仁。

子曰：「工欲善其事，必先利其器。居是邦也，事其大夫之賢者，友其士之仁者。」《論語・衛靈公》

曾子曰：「君子以文會友，以友輔仁。」《論語・顏淵》

子曰：「我未見好仁者，惡不仁者。好仁者無以尚之！惡不仁者，其為仁矣，不使不仁者加乎其身，有能一日用其力於仁矣乎？我未見力不足者。蓋有之矣，我未之見也。」《論語・里仁》

由上述引文中，可以看出：孔子主張用一套循序漸進的方法，有系統地學習「仁」。這些方法包括：「志仁」，心裡嚮往「仁」；「處仁」，住在左鄰右舍都是「仁人」的環境裡；「親仁」，主動接近「仁人」，以接受其薰染；「友仁」，和「仁人」交結為友，互相切磋砥礪；然後，還要從心中切實地「好善惡惡」，不使任何「不仁」之事加到自己身上。這些都是個人學習「仁」的積極手段。

▣ 由「知仁」到「行仁」

值得強調的是，儒家希望人們「志仁」、「處仁」、「親仁」、「友仁」、「好仁」，其最終目的是在「行仁」，而不是讓「仁」停留在口耳相傳的觀念層次。

子曰：「巧言令色，鮮矣仁。」《論語・學而》

或曰：「雍也，仁而不佞。」

子曰：「焉用佞。禦人以口給，屢憎於人。不知其仁，焉用佞。」《論語・公冶長》

子曰：「剛、毅、木、訥，近仁。」《論語・子路》

司馬牛問仁。

子曰：「仁者，其言也訒。」

曰：「其言也訒，斯謂之仁已乎？」

子曰：「為之難，言之得無訒乎？」《論語・顏淵》

「佞」是口才便捷，辯才無礙。「訒」是言談謹慎，不隨便說話。依孔子的看法，一個口才伶俐、能言善道，又善於察言觀色、討人喜歡的人，雖然善於用言語應付他人，「禦人以口給」，卻常常會得罪他人。這種人大多「色取仁而行違」，很少是稱得上「仁」的。反之，真正的仁者大多言談謹慎，他們是力行者，具有「剛、毅、木、訥」的性格。

◙ 由近及遠

如前所述，孔子學說中的「仁」，是「本心之全德」，其縱攝層次甚高，可涵蓋全部的「仁、義、禮」倫理體系。至於「仁」的實踐，孔子卻鼓勵人「能近取譬」，從日常中的處世交接做起：

子曰：「誦詩三百，授之以政，不達；使於四方，不能專對；雖多，亦奚以為？」《論語・子路》

子曰：「弟子入則孝，出則弟，謹而信，汎愛眾，而親仁。行有餘力，則以學文。」《論語・學而》

子夏曰：「賢賢易色，事父母能竭其力，事君能致其身，與朋友交言而有信。雖曰未學，吾必謂之學矣。」《論語・學而》

在孔子看來：一個人即使很用功讀書，能夠「頌詩三百」，可是讓他處理政務，他卻無能為力；讓他「使於四方」，他也「不能專對」，這種人書念得再多，又有何用？因此他要求弟子「敏於行」而「訥於言」、「入則孝，出則弟，謹而言，汎愛眾，而親仁」。人際關係方面的問題都處理妥當

以後，「行有餘力」，「則以學文」，再去學習詩、書等文學方面的知識。由於孔子有這樣的觀念，所以他的弟子子夏才會說：一個人只要能夠「賢賢於色，事父母能竭其力，事君能致其身，與朋友交言而有信」，即使他沒念過什麼書，也可以說是很有「修養」的人了。

⊡「君子」與「小人」

在「仁、義、禮」倫理體系中，孔子雖然最重視「仁」；然而，在孔子的認知裡，「仁、義、禮」倫理體系卻構成一種「隱含式的理論」，可以從各種不同的角度來加以闡述。之前說過，孔子聚徒講學的目標，是希望將門下弟子教育成有道德修養的「君子」。在《論語》中，我們可以看到：孔子從不同角度，反覆對弟子們強調「君子」和「小人」之間的不同：

「君子求諸己，小人求諸人。」《論語・衛靈公》
「君子喻於義，小人喻於利。」《論語・里仁》
「君子懷德，小人懷土；君子懷刑，小人懷惠。」《論語・里仁》
「君子固窮，小人窮斯濫矣。」《論語・衛靈公》
「君子有勇而無義為亂，小人有勇而無義為盜。」《論語・陽貨》
「君子坦蕩蕩，小人長戚戚。」《論語・述而》
「君子成人之美，不成人之惡；小人反是。」《論語・顏淵》
「君子和而不同，小人同而不和。」《論語・子路》
「君子周而不比，小人比而不周。」《論語・為政》
「君子泰而不驕，小人驕而不泰。」《論語・子路》

從孔子的角度來看，「率性而為」的人，就是他心目中的「小人」。孔子所謂的「君子」，則是懷有「仁心」，能夠「以仁居心」，在日常生活中待人接物，不僅能夠「居仁由義」，而且謙恭有禮。「君子」所關切的問題，是以「仁、義、禮」倫理體系為基礎的道德原則，而不像小人那樣，只

關心現實世界中的利害，所以說「君子喻於義，小人喻於利」、「君子懷德，小人懷土；君子懷刑，小人懷惠」、「君子固窮，小人窮斯濫矣」。在孔子看來，奉行「仁道」、「以仁居心」的君子，不只會「反求諸己」，要求自己實踐「仁、義、禮」倫理體系，而且會「成人之美，不成人之惡」，因此他的內心是坦蕩蕩的，和別人相處則能「和而不同」、「周而不比」、「泰而不驕」。這種風範和孳孳為利的小人正好成為明顯的對比。如果一位儒門弟子時時刻刻告誡自己：要作為「君子」，不要成為「小人」，他們心中怎麼會沒緊張性？

☐ 孟子的知行觀

用〈自我的曼陀羅模型〉來看，孔子所說的「君子喻於義，小人喻於利」是指：「義」是作為「人」在其生活場域中所應當遵循的倫理規範；「利」則是能夠滿足「身體」之慾望的各種物質資源。孟子本人也非常重視「義、利之辨」（黃俊傑，1988），他對於此一議題的論述深受其「人性論」的影響，而與荀子的主張形成明顯的對比。

孟子受業於子思，是繼孔子之後的儒學大師。「孟子道性善，言必稱堯舜」，在戰國時期，他以提倡「性善說」而著稱於世。孟子認為：「仁心」是人類「生而有之」的超越性道德本體，它可以源源生出各種不同的道德原則，構成儒家獨有的「仁、義、禮」倫理體系。「仁心」既然是人人皆有，由「仁心」源生而出的「義、禮、智」，自然也是人人皆有：

> 孟子曰：「人之所不學而能者，其良能也；所不慮而知者，其良知也。孩提之童，無不知愛其親者；及其長也，無不知敬其兄也。親親，仁也；敬長，義也。無他，達之天下也。」《孟子·盡心上》
> 孟子曰：「惻隱之心，人皆有之；羞惡之心，人皆有之；是非之心，人皆有之。惻隱之心，仁也；羞惡之心，義也；恭敬之心，禮也；是非之心，智也。仁、義、禮、智，非由外鑠我也，我固有之

也；弗思耳矣。故曰：『求則得之，舍則失之。』」《孟子·告子上》

孟子曰：「……惻隱之心，仁之端也；羞惡之心，義之端也；辭讓之心，禮之端也；是非之心，智之端也。人之有是四端也，猶其有四體也。有是四端而自謂不能者，自賊者也；謂其君不能者，賊其君者也。凡有四端於我者，知皆擴而充之矣，若火之始燃，泉之始達。苟能充之，足以保四海；苟不充之，不足以事父母。」《孟子·公孫丑上》

▣ 良知的擴充

雖然孟子認為：「仁、義、禮、智」是「我固有之」、「非由外鑠」，是「不慮而知，不學而能」的「良知良能」。然而，孟子也體會到人有生物性的慾求，如果個人重視的是生物層次的慾求，「放於利而行」，則其「仁心」便可能受到蒙蔽。由於「仁、義、禮、智」是「求則得之，舍則失之」，所以孟子極力主張像「火之始燃，泉之始達」般地「擴充四端」。如果「擴而充之」，便「足以保四海」、「達之天下也」，如果不能「擴而充之」，則「不足以事父母」。

「口之於味也，有同嗜焉；耳之於聲也，有同聽焉；目之於色也，有同美焉；至於心，獨無所同然乎？心之所同然者何也？謂理也，義也。聖人先得我心之所同然耳。故理義之悅我心，猶芻豢之悅我口。」《孟子·告子上》

正因為「自我」經常處在作為「人」的「義」和源自生物之「身體」的「利」兩種力量的拉扯之中，所以孟子主張：

「人之有道也，飽食煖衣，逸居而無教，則近於禽獸。聖人有憂

之，使契為司徒，教以人倫：父子有親，君臣有義，夫婦有別，長幼有序，朋友有信。」《孟子·滕文公上》

所謂「飽食煖衣，逸居而無教，則近於禽獸」，就是依照個人生物體的慾望「放於利而行」、「人不學，不知義」，所以「聖人有憂之，使契為司徒，教以人倫」，能教大家如何在人際場域中作「人」。

◉ 道德主體的抉擇

在孟子看來，「理、義」是「心之所以然」，「先知先覺」的「聖人」不過是「先得我心之同然」，因此，一般人在受到啟蒙之後，其感受應當是「理義之悅我心，猶芻豢之悅我口」：

「仁，人心也；義，人路也。舍其路而弗由，放其心而不知求，哀哉！人有雞犬放，則知求之，有放心，而不知求。學問之道無他，求其放心而已矣。」《孟子·告子上》

由於孟子相信：人生而有「良知良能」、「學問之道無他，求其放心而已」，在道德實踐方面，他認為：這是完全取決於個人的道德抉擇：

「不為者與不能者之形何以異？」
曰：「挾太山以超北海，語人曰我不能，是誠不能也。為長者折枝，語人曰我不能，是不為也，非不能也。」《孟子·梁惠王上》
「舜何？人也；予何？人也，有為者，亦若是！」《孟子·滕文公上》

「為」便是「實踐」的意思。在孟子看來，道德之智首重實踐，若不願實踐道德原則，而推說「不能」，那是「不為也，非不能也」。反過來說，

如果有心實踐道德原則，則「有為者」皆可以為堯舜。在上一章中，我們談到：儒家賦予「士」一種「以道濟世」的使命感。要實踐這種道德使命感，必須要有堅強的意志力，克服外在環境中的艱苦橫逆。因此，孟子在討論道德意志的鍛鍊時，特別強調個人應當克服來自其自然生物層次的各種私慾。

▣ 荀子的知行觀

和孟子相較之下，主張「性惡論」的荀子，便比較重視向外的學習，而不強調啟發教育的重要性。用〈自我的曼陀羅模型〉來看，荀子所認識到的「人」，是作為自然生物體之個人所具有的「識心」或「認知心」。在荀子看來，「人生而有慾，慾而不得，則不能無求。求而無度量分界，則不能無爭。爭則亂，亂則窮」〈禮論〉。因此，「從人之性，順人之情」，結果必定是互相爭掠，「犯分亂理，而歸於暴」。所以人類社會一定要有「師法之化，禮義之道」，使人與人相處能夠「出於辭讓，合於文理」，社會秩序也因此而能「歸於暴」。他認為：「今人之化師法，積文學，遵禮義者為君子；縱性情，安恣睢，而違禮義者為小人」〈性惡〉，人類天性中本來就沒有任何禮義的成分，一個人要想成為君子，一定要「彊學而求之」，是以荀子在其著作中再三強調學習的重要性。

> 「人之於文學也，猶玉之於琢磨也。詩曰：『如切如磋，如琢如磨。』謂學問也。和之璧，井里之厥也，玉人琢之，為天子寶。子貢季路，故鄙人也，被文學，服禮義，為天下列士。」〈大略〉
> 「我欲賤而貴，愚而智，貧而富，可乎？曰：『其唯學乎！』」〈儒效〉

▣ 求師擇友

在荀子看來，一個人要想「賤而貴，愚而智，貧而富」，一定要「化師

法，積文學，道禮義」，學會「禮義之道」。而「禮義之道」則是像孔子那
樣「仁智且不蔽」的「聖人」或「先王」所啟示出來的。禮義既然是「聖人
之所生」，而「聞道有先後」，一般人要想學習「禮義之道」，一定要選擇
良師益友：

> 「夫人雖有性質美而心辯知，必將求賢師而事之，擇良友而友之，
> 得賢師而事之，則所聞者，堯舜禹湯之道也；得良友而友之，則所
> 見者，忠信敬讓之行也。身日進於仁義而不自知也者，靡使然也。
> 今與不善人處，則所聞者，欺誣詐偽也，所見者，汙漫淫邪貪利之
> 行也。身且加於刑戮而不自知者，靡使然也。」
> 「君人者不可以不慎取臣，匹夫不可不慎取友。友者，所以相有
> 也；道不同，何以相有也。均薪施火，火就燥；平地注水，水流
> 濕。夫類之相從也，如此其著也，以友觀人，焉所疑？取友善人，
> 不可不慎，是德之基也。」〈大略〉
> 「故君子居必擇鄉，遊必就士，所以防邪辟而近中正也。」〈勸學〉

「靡」是耳濡目染，形成習慣之意。在上述引文中，最值得注意的是：
荀子非常強調人在選擇良師益友時的自主性：「求賢師而事之，擇良友而友
之」、「君子居必擇鄉，遊必就士」，在他看來，「取友善人，不可不慎，
是德之基也」。

▣ 行之則明

正是因為荀子非常重視「自我」作道德抉擇的自主性，他雖然以為：求
學有賴於師友的幫助，欲求其有成，最重要的關鍵因素，還是在於個人的努
力不懈：

> 「良農不為，水旱不耕；良賈不為，折閱不市；士君子不為，貧窮

怠乎道。」〈修身〉

「道雖邇，不行不至；事雖小，不為不成。」〈修身〉

「真積力久則入。學至乎沒而後止也。故學數有終，若其義則不可須臾舍也。為之，人也；舍之，禽獸也。」〈勸學〉

「故不積跬步，無以致千里，不積小流，無以成江海。騏驥一躍，不能十步；駑馬十駕，功在不舍，鍥而不舍，金石可鏤。……是故無冥冥之志者，無昭昭之明；無惛惛之事者，無赫赫之功。」〈勸學〉

「禮義之道」貴在實踐，因此荀子認為：「道雖邇，不行不至」、「其義不可須臾離也」、「為之，人也；舍之，禽獸也」。在他看來，為學除了「鍥而不舍」努力不懈，以求「真積力久則入」，更須注重身體力行。荀子以為：知而不行，等於不知，所以他主張：「學須至於行而後止，行之則明」：

「不聞不若聞之，聞之不若見之，見之不若知之，知之不若行之。學至於行之而止矣。行之明也，明之為聖人。聖人也者，本仁義，尚是非，齊言行，不失毫釐，無他道焉，已乎行之矣。故聞之而不見，雖博必繆；見之而不知，雖識必妄；知之而不行，雖敦必困。」〈儒效〉

我必須強調的是：荀子雖然主張「性惡論」，對於「禮義之道」的實踐，他繼承了儒家的傳統，主張「行之則明」，必須把儒家的道德規範表現在行動之上：

「君子之學也，入乎耳，著乎心，布乎四體，形乎動靜。端而言，端而動，一可以為法則。小人之學也，入乎耳，出乎口；口耳之間，

則四寸耳，曷足以美七尺之軀哉？古之學者為己，今之學者為人。
君子之學也，以美其身；小人之學也，以為禽犢。」〈勸學〉

由上述文字可以看出：荀子希望一個人學習「禮義之道」後，在坐、立、行、止，甚至「置顏色、出辭氣」等各方面都能收到脫胎換骨、幡然改變的效果。對於聖賢之道，不能只「入乎耳、出乎口」，說說便罷，而必須「入乎耳，著乎心，布乎四體，形乎動靜，端而言，蠕而動，一可以為法則」。這種觀念和孔子「以道修身」的想法是相當類似的。

第三節　儒家的自我與社會行動

《中庸》第一章開宗明義地說：「天命之謂性，率性之謂道，修道之謂教」，接著又說：「道也者，不可須臾離也，可離非道也。」這一段話非常重要。儒家教育要求個人「反求諸己」，其目的之一就是要思索自己存在的意義，找出自己「不可須臾或離」的「人生之道」。然而，一個人要如何找出自己可以終身奉行的「人生之道」呢？

▣ 「誠」的兩個面向

針對這個問題，《中庸》提出了「誠」的哲學：

「誠者，天之道也，誠之者，人之道也。誠者，不勉而中，不思而得，從容中道，聖人也。誠之者，擇善而固執之者也。」〈第二十章之八〉

《中庸》之「誠」的哲學指涉兩個不同的面向：一是指大自然的「天道」，另一是指「人道」。因為「天道」恆久而不變地依循自然法則而運作，所以說：「誠者，天之道」。依照儒家「義命分立」的人生觀，「天

道」是無從學習的，人能夠學習而得的，僅只是「人道」。而人想要學得「人道」，一定要出之以「誠」，所以說：「誠之者，人之道」。有人秉性純誠，「不勉而中，不思而得，從容中道」，言行舉止自然符合天道，這就是所謂的「聖人」；至於一般人，則必須抱持著真誠的態度，「擇善而固執」，堅持學習並實踐「人道」，也就是儒家所強調的「仁道」。

然而，早期西方學者對於儒家如何實踐其「仁道」的主張，不是所知甚少，就是充滿偏頗，在《中國的宗教：儒教與道教》一書第八章中，韋伯說：

> 對儒教的理想人「君子」而言，「典雅與威嚴」表現於充分履行傳統的義務。因此，首要的德行與自我完成的目的，是在生活的所有情境中，典禮與儀式上表現得體。達到此一目標的適切手段，是戒慎而理性的自我控制，以及抑制任何可能動搖心境平衡的任何非理性情欲（irrational passions）。（Weber, 1964, p. 228）

根據前一節的論述，韋伯的這個說法可以從兩個層面來加以討論：如果說，作為「君子」必須「戒慎而理性的自我控制，以及抑制任何可能動搖心境平衡的任何非理性的情欲」，從前一節有關先秦儒家諸子的「知行觀」來看，這個說法大致是可以接受的。然而，如果說「君子」之「首要的德行與自我完成的目的，是在生活的所有情境中，典禮與儀式上表現得體」，這個說法涉及西方學者對於儒者「自我」的論斷，必須再作更進一步的分疏。

▣ 空心人

西方最早討論中國人之「自我」的哲學家，首推黑格爾（Georg W. F. Hegel, 1770-1831）。他在其名著《歷史哲學》一書中曾經說明中國人道德觀的特色是：

> 道德的區辨和要求是以法律的方式表現出來，主體意志正如受

法律支配一樣地屈服於外力。以性情、良心、形式、自由等方式表
達的主體性完全不為人所知。正義的施行是以外在的道德作為基
礎，政府的存在也僅只是一種強制的特權。

　　東方的道德正如一種積極的法律，雖然他們的道德規定（其倫
理的實質內容）可能相當完備，但他們卻將理應為內在主觀感情之
事處理成外在的安排。

　　在外力要求下，我們願意服從，必須先經過「內在」贊同的確
認；他們卻認為法律是天生絕對有效的，根本沒有意識到有這種主
觀確認的必要。（Hegel, 1956, pp. 111-112）

　　黑格爾的論點可以說是「歐洲中心主義」或「中國論述」的濫觴。他認
為：中國人完全是生活在由上而下的「集權主義」（top-down totalitarian-
ism）之中，所以中國人「自我」的特徵是一種「自我否定」或者「沒有自
我」（selflessness），安樂哲因此稱之為「空心人模式」（The Hollow Man
Model）（Ames, 1994）。

□ 外在的道德？

　　今天看來，黑格爾的說法雖然「不值識者一笑」，但也並非「一無可
取」。他說中國人的道德是「外在的道德」，這是用二元對立的概念在理解
中國，並不精準。本書的析論業已一再顯示：儒家倫理可以作為一種內在的
準據。但無可否認的是：儒家倫理的實踐，確實偏重於外在世界對於「自我」
的評價。儒家的「三達德」強調「知恥近乎勇」，所謂「恥」就是源自於外
在世界的價值：

孟子曰：「人不可以無恥。無恥之恥，無恥矣。」《孟子‧盡心上》
孟子曰：「恥之於人大矣。為機變之巧者，無所用恥焉。不恥不若
人，何若人有！」《孟子‧盡心上》

孟子所說的這兩段話，給「恥」下了一個定義，他說：「不恥不若人，何若人有」，所謂「恥」，就是個人在社會情境中，因為自覺「不若人」所引起的羞愧之感。用我的概念架構來看，「恥」的主觀感受，就是個人在社會交往情境中，經由「社會比較」之後，認為自己在某一方面比不上他人，而感到「丟臉」或「失面子」的感覺。

▣ 道德之恥

個人會因為自己在生活中的哪一個層面不如人而感到「羞恥」或「失面子」，這是由個人的價值觀念所決定。「貪夫殉財，烈士殉名，夸者死權，眾庶憑生」，每個人在生活上追求的目標不同，他認為最有價值之物，各不相同，也會因為自己在某一層面「不若人」而感覺羞恥，亦隨之而異。儒家學說的主要內容既是「仁、義、禮」倫理體系，它當然全力崇揚「道德」的價值，並貶抑俗世一般人可能引以為恥的某些價值標準：

> 子貢問曰：「孔文子何以謂之『文』也？」
> 子曰：「敏而好學，不恥下問，是以謂之『文』也。」《論語・公冶長》
> 子曰：「衣敝縕袍，與衣狐貉者立，而不恥者，其由也與！」《論語・子罕》
> 子曰：「士志於道，而恥惡衣惡食者，未足與議也。」《論語・里仁》

孔子稱讚孔文子「敏而好學，不恥下問」，可見一般人對於向社會地位較自己為低的人求教，大多是引以為恥。孔子稱讚子路「衣敝縕袍，與衣狐貉者立」，而不以為恥，可見一般人也是以「惡衣惡食」為恥。孔子之所以貶抑俗世的價值標準，乃是要突顯儒家之「道」的地位，希望弟子們能改變價值觀念，能夠「志於道」，以「道不行」為恥。

▣ 獨特的個體性

　　其次，黑格爾說中國人「沒有自我」（selflessness），在他的論述脈絡裡，這固然是一種二元對立的貶抑之詞，目的是要突顯西方人的重視「自我」。然而，在儒家的語境裡，「無我」（selfless）是「自私」（selfish）的對立面。「自私」經常和「自利」連結在一起；「無私無我」則是在讚揚「君子」的道德實踐。曾經在密西根大學任教多年的漢學家 Munro（1979, p. 40）指出：無我的人（selfless person）永遠願意將他自己的利益，或者自己所屬的某一小群體（如一個村莊）的利益，置於更大社會群體的利益之下。曾經為韋伯的《中國的宗教：儒教與道教》一書作序的社會學家 C. K. Yang（1959, p. 172）亦指出：在中國家庭中，以儒家倫理作修養的主題，就是在尋求社會衝突的解決方案時，為了顧全群體而傾向於自我犧牲（self-sacrifice）。

　　這些說法基本上都是正確的。本書第六章指出：儒家所主張的「仁道」是建立在他們對「天道」的觀念之上。《易經‧十翼》中的〈序卦〉上說：

> 「有天地然後有萬物，有萬物然後有男女，有男女然後有夫婦，有夫婦然後有父子，有父子然後有君臣，有君臣然後有上下，有上下然後禮義有所錯。」

　　基於這樣的觀念，儒家社會中最基本的單位是家庭，而以「仁、義、禮」倫理體系作為基礎的「五倫」，其中有「三倫」是在處理家庭中的倫理關係，其實際運作則全部可以化約為擬似家庭中的倫理關係，例如：將君臣關係稱為：「君父」及「臣子」，而朋友間則以「兄弟」相稱（King, 1985）。Elvin（1985）在討論中國人的自我觀時，特別強調，中國人相信：每個「人」都是存在於其祖先及後裔的網絡結構中，而可以向未來無限延伸。在這樣的結構裡，每個人都有其獨特的位置。中國人這種「獨特的個體性」（unique individuality）和西方人「自主的個體性」（autonomous individuality）正好形成明顯的對比，後者所強調的是基督教傳統下，每個歐洲人的靈魂都是彼此孤立的。為了捍衛自己所屬的（宗族）群體，儒家倫理確實鼓勵個人要「犧牲小我，完成大我」。

▣ 道濟天下

本章第一節曾指出：儒家教育的目的，是希望培養一批有道德修養的「君子」，希望他們成為「士」後，能夠承擔起「道濟天下」的文化使命。因此，孔子認為：弟子出仕後，如果不能夠名符其實，更是士人之恥：

> 子曰：「行己有恥，使於四方，不辱君命，可謂士矣。」《論語・子路》
> 子曰：「篤信好學，守死善道，危邦不入，亂邦不居。天下有道則見，無道則隱。邦有道，貧且賤焉，恥也。邦無道，富且貴焉，恥也。」《論語・泰伯》
> 憲問恥。
> 子曰：「邦有道，穀；邦無道，穀，恥也。」《論語・憲問》

孔子認為：作為「士」的基本條件之一，就是「行己有恥」。舉例言之，如果他能夠「使於四方，不辱君命」，達成自己的任務，便不負「士」之名。值得強調的是，儒家以為：個人出仕的主要目的是以道濟天下。在邦有道之時，個人理應出仕；如果無能出仕，而身居貧賤，固然可恥。反過來說，倘若邦無道而個人身居富貴，既不能「行其道」，又不能讓君主「從其言」，結果是尸位素餐、一無作為，這種作風更為可恥。

Fingarette（1979）在深入探討「君子」的意義之後，認為：儒家的君子必須以「道」作為意志，而不表現出個人「自我的意志」（egoistic will）。如果要深入了解（潛意識的）「自我意志」，必須要深入了解這個人的動機、焦慮、希望及其個人的生活史，但是「了解『君子』的意志，就是了解

『道』，而不是『君子』這個特定的『人』。（潛意識中的）『自我』呈現在『自我』的意志之中，『道』則呈現在君子的意志之中」（Fingarette, 1979, p. 135；括弧中的「潛意識」為我所加）。

▣ 「君子」的意志

乍看之下，這個說法是有道理的。先秦儒家非常重視實踐自身的角色義務。不論扮演什麼角色，君子都應當「恥其言而過其行」：

> 孟子曰：「孔子嘗為委吏矣，曰：『會計當而已矣』。嘗為乘田矣，曰：『牛羊茁壯而已矣』。位卑而言高，罪也。立乎人之本朝而道不行，恥也。」《孟子‧萬章下》
> 子曰：「君子恥其言而過其行。」《論語‧憲問》
> 子曰：「古者言之不出，恥躬之不逮也。」《論語‧里仁》

在儒家看來，出仕不是為了貧窮，而是為了實踐自己對於「道」的理想。如果因為貧窮而出仕，作諸如「抱關擊柝」之類的小事，或者像孔子一樣做委吏、乘田之類的小吏，那也應當盡忠職守，使「會計當」或「牛羊茁壯」，不應當放言高論，說一些自己作不到的事，因為「位卑而言高，罪也」。相反的，如果身居高位，擔任要職，可是卻「立乎人之本朝而道不行」，那就是十分可恥之事。

▣ 變革的動力

然而，如果我們就此接受 Fingarette（1979）的說法，我們就很難理解：儒家主張以「三達德」實踐「五倫」的時候，要特別強調「知恥近乎勇」；同時，我們也不得不接受韋伯的主張：儒家倫理旨在維護俗世既有的秩序，而缺乏啟動變革的內在力量。相反的，如果我們真正掌握住「三達德」中之「知恥近乎勇」的精神，我們就能夠看到韋伯及 Fingarette 論點之侷限：

子曰：「仁者必有勇，勇者不必有仁。」《論語・憲文》

子路曰：「君子尚勇乎？」

子曰：「君子義以為上。君子有勇而無義為亂，小人有勇而無義為盜。」《論語・陽貨》

子曰：「恭而無禮則勞，慎而無禮則葸，勇而無禮則亂，直而無禮則絞。」《論語・泰伯》

子曰：「好勇不好學，其蔽也亂」《論語・陽貨》

　　「勇」是孔子所讚許的一種美德。然而，孔子以為：「勇」必須以「仁、義、禮」倫理體系為基礎，因此，他在不同的場合中告訴弟子：「仁者必有勇，勇者不必有仁」、「勇而無禮則亂」、「君子有勇而無義為亂，小人有勇而無義為盜」。子路問他：「君子尚勇乎？」他當即勸告子路：「君子義以為上。」其實，從儒家學說來看，此處所謂的「學」應當是指「仁、義、禮」倫理體系的整體，而並不僅限於其中任何一項德目。

▣ 一怒而安天下

　　另一類的「勇」，其行為對象為他人。這是因為他人的行為違反倫理道德，而勇於挺身而出，並敢於據理力爭：

子曰：「見義不為，無勇也。」《論語・為政》

長者曾子謂子襄曰：「子好勇乎？吾嘗聞大勇於夫子矣：自反而不縮，雖褐寬博，吾不惴焉？自反而縮，雖千萬人，吾往矣！」《孟子・公孫丑上》

齊宣王曰：「大哉言矣！寡人有疾，寡人好勇。」

孟子曰：「王請無好小勇。夫撫劍疾視曰：『彼惡敢當我哉？』此匹夫之勇，敵一人者也。王請大之。詩云：『王赫斯怒，爰整其旅，以遏徂莒，以篤周祜，以對於天下。』此文王之勇也。文王一

怒而安天下之民。」《孟子・梁惠王下》

在儒家看來，以他人作為抨擊對象的「勇」，亦有層次高下之分。如眾所知，儒家的道德觀是一種以「大我」作為基礎的道德觀。在儒家的「仁、義、禮」倫理體系中，「大我」的價值重於個體的價值。因此，由於個人受到侮辱而力圖報復的「勇」，像「一朝之忿，忘其身以及其親」，像「思以一挫於人，若撻之於市朝」、「惡聲至，必反之」，甚至「撫劍疾視」，曰：「彼惡敢當我哉」，這都只能算是「小勇」、「匹夫之勇」；相反的，以大我利益為出發點的「勇」，才是真正的「大勇」。換言之，儒家的仁是有階序的，大仁之人必能「以其所愛及其所不愛」，當他看到有人違反仁義道德，「自反而縮」，即能抱著「雖千萬人，吾往矣」的精神，「見義勇為」、挺身而出。孟子所說「文王一怒而安天下之民」，便是指這種境界。

▣ 聚焦於場域的自我

美國夏威夷大學的漢學家安樂哲在深入思考Fingarette（1979）的論點之後，指出：儒家所說的「道」必然是「屬於個人的」，它是個人在其特定的歷史和文化條件下，將自身在動態的社群生活中定位，而呈現出來的一種「途徑」。個人必須從其「角色網絡」（complex of roles）或「關係距陣」（matrix of relationship）的某種獨特觀點來找出自己的「道」（Ames, 1991）。Graham（1990）因此認為：孟子所說的「人性」僅能作為個人的起始點，其「道」則必須涵蓋這個人存在的整體生涯。更清楚地說，一個「人」並不僅只是一種「存在」（being）而已，更重要是他的所作所為（doing or making），以及他根據自己的「道」，刻意完成的那些東西。安樂哲因此將先秦儒家經典中的「人觀」，稱為「聚焦於場域中的自我」（focus-field self）（Ames, 1994）。

第四節　關係中的自我

安樂哲是哲學家，他回顧西方人文領域對於儒家思想的研究而獲致了這個結論，而這個結論和華人社會科學家的研究發現是可以相互呼應的。

◙ 差序格局

在社會科學界中，最先試圖描繪中國人的自我及其社會關係之特色，而經常為人所引用者，為費孝通（1948）所提出的「差序格局」。在《鄉土中國》一書中，他對此一概念的描述是：西方個人主義社會中的個人，像是一枝枝的木柴，他們的社會組織將他們綁在一起，成為一捆捆的木柴。但中國社會的結構就好像是一塊石頭丟在水面上所發生的一圈圈推出去的波紋，每個人都是他社會影響所推出去的圈子之中心，而和圈子所推及的波紋發生聯繫。這個像蜘蛛網的網絡，有一個中心，就是「自己」（如圖 9-1 所示）。「這個富於伸縮性的網絡，隨時隨地都是以『自己』作為中心，這並不是個人主義，而是自我主義。」「我們所有的是自我主義，是一切價值以『己』作為中心的主義。」

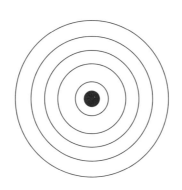

圖 9-1　中國社會的差序格局

資料來源：費孝通（1948）

　　費孝通有關「差序格局」的概念雖然經常為華人心理學家所引用，但究其本質不過是一種比喻而已。他所說的「差序格局」並沒有清楚地區分「自我」以及「社會關係」，而是將兩者合併在一起，並從人類學的角度來做描述。這種描述方式，並不必然可以讓吾人推論出任何和華人社會互動的過程中與臉面有關的任何問題。

◨ 心理社會圖

　　從學術的角度來看，許烺光所提出的「心理社會圖」（psychosociogram）其實更能夠精確地描述華人社會心理的特色（Hsu, 1971）（如圖 9-2 所示）。許烺光是國際知名的心理人類學家，在其學術生涯中，曾經嘗試從不同的角度來描述中國人的社會行為。他先是用「情境中心／個人中心」（situation-centered vs. individual-centered）一組概念的對比，來突顯中國人和美國人的性格（Hsu, 1953）；接著又用「父子軸／夫妻軸／母子軸」的三組概念，分別說明中國、美國和印度的文化（Hsu, 1963, 1965），認為其社會組織的特定分別為宗族、俱樂部和種姓（黃光國譯，2002；Hsu, 1963）。在他晚年的學術顛峰時期，又提出「心理社會圖」（psychosociogiam）的概念，來描述中國人的社會心理。

　　許烺光的「心理社會圖」包含有七個不規則的同心層，由內而外依次為「潛意識」（unconscious）、「前意識」（preconscious）、「未表達的意識」（unexpressed conscious）、「可表達的意識」（expressed conscious）、「親密的社會與文化」（intimate society and culture）、「運作的社會與文化」（operative society and culture）、「廣大的社會與文化」（wider society and culture）、「外在世界」（outer world）。圖中的第四層稱為「可表達的意識」，包含個人能夠和他人溝通的觀念和直覺，例如：喜、怒、愛、惡、貪、懼，以及依其文化之道德、社會與技術標準，作事情的正確方法。第三層包含個人與之有親密關係的重要他人（significant others），以及個人的寵物、用具和收藏品，個人與之存有一種感情，而不僅是因為它有用。相形之

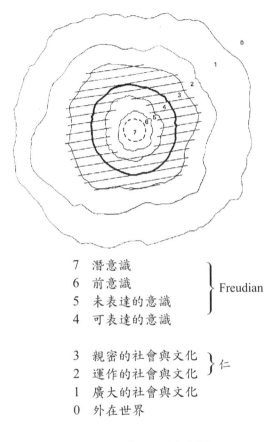

7　潛意識
6　前意識　　　　　　} Freudian
5　未表達的意識
4　可表達的意識

3　親密的社會與文化　}
2　運作的社會與文化　　 仁
1　廣大的社會與文化
0　外在世界

圖 9-2　人的心理社會圖

資料來源：取自 Hsu（1971, p. 25）

下，個人與屬於第二層的其他人交往，主要是因為對方對他「有用」，而不
是他對於對方有什麼感情，它們之間所建立的只是正式的角色關係而已。

▣ 心理社會均衡

　　圖 9-2 中的斜線覆蓋第三、四層的全部，以及第二、五層的部分，是人
作為社會及文化存在的核心部分，在華人文化中稱之為「仁」。許烺光認為
它和英文的 personage 約略相當，是指個人與他人之間的互動。在這個範疇

裡，每個人都必須盡力維持其精神與人際平衡，使其保持在令人滿意的水準之上，許烺光稱之為「心理社會均衡」（psychosocial homeostasis），華人通常稱之為要「作人」，或「學作人」。

　　許烺光的「心理社會圖」是一種普世性的模型，可以適用於不同的文化之中（Hsu, 1971）。作為生物學的「個體」，在其成長的過程中，可以在儒家文化中「學作人」，依照儒家以「仁」作為核心的道德秩序而行動，他也可能學習另外一種道德倫理規律，而顯現出不同的心理傾向。

◙ Galiean 式的人性觀

　　在《文化與自我：亞洲與西方的觀點》一書中，許烺光更進一步區辨兩種不同的人性觀（Hsu, 1985）：Ptolemaic 式的人性觀是把個體看作是整個宇宙的中心，他和其世界中的其他人是相互對立的。Galiean 式的人性觀並不把人看作是一個固定的實體，他必須與其關係網內的其他人保持一種動態平衡的關係。性格（personality）一詞是源自個體主義的概念，其著眼點在於個體深層的情結和焦慮，屬於 Ptolemaic 式的人性觀；中國文化中的「仁」要求個人在「一個矩陣或一個架構定位，在其中每個個體都嘗試要將其心靈與人際關係維持在一個令人滿意的程度之上」，許烺光將此一狀態稱為「心理社會均衡」，屬 Galiean 式的人性觀。在他看來，對中國人而言，人之所以為「人」的關鍵，在於人際關係的處理，而不在於性格，「性格」一詞是可以置諸於腦後的。

　　許烺光所提出的「心理社會均衡」概念，深受 1960 年代心理學界流行的心理分析理論所影響。他的理論所提出的重要概念，包括：Galiean 式人性觀、以「仁」作為核心的道德秩序、心理社會圖、心理社會均衡等，都是了解華人臉面觀的重要概念。然而，在西方人類學強調「主／客」二元對立的研究傳統影響之下，許烺光的理論雖然已經碰觸到儒家以「仁」作為核心的道德倫理規律，但他並沒有更深一層地探索並釐清：儒家倫理體系與華人臉面觀之間的關係。

☉ 關係取向

到了 1980 年代，港、台地區有些心理學者開始提倡本土心理學，試圖發展本土性的概念或理論，來描述華人的社會行為。

關係取向（relational orientation）是何友暉最先提出來的概念。他在批判許烺光的「情境中心論」、「心理群性內衡論」，以及楊國樞的「社會取向」之後，認為：「關係取向」一詞最能夠捕捉住中國社會心理學的神髓。此一名詞不僅具有本土特色，並且能夠與西方社會心理學「個人取向」的構想清楚地區分開來。他也認為：在中國式社會生存論的影響之下，「人際關係除了在人類性格發展過程中承擔歷史使命之外，它也在個體有生之年，為生命定出人之所以為人的意義。個人的生命是不完整的，它只有透過與其他人的共存才能盡其意義。沒有他人，個人的身體本色便失去意義」。

何友暉指出：在中國文化裡，自我並不是一個個的自我，它對自己的存在、獨特性、方向感、目標和意願均沒有很強的自覺。自我與非自我間的界線不清，人我的疆界不明。中國人的自我可稱為「關係中的自我」，它對其他人的存在具有高度的覺察能力。他人在自己現象世界的出現與自我的浮現，已到了水乳交融的境界；自我與他人同體，並在現象世界中分化開來，而形成「在他人關係中的自我」。

☉ 方法論的關係主義

基於這樣的觀點，何友暉提出了「方法論的關係主義」（methodological relationalism）之重要概念（Ho, 1991, 1998）。他認為：「方法論的關係主義」和「方法論的個人主義」是相互對立的。所謂「方法論的個人主義」是指：如果不了解有關個人的事實，吾人便不可能對社會現象作出完備的解釋。因此，「個人」是社會科學分析的基本單位。在心理學中，最廣為人知的例子是 Allport（1968, p. 3）對社會心理學所下的定義：「社會心理學旨在了解並說明個人的思想、感受和行為如何受到他人真實的、想像的或隱含的出現

之影響。」

　　相對之下，方法論的關係主義認為：社會現象的事實和原則不可以化約到關於個人的知識之上，他們是由許多個人所形成的關係、群體和機構之中滋生出來，並獨立於個人特徵之外（Ho, 1998, p. 4），關於個人的任何事實都必須放在社會脈絡中來加以了解。西方的許多社會思想家，像Durkheim、Weber和Marx都主張這種立場，例如：Durkheim（1938）便堅決主張：「*每當一種社會現象是直接用心理現象來加以解釋時，我們便可以斷言：這種解釋必然是虛假的。*」

　　根據「方法論的關係主義」，何友暉認為：

　　「*理論家在試圖解釋個體的行為，進行關係分析時，必須先考慮文化如何界定關係*」，因此，其「*策略性的分析單位並不是單獨的個體或情境，而是『各種關係中的人』*（person-in-relations，*其焦點為不同關係中的個人*）*以及『關係中的人們』*（persons-in-relation，*其焦點為在某一關係脈絡中互動的人們*）*。*」

▣ 儒家的文化傳統

　　何友暉指出：中國人通常會採取許烺光所謂 Galiean 式的人性觀，它肯定個人被嵌置在其社會網絡之中；而不是像西方人那樣地採取 Ptolemaic 式的人性觀，把個體看作是世界的中心，並且與世界對立（Hsu, 1985）。在華人社會中素樸地生活的個人，都隱約知道：他的世界是一個與他人共有的實在界。他知道：他和那些與他共處的其他人實際或潛在地生活在一起，能夠進入時而實際、時而潛在的接觸。在他們的實際接觸中，他們知道：每個個人都有不同的視域，但他們所指涉的對象確是取自同一個多樣性的整體。在對同一個對象的實際經驗中，每個人都經常地把那個整體意識視為對這個對象的可能經驗。當他和其生活世界的其他人進行互動時，他確實是一個嵌置在

關係網絡中的人，必須像何友暉所說的那樣，考慮其關係網內其他人
（persons-in-relation）的可能反應。然而，究竟是什麼樣的文化因素促使華
人採取 Galiean 式的人性觀，而不像西方人那樣，採取 Ptolemaic 式的人性觀？

　　要回答這個問題，我們必須回到社會學的層次之上，分析儒家的文化傳
統如何界定自我與各種不同他人間關係的安排。換言之，我們在研究儒家文
化傳統主張應如何安排自我和不同他人間的角色關係時，必須考慮何友暉所
建議的另一種策略性分析單位，即「不同關係中的人」，並在社會學的層
次上建構理論模型，來描述儒家文化傳統如何界定之「不同關係中的人」
（person-in-relations）。

▣ 本書的主張

　　本書第二章說明了：我如何以後實證主義的科學作為基礎，建構出〈人
情與面子〉的普世性理論模型。本書第七章又復說明了：我如何以之作為基
礎，用結構主義的方法，詮釋先秦儒家經典的文本，而建構出「儒家庶人倫
理」的「仁、義、禮」倫理體系。在儒家社會裡，當「資源支配者」以不同
的交換法則，和屬於不同關係（情感性關係、混合性關係或工具性關係）的
「請託者」進行互動時，其「自我」形成何友暉所謂的「不同關係中的
人」；當「資源分配者」因為某一特殊事件，而同時和幾位他者進行互動
時，其「自我」處於何友暉所謂「關係中的人們」之間。這時候，他和「關
係中的人們」形成了費孝通所謂的「差序格局」、許烺光所謂的「心理社會
圖」，或者安樂哲所謂的「角色網絡」或「關係矩陣」。處於此種關係網絡
中的個人，必然會成為「聚焦於場域中的自我」，並思考：作出什麼樣的行
動，可以從其情境中獲得自己想要的社會資源？這種反思涉及儒家的修養理
論，我將留待下一章再作進一步的深論。

參考文獻

余英時（1987a）：《中國思想傳統的現代詮釋》。台北：聯經出版事業公司。

余英時（1987b）：《從價值系統看中國文化的現代意義》。台北：時報文化出版公司。

高明（1983）：〈孔子的人生理想〉。見《孔子思想研究論集（一）》（頁1-30）。台北：黎明文化事業公司。

費孝通（1948）：《鄉土中國》。上海：觀察社。

黃光國（2009）：《儒家關係主義：哲學反思、理論建構與實徵研究》。台北：心理出版社。

黃光國（譯）（2002）：《宗族、種姓與社團》。台北：南天書局。

黃俊傑（1988）：〈孟子義利之辨章集釋新詮〉。《中央研究院三民主義研究所人文社會科學集刊》，1，151-170。

Allport, G. (1968). The historical background of modern social psychology. In G. Lindzey, & E. Aronson (Eds.), *Handbook of social psychology* (2nd ed.) (Vol. 1) (pp. 1-80). Reading, MA: Addison-Wesley.

Ames, R. T. (1991). Reflections on the Confucian self: A response to Fingarette. In M. I. Bockover (Ed.), *Rules, rituals, and responsibility: Essays dedicated to Herber Fingarette* (pp. 104-114). La Salle, IL: Open Court.

Ames, R. T. (1994). The focus-field self in classical Confucianism. In *Self as person in Asian theory and practice* (pp. 187-212). Albany, NY: State University of New York Press.

Durkheim, E. (1938). *The rules of sociological method.* Glencoe, IL: The Free Press. (Originally work published 1895)

Eckensberger, L. H. (1996). Agency, action and culture: Three basic concepts for cross-cultural psychology. In J. Pandey, D. Sinha, & D. P. S. Bhawuk (Eds.), *Asian contributions to cross-cultural psychology* (pp. 72-102). New Delhi, India: Sage.

Eckensberger, L. H. (2012). Culture-inclusive action theory: Action theory in dialectics and dialectics in action theory. In J. Valsiner (Ed.), *The Oxford handbook of culture and psychology* (pp. 357-402). New York, NY: Oxford University Press.

Elvin, M. (1985). Between the earth and heaven: Conceptions of the self in China. In M. Carrithers et al. (Eds.), *The category of the person* (pp. 156-189). London, UK: Cambridge University Press.

Fingarette, H. (1979). The problem of the self in the analects. *Philosophy East and West, 29*(2), 129-140.

Graham, A. C. (1990). The background of the Mencian theory of human nature. In *Studies in Chinese Philosophy and Philosophical Literature*. Albany, NY: State University of New York Press.

Hegel, G. W. F. (1956). *Philosophy of history* (J. Sibree, Trans.) (pp. 111-112). New York, NY: Dover.

Ho, D. Y. F. (1991). Relational orientation and methodological relationalism. *Bulletin of the Hong Kong Psychological Society, 26-27*, 81-95.

Ho, D. Y. F. (1998). Indigenous psychologies: Asian perspectives. *Journal of Cross-Cultural Psychology, 29*(1), 88-103.

Hsu, F. L. K. (許烺光) (1963). *Clan, caste and club*. New York, NY: Van Nostrand Reinhold Co.

Hsu, F. L. K. (許烺光) (1953). *Americans and Chinese: Two ways of life*. New York, NY: Abelard- Schuman.

Hsu, F. L. K. (許烺光) (1965). The effect of dominant kinship relationships on kin and nonkin behavior: A hypotheses. *American Anthropologist, 67*, 638-661.

Hsu, F. L. K. (許烺光) (1971). A hypotheses on kinship and culture. In F. L. K. Hsu (Ed.), *Kinship and culture* (pp. 3-29). Chicago, IL: Aldine.

Hsu, F. L. K. (許烺光) (1985). The self in cross-cultural perspective. In A. J. Marsella, G. DeVos, & Hsu, F. L. K. (Eds.), *Culture and self: Asian and western perspectives* (pp. 24-55). New York, NY: Tavistock.

Hwang, K. K. (1987). Face and favor: The Chinese power game. *American Journal of So-*

ciology, 92, 944-974.

Hwang, K. K. (2012). *Foundations of Chinese psychology: Confucian social relations*. New York, NY: Springer.

Jullien, F. (1998). *Un sage est sans idée ou l'autre de la philosophie.* 閆素偉（譯）（2004）：《聖人無意：或哲學的他者》。北京：商務印書館。

King, A. Y. C. (1985). The individual and group in Confucianism: A relational perspective. In J. M. A. A. Donald (Ed.), *Individualism and holism: Studies in Confucian and Taoist values* (pp. 57-70). MI: Center for Chinese Studies, the University of Michigan.

Munro, D. J. (1979). The shape of Chinese values in the eye of an American philosopher. In R. Terrill (Ed.), *The China difference* (p. 40). New York, NY: Harper & Row.

Weber, M. (1920/1964). *The religion of China: Confucianism and Taoism* (H. H. Gerth, Trans.). New York, NY: The Free Press. 簡惠美（譯）（1989）：《中國的宗教：儒教與道教》（頁 293-317）。台北：遠流出版公司。

Yang, C. K. (1959). *Chinese communist society: The family and the village*. Cambridge, MA: MIT Press.

第十章　反思與實踐：儒家的自我修養理論

　　本書第九章是根據儒家思想的內容，駁斥了許多西方學者對於儒家「自我」的偏見。費孝通所說的「一捆木柴與水面波紋」，以及許烺光所說的「Ptolemaic 人性觀」雖然是中性的對比，但其實也僅只是一種不精確的比喻。本書第三章提出了一個普世性的〈自我曼陀羅模型〉，第七章又提出了含攝儒家文化的「仁、義、禮」倫理體系。以此作為基礎，我們可以進一步提出儒家的自我修養理論。

　　《大學》的本文「經一章」〈大學之道〉，其實只是一篇兩百餘字的文章；「傳十章」則是曾子對其文本的詮釋。程子認為：它雖然是「孔子之遺書」、「初學入德之門」，但它卻是「四書之首」，「學者必由是而學焉」、「而論，孟次之」。從心理學的角度來看，《大學》的論述雖然十分精要，如果我們將它放置在本書所提出的〈自我的曼陀羅模型〉以及儒家倫理的脈絡中，用海德格的存在哲學和德國文化心理學者 Eckensberger（1996, 2012）所提出的行動理論（action theory）重新加以解釋，它的意義會更容易被現代人所理解。

第一節　正心：世界取向的初級反思

　　海德格認為：人類是「本體論的社會存在」（ontologically social beings），其特性為「與他人共在」（being-with-others）（Heidegger, 1927/1962, p. 155）。對於這一點，他作了更進一步的解釋：

「親在」（Dasein）對於「存在」（Being）的理解必然蘊含了對於他人的理解。這種理解正如其他任何一種理解，並不是得自於對他們的知識，而是得自「存在」原初的實存狀態（a primordially existential kind of Being），它比任何其他事物，更使此種知識和認識成為可能。（p. 35）

用存在現象學（existential phenomenology）的角度來看，任何人的生命經驗都是「在世存有」（being-in-the-world），總是以某種方式與世界關聯，而不可能遺世獨立，或甚至像笛卡兒所想像的那樣與世界對立。用中國人在算命時所用的「命盤」來看，個人是在毫無選擇的情況之下，被「拋擲」到這個世界來的，當他開始有自我意識並發現自我的時候，他已經和自己所存在的世界產生各式各樣的關聯，而形成個人獨一無二的「命宮」，這包括心理學家所謂的「社會我」（social self），如我的父母、兄弟、夫（或妻）、子女等，以及（物質我）（physical self），如我的健康、財帛、田宅等。

用文化心理學者 Eckensberger（1996, 2012）的行動理論（Action Theory）來看，「正心」的目的是希望個人在其生活世界中能夠作三種不同層次的反思，包括：初級的「世界取向」（world-oriented）反思、次級的「行動取向」（action-oriented）反思，以及第三級的「主體取向」（agency-oriented）反思。

整體而言，儒家鼓勵個人在作「世界取向」的初級反思時，其意識是指向「社會世界」（social world），而不是指向「物質世界」（physical world）。用 Eckensberger（2012）的行動理論來說，個人在作「世界取向」的反思時，其意識如果指向「社會世界」，此時行動主體經由文化學得的某些信念、道德或法律，會成為其「規範性的認知基圖」（normative schemata），而成為其規約系統（regulatory system），引導其反思的方向。

▣ 正心

孔門自我修養的「功夫論」，包含「正心、誠意、格物、致知」四個步驟：「正心」是其中第一步驟：

> 「所謂『修身在正其心』者，身有所忿懥，則不得其正；有所恐懼，則不得其正；有所好樂，則不得其正；有所憂患，則不得其正。心不在焉：視而不見，聽而不聞，食而不知其味。」《大學・傳七章》

當個人的自我受到忿懥、恐懼、好樂、憂患等情緒干擾的時候，心境無法保持在「喜怒哀樂之未發」的平靜狀態，他很可能「視而不見，聽而不聞，食而不知其味」，不能冷靜地反思自己的生命處境，也很難學習新的事物，所以先秦儒家把「正心」列為「修身」的第一步。

儒家所提出的「正心」工夫又包含幾個重要的步驟：

> 「知止而後有定，定而後能靜，靜而後能安，安而後能慮，慮而後能得。」《大學・經一章》

▣ 規範性的認知基圖

「知止」中的「止」字，意指「止息」。《大學・傳三章》中記載：孔子看到一隻呢喃黃鳥停息在山丘一隅，他說：「於止，知其所止，可以人而不如鳥乎？」接著又說：

> 詩云：「穆穆文王，於緝熙敬止。為人君，止於仁；為人臣，止於敬；為人子，止於孝；為人父，止於慈；與國人交，止於信。」《大學・傳三章》

在上述引文中，「止」均為「止息」之意。仁、敬、孝、慈、信，則是自我在扮演不同社會角色時，應當「棲息」於其中的「明德」，也就是Eckensberger 所說的「規範性的認知基圖」。「知止而後有定」的意思是：個人必須知道「自我」在人際互動中應當遵循的規則，他才能保持心境的平靜，而不受情緒的干擾。這就是所謂的「定而後能靜」，也就是儒家修養所謂「正心」的工夫。

在作「世界取向的反思」時，個人反思的方向可能朝向外界，也可能朝向自己。朝向外界時，思考的是自己在生活世界中的處境；朝向自己時，思考的是如何將自己呈現在世人面前。在《論語》中，曾子說過一段廣為人知的話：

> 曾子曰：「吾日三省吾身：為人謀而不忠乎？與朋友交而不信乎？
> 傳不習乎？」《論語・學而》

在這段引文中，曾子是用「吾」字指稱自己。用 Eckensberger（1996, 2012）的「行動理論」來看，曾子所說的「三省」，包含了三種不同層次的自我反思：「為人謀而不忠乎？」「與朋友交而不信乎？」是從「世界取向」（world-oriented）的反思，朝向「行動取向」（action-oriented）的反思；「傳不習乎？」則是「主體取向」（agency-oriented）的反思。換言之，先秦儒家鼓勵門下弟子每天都要作「自我反思」，實踐儒家修養的工夫。

▣ 朝向世界的「吾」

Thompson（2017）分析先秦儒家經典中「吾」、「己」、「我」三個字的不同用法，分別反映出三種不同層次的反思。「吾」字上部是「五」，下部是「口」，他認為：「五口」是指人的臉部有兩個眼睛、兩個鼻孔，以及一個嘴巴，代表人如何將自己呈現在他人之前。曾子上述引文的意涵為：個人在為他人作事，而作「世界取向」的反思時，最重要的價值是「忠」；與

朋友交往，最重要的價值則是「信」。

在各種不同的社會互動脈絡中，孔子將自己呈現在他人面前時，也是用「吾」來指稱自己，例如：在《論語‧學而篇》中，我們可以看到孔子這樣說他自己：「吾少也賤，故多能鄙事」、「德之不修，學之不講，聞義不能徙，不善不能改，是吾憂也」、「自行束脩以上，吾未嘗無誨也」、「文，莫吾猶人也，躬行君子，則吾未之有得」、「若聖與仁，則吾豈敢？抑為之不厭，誨人不倦，則可謂云爾已矣」。

第二節　盡己：行動取向的次級反思

用〈自我的曼陀羅模型〉來看，個人在成長的過程中，會針對自己所處的外在世界，學到各種不同的「知識」內容，它包含邏輯性、技術性以及工具性的認知基圖（schemata）及行動能力（action competence），也包含使用知識的「智慧」，以及社會行動的能力（social competence）。

▣ 個人關懷

行動主體在其生活世界中，作「世界取向的反思」（world-oriented self-reflection）之後，可以基於其個人的偏好，從其知識庫（stock of knowledge）中，選取其認為適合的目標與方法，並付諸行動。其最後決定因素，為其「社會認知」中的「個人關懷」（personal concerns in social cognition）（Eckensberger, 2012）。

所謂「個人關懷」，其最基本型態就是個人的慾望。主張「性惡論」的荀子認為：

「夫好利而欲得者，此人之情性也。」
「今人之性，生而有好利焉……生而有疾惡焉……生而有耳目之欲、有好聲色焉。」

「若夫目好色，耳好聽，口好味，心好利，骨體膚理好愉佚，是皆生於人之情性者也。」

「凡人有所一同：飢而欲食，寒而欲煖，勞而欲息，好利而惡害，是人之所生而有也，是無待而然者也，是禹桀之所同也。目辨黑白美惡，耳辨音聲清濁，口辨酸鹹甘苦，鼻辨芬芳腥臊，骨體膚理辨寒暑疾癢，是又人之所常生而有也，是無待而然者也，是禹桀之所同也。」〈榮辱〉

主張「性善論」的孟子也認為：「飽食煖衣，逸居而無教，則近於禽獸」《孟子‧滕文公上》。換言之，不論是主張「性善論」的孟子或是主張「性惡論」的荀子，都一致同意：作為生物之個體（individual）具有各種慾望，是「自我」的啟動者（activator），它會促使「自我」運用其知識作為工具，向外在世界獲取種種資源，來滿足自己的慾望。

▣ 籌劃行動

先秦儒家非常重視個人在其生命處境中所作的「籌劃」行動。《中庸》上有一段名言：

「凡事豫則立，不豫則廢。言前定則不跲，事前定則不困，行前定則不疚，道前定則不窮。」《中庸‧第二十章》

「跲」原意為「躓跌」，這裡引用為「說話結巴」，反映出內心猶疑、舉棋不定。在這段引文中，「言前定則不跲，事前定則不困，行前定則不疚，道前定則不窮」，其實都是從不同的角度，反覆說明行動的一項重要原則──「凡事豫則立，不豫則廢」。

我們可以從本書的論述脈絡中，重新詮釋這種「籌劃」行動的意義。從〈自我的曼陀羅模型〉來看（如圖 3-1 所示），作為生物體的「個人」，必

須從其生活世界中獲取各種資源（如圖 3-2 所示），來滿足個人的不同需求。在個人生活世界中的重要他人往往掌握各種不同的資源，而成為「儒家之庶人倫理」中所謂的「資源支配者」（如圖 2-3 所示）。為了要爭取某種特定的資源，個人必須審慎思考：在他的生活世界裡，這項資源在其生活世界中的分布情形；在這個關鍵時刻，誰是這項資源的支配者，他們之間的關係是什麼，這就是中國人所謂的「審時度勢」；然後決定：作為請託者，自己該用什麼樣的社會要求，來和對方進行互動。用何友暉提出的「方法論的關係主義」來說（Ho, 1991），「審時度勢」是在考量和某一決策有「關係的人們」（persons-in-relation）；籌劃自己和他人交往的方式，則是在決定自己該如何和「不同關係的人」（person-in-relations）進行互動。

▣ 第一序及第二序的道德

Gergen（2009）在其著作《關係性的存在》中，曾經將道德區分為兩類：第一序的道德（first-order morality）或倫理，包含構成任何長久存在之關係型態的價值，它在「某種生活方式中有意義」，但卻與善、惡無關。它是隱晦而無所不在的。個人可以藉此整合「為人之道」的各種不同觀念，而形成他的「自我認同」，也可以在某一個特定的社會團體裡，而形成他的「社會認同」。經由自我覺察的反思，第一序的道德可能由隱晦變為清晰，並可以用一組規則將之加以陳述，而成為第二序的道德（second-order morality）。

這種情況通常發生在兩個文化群體相互遭逢，並在信仰、價值或實踐等方面發生衝突的時候。由於第二序的道德包含有使第一序道德恢復其創生之可能性的合作行動，它也可能有助於對立群體之間的互動。

Thompson（2017）認為：在儒家強調的五種美德中，仁、義、禮、信四者是屬於第一序的道德；對這四者的反思與實踐，則成為第二序的道德，是屬於「智」的範疇。用我所建構之「含攝文化的理論」來說，當請託者想要在其生活世界中獲取某種資源時，他必須依照「仁、義、禮」倫理體系與資

源分配者進行互動，用〈自我的曼陀羅模型〉來說，這是作為「人」的條件。
然而，如何恰當使用這些第一序的道德，來處理生活中的衝突事件，則有賴
於個人的「智慧」。

我們可以再用海德格的哲學來看「智慧」的意義。在海德格的存在哲學
裡，時間有「過去」、「現在」和「未來」三重結構，「本真」和「非本
真」的存在狀態對應於兩種不同的時間觀。每一個人都是歷史的產物，每一
個人都活在他的歷史經驗之中，「過去」是培育萬物的苗圃。「誠者，天之
道；誠之者，人之道」，一個活在「本真」狀態中的「智者」，不論「過
去」遭受過什麼樣的「受苦」經驗，他都能夠真誠面對自己的生命處境，總
結自己的歷史經驗，以之作為材料，在「現在」從事「籌劃」，以走向「未
來」。

▣ 盡己

用 Eckensberger（1996, 2012）的「行動理論」來說，「行動取向」的反
思必然是未來取向的（future-oriented），有一種基本的目的論結構（basic
teleological structure），並且包含決策以及後果的評估，並可能導致正式行動
的結構。當個人在生活世界中的行動遭到阻礙或挫折時，他必然會經歷到負
面情緒，並產生出企圖控制外界的努力。然而，當他作「世界取向」的反思，
並發現他從文化中習得的知識，不足以克服外在世界中的障礙時，他就必須
進一步作「行動取向」的反思，思考採取什麼樣的行動，才可以恢復行動主
體和外在世界之間的平衡。

本書第七章在討論「儒家的庶人倫理」時提到：《論語》中記載孔子和
弟子的對話，絕大多數都是弟子問，由孔子回答。只有少數幾次，是由孔子
主動向弟子提起，此最能夠反映出先秦儒家的核心價值。

有一次，孔子主動向曾子強調說：「吾道一以貫之。」曾子說：
「是。」孔子離開後，其他的弟子問曾子：「老師所說的『一貫之道』究竟
是什麼？」曾子的回答是：「夫子之道，就是『忠』跟『恕』兩個字罷了！」

　　這一段對話反映出孔子的核心價值。朱熹對於「忠恕」的注釋是：「盡己之謂忠，推己及人之謂恕。」更清楚地說：在孔子平日對弟子所講述的「仁道」中，只有「忠」和「恕」兩個字可以「一以貫之」，是對待任何人都適用的普遍性倫理原則。針對生活世界中的任何事件作「行動取向的反思」時，都必須落實「盡己」和「推己及人」的倫理原則：

　　　子曰：「君子求諸己，小人求諸人。」《論語・衛靈公》
　　　孟子曰：「仁者如射；射者正己而後發；發而不中，不怨勝己者，
　　　反求己而已矣。」《孟子・公孫丑上》

▣ 反求諸己

　　孔子以「求諸己」和「求諸人」作為「君子」和「小人」的分際。孟子則是以「射箭」作為比喻，認為：一個真正的「仁者」在生活世界中，不論追求什麼樣的目標，都會「正己而後發」，作縝密的「籌劃」後，再採取行動。當他「發而不中」，遭遇到挫折時，他也「不怨勝己者」，不會為負面情緒所淹沒，而會「反求諸己」，作「行動取向」的反思。

　　在「行動取向」的反思中，個人會在自己「行動的脈絡」中（action context）反思障礙的意義，並尋思：用何種方式來克服障礙較為合適。這時候，行動主體經由文化學得的某些信念、道德或法律，會成為其「規範性的認知基圖」（normative schemata），而成為其規約系統（regulatory system），引導其反思的方向。

　　　孟子曰：「愛人不親，反其仁；治人不治，反其智；禮人不答，反
　　　其敬。行有不得者，皆反求諸己；其身正，而天下歸之。詩云：
　　　『永言配命，自求多福。』」《孟子・離婁上》

　　「行有不得，反求諸己」是儒家修養最基本的行為原則，也是儒家區分「君子」和「小人」的重要判準。不論是在一般的人際互動（禮人）、情感表達（愛人）、組織管理（治人）或人際競爭（射）的場合，當自己已經盡力作出合宜的行為，而沒有得到預期的效果時，都應當「反求諸己」，而不是「怨天尤人」或「求諸人」，這就是儒家所說的「永言配命，自求多福」。

　　孔子宣稱：孔門之教是「為己之學」，而不是「為人之學」《論語・憲問》，其目的在培養個人的德性，而不在贏取他人虛浮的讚賞。先秦儒家用「己」字來指稱自我修養的對象，例如：「己所不欲，勿施於人」《論語・顏淵》、「己欲立而立人，己欲達而達人」《論語・庸也》，都是「行動取向的反思」，其目的在要求自己，同時也兼顧生活世界中的其他人。

◫ 終身之憂

　　用海德格的概念來說，當個人和生活世界中的重要他人發生衝突，並產生嚴重的情緒困擾時，他會陷入「非本真」的存在狀態，其時間觀是以「現在」作為核心：「過去」的創傷經驗留存到「現在」，「自我」未能予以妥善處理，他的「時間觀」變成了「現在」—「現在」—「現在」。他也因而不知道如何「籌劃」未來。因此，不論是在哪一種文化中，挫折經驗的處理都是一門重要的課題。

　　孟子非常了解：對於障礙或挫折的不同詮釋同時也蘊含著不同的情緒類型：個人對於障礙來源的詮釋，會決定他所使用的情緒概念；他對障礙或挫折經驗的詮釋，也可能「遮蔽」住某類情緒經驗的產生。在〈離婁下〉的同一段話中，孟子進一步解釋他之所以主張「反求諸己」的理由：

　　孟子曰：「君子所以異於人者，以其存心也。君子以仁存心，以禮存心；仁者愛人，有禮者敬人。愛人者，人恆愛之；敬人者，人恆敬之。有人於此，其待我以橫逆，則君子必自反也：『我必不仁

也？必無禮也，此物奚宜至哉？』其自反而仁矣，自反而有禮矣，其橫逆由是也；君子必自反也：『我必不忠。』自反而忠矣，其橫逆由是也；君子曰：『此亦妄人也已矣！如此，則與禽獸奚擇哉？於禽獸又何難焉？』」

孟子主張：「君子以仁存心，以禮存心；仁者愛人，有禮者敬人。愛人者，人恆愛之；敬人者，人恆敬之。」當有人「待我們以橫逆」時，有修養的君子就會依這種「規範性的認知基圖」，來進行反思：從社會互動層次的「仁」、「禮」反省到內心是否已經做到「盡己」的「忠」。如果他認為：自己的作為並沒有違反任何道德或規範的要求，而對方又仍然「待我以橫逆」，此時「自我」便可以作出認知判斷：「此亦妄人也已矣！」——「這種人和禽獸有什麼差別？和禽獸又何必計較？」這樣的認知方式可以「遮蔽」住負向情緒經驗的產生。

第三節 誠意：主體取向的反思

然而，儒家教育的目的，並不僅只是教弟子「懲忿窒欲」而已。在前述引文中，孟子提出遮蔽負向情緒的建議後，緊接著又說：

「是故，君子有終身之憂，無一朝之患也。乃若所憂則有之。舜人也，我亦人也；舜為法於天下，可傳於後世，我由未免為鄉人也！是則可憂也。憂之如何？如舜而已矣。」《孟子‧離婁下》

用 Eckensberger（1996, 2012）的「行動理論」來說，這不僅只是要弟子們針對自己的置身處境作「行動取向」的自我反思，而且是要大家從更長遠的觀點，作「主體取向」的自我反思。Eckensberger 認為：人類最重要的特徵之一，是他會進行不斷的自我反思。當「行動取向」的反思遭遇到挫折時，

他會更進一步追問：「我真正的目的是什麼？」「我個人堅持的品格與信念對我有多重要？」最後，他可能還會問：「我是誰？」「我存在的意義是什麼？」

這種第三層次的反思，Eckensberger（1996, 2012）稱為「主體取向」（agency-oriented）的反思。用〈自我的曼陀羅模型〉來看，個人在進行此一層次的反思時，必然會受到其文化中「人觀」（personhood）的影響，認為符合什麼樣的角色期待，才配稱作一個「人」，從而發展出「自我認同」，並決定以什麼樣的姿態，將自我展現於外在世界之前。

孟子所說的：「君子有終身之憂，無一朝之患」，便是希望門下弟子將日常生活中的挫折和「橫逆」看作是自我磨鍊的「修道場」，並以舜作為榜樣，在時間向度上，作長程取向的考量。「舜為法於天下，可傳於後世」、「舜人也，我亦人也」、「如舜而已矣」是每個人都應當有的「終身之憂」。相反的，如果為負向情緒所淹沒，陷入於「非本真」的存在狀態，那就會有孟子所謂的「一朝之患」。

回 從容中道

《中庸》第一章開宗明義地說：

「天命之謂性，率性之謂道，修道之謂教。」《中庸·經一章》

上天賦予個人的各種潛能，即為他的本性；順著個人的天賦發展，就是他人生應當走的「道」；儒家教育的目的，就是要幫助個人作長程取向的考量，並找出他自己的人生之道。由於每個人的「人生之道」，都是「不可須臾離也，可離非道也」，要作「主體取向」的反思，找出自己的「人生之道」，一定要作到儒家所強調的「誠意」。

「誠者，天之道；誠之者，人之道也。」《中庸·第二十章》

「誠者，不勉而中，不思而得，從容中道，聖人也；誠之者，擇善
而固執之者也。」《中庸・第二十章》

　　只要一個人能夠像聖人那樣地實踐仁道，「不勉而中，不思而得，從容
中道」，我們便可以說他已經達到聖人的境界。然而，選擇成為道德主體
（擇善固執）卻是一種永無休止的歷程，所以孟子說：「如舜而已」是君子
的「終身之憂」。以孔子為例，他在《論語・述而》中說：「我非生而知之
者，好古，敏以求之者也」、「述而不作，信而好古，竊比於我老彭」、
「默而識之，學而不厭，誨人不倦，何有於我哉」、「飯疏食飲水，曲肱而
枕之，樂亦在其中矣。不義而富且貴，於我如浮雲」、「仁遠乎哉？我欲
仁，斯仁至矣！」

　　在上述引文中，孔子都用「我」來指稱作為「主體我」（agential self）
的「自我」。這些引文顯示：孔子終其一生是選擇成為「道德主體」來塑造
其人格。這個「我」字演變成為現代漢語中的第一人稱代名詞（Thompson,
2017），它通常用來指稱「主體我」，但卻不一定有「道德主體」的意味。

⊡ 以「誠」修身

　　然而，要達到「聖人」的境界，卻必須經過一段漫長的修養歷程。由於
儒家相信：他們所主張的「仁道」是與「天道」相通的，一個人在認同儒家
的「仁道」之後，必須要「擇善而固執之」，接受各種「橫逆」的考驗。孟
子有一段十分出名的論述表達出類似的觀點：

「故天將降大任於斯人也，必先苦其心志，勞其筋骨，餓其體膚，
空乏其身，行拂亂其所為，所以動心忍性，增益其所不能。人恆
過，然後能改；困於心，衡於慮，而後作；徵於色，發於聲，而後
喻。入則無法家拂士，出則無敵國外患者，國恆亡。然後知生於憂
患而死於安樂也。」《孟子・告子下》

一個存在於「本真」狀態的人，會將他的生活世界當作是磨鍊自我的道場，並將生命中的負面經驗當作是上天對他的考驗。他會反思自己的挫敗經驗，從中汲取教訓，以作為未來行動的方針；即使犯了過錯，也勇於自我改正。國家和個人一樣，受到了「敵國外患」的挑戰，必須要有「法家拂士」的輔佐，不斷糾正領導人的錯失，才能免於危亡。孟子因此特別強調「生於憂患，死於安樂」。

第四節　格物：窮究事物之理

在《大學》所提出的修養功夫「靜而後能安」中，「安」字是指「定位」（anchorage），讓客觀世界中的每一事物都能夠如其所是地呈現在其認知系統中，這也是宋明儒者所說的：「萬物靜觀皆自得。」要做到這一點，《大學》提出的對策是「誠意」：

> 「所謂『誠其意』者，勿自欺也。如惡惡臭，如好好色，此之謂自謙。故君子必慎其獨也。」《大學・傳六章》

「自謙」是「真誠地對待自己」，正如「好好色，惡惡臭」一樣。然而，「誠意」並不僅只是對待自己而已。針對這一點，《中庸》還有更為周延的說法：

> 「誠者，非自成己而已也，所以成物也。成己，仁也；成物，知也；性之德也，合內外之道也，故時措之宜也。」《中庸・第八章》

這段話必須放置在皮亞傑「發生認識論」的脈絡中，來加以解釋。先秦儒家認為：他們之所以會提出「誠」的哲學，不僅是要「成己」，而且是要「成物」。所謂「成己」，是要求「行動的自我」實踐「仁道」，所以說：

「成己，仁也」。所謂「成物」，是「反求諸己」，以自己作為認識的主體，去認識外在世界中客觀事物的變化，所以說：「成物，知也」。

▣ 格物

這裡特別值得注意的是「物」的意義。王陽明說：「物者，事也。凡意之所發，必有其事。意所在之事，謂之物」、「如意在於事親，即事親便是一物。意在於事君，即事君便是一物。意在於仁民愛物，即仁民愛物便是一物。意在於視聽言動，即視聽言動便是一物。所以某說無心外之理，無心外之物。」

由於「物」是指「自我」在其生活世界中所遭遇的「事物」，宋明理學家主張「即物而窮其理」，找出每一件事物的道理，因為「天下之物，莫不有理」，如果「理有未窮」，則必「知有不盡」。然而，個人該如何「窮其理」呢？先秦儒家提出的對策是「誠意」：唯有冷靜認識外在世界中客觀事物的變化，才能知道該一事物的是非對錯（性之德），所以說：「誠者，物之始終，不誠無物。」作出對於該一事物的道德判斷，才能夠在特定時空中，採取正確的行動，來對待外在世界中的事物，這就是所謂的「時措之宜」。

用 Eckensberger（1996, 2012）的行動理論來看，儒家的修養論雖然也要求個人作「世界取向」的反思，但其反思的焦點卻是生活世界中的社會事務，而不是物理世界中的客觀事務。個人認識客體的方法，正如皮亞傑發生認識論所主張的，必須藉由主體和客體的交互作用，這就是所謂的「合內外之道」。然而，先秦儒家關注的焦點並不是客觀知識，而是「人道」的合理安排，所以王陽明說：「格者，正也；正其不正以歸於正之謂也。正其不正者，去惡之謂也；歸於正者，為善之謂也。夫是之謂格。」

▣ 知本

儒家教育的目標，是要培養將來有機會出仕的士，他們不僅要能夠判斷人間事物的是非對錯，而且要能「治國、平天下」。孔子說：

「聽訟，吾猶人也；必也，使無訟乎！無情者不得盡其辭。大畏民
志，此謂知本。」《中庸・傳四章》

「聽訟」是以「正心誠意」的態度針對某一特定事物，「物有本末，事
有始終，知所先後，則近其道」。要做到這一點並不困難，所以孔子說：
「吾猶人也」。然而，在「治國」的層次中，要做到「無訟」的境界就相當
困難。唯有「正本清源」，找出問題的根源，作出合理的裁斷，讓「無情
者」都無話可說，一般民眾也知所警惕（大畏民志），這才叫做「知本」。

要有這樣的能力，「士」就必須具備廣博的知識背景。因此，儒家發展
出一套相當精緻的學習方法，教給學生：

「博學之，審問之，慎思之，明辨之，篤行之。有弗學，學之弗能
弗措也；有弗問，問之弗知弗措也；有弗思，思之弗得弗措也；有
弗辨，辨之弗明弗措也；有弗行，行之弗篤弗措也。人一能之，己
百之；人十能之，己千之。果能此道矣，雖愚必明，雖柔必強。」
《中庸・第二十章》

「措」的意思是放手不為。儒家要學生要用「博學、審問、慎思、明
辨、篤行」的方法來追求學問，如果有「學之弗能」、「問之弗知」、「思
之弗得」、「辨之弗明」或「行之弗篤」的現象，都不可以輕言放手，一定
要拿出「人一能之，己百之；人十能之，己千之」的精神，再接再厲，鍥而
不捨，直到問題完全研究清楚為止。

第五節　致知：認知基圖的轉換

由於儒家所主張的「博學、審問、慎思、明辨、篤行」的學習方法，是
一種「學至乎沒而後止」的工夫，它不僅可以用在「仁道」的學習和實踐之

上，也可以用在其他客觀知識的學習和應用之上。《中庸》在提出：「成己，仁也；成物，知也。性之德也，合內外之道也，故時措之宜也。」之後，又緊接著說：

> 「故至誠無息。不息則久，久則徵，徵則悠遠，悠遠則博厚，博厚
> 則高明。博厚，所以載物也；高明所以覆物也。悠久所以成物也。
> 博厚配地，高明配天，悠久無疆。」《中庸・第二十六章》

這一段話主要是在談客觀「知識」的學習。「載物」是指知識廣博，足以承載相關的事物。「覆物」是指見解高明，可以覆控相關事物。「成物」是指知識淵博，能夠說明事物的演變過程。「載物」和「覆物」是指對於客體物存在於空間的「共時性知識」，「成物」則是指其在時間向度上變化的「歷時性知識」。三者合在一起，則是指「物」在特定空間和時間所展現出來的屬性。

◨ 解蔽

我們可以用荀子在其〈解蔽篇〉中所描述的「大清明」來描述這種「知識」學習過程中的認知轉換：

> 「凡以知，人之性也；可以知，物之理也。以可以知人之性，求可
> 以知物之理。」
> 「凡人之患，蔽於一曲，而闇大理。」
> 「故為蔽：欲為蔽，惡為蔽；始為蔽，終為蔽；遠為蔽，近為蔽；
> 博為蔽，淺為蔽；古為蔽，今為蔽。凡萬物異，則莫不相為蔽，此
> 心術之公患也。」

荀子認為：人生而有認知的能力，而人所存在的世界也有可以為人所認

知的「物之理」。個人在認知每一件事物時，其發生各有始終，發生的時間或在古、或在今；距離個人的空間或在近、或在遠；認知主體對各事件有欲、惡之分，其見解又有博、淺之別：「凡萬物異，則莫不相為蔽」。因此他便很容易「蔽於一曲，而闇大理」。蔽，既然是「心術之公患」，然而個人應當如何解蔽？

> 「聖人知心術之患，見蔽塞之禍，故無欲無惡，無始無終，無近無遠，無博無淺，無古無今，兼陳萬物，而中懸衡焉；是故眾異不得相蔽以亂其倫也。何謂衡？曰：道。故心不可以不知道。」

◙ 「道」與大清明

在這段引文中，最值得注意的是「兼陳萬物，而中懸衡」這一句話。荀子在討論人心之蔽時，指出：「夫道者，體常而盡變，一隅不足以舉之。曲知之人，觀於道之一隅而未之能識也。」為了避免這種「一隅之見」式的「曲知」，荀子主張：個人應當排除各種主觀（無欲無惡、無博無淺）和客觀（無始無終、無近無遠、無古無今）因素的干擾，以「虛壹而靜」的純粹認知心來體驗每一件事物（兼陳萬物），並在心中建立起一套「道」的標準（而中懸衡），以之衡量萬事萬物。這時候，新的經驗不但不會使他原先的知識體系失效，反倒會使它擴充成為更為完整的參考架構。

> 「未得道而求道者，謂之虛壹而靜……知道察、知道行，體道者也。虛壹而靜，為之大清明。萬物莫形而不見，莫見而不論，莫論而失位。坐於室而見四海，處於今而論久遠……」

在荀子看來，「虛壹而靜」既是求道必備的工夫，又是得道之後澄明的存在狀態，這種狀態便是他所謂的「大清明」。因此，他認為：對於未得道

而求道的人，必須教他「虛壹而靜」的工夫，用明察事理的方法來「知道」，用親身經驗的方法來「體道」。一旦他悟道而達到「大清明」的境界，他便能突破時間和空間的限制，「坐於室而見四海，處於今而論久遠」，對於他所感受到的萬物，凡有形者莫不能見知，凡見知者莫不能加以論說，凡加以論說，莫不恰如其分而不失其位。

▣ 認知基圖的轉換

荀子所說的「大清明」，其實就是《大學》所說的「致知」，也是程子所謂的「即物而窮其理」：

> 「是以大學始教，必使學者即凡天下之物。莫不因其已知之理而益窮之，以求至乎其極。至於用力之久，而一旦豁然貫通焉，則眾物之表裡精粗無不到，而吾心之全體大用無不明矣。此謂物格，此謂知之至也。」《大學‧傳五章》

我們可以用皮亞傑（Piaget, 1977）的發生認識論，來說明這種學習過程中知識轉換的歷程。本章第一節說過，任何一個人對他生活中經歷過的事物，都會產生一定的「基圖」，這種「基圖」通常都有一定的結構，而處於平衡狀態之中。當一個科學家針對某一特定領域中的對象，透過「內斂致知」的方法，從事愈來愈深入的研究，他對於該一對象的認知「基圖」，也會不斷發生變化；他或者能夠將新進來的訊息「同化」到既有基圖的結構之中；或者必須改變既有的基圖結構，以「順化」於新進來的訊息。這些訊息可能彼此並不一致，而使他陷入於高度的緊張之中。經過長期的深思熟慮之後，他可能突然經歷到「現象學的移轉」，許多不一致的訊息終於融貫在一起，使他獲得「更高層次的基圖」（higher- order schema），使他長期感到困惑的問題忽然豁然開朗！

當他對自己長年苦思的問題獲得「高層次的基圖」，整個基圖的結構處

於平衡的狀態，和基圖有關的各個部分都能在結構中找到適當的地位，他的感受，便很像是荀子所說的「大清明」：「萬物莫形而不見，莫見而不論，莫論而失位。」儒家教育的目標，不僅是希望弟子們能夠「修身、齊家」，更希望有些出眾的弟子在出仕為官，經過一段時間的歷鍊之後，對於自己掌管事務的認知結構，能夠達到「大清明」的境界，而足以「治國、平天下」：這就是《中庸・第二十四章》所說的：「至誠之道，可以前知。國家將興，必有禎祥；國家將亡，必有妖孽。見乎著龜，動乎四體。禍患將至，善，必先知之；不善，必先知之。故至誠如神。」下一章在討論「歷鍊與中庸：儒家的政治行動理論」時，我將針對這一點再作進一步的討論。

第六節　結論：階序人觀

在本書第三章中，我提出〈自我的曼陀羅模型〉，可以用來說明儒家「人觀」的特色。人類學家 L. Dumont 曾經區分印度的「階序人」（homo hierarchicus）和現代西方的「平等人」（homo aequalis）。他認為，印度的種姓制度將人依其潔淨程度分為不同的等級，彼此之間有功能性的互補。社會的核心價值，在於維繫社會的「整體性」。在基督教文化的影響之下，西方社會傾向於將每個人看成單獨的個體；俗世化之後的西方社會則傾向於把每個人看作是「非社會性的道德個體」（non-social moral being），每個個體皆具有其終極的價值，並成為建構社會制度的基礎。

〈自我的曼陀羅模型〉是平面的，但位於印尼日惹的佛教「婆羅浮屠模型」卻是立體的，它共分為九層，底層基座是「欲界」，中間五層是「色界」，最上三層是「無色界」。立體之〈自我的曼陀羅模型〉意為：一個人在生活世界（色界）中，可以藉佛教的修行，使其人生境界層層提升，從而達到涅槃的圓滿境地。

在儒家文化影響下，華人社會對於「人」的觀念，也是「階序人」，而不是「平等人」。然而，在儒家文化理想中，人的「階序」並不是像印度那

樣，依人的潔淨程度來加以排列，而是依照其「道德成就」將人分成「聖、賢、君子、小人」。

⊡「人生境界」的提升

　　本書第九章提到：韋伯在其名著《中國的宗教：儒教與道教》一書中認為：儒教倫理中完全沒有「存在於自然與神之間、倫理要求與人類性惡之間、罪惡意識與救贖需求之間、塵世的行為與彼世的補償之間、宗教義務與社會政治現實之間的任何緊張性」。因此，儒家倫理缺乏透過一種「自傳統與因襲解放出來的內在力量以及影響行為的槓桿」。他所不了解的是，儒家「盡心知性以知天」的人生觀中所蘊含的強大動能。對儒家而言，「仁道」的學習和實踐是終生之事，不可一刻或忘。荀子在他所著的〈勸學篇〉中說過一段名言：

> 「故不積跬步，無以致千里；不積小流，無以成江海。騏驥一躍，不能十步，駑馬十駕，功在不舍。鍥而舍之，朽木不折；鍥而不舍，金石可鏤。……是故無冥冥之志者，無昭昭之明；無惛惛之事者，無赫赫之功。」
>
> 「學惡乎始？惡乎終？曰：其數則始乎誦經，終乎讀禮；其義則始乎士，終乎為聖人。真積力久則入，學至乎沒而後止。故學數有終，若其義則不可須臾舍也。為之，人也；舍之，禽獸也。」

　　「數」是學習的「方法」，「經」是指「六經」，「禮」是指「禮經」。在「仁、義、禮」倫理體系中，荀子最重視「禮」，所以他強調：儒家的學習方法是「始乎誦經，終乎讀禮」。

　　在這段引文中，最值得注意的是「學至乎沒而後止也」。荀子這句話的解釋是：正式從師學習，總有完成的一天，但是「禮義之道」的實踐，卻是終生之事，「不可須臾舍也」。用〈自我的曼陀羅模型〉來說，實踐「禮義

之道」，就是在實踐儒家理想的「人觀」，所以說「為之，人也」。放棄這種堅持，就是接受生物性「個體」的力量牽引，所以說「舍之，禽獸也」。因為他在生命中的各種處境都會作這樣的堅持，所以他會感受到自己人生境界的提升有如「立體的曼陀羅模型」：「其義則始乎為士，終乎為聖人」。

▣ 孔子的人生境界

孔子晚年回顧自己的一生，曾說過一段十分著名的話：

> 「吾十有五而志於學，三十而立，四十而不惑，五十而知天命，六
> 十而耳順，七十而從心所欲，不踰矩。」《論語·為政》

用 Gibbs（1977, 1979）對 Kohlberg 道德發展理論的批判與修正來看，孔子在脫離道德發展的普世性「標準階段」（standard phase），而進入其「存在階段」（existential phase），開始能夠作存在意義的反思之後，便開始立志學習商周遺留下來的文化遺產。到了三十歲，覺得自己所學的東西已經可以站得住腳；四十歲時對自己主張的「仁道」才產生融會貫通之感；五十歲知道自己的「天命」，懷著強烈的使命感，開始周遊列國，但不為諸侯所用；六十歲後，回到故國，潛心著述，整理商周文化遺產，對於來自世間的冷嘲熱諷能夠處之泰然；到了生命末期的七十歲，才進入「從心所欲，不踰矩」的聖人境界。

用皮亞傑（Piaget, 1977）的發生認識論來看，他所說的「而立」、「不惑」、「知天命」、「耳順」都是指：在人生的某一階段，個人認知基圖的結構能夠「同化」（assimilate）他在生活情境中所遭遇到的各種問題，而產生出高度的「自我效能感」（self-efficacy）（Bandura, 1982），也就是「從心所欲」的感覺。

▣ 儒家的聖人

用〈自我的曼陀羅模型〉來看，孔子在人生中的幾個重大階段，之所以能夠融會以往的生命經驗，而達到認知基圖新的均衡，主要是因為他立志向學之後，便「學而不厭，誨人不倦」《論語·述而》、「好古，敏以求之」《論語·述而》、「發憤忘食，樂以忘憂，不知老之將至」《論語·述而》。他曾經很有信心地說：「十室之邑，必有忠信如丘者焉。不如丘之好學也」《論語·公冶長》，這種好學的精神讓他的認知基圖不斷地擴大，而能夠「順化」更為複雜的訊息，他也可能感受到：自己的人生境界正一層層地往上提升，而形成儒家文化中獨特的「階序人觀」。

《易經·文言傳》上有一段名言，可以說明孔子感受到的這種人生境界：

> 「夫大人者，與天地合其德，與日月合其明，與四時合其序，與鬼神合其吉兇，先天而天弗違，後天而奉天時。天且弗違，而況於人乎？況於鬼神乎？」

先秦儒家相信：「天道」是儒家道德的形上學基礎，它所主張的「仁道」是與「天道」相通的。所謂「大人」者，在為社會服務，或施教化與天下時，必定能夠擴大小我，而為「大我」謀，乃至同於天地；所以〈繫辭傳〉上說：「是故聖人以通天下之志，以定天下之業，以斷天下之疑。」

用荀子的話語來說，孔子之所以能感受到這種境界，是因為他深信「仁義之道」「不可須臾舍也」。正因為他有這樣的堅持，所以他對自己人生境界的回顧，才可以讓我們用來說明：在「立體曼陀羅模型」的脈絡裡，什麼叫作「始乎為士，終乎為聖人」。

 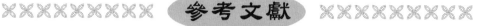

參考文獻

Bandura, A. (1982). Self-efficacy mechanism in human agency. *American Psychologist, 37*, 122-147.

Eckensberger, L. H. (1996). Agency, action and culture: Three basic concepts for cross-cultural psychology. In J. Pandey, D. Sinha, & D. P. S. Bhawuk (Eds.), *Asian contributions to cross-cultural psychology* (pp. 72-102). New Delhi, India: Sage.

Eckensberger, L. H. (2012). Culture-inclusive action theory: Action theory in dialectics and dialectics in action theory. In J. Valsiner (Ed.), *The Oxford handbook of culture and psychology* (pp. 357-402). New York, NY: Oxford University Press.

Gergen, K. (2009). *Relational being: Beyond self and community*. Oxford, UK: Oxford University Press.

Gibbs, J. (1977). Kohlberg's stages of moral development: A constructive critique. *Harvard Educational Review, 47*, 43-61.

Gibbs, J. C. (1979). Kohlberg's moral stage theory: A Piagetian revision. *Human Development, 22*, 89-112.

Heidegger, M. (1927/1962). *Sein und Zeit, 15. Tübingen: Max Niemeyer. Being and time* (J. Macquire & E. Robinson, Trans.). Oxford, UK: Basil Blackwell.

Ho, D. Y. F. (1991). Relational orientation and methodological relationalism. *Bulletin of the Hong Kong Psychological Society, 26-27*, 81-95.

Piaget, J. (1977). *The development of thought: Equilibration of cognitive structures*. New York, NY: Viking Press.

Thompson, K. (2017). Relational self in classical Confucianism: Lessons from Confucius' analects. *Philosophy: East and West*. (in press)

第十一章　歷練與中庸：儒家的政治行動理論

　　本書第九章在討論儒家自我修養的「功夫論」時，指出：先秦儒家要求其門人弟子作「正心、誠意、格物、致知」的自我修養，其目的不僅只要求他們要能夠「修身、齊家」，而且希望他們有機會出仕時，能夠「治國、平天下」。先秦儒家之所以會對弟子們產生這樣的期待，主要是因為：春秋戰國時期，中國的政治和社會情勢都發生了相當大的變化。在這樣的變局下，先秦儒家考量中國的文化傳統，而提出儒家理想政治的文化形態，並建構出以「歷練和中庸」作為核心思想的政治行動理論。這種政治行動理論是懷有「西方中心主義」的韋伯很難理解的。

　　在本章中，我要先介紹韋伯對於「支配類型」的分析，然後介紹先秦儒家「禪讓制度」的文化理想，再從社會科學的觀點，逐步重新建構先秦儒家所提出的政治行動理論。

第一節　韋伯的支配類型

　　在〈比較宗教學導論：世界諸宗教之經濟倫理〉一文中（Weber, 1946），韋伯指出：所有的支配權力，無論其為俗世的、宗教的、政治的或是非政治的，都可以看作是某些純粹類型（pure type）的變化或類似形態。這些純粹類型是因為支配必須要尋求一正當性基礎而被建構出來的。

▣ 法制的支配類型

　　西方現代的「機構」，尤其是政治機構，是屬於「法制的」（legal）支

配類型。持有權力者下達命令的正當性，是以理性地經由約同、協定或指令所制定出來的規則作為基礎。制定這些規則的正當化根源，在於被合理地制定或解釋的「憲法」。命令的下達是以非人格的規範之名，而不是人格的權威之名。命令的發布本身，即是對規範的服從，而不是一種恣意肆行的自由、恩惠或特權。

握有命令之權的「官吏」，其權力來自於非人格的「強制機構」（Anstalt）之授權，他絕不能將之當作自身的權力來行使。此一機構是由具有特定條件或生活方式的一些人所構成，這些人是誰並不重要，重要的是他們必須依規則而產生。至於他們的共同條件或生活方式，則必須由成文的法規來加以約束。

「權限」（Kompetenz）是一個命令之可能對象的範圍，必須以具體的方式界定出，從而也限定了官吏行使正當權力的範圍。「權限」有一層級結構，官吏可循序向上申訴及抗告，而與市民或團體的成員有所區別。現代的教權團體，亦即教會，情形就是如此。主教或教士皆有其一定範圍的「權限」，此一「權限」係根據規則而固定下來。教會的最高首長亦必須受此限制。

在教會裡，「私事領域」與「公務領域」的區分，也同樣施行於政治或其他領域的公務系統中。政治或教權團體裡，必須將公職者與實物形式或是貨幣形式的管理手段「法制地」區分開來。此一原則和資本主義經濟裡勞動者與生產手段分離的情形是一樣的，兩者完全充分對應。

▣ 卡理斯瑪的支配類型

「卡理斯瑪」（charisma）一詞指的是具有一種不平凡稟賦的人，無論這種資質是實際真有的、自稱具備的，或是人們假設認定的。「卡理斯瑪支配」指的是被支配者基於對某一特定個人之非凡稟賦的信仰，因而服從。不管這種支配的性質是源自外在還是源自內心，舉凡巫師、先知、狩獵團與掠奪團的領導者、戰爭的首領，以及某種情況下，政黨的領導人物等，都是這

個類型的支配者，他們支配著他們的信徒、隨從、徵集的軍隊與政黨。這種
支配的正當性是基於人們對非凡稟賦的信仰與服從，因為此種稟賦遠非常人
所具有，原先還可能被認為是超自然的；所以卡理斯瑪支配的正當性，乃根
源於對巫術力量、神啟與英雄崇拜的信仰。這些信仰的泉源，則來自於支配
者透過巫術、戰勝或其他成果，來「證明」他能增加被支配者的福祉。要是
具備卡理斯瑪稟賦者無法證明，或一旦顯示出他已經失去其巫術力量，或見
棄於神，那麼以此作為基礎的信仰及其自稱的權威便可能土崩瓦解，至少也
會有瓦解的危機。卡理斯瑪支配並不根據一般傳統或理性來治事，原則上，
它根據的是具體的啟示與感召。就此而言，卡理斯瑪支配是「非理性的」。
由於它不受制於一切既有的束縛，所以也可以說是「革命性的」。

▣ 傳統主義的支配類型

　　「傳統主義」一詞指的是：將日常的慣習視為不可違犯之行為規範的一
種心理態度與信仰。以此作為基礎的支配，亦即以平素有的（無論其為實際
真有、自稱具有或被認為是有的）恭順作為基礎的支配，韋伯稱之為「傳統
型支配」。

　　在這種以傳統作為其正當性基礎的支配中，家父長制（Patriarchalism）
是最重要的一個類型。這是家中的父、夫、長輩與氏族中的長者對家與氏族
成員的支配；是主人與領主對隸屬民、農奴與解放之奴隸的支配；是主人對
家僕與家臣的支配；是君侯對其宮廷或家內的官吏、有職貴族、客卿與封臣
的支配；是家產制君主與君父對其「子民」的支配。

　　家父長制支配及其衍生而出的家產制支配，其特質是：將不可違犯的規
範體系視為神聖，一旦有所觸犯，即會招來巫術性或宗教性的災厄。伴隨此
一規範體系出現的，是支配之專斷與恩惠肆行的領域。原則上，支配者是以
「人的」而非「事的」關係，作為其裁斷的依據。就此而言，傳統主義的支
配也是「非理性的」。

　　在人類歷史上，奠基於對非凡事物之價值與神聖性信仰的卡理斯瑪支

配，與奠基於對日常事物之神聖性信仰的傳統主義（或家父長制）支配，兩者劃分了一切最為重要的支配關係。只有經由另一位卡理斯瑪稟賦者之手，例如：先知所頒布的神諭或者卡理斯瑪式戰爭領袖的指令，才能夠將「新」法導入傳統所盤據的領域。啟示與劍，是兩股非凡的力量，因而也是兩股典型的革新之力。然而，一旦克竟其功，兩者便雙雙進入例行化的歷程。

◙ 支配的繼承

　　隨著先知預言與戰爭領袖的殞落，便產生出繼承的問題。這個問題，可用遴選（Kurung）的方式來解決。原先它並不是一種「選舉」（Wahl），而是取決於有無卡理斯瑪稟賦的一種選拔。這個問題也可能用坐實卡理斯瑪的聖典來解決：像教權制或使徒團裡所行的繼承方式，繼承者係經由聖職授與所任命。或者，由於相信卡理斯瑪領袖之氏族的資格，而導致一種世襲性卡理斯瑪的信仰，使問題得到解決，像世襲王權或世襲的教權。這種例行化使某些規則開始具有支配地位，君主或教權持有者不再純粹因其個人資質而遂行支配，而是因其取得或繼承而來的資質，或者經由卡理斯瑪遴選的過程而被正當化，因而開啟例行化、從而傳統化的過程。

　　更重要的是，當支配的組織成為永久性時，支持卡理斯瑪支配者的幹部、弟子、使徒、追隨者等，也例行化為教士、封臣，以及官吏。原先仰賴贈予、施捨與戰利品而過著共產生活，並因此而與經濟活動特別疏遠的卡理斯瑪共同體，轉變成為輔佐支配者的一個階層。他們仰賴支配者給予俸祿（Pfrunde），包括土地使用權、職務酬勞，或實物俸、薪俸等，以維持生計。其權力的正當性，則是透過不同的占有分配（Appropriation）程序，如授封、授與、任命而取得。這意味著支配者權力的家產制化（Patrimonialisierung）：在純粹家父長制裡，支配者嚴格控制的權力崩解，而發展成家產制。被授與官職的俸祿領受者或封臣，通常憑此授與而取得個人對此官職的權利。就像擁有經濟生產手段的職人工匠一樣，他們擁有行政手段。他必須從自己的職務酬勞或其他收入中，自行支付行政開銷，或者將向人民徵收的

稅繳交一部分給君主，其餘留為己用。在最為極端的情況下，他甚至可以把官職像其他的財產一樣贈與或讓渡。當支配權力的占有達到這樣的階段，無論它是源自於卡理斯瑪支配或家父長制支配，我們都稱之為身分制的家產制（Standischer Patrimonialismus）。

第二節　儒家的政治理想

在《中國的宗教：儒教與道教》一書中（Weber, 1964），韋伯一再強調：中國是「家產制國家」，而儒家倫理則是一種支持「傳統主義」的俗世倫理。在本書中，我指出：韋伯這種論點，其實已經犯了「熔接的謬誤」。韋伯並未將先秦儒家經典的文本內容視為一種文化系統，深入加以分析；相反的，他論述所根據的材料，是儒家思想在中國社會中的展現，亦即「分析二元論」所謂的「社會—文化交互作用」（Archer, 1995）。在《中國的宗教：儒教與道教》第二章「封建國家與俸祿國家」中，韋伯曾經盡其所能地描述中國之「家產制國家」在歷史上的演變。然而，他也注意到：這樣的制度並不符合先秦儒家的政治理想：

> 雖然諸侯國仍然實施世襲統治；某些地方官職也是世襲性的采邑；然而經典對世襲制度持懷疑態度，至少是世襲性的官職。根本上，它們認為此一體制只不過是暫時性的。在理論上，甚至可以推到帝位的世襲本質。傳說中理想的帝王（堯與舜），從宰輔中指定繼承人（舜與禹）而置於他們自己的兒子之上。不管這些繼承人的出身如何，而完全根據朝中重臣對他們個人卡理斯瑪的認定。帝王也以同樣的方式指定其宰輔，而只有第三個帝王，禹，沒有任命他的首相（益）而是提舉他的兒子（啟）作為其繼承人。（Weber, 1964, p. 114）

⊡ 為天下得人

　　韋伯所說的其實是儒家主張的「禪讓制度」。然而，他並沒有說清楚：堯、舜、禹三人之間的關係，也沒有進一步說明「根據朝中重臣對他們個人卡理斯瑪的認定」究竟是什麼意思，以及為什麼先秦儒家經典會有這樣的主張。這些都是涉及儒家政治理論的關鍵性問題，必須從先秦儒家的經典中去尋求解答。《孟子》中有一段記載：

> 「當堯之時，天下猶未平，洪水橫流，氾濫於天下；草木暢茂，禽獸繁殖。五穀不登，禽獸偪人，獸蹄鳥跡之道，交於中國；堯獨憂之，舉舜而敷治焉。舜使益掌火，益烈山澤而焚之，禽獸逃匿。禹疏九河，瀹濟漯，而注諸海；決汝漢，排淮、泗，而注之江。然後中國可得而食也。當是時也，禹八年於外，三過其門而不入。」《孟子·滕文公上》

　　這一段話說明了：堯、舜、禹三人的政績；用韋伯的話語來說，他們三個人都是有「卡理斯瑪特質」的人。然而，更值得吾人重視的是，孟子接著就談到儒家主張的禪讓政治：

> 「堯以不得舜為己憂，舜以不得禹皋陶為己憂；夫以百畝之不易為己憂者，農夫也。分人以財謂之惠，教人以善謂之忠；為天下得人者謂之仁。是故以天下與人易，為天下得人難。孔子曰：『大哉堯之為君！惟天為大，惟堯則之；蕩蕩乎，民無能名焉。君哉舜也！巍巍乎有天下而不與焉！』」《孟子·滕文公上》

　　「以天下與人易，為天下得人難」、「為天下得人者謂之仁」，對於先秦儒家而言，執政者最重要的職責，就是要「為天下得人」，找到最恰當的

人才，把執政的權力交給他。然而，執政者（天子）該如何「為天下得人」呢？《孟子‧萬章上》有一段十分精彩的對話：

> 萬章曰：「堯以天下與舜，有諸？」
>
> 孟子曰：「否。天子不能以天下與人。」
>
> 「然則舜有天下也，孰與之？」
>
> 曰：「天與之。」
>
> 「天與之者，諄諄然命之乎？」
>
> 曰：「否，天不言，以行與事示之而已矣。」
>
> 曰：「以行與事示之者如之何？」
>
> 曰：「天子能薦人於天，不能使天與之天下；諸侯能薦人於天子，不能使天子與之諸侯；大夫能薦人於諸侯，不能使諸侯與之大夫。昔者堯薦舜於天而天受之，暴之於民，而民受之。故曰：『天不言，以行與事示之而已矣。』」
>
> 曰：「敢問『薦之於天而天受之，暴之於民而民受之』，如何？」
>
> 曰：「使之主祭而百神享之，是天受之；使之主事而事治，百姓安之，是民受之也。天與之，人與之，故曰：『天子不能以天下與人。』舜相堯，二十有八載，非人之所能為也，天也。堯崩，三年之喪畢。舜避堯之子於南河之南。天下諸侯朝覲者，不之堯之子而之舜；訟獄者，不之堯之子而之舜；謳歌者，不謳歌堯之子而謳歌舜。故曰『天也。』夫然後之中國，踐天子位焉。而居堯之宮，逼堯之子，是篡也，非天與也。泰誓曰：『天視自我民視，天聽自我民聽』，此之謂也。」

▣ 薦之於天

對於先秦儒家而言，「天下」並不是任何人的私產，任何人都不可以天

下私相授受，即便是作為執政者的「天子」，也「不能以天下與人」。他應當作的事，是選拔他認為最恰當的人才，擔任重要的輔佐職位，這叫「薦之於天」；後者在輔佐職位上的政績表現，則必須「暴之於民」，接受民眾的評估和考驗。

　　孟子非常了解：作為行動的主體，任何人不管如何盡心作事，總有一些自己無法掌握的因素，所謂「時也，命也，運也，非人力之所能為也」，諸如此類的因素，只能歸之於「天」。當行動主體受命被「薦之於天」之後，在他任職期間如果沒有受到諸如此類因素的干擾，則意味著他已經為天所接受，「使之主祭而百神享之」。

　　在這個條件下，如果能夠「使之主事而事治，百姓安之」，則表示他已經為人民所接受，也才能擔任「天子」的職位，例如：舜擔任堯的輔佐之職，經過二十八年的歷練和考驗之後，「堯崩，三年之喪畢。舜避堯之子於南河之南。天下諸侯朝覲者，不之堯之子而之舜；訟獄者，不之堯之子而之舜；謳歌者，不謳歌堯之子而謳歌舜。故曰『天也。』夫然後之中國，踐天子位焉」。

　　同樣的，「舜薦禹於天」，經過十七年的歷練和考驗之後，「舜崩，三年之喪畢，禹避舜之子於陽城，天下之民從之，若堯崩之後，不從堯之子而從舜也」。

　　到了禹的時候，情況就不一樣了。禹同樣地「薦益於天」，經過七年的歷練。「禹崩，三年之喪畢」，益同樣地「避禹子於箕山之陰」。可是，因為「啟賢，能敬承繼禹之道」，朝覲訟獄者，不之益而之啟，曰：「吾君之子也。」謳歌者，不謳歌益而謳歌啟，曰：「吾君之子也。」所以最後出線的是啟，而不是益。

　　在孟子看來，「丹朱之不肖，舜之子亦不肖；舜之相堯、禹之相舜也，歷年多，施澤於民久。益之相禹也，歷年少，施澤於民未久。舜、禹、益相去久遠，其子之賢不肖，皆天也，非人之所能為也」。因此，他提出了一個很重要的命題：「莫之為而為者，天也；莫之致而至者，命也」。

▣ 暴之於民

　　在孟子有關禪讓制度的論述中，最引人注意的是「薦人於天」的說法。許多人會問：在執政者培養繼承人的過程中，究竟是什麼樣的因素決定某人出線，而不是另外一人？孟子綜合他對堯、舜、禹三人培養繼承人的分析，得出的結論是由「天」決定：「天與賢，則與賢；天與子，則與子」，然而，「天不言，以行與事示之而已」，所以他引述泰誓上的銘文：「天視自我民視，天聽自我民聽」。

　　這個說法就涉及了儒家政治理論的另一個面向：「暴之於民」。在本書第七章「士之倫理」中，我引述人類學家Dumont（1980）的論點，說明了：儒家社會中的「人觀」是「階序人」（Homo Hierarchicus），和西方基督教文化中的「平等人」（Homo Aequalis）完全不同。在先秦儒家思想中，人的階序又可以分為兩種：道德階序和權力階序。用孟子的話來說：

> 「有天爵者，有人爵者。仁義忠信，樂善不倦，此天爵也；公卿大夫，此人爵也。古之人修其天爵，而人爵從之。今之人修其天爵，以要人爵；既得人爵，而棄其天爵，則惑之甚者也，終亦必亡而已矣。」《孟子・告子上》

　　孟子所謂的「天爵」，是「道德階序」；「人爵」是「權力階序」。儒家的文化理想是「大德必得其祿，大德必得其位」，希望藉由實踐「仁義忠信，樂善不倦」的道德信念，「修其天爵，而人爵從之」，在權力階序上占有一定位置後，則必須以「中庸」實踐「仁道」。當然，孟子也看到當時的政治現實是：有許多「修其天爵，以要人爵；既得人爵，而棄其天爵」，在他看來，這些人是「終亦必亡而已矣」。

第三節　「戲台」與「賽場」

　　儒家社會中的政治現實涉及「分析二元論」（Archer, 1995）中所謂的「社會及文化交互作用」，在此暫且不談。我所要談的是儒家政治行動理論的兩個面向：「修養」和「中庸」。為了要描述「階序人」和「平等人」的社會行動有何不同，首先我還必須引入「戲台」和「賽場」兩個對比的概念。

▣ 戲劇理論

　　最早注意到中國人的社會互動像是在「演戲」的人，是十九世紀的美國傳教士 A. H. Smith（1894）。他在《中國人的性格》一書中，最早以「戲台」上的表演來描述中國人的社會行為。

> 　　憑西方人的聰明才智，往往無法掌握規約並獲得「臉面」的原則，他們往往迷失在不相干的事實領域中，而忽視掉其中演戲的因素。對他們而言，中國人的「臉面」就像太平洋島上的土人禁忌，具有一種無可否認的效力，變幻莫測，無規則可循，只能在常識中論其得失。在這一點上，中國人和西方人一定會爭論不休，因為他們從來不會用同樣的角度來看問題。（Smith, 1894, p. 17）

　　後來，美國著名的社會學家 Goffman（1959）在其所著的《日常生活中的自我呈現》一書中，進一步將社會互動發展成為「戲劇理論」（dramaturgical theory）。他將社會行為分為兩大類：「前台行為」（front stage behavior），是個人刻意表演給他人看的行為，Goffman稱之為「面子功夫」（facework）；「後台行為」（back stage behavior），則是個人下戲台後，在後台所做而不希望他人看到的行為。在一般情況之下，人們通常不會去探究他人的「後台行為」，他人就可以在社群面前保有他的「面子」。然而，當個人

在社群中占有較高的位置，並且和他人發生厲害衝突時，社群中的其他人便可能設法曝露出他的「後台行為」，戳破他的「面子」，讓他「下不了台」。

在中西文化接觸之初，西方人之所以會特別覺得中國人的社會互動像是在「演戲」，其主要理由是：在儒家關係主義的文化中，「角色」（role）的位階高於「規則」（rule），而「角色」永遠是相對性的，由彼此之間的關係來加以界定。這與西方個人主義文化的重視規則，極不相同。

▣ 賽場

西方政治學者常用的「賽場」一詞，是用來描述人們從事政治競爭的場域（Orum, 1979, p. 38）：

> 在每一個社會裡，都有一種公共賽場，人們得以在其中從事政治活動，互相較力及彼此鬥爭，以決定誰是霸主，誰是附從。我們完全可以用空間的概念來理解「賽場」的意義，但這種空間卻具備兩種重要的性質：首先，它必須有一個中心，也就是一個中央平台，讓人們可以在平台上從事政治鬥爭，勝利者則能夠行使作為政治活動之媒介的權利。這種空間的第二個性質是：它是以社會而非物理的概念建構出來的。換言之，「賽場」並不是平常我們所想像出來的物理場所，其中的位置和距離也不能用諸如英寸之類的物理概念來加以描述；它是一種社會空間，其中的位置和距離必須以諸如角色和關係之類的概念來加以描述。

「賽場」（arena）一詞，源自古羅馬的「競技場」，西方政治學沿用此一概念，很明顯是受到西方個人主義的影響：在「競技場」上，每一個政治人物像「神鬼戰士」（gladiator）一樣，必須使盡渾身解數，來和他的對手搏鬥，他必須將敵人擊敗，才能保障自己的生存。當他在競技場上與對手搏

鬥時，雙方都必須遵循同樣的「遊戲規則」（rule of game）。如果有任何一方的行動違反了「遊戲規則」，在觀眾席上圍觀的觀眾便很可能給他喝倒采，甚至給他應得的懲罰。

▣ 倫理關係中的權利

「戲台」和「賽場」這兩個概念鮮活地描繪出，儒家社會中的個人如何在公共場域中與他人進行互動，這種互動方式和西方人又有什麼不同？深受西方個人主義影響的研究者，大多非常重視「個人權利」的概念，他們認為：「個人權利」與社會之進步和諧，片刻不能分離。他們假設：「權利」是社會運作不可或缺的概念。一個社會如果缺乏「權利」的觀念，則個人申訴無門，對違反社會的事件無動於衷，甚至個人也無法維繫其自尊。以這樣的假設為基礎，為了爭取或捍衛個人權利，西方人的社會互動便很像是「賽場」上的搏鬥。

由於現代西方文化確實是以「權利」作為基礎的，有些學者遂採取了二元對立的觀點，認為西方是以遵循「權利」作為基礎的道德觀（right-based morality），儒家社會則是奉行以「義務」作為基礎的道德觀（duty-based morality）。

▣ 相對倫理

這種二元對立的觀點，其實是相當相當偏頗的。誠然，儒家倫理主張一種以「義務」作為基礎的道德觀，可是儒家倫理並非完全忽視個人權利。在儒家關係主義的文化中，「角色」是相對性的，是以彼此關係來加以界定。由於相互依賴是「角色」結構之基礎，在儒家倫理的對偶關係中，互動雙方都必須善盡其角色義務。這就是儒家倫理所強調的「父慈／子孝」、「兄友／弟恭」、「夫義／婦聽」、「君仁／臣忠」。如果對偶關係的一方未能善盡其角色義務，另一方便有「權利」要求其盡本分，尤其是家庭之外的上下關係為然。我們可以從幾個不同角度，來說明先秦儒家所主張的「相對倫

理」。

　　在本書中，我一再強調：《論語》中記載孔子和弟子的對話，大多是由弟子問，孔子回答；只有少數幾次，是由孔子主動向弟子提示。這幾次對話，最能夠說明先秦儒家的核心價值：

　　子曰：「參乎，吾道一以貫之。」
　　曾子曰：「唯。」
　　子出，門人問曰：「何謂也？」
　　曾子曰：「夫子之道，忠恕而已矣。」《論語・里仁》

　　朱熹對這段對話的註釋是：「盡己之謂忠，推己及人之謂恕。」以掌握住這段話的精神，最能夠說明先秦儒家所主張的「五倫」和漢代之後流行的「三綱」究竟有何不同。在《禮記》中有一段記載：

　　子曰：「何謂人情？喜、怒、哀、懼、愛、惡、欲，七者弗學而能。何謂人義？父慈、子孝、兄友、弟恭、夫義、婦聽、長惠、幼順、君仁、臣忠，十者謂之人義。講信修睦，謂之人利。爭奪相殺，謂之人患。故聖人之所以治人七情，修十義，講信修睦，尚辭讓，去爭奪，舍禮何以治之？飲食男女，人之大欲存焉！死亡貧苦，人之大惡存焉！故欲、惡者，心之大端也，人藏其心，不可測度也，美惡皆在其心，不見其色也，欲一以窮之，舍禮何以哉！故修十義以治七情。」《禮記・禮運》

▣ 「五倫」的異化

　　《禮記》是孔子的學生及戰國時期儒家學者的作品，若將《禮記》上這段論述的內容放置在〈自我的曼陀羅模型〉（如圖 3-1 所示）中來看，所謂

「人情」，是作為生物之「個體」（individual）所具有的各種慾望；所謂「人義」，是作為社會中之「人」（person）所必須遵循的倫理規則。「父慈、子孝、兄友、弟恭、夫義、婦聽、長惠、幼順、君仁、臣忠」是扮演不同角色的人，最應當重視的準則。「自我」在「治七情，修十義」的過程中，可能特別重視孔子所強調的「推己及人」，或孟子所強調的「盡心」；在兩人的對偶關係中，掌握較大權力的人，必須先要求自己，善盡自己的角色義務，而成為「仁道」的「相對倫理」。

　　但他也可能因為擔心「飲食男女，人之大慾存焉」、「欲、惡者，心之大端也」、「人藏其心，不可測度也」，而認為：「講信修睦，尚辭讓、去爭奪，舍禮何以哉」、「欲一以窮之，舍禮何以哉」！並傾向於講求「禮教」的「絕對倫理」。

　　從漢武帝（156 B.C.-87 B.C.）接受董仲舒的建議「罷黜百家，獨導儒術」之後，「三綱」之說盛行；到了宋明時期，理學興起，伴隨著科舉制度的施行，先秦儒家的精神隱沒不彰，「古今所以治天下者，禮也。五倫皆禮」，「仁道」異化成為「禮教」，「五倫」演變成為「三綱」，中國的政治體制，也穩固成為韋伯所謂的「家產制國家」。

第四節　「士」的行動

　　由於本章的主題是先秦儒家的政治理想，漢代以後的情形暫且不論。在此我們所要討論的是：為什麼儒家主張的社會行動會讓人覺得像是舞台上的表演。

　　前文說過，先秦儒家期望他們所教育出來的知識分子有機會能夠出仕任官，為朝廷政府所用。然而，「士」一旦出仕為官，他在公共場域和他人進行社會互動的時候，便必須盡到自己最起碼的角色義務：

　　子夏曰：「君子敬而無失，與人恭而有禮，四海之內皆兄弟也。」

《論語・顏淵》

樊遲問仁。

子曰：「居處恭，執事敬，與人忠，雖之夷狄，不可棄也。」《論語・子路》

子曰：「色思溫，貌思恭，言思忠，事思敬。」《論語・季氏》

孟子曰：「恭者不侮人。」《孟子・離婁上》

子曰：「恭則不侮。」《論語・陽貨》

有子曰：「信近於義，言可復也。恭近於禮，遠恥辱也。因不失其親，亦可宗也。」《論語・學而》

　　孔穎達疏：「何胤云：『在貌為恭，在心為敬』。通而言之，恭敬是一。」朱注：「恭主容，敬主事。恭見於外，敬主乎中。」孔子亦說：「貌思恭，事思敬。」總而言之，「恭」是指個人和他人交往時表現於外的容貌動作，所以說：「其行己也恭」、「與人恭而有禮」、「居處恭」、「貌思恭」。「敬」是指個人替他人做事時發自內心的敬謹心意，所以說「其事上也敬」、「敬而無失」、「執事敬」、「事思敬」。

　　用〈自我的曼陀羅模型〉來看，「與人恭而有禮」便是「智慧」和他人互動時給予他人尊重；「執事敬」、「敬而無失」的意思便是以「知識」替別人服務時，把事情做得妥貼穩當。依照人際互動的「互惠原則」（principal of reciprocity），我以「恭」、「敬」待人，別人亦必以「恭」、「敬」待我，所以說：「恭者不侮人」、「恭則不侮」、「恭近於禮，遠恥辱也」。

⊡ 君臣間的相對關係

　　用〈人情與面子〉的理論模型來說，「居處恭，執事敬」、「君子敬而無失，與人恭而有禮」，這是處理混合性關係網內之一般人際關係的原則。至於君臣之間的關係，亦應當遵循此一原則。

> 定公問：「君使臣，臣事君，如之何？」
> 子曰：「君使臣以禮，臣事君以忠。」《論語・八佾》
> 孟子曰：「用下敬上，謂之貴貴；用上敬下，謂之尊賢。貴貴尊
> 賢，其義一也。」《孟子・萬章下》

在儒家看來，君臣之間的關係應當是相對的：「君使臣以禮，臣事君以忠」，君臣之間，應當互相敬重，「用下敬上，謂之貴貴；用上敬下，謂之尊賢」，尊賢和貴貴的基本精神，都同樣是個「敬」字。孟子對齊宣王所說的一段話，更將君臣之間的相對關係發揮得淋漓盡致：

> 孟子告齊宣王曰：「君之視臣如手足，則臣視君如腹心；君之視臣
> 如犬馬，則臣視君如國人；君之視臣如土芥，則臣視君如寇讎。」
> 《孟子・離婁下》

換言之，做君王的人希望臣下「事君以忠」，他便應當「待臣以禮」，如果他沒有盡到自己的角色義務，臣下也有權利「事君如寇讎」。春秋時期，諸侯分立，群雄並起，在這種社會背景下，不只是國君要擇臣而任，臣下也要擇君而事。因此，在儒家看來，臣下並沒有盲目盡忠的義務，君王也不能說什麼「君要臣死，不敢不死」的話。

◨ 謹言慎行

以上所說的是君臣之間的對偶關係。然而，作為群體之領導者的君王，他不僅只是要面對單一的臣子，在許多情況下，他必須面對作為群體成員的「民」：

> 子曰：「上好禮，則民莫敢不敬。」《論語・子路》
> 子曰：「無為而治者，其舜也與。夫何為哉，恭己，正南面而已

矣。」《論語・衛靈公》

子曰：「臨之以莊則敬。」《論語・為政》

子曰：「知及之，仁能守之，不莊以涖之，則民不敬。」《論語・衛靈公》

　　孔子認為居高位的人應當「好禮」，舉止動作都要端莊嚴肅（莊），否則便不能贏得人民的敬重。在他看來，像舜那樣的「有德之君」，不過是要在大眾面前講究「恭己、正南面而已」，其他事都可以「無為而治」。

　　然而，「臨之以莊」只是居高位者的必要條件，而不是充分條件；「無為而治」也不是什麼事都不做。本章第二節的析論顯示：舜是一個具有卡理斯瑪特質的領袖，他不僅有很強的治國能力，而且知人善任。在許多情況下，居高位者必須對各種不同的事件作出判斷，並表現出適當的「語言行動」。這時候，他不僅只對該事件要有充分的知識（知及之），而且作出的「語言行動」必須符合儒家對「仁德」的要求（仁能守之），這就是孔子所說的「為政以德」：

　　子曰：「為政以德，譬如北辰，居其所，而眾星拱之。」《論語・為政》

　　孔門弟子都十分了解：個人一旦在社會上占有領導者的地位，他就好像登上了舞台，他的行為表現就經常要受到群體的評估。由於被領導的群體成員有權利評估領導者的行為表現，愈是居於高位的政治領導人，就愈是要在大眾面前表現出有德性的「智慧」：

　　子貢曰：「君子之過也，如日月之食焉，過也，人皆見之；更也，人皆仰之。」《論語・子張》

　　孟子曰：「古之君子，過則改之；今之君子，過則順之。古之君

子，其過也，如日月之食，民皆見之；及其更也，民皆仰之。今之
君子，豈徒順之，又從為之辭。」《孟子・公孫丑下》

「過則順之」、「又從為之辭」，意思就是「錯就錯到底，而且找各種
理由來掩飾」。不管是「文過飾非」的「今之君子」，或是「知過必改」的
「古之君子」，他們兩人所強調的共同理念是「過也，人皆見之」。正因為
如此，所以個人在公共場域中必須謹言慎行：

「夫子時然後言，人不厭其言；樂然後笑，人不厭其笑；義然後
取，人不厭其取。」《論語・憲問》
子曰：「可與言而不與之言，失人；不可與言而與之言，失言；知
者不失人，亦不失言。」《論語・衛靈公》
孔子曰：「侍於君子有三愆：言未及之而言，為之躁；言及之而不
言，謂之隱；未見顏色而言，謂之瞽。」《論語・季氏》
子貢曰：「君子一言以為知，一言以為不知，言不可不慎也。」
《論語・子張》
子張學干祿。
子曰：「多聞闕疑，慎言其餘，則寡尤。多見闕殆，慎行其餘，則
寡悔。言寡尤、行寡悔，祿在其中矣。」《論語・為政》

◨ 聽其言也厲

孔子顯然是一個很注重「說話藝術」的人。「時然後言，人不厭其言」
是他所推崇的境界。他經常教導弟子：如何在適當的場合，把握住適當的機
會，對適當的對象講話。他認為：如果說話的時機不對或對象不當，而信口
開河，「可與言而不與之言」或「不可與言而與之言」，都可能傷及對方的
自尊，造成「失言」或「失人」的後果。尤其是面對有身分地位的「君

子」，更應當察言觀色、謹言慎行，以免犯上「躁」、「隱」或「瞽」的過失。如果個人言語不當，犯上「失言」或「失人」的錯誤，傷及他人顏面，而被對方評為「不智」，便可能影響到自己的前程。因此，子張向孔子請教做官之道時，孔子便要他「多聞闕疑，慎言其餘」，對不確定的事，盡量小心，不亂說話，並且多向他人請教，這樣才不會招人怨尤。只要言語小心，再加上行動謹慎，「言寡尤、行寡悔」，則「祿在其中」，可以保住官位。

孔子本人在學生面前的言談舉止，也是有板有眼、一絲不苟：

「子溫而厲，威而不猛，恭而安。」《論語・述而》
子曰：「君子正其衣冠，尊其瞻視，儼然人望而畏之，斯不亦威而
不猛乎。」《論語・堯曰》
子夏曰：「君子有三變。望之儼然，即之也溫，聽其言也厲。」
《論語・子張》

用「戲劇理論」的概念來說，孔子可以說是十分講究的人。他要求弟子「正其衣冠，尊其瞻視，儼然人望而畏之」，可是，由於有德行的君子必然懷有「仁心」，他和別人接觸時，給予別人的感覺是「即之也溫」。他的言談又處處以其「仁道」的「理論智慧」作為判斷基準，所以別人聽他的感覺是「聽其言也厲」。孔子很成功的做到了這一點，所以他留給學生的印象是「溫而厲，威而不猛，恭而安」。

▣ 君子慎獨

在前一節的引文中，最值得玩味的一個問題是：為什麼孔子的弟子覺得他為人是「溫而厲」、「聽其言也厲」？要回答這個問題，不但要解釋孔子對「士」的期待，更要分析孟子心目中的「士」應有的道德行動。

儒家認為：作為一個知識分子（士），其首要條件就是忠於自己所奉行的知識，也就是儒家所謂的「道」：

> 「道也者，不可須臾離也，可離非道也。是故君子戒慎乎其所不
> 睹，恐懼乎其所不聞。莫見乎隱，莫顯乎微，是故君子慎其獨
> 也。」《中庸・第一章》

由於個人內心所奉行的「道」不可須臾或離，而會顯現在其言語和行動的隱微之處，所以儒家認為：一個有修養的君子必須要有「理論智慧」，對自己不知道的事情須特別小心謹慎，「戒慎乎其所不睹，恐懼乎其所不聞」，不可以「強不知以為知」，欺騙自己：

> 「所謂誠其意者，毋自欺也。如惡惡臭，如好好色，此之謂自謙。
> 故君子必慎其獨也。」小人閒居為不善，無所不至。見君子而後厭
> 然，揜其不善而著其善。人之視己如見其肺肝然，則何益矣？此謂
> 誠於中形於外。故君子必慎其獨也。曾子曰：「十目所視，十手所
> 指，其嚴乎？」《大學・第六章》

因為欺騙自己違反了儒家修養「正心誠意」的要求，所以儒家特別重視「君子必慎其獨」，主張：君子必須忠於自己的「道」，真誠地面對自己。反過來說，小人因為缺乏這樣的修養，平日「閒居為不善，無所不至」，見到有德性的君子也會有自知之明，而刻意想要掩飾自己的缺點，並突顯自己的優點。但這有什麼用呢？因為「誠於中則形於外」，「人之視己如見其肺肝然」，在「十目所視，十手所指」的情況下，個人即使騙得了自己，也很難騙得過他人，所以儒家要一再強調「君子必慎其獨也」。

第五節　中庸的實踐智慧

以「正心誠意」的修養作為基礎，個人在各種社會互動情境中的言談舉止等行動表現，就能符合儒家所主張的「中庸之道」：

「喜怒哀樂之未發謂之中，發而皆中節謂之和。中也者，天下之大本也；和也者，天下之達道也。致中和，天地位焉，萬物育焉。」《中庸・第一章》

「中」是個人內心處於《大學》中所說的「正心」狀態：「身有所忿懥則不得其正；有所恐懼則不得其正；有所好樂則不得其正；有所憂患則不得其正。」當「心不得正」的時候，就會顯得「心不在焉，視而不見，聽而不聞，食而不知其味」，所以「中庸之道」的首要修養是要讓自己維持在「喜怒哀樂之未發」的「正心」狀態。

▣ 豫則立，不豫則廢

孔子說過一段話：「可與言而不與之言，失人；不可與言而與之言，失言。知者不知人，亦不失言」《論語・衛靈公》。《中庸》認為：以「格物致知」和「正心誠意」作為基礎的修養，就可以使人在任何場所的言行都「發而皆中節」、「不失言，亦不失人」，而能夠保持團體內的和諧，達到「致中和」的境界。用「戲劇理論」的概念來說，每一個人對自己在「登上前台」後的言行，都必須在「後台」預作準備：

「凡事豫則立，不豫則廢。言前定，則不跲；事前定，則不困；行前定，則不疚；道前定，則不窮。」《中庸・第二十章》

朱註：「跲，躓也。」《中庸》以為：凡事先用心準備，才有可能做成功。發言前，先把所要講話的內容想好，就不會說錯話；做事情之前，先把步驟細節想清楚，就不會陷入困難；採取行動之前，先想到可能的後果，就不會愧疚悔恨；對於自己的人生之道，預先做好規劃，就不會陷入困窮。

「四書」是儒家最為人所熟知的四本經典，其中《大學》和《中庸》是講「修養」的兩本書，其意義必須放置在儒家思想的脈絡中來加以理解。《中

庸》開宗明義的〈第一章〉便說：

> 「天命之謂性，率性之謂道，修道之謂教。道也者，不可須臾離
> 也；可離非道也。」

▣ 「明道」與「行道」

「修道」是儒家教育的目的。「道」包含「格物致知」所要通曉的「天道」或「自然之道」，以及儒家最重視的「仁道」。在《中庸》中，「中庸」則是儒家修養的最高境界：

> 子曰：「中庸其至矣乎！民鮮能久矣。」〈第三章〉
> 子曰：「君子依乎中庸，遯世不見，知而不悔，唯聖者能之。」
> 〈第十一章〉

一個「修道」有成的人，不僅能夠「明道」而且還要能夠「行道」，他在這兩方面，都能夠展現出「中庸」的「至德」：

> 子曰：「道之不行也，我知之矣。知者過之，愚者不及也。道之不
> 明也，我知之矣。賢者過之，不肖者不及也。人莫不飲食也，鮮能
> 知味也。」〈第四章〉

唯有「明道」的人才能夠「行道」，並表現出「中庸」的具體行動。在本章第二節的析論中，我們可以看出：孔子本人不論是在教導學生或是在周遊列國時，他在公共場域中的行動，都比較像是「戲台」上的展演，而不像是西方文化中「賽場」上的格鬥。然而，對於先秦儒家而言，那是「行道」，而不是「展演」。所以弟子們會覺得他「溫而厲，威而不猛」〈論語・述

而〉、「望之儼然，即之也溫，聽其言也厲」〈論語‧子張〉。

　　依照本書的論述脈絡來看：「喜怒哀樂之未發，謂之中」，這句話所描述的是純粹理性的「明道」境界；「發而皆中節，謂之和」，則是描述實踐理性的「行道」境界。

⊡ 「發而皆中節」

　　儒家理想中的「君子」，必須時時刻刻以實踐「中庸」為念：

> 仲尼曰：「君子中庸，小人反中庸。君子之中庸也，君子而時中；小人之（反）中庸也，小人而無忌憚也。」〈第二章〉

　　「時中」就是隨時而處於其中，能用中和之道，無過不及之患。無忌憚就是膽大妄為、無所禁忌。孔子認為：「中庸」是一種至高道德修養，一般人很難做到，最主要的原因便是他們很難做到「時中」。他描述具有這種修養的君子：

> 「故君子尊德性而道問學、致廣大而盡精微、極高明而道中庸。溫故而知新、敦厚以崇禮。」〈第二十八章〉
> 「是故居上不驕，為下不背。國有道，其言足以興；國無道，其默足以容。《詩》曰：『既明且哲，以保其身』。」〈第二十八章〉

　　《中庸》對於君子的這段描述，仍然要用皮亞傑（Piaget, 1977）之「認知基圖」的概念來加以理解。《中庸》認為：一個「君子」不僅要重視自己的品德，更要致力於知識的增長，他的「理論智慧」不僅淵博，而且極盡精緻，所以才能表現出高度的「實踐智慧」，其言談內容非常高明，而且符合中庸之道；所以顯得性格敦厚而且待人有禮。他居上位，既不驕傲；在下位，也不作違禮之事。國家有道的時候，他發表的言論足以振興國家；國家無道

的時候，他沉默不言而能使自己有容身之處，這就是所謂的「明哲保身」。

▣ 「國無道，至死不變」

儒家是主張「不在其位，不謀其政」《論語・泰伯》的，國家無道的時候，倘若「士」不在其位，他可以沉默不言，「明哲保身」。然而，倘若他是一位身居要職的大臣，又該如何？

儒家所強調的「士之倫理」，基本上是一種「地位倫理」。「士」能不能實踐「中庸之道」，要看他能不能用其「實踐智慧」，在他所占的位置上，實踐儒家的「仁道」，而盡到自己的角色義務。這就是《中庸・第十四章》所說的：

> 「君子素其位而行，不願乎其外。素富貴，行乎富貴；素貧賤，行乎貧賤；素夷狄，行乎夷狄；素患難，行乎患難。君子無入而不自得焉。」
> 「在上位，不陵下；在下位，不援上。正己而不求於人則無怨。上不怨天，下不尤人。」
> 「故君子居易以俟命，小人行險以徼幸。」
> 子曰：「射有似乎君子，失諸正鵠，反求諸其身。」

「素」是「依其當前處境」之意。「君子居易以俟命，小人行險以徼幸」，所謂「居易」是以《易經》的啟示作為修養方法，等待天時的到來，而不願意冒險鑽營，僥倖求進。儒家主張：君子不管是處在「富貴」、「貧賤」、「夷狄」、「患難」，或其他任何處境，都應該遵行該位置的角色，要求盡到自己的角色義務，「正己而不求於人」。當他居上位的時候，不欺凌居下位的人；當他居下位的時候，也不會去奉承居上位者。他有所求而求之不得的時候，就像射箭射不到（正鵠）靶心，不會怨天尤人，而是「反求諸己」。這是儒家所稱讚的「強者」之性格：

「故君子和而不流，強哉矯！中立而不倚，強哉矯！國有道，不變
塞焉，強哉矯！國無道，至死不變，強哉矯！」《中庸·第十章》

第六節　結論

依照儒家的文化理想，倘若政府內的決策者都有「中庸」的修養，他所
作出的決策符合「仁道」的原則，能夠讓相關的人都能夠維持「心理社會均
衡」，整個組織的運作便能夠達到「致中和」的境界，所以說：「致中和，
天地位焉，萬物育焉。」從組織運作的原理來看，這是一種「由上而下」的
歷程，在權力階序上愈是居於高位的「聖君」、「賢相」，他們所作出的決
策，愈可能受到「關係中之人們」的評價。

子曰：「舜其大知也與！舜好問而好察邇言，隱惡而揚善。執其兩
端，用其中於民，其斯以為舜乎！」〈第六章〉

正因為像舜這樣的「聖君」、「賢相」在現實政治中難得一見，所以孔
子才會感嘆：「道之不行也矣夫！」他也不止一次地承認實踐「中庸」的艱
難：

子曰：「人皆曰『予知』，擇乎中庸而不能期月守也。」〈第七
章〉
子曰：「天下國家可均也，爵祿可辭也，白刃可蹈也，中庸不可能
也。」〈第九章〉

⊡ 格君心之非

　　《中庸》雖然主張：在「國無道」的時候，作為儒家門徒的在位「君子」仍然應當堅持其道，「至死不變」；孔子也充分體認到：在這樣的「上下關係」裡，居下位者要想實踐「中庸」的艱難，但他本人對這個議題，並沒有多加闡述。反倒是孟子，對於「士」在出仕之後，其「君臣關係」的相處之道說得十分清楚。本書第八章指出：孟子認為：「君仁莫不仁，君義莫不義，君正莫不正」，為臣者最重要的責任便是「格君心之非」，引君於正途，只要「一正君，而國定矣」。因此他說：「君子之事君也，務引其君以當道，志於仁而已」《孟子‧告子下》、「長君之惡其罪小，逢君之惡其罪大」《孟子‧告子下》。然而，如果臣下「以道事君」，反覆勸誡君王，而君王不聽，則又當如何？

　　在當時政治權力的位階中，「卿」的地位比「士」更高，和君王的關係也更為密切。孟子在回答「齊宣王問卿」的問題時表示，貴戚之卿和異姓之卿與國君關係不同，異姓之卿與國君關係疏遠，君王有過，反覆勸諫而不聽，便可以離開這個國家而他去，例如：君王「無罪而殺士」或「無罪而戮民」，作為臣下的大夫或士更可以離職他去，不必留情。貴戚之卿與國君關係密切，國君有大過，反覆規勸他而不聽，則可能危及國家，在「民為貴，社稷次之，君為輕」的原則下，應該易置之。如果君王暴虐無道、不行仁政，有勢力的諸侯更應當挺身而出，弔民伐罪。

　　孟子在回答齊宣王有關「湯放桀、武王伐紂」的詢問時，他的回答是「於傳有之」。正因為他對這段歷史非常嫻熟，所以他能夠說出這樣一段的千古名言：「賊仁者謂之賊，賊義者謂之殘，殘賊之人，謂之一夫。聞誅一夫紂矣，未聞弒君者也」《孟子‧梁惠王下》。同樣的，由於先秦儒家諸子都有十分鮮明的歷史意識，孔子本人也很了解「武王伐紂」的歷史事實（見本書第四章第六節「天命靡常」），所以他才會認為：「中庸其至矣乎！民鮮能久矣。」在他看來，「中庸」是儒家修養的最高境界，但一般人卻很難

做到。即使一個人下定決心，要實踐「中庸」（擇乎中庸），也「不能期月守也」，所以他才會感嘆：「天下國家可均也，爵祿不可辭也，中庸不可能也。」

「禪讓」與「中庸」是儒家文化的理想，也可以說是儒家的「文化型態學」。然而，從漢代以後，「禪讓」的「文化理想」卻從來沒有真正落實過，而「歷練」與「中庸」也成為個人修養的「潛規則」，並沒有成為可以明言的儒家之「文化衍生學」。今天我們要以西方的科學哲學作為基礎，建構「含攝文化的理論」，就必須要嚴肅思考一項問題：倘若儒家的這一套政治行動理論在現代社會裡仍然有其意義，現代的社會組織（包括政治組織）在選拔人才時，應當經由什麼樣的制度設計來落實儒家「薦之於天」、「暴之於民」的政治理想？

這個問題涉及儒家文化理想在歷史上的華人社會中如何實踐的問題，也就是儒家「文化衍生學」的問題，接下來將先討論漢代之後「儒家思想的異化」，然後再回頭對這個問題作理論性的交代。

 參 考 文 獻

Archer, M. S. (1995). *Realist social theory: The morphogenetic approach*. Cambridge, MA: Cambridge University Press.

Dumont, L. (1980). *Homo hierarchicus: The caste system and its implications*. Chicago, IL: University of Chicago Press.

Goffman, E. (1959). *The presentation of self in everyday life*. New York, NY: Doubleday, Anchor.

Orum, A. M. (1979). Social constraints in the political arena: A theoretical inquiry into their form and manner. *Political Behavior, 1*(1), 31-52.

Piaget, J. (1977). *The development of thought: Equilibration of cognitive structures*. New York, NY: Viking Press.

Smith, A. H. (1894). *Chinese characteristics*. New York, NY: F. H. Revell Company.

Weber, M. (1964). *The religion of China: Confucianism and Taoism* (H. H. Gerth, Trans.). New York, NY: The Free Press. 簡惠美（譯）（1989）：《中國的宗教：儒教與道教》（頁293-317）。台北：遠流出版公司。

Weber, M. (1946). *From Max Weber: Essays in sociology*. NY: Oxford University Press. 康樂、簡惠美（譯）（1989）：《宗教與世界：韋伯選集II》（頁53-99）。台北：遠流出版公司。

第四部

儒家的文化衍生學

第十二章　程朱的理學：「正宗」或「別子」？

　　從本書第七至十一章的析論中，讀者會得到一種印象，韋伯所談的「儒教」和先秦儒家思想似乎是不相干，甚至是完全相反的兩回事。這裡我要強調的是：韋伯是用社會學的方法，從儒家倫理在中國社會中的各種體現擷取資料，建構儒家倫理的「理念型」（ideal type），這種研究方法很明顯地犯了「熔接的謬誤」。本書則是以「分析二元論」（Archer, 1995）作為基礎，將先秦儒家思想視為一種「文化系統」，分析其經典的文本內容，希望能建構「含攝文化的社會科學理論」，藉以了解儒家文化的內在動力。

第一節　「仁道」與「禮教」　　

　　然而，研究方法上的差異，並不足以說明這兩種研究結果的南轅北轍。要了解先秦儒家和漢代之後儒家的不同，就必須先說明儒家的內在性格，然後進一步探討：漢代之後，儒家思想的轉變。本書第七章為了說明儒家的「庶人倫理」，特別建構出「仁、義、禮」倫理體系的形式結構。當這樣的形式結構落實在某一特定的角色關係之中時，儒家對於各種不同的角色關係，又會作出各種不同的倫理要求。儒家認為：君臣、父子、夫婦、兄弟、朋友是社會中五種最重要的人際關係，儒家稱之為「五倫」。用〈人情與面子〉的理論模型來看，在五倫中，父子、夫婦、兄弟三倫旨在安排家庭中的人際關係，是屬於「情感性關係」的範疇；而朋友、君臣則是「混合性關係」。

▣ 「五倫」的結構

儒家認為：五倫中每一對角色關係的互動都應當建立在「仁」的基礎之上。然而，由於五倫的角色關係各不相同，他們之間應當強調的價值理念也有所差異：「父子有親，君臣有義，夫婦有別，長幼有序，朋友有信。」值得強調的是：在儒家的觀念裡，這五種角色關係中，除掉「朋友」一倫外，其他四倫卻蘊含有「上／下」、「尊／卑」的縱向差序關係：

> 子曰：「何謂人情？喜、怒、哀、懼、愛、惡、欲，七者弗學而能。何謂人義？父慈、子孝、兄友、弟恭、夫義、婦聽、長惠、幼順、君仁、臣忠，十者謂之人義。講信修睦，謂之人利。爭奪相殺，謂之人患。故聖人之所以治人七情，修十義，講信修睦，尚辭讓，去爭奪，舍禮何以治之？飲食男女，人之大欲存焉！死亡貧苦，人之大惡存焉！故欲、惡者，心之大端也，人藏其心，不可測度也，美惡皆在其心，不見其色也，欲一以窮之，舍禮何以哉！故修十義以治七情。」《禮記・禮運》

《禮記》是孔子的學生及戰國時期儒家學者的作品。漢朝學者戴德將漢初劉向蒐集的 130 篇文章綜合簡化，共得 85 篇，此稱為《大戴禮記》；後來其姪戴聖又將《大戴禮記》簡化刪除，得 46 篇，再加上〈月令〉、〈明堂位〉和〈禮記〉，一共 49 篇，此稱為《小戴禮記》。《大戴禮記》至隋、唐時期已散逸大半，現僅流傳 39 篇；《小戴禮記》則成為今日通行的《禮記》。

▣ 「五倫」的雙向性

將《禮記》上這篇論述的內容放在〈自我的曼陀羅模型〉（見本書第三章的圖 3-1）中來看，所謂「人情」，是作為生物之「個體」（individual）

所具有的各種慾望；所謂「人義」，是作為社會中之「人」（person）所必須遵循的倫理規則。「父慈、子孝、兄友、弟恭、夫義、婦聽、長惠、幼順、君仁、臣忠」是扮演不同角色的人，最應當重視的準則。「自我」在「治七情，修十義」的過程中，可能特別重視孔子所強調的「推己及人」，或孟子所強調的「盡心」，而成為「仁道」的「相對倫理」：在兩個人的對偶關係中，掌握較大權力的人，必須先要求自己，善盡自己的角色義務。但他也可能十分重視「飲食男女，人之大欲存焉」，「欲、惡者，心之大端也」，「人藏其心，不可測度也」，「欲一以窮之，舍禮何以哉」，而演變成為講求「禮教」的「絕對倫理」。

在本章中，我要說明的是：漢代之後，儒家思想的發展，主要就是走「禮教」的道路。宋代理學家對後世影響最大的人物是朱熹。阮元在《書東莞陳氏〈學蔀通辯〉後》說：

> 「朱子中年講理，固已精實，晚年講禮，尤耐繁雜，誠有見乎理必出於禮也。古今所以治天下者禮也，五倫皆禮……且如殷尚白，周尚赤，禮也。使居周而有尚白者，若以非禮折之，則人不能爭；以非理折之，則不能無爭矣。故理必附乎禮以行，則可彼可此之邪說起矣。」

這是非常值得重視的一段話。漢代以後，「三綱」之說興起，到了宋代，伴隨著科舉制度的施行，先秦儒家的精神隱沒不彰，「古今所以治天下者，禮也。五倫皆禮」，「仁道」異化成為「禮教」，「五倫」演變成為「三綱」。西方傳教士在當時中國所觀察到的現象是：

> 不計其數的禮節束縛著中國人的生活：從懷胎階段一直到死者的祭祀。其不勝枚舉而又牢不可破的繁文褥節，構成可供民俗學家研究的一座寶庫。W. Grube 的作品特別利用了這些資料。部分的禮

儀顯然原本是巫術的，尤其是除厄的；另一部分則來自道教與民間佛教（這在別處加以討論）。道教與民間佛教都在大眾的日常生活中留下了深刻的印痕，同時也保留著大量純粹因襲性的、禮儀上的遺習禮節規範約制著垂問與答覆、不可缺失的禮數與正確優雅的辭讓、拜訪、餽贈等姿態，以及敬意、弔慰與慶賀的表示。

◉ 儒家倫理的轉向

從中國歷史發展的角度來看，儒家倫理由「仁道」轉向「禮教」的關鍵時期，發生在漢代。韋伯在《中國的宗教：儒教與道教》一書第二章「封建國家與俸祿國家」中，雖然談到戰國時代到秦、漢時期，中國變成「大一統」的國家之後，世襲性封建體制也發生了變化，但他並沒有注意到：隨著政治體制的轉變，儒家思想發生了什麼樣的變化。本書第八章指出：先秦儒家所主張的「士之倫理」帶有「救贖宗教」的性格，但韋伯對此似乎並無所知，他所使用的「理念型」研究方法讓他判定：儒家倫理旨在維護「傳統主義」的支配型態，儒教要求不斷的、謹慎的自我控制，為的是要維持通達的世間人之尊嚴；清教倫理要求此種自我控制，為的是有條理地凝聚人的心意於神的意志上。儒教倫理有意地讓人處於自然生成的，或是由社會性尊卑關係所造成的個人關係裡。儒教只神聖化由人際關係，譬如君臣、上下、父子、兄弟、師生與朋友之間的恭順義務。然而，清教倫理卻相當懷疑這些純粹的個人關係是生物性的；當然，清教還是容許它們的存在，只是要在倫理上加以控制，使其不致於背離上帝（Weber, 1964, p. 240）。

在這段論述裡，可以看到韋伯對於儒家的最大誤解。在儒家所強調的「五倫」中，父子、兄弟可以說是「純粹生物性」的，夫妻也可以說是「生物性」的，但朋友關係卻顯然不是。君臣關係雖然也可能是生物性的，但絕大多數的君臣關係卻不是。先秦儒家不僅對「五倫」有不同的倫理要求，而且在理論上作了十分細緻的論述，希望儒門弟子能夠在認知上加以區辨。這

一點，本書第七、八兩章在討論「庶人倫理」及「士之倫理」時，已經作了非常細緻的分疏。前文提到：《禮記‧禮運》對於「五倫」的論述可能有兩種不同的發展方向，一種是強調以「仁」作為基礎的「相對倫理」，另一種則是強調以「禮」作為基礎的「絕對倫理」。秦始皇結束戰國時期征伐不斷的亂局，使天下歸於一統。到了漢代，儒家思想的地位和內容也跟著發生了轉變。

第二節　儒家思想的神學化

　　春秋戰國時期，儒家諸子並未受到統治者的重用，儒家思想也未成為顯學。到了兩漢時期，儒學地位最明顯的轉變，是統治者接受儒生的建議，一方面在政治上承襲秦制，在全國各地推行以郡縣作為基礎的中央集權制；另一方面則在思想上由秦朝的「獨任法術」，改變為「獨尊儒術」，而儒生們則千方百計地將儒家思想「神學化」。用韋伯提出的「支配類型」理論來說，這是具有「卡理斯瑪」性格的開國君王想要鞏固其家產制國家的世襲制度，儒生們為了迎合君王的意圖，刻意以他們熟悉的先秦儒家思想為基礎，建構出一套意識型態，幫助君王將其「卡理斯瑪」的支配型態，轉變成為「傳統主義」的支配型態。

▣ 「三綱」的絕對倫理

　　最早提出「三綱」之說的是《韓非子‧忠孝》：「臣事君、子事父、妻事夫，三者順，天下治；三者逆，天下亂。」漢代最重要的政治思想家是漢武帝時的董仲舒（179 B.C.-104 B.C.），他以君臣、父子、夫婦「三綱」為經，以仁、義、禮、智、信「五常」為緯，建構出所謂「王道配天」的理論：

　　「天高其位而下其施。高其位所以為尊，下其施所以為仁，故天尊地卑。地之事天，猶臣之事君，子之事父，婦之事夫，皆行其順而

竭其忠。」〈王道通三〉

「是故大小不逾等，貴賤如其倫，義之正也。」〈精華〉

「天為君而覆露之，地為臣而持載之，陽為夫而生之，陰為婦而助之；春為父而生之，夏為子而養之。」

「王道之三綱，可求於天。」

「故聖人多其愛而少其嚴，厚其德而簡其刑，以此配天。」〈基義〉

　　基於這樣的理論，董仲舒又提出「天人感應」之說：「國家將有失敗之道，而天乃出災害以譴告之；不知自省，又出怪異以警懼之；尚不知變，而傷敗乃至」〈天人對策〉。換言之，他一方面用「王道配天」論來神化君權，另一方面又企圖藉助天威來約束皇權。為了讓皇帝接受他的觀點，他說災異的發生，是「天心之愛人君，而欲止其亂也」。既然如此，作為統治者的皇帝，應當如何自處？董仲舒的看法是「仁者愛人，義者正己」：「春秋為仁義法。仁之法，在愛人，不在愛我。義之法，在正我，不在正人。我不自正，雖能正人，弗與為義；人不被其愛，雖厚自愛，不予為仁」〈仁義法〉。因此，他建議統治者：「正心以正朝廷，正朝廷以正百官，正百官以正萬民，正萬民以正四方。」又說：「天有陰陽禁，身有情欲袟，與天道一也。是以陰之行不得干春夏，而月之魄常厭於日光」，「天之禁陰如此，安得不損其欲而輟其情以應天？」在董仲舒看來，損利才能存義，損情才能存性，君王既知此理，便應當「損其欲而輟其情」。董仲舒的這種論點，為後世宋明理學「存天理、去人欲」的主張奠下了基礎。

▣ 白虎通德，三綱六紀

　　漢武帝（156 B.C.-87 B.C.）接受董仲舒的建議，罷黜百家，獨尊儒術，使儒家思想變成漢朝政治思想的「正統」。董仲舒的「王道配天論」在儒家思想「神學化」的道路上跨出了重要的一步。為了以儒家作為國家的「正統」思想，東漢建初4年（西元79年），漢章帝（西元57-88年）因此召集百官

及「諸儒會白虎觀，議論五經異同」，並由皇帝親自「稱制臨決」，再交由班固整理成書，此稱為《白虎通德論》，簡稱《白虎通》，以作為東漢王朝政治理論的「國憲」。

　　《白虎通》雖然揚棄了讖緯對儒家倫理粗俗的神學論證，不過仍然採用「神學化經學」的方式來鞏固「三綱六紀」的概念。「三綱」之說，源自《韓非子・忠孝》：「臣事君、子事父、妻事夫，三者順，天下治；三者逆，天下亂。」所謂「三綱」是指：「君為臣綱、夫為妻綱、父為子綱」，六紀則是指：「敬諸父兄，六紀道行。諸舅有義，族人有序，昆弟有親，師長有尊，朋友有舊」，《白虎通》認為：「綱者，張也；紀者，理也。大者為綱，小者為紀，所以強理上下，整齊人道也」，「三綱六紀」的人間秩序是和上天的秩序互相對應的。天地、陰陽、五行都蘊含有尊卑貴賤的等級關係，所以「三綱六紀」的等級關係也是不可逾越的。比方說，依照《白虎通》的說法，天和地相對，天是君是夫，地是臣是妻，天道左旋而地道右周，故君之對臣，是「天尊地卑，永不可及」。比如，日和月相對，日是君是夫，月是臣是妻，「日行遲而月行疾」，其象徵意義則是：臣之事君，應當「君舒臣勞」。

　　用現代西方倫理學所主張的〈自律性道德〉來看，這種論證方式所支撐的「三綱」之說顯然是「他律」的，可是《白虎通》就用這種「神學化經學」的方式推論出「三綱六紀」的正當性，並據此而對禮樂、衣裳、宴飲、射禮、刑罰、祭禮、喪葬、諡號等禮儀制度作出詳細的規定，而形成所謂「王道配天」的體制和理論：「朝廷之禮，貴不讓賤，所以明尊卑也。鄉黨之禮，長不讓幼，所以明有年也。宗廟之禮，親不讓疏，所以明有親也。此三者行，然後王道得；王道得，然後萬物成」《白虎通・禮樂》。

▣ 儒家的「傳統主義」

　　《中國的宗教：儒教與道教》一書第六章在討論「儒家的本質」時，韋伯說道：

儒教，像佛教一樣，主張「道」的倫理，相當於印度的「法」（dharma）。不過，與佛教形成強烈對比的是，儒教純粹是一般人入世的道德（innerworldly morality）。儒教強調的是適應這個世界及其秩序與習俗。基本上，它代表的是給予世上受過教育的人一部由政治準則與社會禮儀規制所構成的巨大法典。這一點和佛教有更大的對比。（Weber, 1964, p. 152）

這世界的宇宙秩序被認為是固定而不可違反的，社會秩序不過是此一秩序的一個具體類型而已。宇宙秩序的偉大神靈只在於企盼世間的和樂，尤其是人類的幸福。社會的秩序亦如此。只有當人能將一己融入宇宙的內在和諧之中，方可且當可獲致心靈的平衡與帝國的「祥和」。如果有人無法達到這一點，那麼人的愚昧以及（尤其是）國家與社會的領導無方，就該為此負責。（Weber, 1964, pp. 152-153）

皇權具有卡理斯瑪的觀念，以及將宇宙秩序與社會秩序等同起來的觀念，決定了這些基本前提。凡事都取決於官位任職者的行事作為，對於社會這個在家產制支配下龐大共同體的領導，這些人必須負起責任。君主必須將未受教育的平民大眾當作子女般地對待，他的首要任務是在物質上與精神上照顧任官階層，並且與他們保持良好而且互相尊敬的關係。（Weber, 1964, p. 153）

如果我們將論述的焦點集中在漢代之後的「政治化儒家」，我們應當可以接受韋伯的主要論旨：儒家是「傳統主義者」，儒家倫理的最大功能，就是維護這個「固定而不可違反的」「世界的宇宙秩序」或「社會秩序」。更清楚地說：韋伯所談的「儒教」，是儒家思想在中國歷史上的「文化衍生學」（morphogenesis），而不是儒家思想的「文化型態學」（morphostasis）；它是儒家思想在中國不同歷史階段的「社會—文化交互作用」（socio-cultural interaction），而不是先秦儒家思想的「文化系統」（culture system）。如果我們要正確地評估儒家的「文化衍生學」，我們必須像本書第三部分那樣地分析儒家的「文化型態學」，如此才能幫助讀者走出「韋伯的迷陣」。

第三節　儒學第二期的發展

　　宋明年間是儒家哲理快速發展的一個階段。宋明理學的發展，西方學者一般稱之為新儒家（Neo-Confucianism），牟宗三（1982）稱之為儒學第二期的發展。儒家思想之所以能夠在宋明年間快速發展，也有其政治背景的肇因。宋太祖趙匡胤建國之後，為了防止重演中唐以後藩鎮割據的局面，便用「杯酒釋兵權」的方式，解除各地區節度使和禁軍將領的兵權，之後又逐步改革兵制和地方官制，將軍、政大權集中於中央。為了鞏固中央集權制度，宋太祖首先要求武官「讀書以通治道」，接著又規定「作相須是讀書人」，從此之後，宋朝遂「大重儒者」《宋史·太祖本紀》。歷代皇帝不僅下令各州縣設立學校，講授儒學，而且在各地修建孔廟，重新刊印儒家經典，為宋代儒學的復興，創造了有利的條件。

▣ 「心體」與「性體」

　　宋代儒學的復興，始於胡安定、孫泰山和石祖徠三人。清代儒者全祖望在《宋元學案·古靈四先生學案》的案語中說：「宋仁之世，安定先生起於南，泰山先生起於北，天下之士，從者如雲，而正學自此肇端矣。」胡、孫、石三人世稱「宋初三先生」，其後周敦頤（濂溪）的〈太極圖說〉為儒家倫理的本體論奠下基礎。再經過邵雍、張載的繼承和發揚，而由程顥（明道）、程頤（伊川）二兄弟發展成以「天理」作為宇宙最高本體的哲學理論。接著，朱熹（元晦）又繼承二程思想，並加以發揚光大，建立了博大繁複的理學思想體系。

　　正如世界上其他主要宗教一樣，在儒家思想的發展史上，儒者也提出了

幾種「本體論」，來支持其獨特的「人觀」。儒家和基督教的最大不同之處，在於它的「本體論」並沒有構想出「外在超越」的「上帝」，而是構想出各種「內在超越」的「理體」。「理體」一詞，可以用康德哲學的概念來加以說明：精神生命透過「實踐」，將其道德理想表現在外。精神生命的「本體」（noumenon）是不可知的，一般人觀察到的僅僅只是種種「現象」（phenomena），而不是精神實體的「物自身」（thing in itself）或「本體」（noumenon）（牟宗三，1975）。「現象」與「物自身」是一般性的概念，通常用於物理學，如果是要用在人類的生活世界，李明輝（1994）將之譯為「事相」和「理體」。宋明儒學兩代派別的分野，在於以「心」作為「理體」（心體）的陸王一系，和以「性」作為「理體」（性體）的程朱一系。

▣ 志在邱壑

　　宋代儒學家最先開始討論本體論問題的是周敦頤之〈太極圖說〉。周敦頤（1017-1073），字茂叔，號濂溪，今湖南省道縣人，15歲時，父親過世隨其母赴京師開封，投靠舅父龍圖閣大學士鄭向。24歲，因其舅父向皇帝保奏，被任命為洪州府寧縣主簿。十三年後，調任南安郡司理參軍。任內結識大理寺丞程珦，程珦隨即將兩個兒子程顥、程頤送至南安，拜師受業。

　　周敦頤的仕宦生涯並不顯赫，歷程主簿、縣令、州判官、知州參軍等地方官職，雖著有政績，卻一生清貧。50歲在永州做通判官時曾作了一首詩：

老子生來骨性寒，宦情不改舊儒酸。
停杯厭飲香醪水，舉箸半餐淡菜盤。
事冗不知精力倦，官清贏得夢魂安。
故人欲問吾何況，為道舂陵只一般。

　　56歲定居於廬山濂溪書堂，次年6月病故。黃庭堅在《濂溪祠並序》上說：「茂叔雖仕宦三十年，而平生之志，終在邱壑」，稱頌他「人品甚高，

胸懷灑落，如光風霽月，廉於取名而銳於求志」，「陋於希世而尚友千古」
（陳郁夫，1990）。

　　《宋史・道學傳》評斷周敦頤對於復興儒學的關鍵地位是：「兩漢而
下，儒學幾至大壞。千有餘載，至宋中葉，周敦頤出於舂陵，乃得聖賢不傳
之學，作〈太極圖說〉、《通書》，推明陰陽五行之理，明於天而性於人
者，了若指掌。」

▣ 「太虛」與「道」：〈太極圖說〉

　　周敦頤繼承了儒家的本體論和宇宙論，又揉合佛、道二家思想，作了
〈太極圖說〉，其目的便是在「明天理之本源，究萬物之始終」：

> 「無極而太極。太極動而生陽，動極而靜；靜而生陰，靜極復動。
> 一動一靜，互為其根。分陰分陽，兩儀立焉。陽變陰合，而生水火
> 木金土，五氣順布，四時行焉。五行一陰陽也，陰陽一太極也，太
> 極本無極也。五行之生也，各一其性。無極之真，二五之精，妙合
> 而凝。乾道成男，坤道成女。二氣交感，化生萬物。萬物化生，而
> 變化無窮焉。惟人也，得其秀而最靈。形既生矣，神發知矣，五性
> 感動，而善惡分，萬事出矣。聖人定之以中正仁義，而主靜，立人
> 極焉。故聖人與天地合其德，日月合其明，四時合其序，鬼神合其
> 吉凶。君子修之吉，小人悖之凶。故曰：『立天之道，曰陰與陽；
> 立地之道，曰柔與剛；立人之道，曰仁與義。』又曰：『原始終，
> 故知死生之說。』大哉易也，斯其至矣。」

　　〈太極圖說〉認為：宇宙的生成是自無極（太虛）而太極，由太極之動
靜而形成天地兩儀，天分陰陽，地分剛柔，進而二氣交感，陽變陰合而生出
金、木、水、火、土五行，這就是所謂的「萬物化生」。「萬物化生，而變
化無窮焉。惟人也，得其秀而最靈」，「形既生矣，神發知矣，五性感動，

而善惡分，萬事出矣」，「故曰『立天之道，曰陽與陰；立地之道，曰柔與剛；立人之道，曰仁與義』。」換言之，〈太極圖說〉的宗旨雖然在於「究明天地萬物之源」，不過其關注焦點仍然是在人間，是在為「人之道」找根源。

◉ 誠體：寂感真幾

周敦頤繼承了先秦儒家的觀點，認為「誠」是「五常之本，百行之源」，溝通「人道」和「天道」的主要途徑就是「立誠」。在《通書》第一章，周敦頤以《中庸》之誠解釋了《易傳》所說的「大哉乾元，萬物資始」，「乾道變化，各正性命」。《中庸・第二十章》說：「誠者，物之始終」，「不誠無物」；周敦頤也認為：天下一切事物皆是由誠始，由誠終：「乾元」為「誠之立」，「元亨」為「誠之通」，「利貞」為「誠之復」。

周敦頤認為：周《易》一書已經參透了「性命之源」，所以他讚嘆地說：「大哉《易》也，性命之源乎？」此處所說的「命」，不是生物性的「命」，也不是「命運義」的「命」，而是「命令義」的「天命」，是天道賦於人的「使命」。在儒家正統的「人觀」中，天道、性、命其實是互相通貫，只不過是因為在不同的論述脈絡裡，所以有不同的用語：「自天道之命於吾人言，曰命；自人之所受言，曰性」。

理學家們所說的「理」，亦是屬於同一範疇的概念。對周敦頤而言，道不虛懸，理非空言，必待人而體現。真能盡其性而體現此天道至於其極者，就可以稱為「聖人」。「誠者聖人之本」，聖人之所以能夠盡人之理，不過是「誠」而已。「誠」不僅只是工夫，而且是「本體」，他認為：「誠體」只是一「寂感真幾」，所以《通書》說：「寂然不動者，誠也；感而遂通者，神也。」

第四節　張載的自我模型

　　就儒學第二期的發展而言，張載可說是承先啟後的關鍵人物。張載（1020-1077），字子厚，號橫渠，今陝西眉縣橫渠鎮人，世稱橫渠先生。幼時「志氣不群」，成年後，曾經學習兵法，參與組織民間武裝力量，試圖奪回被西夏占領的洮西之地。

　　康定元年（1040 年），宋仁宗任命范仲淹為陝西招討副使兼知延州，21 歲的張載上書范仲淹，申論用兵之道。范仲淹見他器宇不凡，勸他：「儒者自有名教可樂，何事于兵？」

▣ 為往聖繼絕學

　　張載從此棄武從文，埋頭治學，並在其書房自撰對聯：「夜眠人靜後，早起鳥啼先」，勉勵自己立志向學。他先讀《中庸》「認為未足」，繼而訪諸釋老之書，「累年盡究其說，知無所得」，再反向求之《六經》，才逐漸形成自己的理學見解。

　　38 歲，舉進士，在京師相國寺「設虎皮，講《周易》」，期許諸生：「少置意科舉，相從於堯舜之域」。初見二程（程顥、程頤），論及易經，認為二程對《易》的理解比自己深刻，隨即「撤座，輟講」，並對諸生說「比見二程深明《易》道」，吾所弗及，「汝輩可師之」。

　　他的政治觀深受孟子影響，主張「法三代，仁政必自經界始」，取法古人，以畫分田界作為推行仁政的第一步。其政見與當時推行新法的王安石不合，遂於 50 歲以病為由，辭官回歸橫渠故里，創設橫崐書院。他在橫渠講學，居此六載，經常獨坐一室，俯而讀，仰而思，「有心則記之」，先後寫出《正蒙》、《西銘》、《經學理窟》等著作。教導學生「知禮成性、變化氣質之道」，自己氣魄也日益開闊。他認為：秦、漢以來，學者之大蔽是：「知人而不知天，求為賢人而不求為聖人」，堅持：「學必如聖人而後

已」，並留下著名的「四為句」：「為天地立心，為生民立命，為往聖繼絕學，為萬世開太平。」

我曾經說過：〈自我的曼陀羅模型〉是個普世性的理論模型，張載論述的範圍幾乎涉及〈曼陀羅模型〉的每一個面向，換言之，他在作這些論述時，其「內容意義」（intentional meaning）幾乎就是在構思一個〈儒家自我的模型〉。

張載最重要的著作為《西銘》和《正蒙》。在《正蒙》十七篇中，〈太和篇〉談「道體」，〈誠明篇〉談「性體」，〈大心篇〉談「心體」。在「本體論」方面，他繼周敦頤的「性體」之後，提出了「太虛」與「氣」的「元氣論」。在「人性論」方面，他區分了「天地之性」和「物質之性」。用〈自我的曼陀羅模型〉來說，「天地之性」就是作為「人」（person）的「天德良知」；「物質之性」則是作為生物之「個體」（individual）所具有的自然天賦。

☐ 元氣論

張載的「元氣論」在論證「太虛」和「氣」的關係時，主張：

> 「氣之為物，散入無形，適得吾體；聚為有象，不失吾常。太虛不能無氣，氣不能不聚而為萬物，萬物不能不散而為太虛。循是出入，是皆不得已而然也。」《正蒙・太和》
>
> 「氣於人，生而不離，死而游散者謂魂；聚成形質，雖死而不散者為魄。海水凝則冰，浮則漚，然冰之才，漚之性，其存其亡，海不得與焉。」《正蒙・動物》

張載認為：「氣」是宇宙的本質，它有兩種基本狀態，一是「太虛」，二是陰陽二氣。「太虛」無形，是「氣之本體」，「氣」則有聚散；「氣」聚而為萬物，氣散則萬物又還原為「太虛」，「氣」之聚散於「太虛」，猶

如冰之於水，「凝釋雖異，為物一也」（黃秀璣，1987a）。

　　人生亦然。人為萬物之一，人的生命亦是由「氣」凝聚而成，「聚成形質」，死後則游散，回歸「太虛」。張載相信：人死後不散的部分，稱為「魄」。人由生到死，其「氣」凝散的過程，正如「海水凝則冰」，散則剩下氣泡（漚），死後只留下「魄」。這種觀念顯然是受到莊子「陰陽氣化宇宙論」的影響：

> 「生也死之徒，死也生之始，孰知其紀？人之生，氣之聚也。聚則
> 為生，散則為死。若死生為徒，吾又何患。故萬物，一也。是其所
> 美者為神奇，其所惡者為臭腐。臭腐化為神奇，神奇化為臭腐。故
> 曰：『通天下一氣耳』。」《莊子‧知北遊》

　　張載以道家之「太虛」和「氣」的概念為基礎，來解釋宇宙萬物的生成，將「氣」與「太虛」的關係，比擬成「冰」與「水」的關係，氣聚則萬物生成，氣散則回歸太虛。嚴格說來，這種說法其實只是一種類比（analogy）而已，他卻能以這樣的類比作為基礎，建構出比較合理的「人性論」和「心性論」，而對理學的發展產生重大影響。

▣ 人性論：「氣質之性」與「天地之性」

　　張載認為：人和天地間的萬物一樣，都各有其「性」。「性者，萬物之一源，非我有之得私也」《正蒙‧誠明》。不過，作為萬物之靈的人，卻和宇宙間的其他萬物有所不同：萬物的原始質料是「氣」，根據《易經‧繫辭傳》所說：「氣於人，生而不離，死而游散者為魂」；對於人而言，氣的屈伸即是鬼神：「鬼者，歸也」，「神者，伸也」。

　　「人性」可以分為「氣質之性」和「天地之性」（黃秀璣，1987b）。「氣質之性」是形而下的，用〈自我的曼陀羅模型〉來看，它是作為自然之生物體之個體（individual）所具有的本性，「飲食男女皆性也」《正蒙‧乾

稱》。它不僅包含人的自然生理慾望，而且也包含人的各種稟賦氣質。因此，張載認為：在「氣質之性」方面，「天下之物無兩個有相似者」，「至如同父母之兄弟，不惟其心之不相似，以至聲言形狀，亦莫有同者」《張子語錄中》。

「天地之性」則是形而上的，是由超越性之宇宙本體朗現在「人」（person）身上的「本性」，也是作為一個「人」（person）的必要條件。這種「天地之性」是「生無所得」、「死無所喪」，不生不滅，永恆長存的。「心之本體」與「天地之性」的關係，猶如「太虛」與「氣」之間的關係，又如「水」與「冰」之間的關係，用現代哲學的話語來說，就是「本體」與「現象」之間的關係。「天地之性」之在於人，猶如「水性之在於冰，凝釋雖異，為物一也」《正蒙‧誠明》。換言之，每一個人的「氣質之性」（即形體相貌）雖然各有不同，但都同樣具有「天地之性」。人願不願意讓這種「天地之性」發揮作用，或者能不能察覺到這種「天地之性」，關鍵在於其「善不善自反而已」，「善反之，則天地之性存焉」《正蒙‧誠明》。

自從孟子道性善，荀子言性惡之後，人性到底是善是惡，一直是儒家學者聚訟紛紜，無法解決的一大難題。張載的比喻將善惡混雜的「氣質之性」和純然性善的「天地之性」統合在一起，解決了儒家數百年來懸而未決的難題，因此朱熹稱讚他這種理論「極有功於聖門，有補於後學」《朱子語類‧卷四》。

▣ 「聞見之知」與「德性之知」

從其統一「天地之性」和「氣質之性」的人性論出發，張載一路推思下來，便很容易注意到「聞見之知」和「德性之知」的不同（黃秀璣，1987c）。張載繼承了先秦儒家的觀點，和周敦頤一樣，認為：「誠」是溝通「天、人之道」的橋樑，「性與天道合一，存乎誠」。但是他卻認為：「誠明所知，乃天德良知，非聞見小知」《正蒙‧大心》。他很清楚地指出「聞見之知」和「德性之知」的差別：「德性之知」是「天德良知」，而所謂

「聞見之知」，「乃物交而知」，也就是人經由耳目感官與外界接觸而獲得的經驗。

　　用〈自我的曼陀羅模型〉來看，張載認為：「天德良知」是每個人先天具有的。牟宗三（1968a）認為：這是一種「縱貫系統」，個人可以藉由「逆覺體證」的方法，反求諸己，見其本心。

　　「聞見之知」則是以感官經驗為基礎，向外探索，可以建構出「橫向系統」的客觀知識。可是，在張載的時代，他的主要興趣並不在於發展客觀知識。在張載看來，「今盈天地之間者皆物也。如只據己之聞見，所接幾何，安能盡天下之物」，「以聞見為心，則不足以盡心」，「若只以聞見為心，但恐小卻心」。因此，他認為「聞見之知」只是「聞見小知」，並不是儒家所要追求之物：「世人之心，止於聞見之狹。聖人盡性，不以見聞至其心。」他相信「大其心，則能體天下之物」。

第五節　儒學義理的轉向

　　了解新儒家的思想走向之後，便可以進一步討論宋代理學家對其他問題的看法。牟宗三認為：宋明儒學之所以為「新」，是因為漢儒以傳經作為儒學的主要內容，而宋明儒者則是直接以「孔子生命智慧的方向」以言成德之教，或自覺地作道德實踐。為了釐清儒家的統緒，牟宗三在《心體與性體》三巨冊（牟宗三，1968a，1968b，1969）以及《從陸象山到劉蕺山》（牟宗三，1979）一書中，他仔細分析宋、明儒學體證的修養工夫論，其思想理路可以分為以「性」作為「理體」的程朱一系，以及以「心」作為「理體」的陸王一系。儒學義理轉向的分歧點，則是在於程顥、程頤兩兄弟。

⊡ 富貴不淫貧賤樂

　　程顥（1032-1085），字伯淳，號明道，世稱明道先生。其弟程頤（1033-1107），字正叔，世稱伊川先生。在儒家思想史上，一般學者對程氏兄弟一

向二程不分，朱熹為兩人編語錄《二程遺書》，除〈明道先生語〉和〈伊川先生語〉之外，還有十卷的〈二先生語〉，將程氏兄弟之作品混雜在一起（李日章，1986）。馮友蘭（1962）在他所著的《中國哲學史》一書中，首先指出：「程伊川為程朱理學之先驅，程明道則為陸王心學之先驅。」「二程」幼受家學薰陶，父親程珦曾安排他們共同拜周敦頤為師；兄弟兩人在周敦頤門下受業，為時不到一年，但受其影響卻極深。《宋史・道學傳》稱程顥「自十五六時，與弟頤聞汝南周敦頤論學，遂厭科舉之習，慨然有求道之志。」

程顥性格寬厚平和，與人相處如沐春風。幼時讀書聰慧過人，曾經自述：「昔受學於周茂叔，令尋顏子、仲尼樂處，所樂何事」《宋元學案・明道學案》。周敦頤要他們思考：孔子周遊列國，不為諸侯所用；顏回「一簞食，一瓢飲，在陋巷」，仍然「不改其樂」，究竟「所樂何事」？

後來，程顥寫了一首膾炙人口的〈秋日偶成〉，可以說是他對這個問題的答覆：

> 閒來無事不從容，睡覺東窗日已紅。
> 萬物靜觀皆自得，四時佳興與人同。
> 道通天地有形外，思入風雲變態中。
> 富貴不淫貧賤樂，男兒到此是豪雄。

▣ 「伊皋書院」與洛學

北宋嘉祐2年（西元1057年），程顥25歲即考中進士，任職地方官時，依照儒家的政治理想，「度鄉村遠近為伍保」，「使之力役相助，患難相恤，而奸偽無所言」，「在邑三年，百姓愛之如父母」〈明道先生行狀〉。因此被推薦為太子中允、權監察御史里行，代理（權）監察御史的職位。當時，宋神宗正處於內外交困，亟思有所作為，程顥「每進見，必為神宗陳君

道以至誠仁愛為本，未嘗及功利。神宗始疑其迂」，他又反對王安石變法，最後只好自己請求退居閒職，結果被貶到洛陽，擔任京西路提點刑獄。他居住洛陽十餘年，每日讀書講學，「士大夫從之講學者，日夕盈門，虛往實歸，人得所欲」，世稱「洛學」。

他的弟弟程頤為人嚴肅方正，整日板著臉孔，端坐如木頭人。朱熹在〈伊川先生年譜〉中，說他「幼有高識，非禮不動」，後世所謂「道學臉孔」，便是由他而來。程頤 18 歲在太學讀書，撰成一篇〈顏子所好何學論〉，得到大儒胡瑗之賞識，立即「處以學職」，「四方之士，從遊者日眾」。神宗元豐 5 年（西元 1082 年），太尉文彥博鑒於他「著書立言，名重天下；從游之徒，歸門甚眾」，特地在洛陽鳴皋鎮附近修建一座「伊皋書院」，讓他在此講學近二十年。

元豐 8 年（西元 1085 年），哲宗即位。王安石變法失敗，在司馬光等人推薦下，程頤受命為「崇政殿說書」，教年幼的哲宗讀書。由於他經常藉著向皇帝講書的機會，「議論褒貶，無所顧避」，而引起其他朝臣的不滿，批評他「經筵陳說，僭橫志分；遍謁貴臣，製造台諫」，要求將他「放還田里，以示典刑」《道命錄》，他只好在三年後辭職，回洛陽講學。到了 1096 年，新黨再度執政，他被定為「奸黨」，貶到四川涪州，交地方官管制。程頤在被貶其間，完成著作《周易程氏傳》。徽宗即位，得以赦免，但不久又受排斥，遂隱居龍門，遣散門徒，不久病死於家中。

▣ 理氣二元論

程明道、程伊川兩兄弟之論學雖然頗為相得，其思想型態卻有根本性的差異。伊川為明道之弟，僅比明道少一歲，但卻在明道卒後二十年，才以 74 歲高齡壽終。二程初期共同講學，其義理主要發自明道；明道卒後，伊川獨立侍講，才逐漸透顯出自己的思路。他們雖然都接受張載之區分「天地之性」和「氣質之性」的人性論，明道認同「理氣一本」之論，伊川卻主張「理氣二元論」，認為「性即理」，「理只存有而不活動」。

張載的「元氣論」視「氣」為萬物之本源。然而，「太虛」與「氣」之論源自於道家，堅持儒家立場的二程，自然不容易接受這種論點。依他的看法：「凡物之散，其氣遂盡，無復歸本元之理。天地如洪爐，雖生物，銷鑠亦盡，況既散之氣，豈有復在？天地造化，又焉用此既散之氣」《遺書‧卷十五》。他因此認為：氣是形而下的，是末，不是本。相對之下，他提出了「理」的概念，認為「道」和「理」才是萬事萬物的本源。他把「天道」和「人道」視為一體：「道一也，當『天道』自是『人道』，當『人道』自是『天道』」《遺書‧卷十八》。

▣「道」與「理」

不過，「道」是形而上的，它展現在世間形而下之事物者，即為「理」：

「天之付與之謂命，稟之在我之謂性，見於事業之謂理。」
《遺書‧卷六》
「理，便是天道也。」《遺書‧卷二十二上》
「有形總是氣，無形只是道。」《遺書‧卷六》
「氣是形而下者，道是形而上者。」《遺書‧卷十五》
「萬物皆出於理。」《遺書‧卷二》

程頤雖然接受張載對於「天地之性」和「氣質之性」的區分，但他卻以「義理之性」的概念取代了「天地之性」，而一再強調：「性即理也」《遺書‧卷二十二上》，「理、性、命，三者未嘗有異」《遺書‧卷二十二下》，他認為：「在天為命，在義為理，在人為性，主於身為心，其實一也」《遺書‧卷十八》。理、性、命三者既然「未嘗有異」，「窮理」、「盡性」、「至命」當然也是同樣的一回事：「窮理、盡性、至命，只是一事。才窮理，便盡性；才盡性，便至命」《遺書‧卷十八》。這樣的主張為朱熹所接受，「理」也因此而為理學體系的最高哲學範疇。

▣「西銘」：理一分疏

程頤提出「理氣二元論」，在「理」和「氣」之間作出明確的劃分之後，又更進一步提出「理一分疏」的說法。要了解這番轉折，必須從張載的一篇文章談起。張載寫過一篇對宋明理學發展影響十分重大的《西銘》：

> 「乾稱父，坤稱母，予茲藐焉，乃混然中處。故天地之塞，吾其體；天地之帥，吾其性。民，吾同胞；物，吾與也。大君者，吾父母宗子；其大臣，宗子之家相也。尊高年，所以長其長，慈孤弱，所以幼其幼。聖，其合德；賢，其秀也。凡天下疲癃殘疾惸獨鰥寡，皆吾兄弟之顛連無告者也。於時保之，子之翼也；樂且不憂，純乎孝者也。違曰悖德，害仁曰賊，濟惡者不才，其踐形，惟肖者也。知化，則善述其事；窮神，則善繼其志。不愧屋漏為無忝，存心養性為匪懈。」
>
> 「富貴福澤，將厚吾之生也；貧賤憂戚，庸玉女於成也。存，吾順事；沒，吾寧也。」

王夫之指出：從周敦頤的〈太極圖說〉開始，很多人都認：乾道成男，坤道成女，人之生皆為天命流行的結果，所以「不父其父而父天，不母其母而母地」，此違背了儒家的倫理觀念。《西銘》提出的「乾坤父母論」則主張應由孝敬父母做起，發揮了扭轉時潮的作用，「故張子此篇不容不作」《張子正蒙論・乾稱上》。

「二本」之說，出自孟子。《孟子・滕文公》記載：墨者夷子謂其說為「愛無差等，施由親始」，孟子認為這種說法自相矛盾，而斥之為「二本」。程頤因此而提出「理一分殊」的概念，來說明儒家的基本立場。這個概念在當時並沒有受到重視，但卻對朱熹產生了重大的影響。

▣ 二程的「天理」

程頤認為：理是萬事萬物的根源，它在事物之中，又在事物之上。道即「理」，是形而上的，陰陽之氣則是形而下的。離開陰陽就無道可言，但道並不等於陰陽，而是陰陽之基礎，「所以陰陽者，是道也」。他以形而上之「理」，作為形而下之器的存在根據。從體用關係來看，理是「體」，而事物是「用」。程頤認為：事事物物都有其規律，萬事萬物之所以然，都有其理；而且「一物之理即萬物之理」，天地間只有一個「理」，這個「理」是永恆長存的。

程氏兄弟最重要的貢獻在於突出「天理」的概念。在儒家文獻中，「天理」兩字早已存在，張載、邵雍的著作都曾提及，但程氏兄弟卻把「天理」抽象化、絕對化，使其成為超離現象的獨立實體。也正因為如此，所以程顥說：「吾學雖有授受，天理二字，卻正自家體會出來。」

任何事物都有所依的「理」，此「理」不因事物之有無而增損，例如：堯盡了君道，只是為君道增加一個實例，並沒有在君道上增加任何東西。此「理」為超越實體，自然存在，所以稱為「天理」。人秉人之理而生，此理即人之性，所以說「性即理」。但「天理」不能自己獨立存在，必須寄生於適當的物質和形式，但本來自足的「天理」也因此而受到形質的限制，無法全部彰顯出來。就「人」的層次而言，程頤說：「論性不論氣不備，論氣不論性不明。」

▣ 「寡婦餓死事小」

雖然二程都以「理」作為哲學的最高範疇，但程顥是以「心」解理，開了以後陸王心學一派。程頤卻是以「性」解理，把「理」與「氣」相對來論述，開了以後朱學一派。對程頤而言，天地之性又稱「天理」，氣質之性則代表了「人欲」。孔孟立「天理」，但其學說失傳，以致後人「滅天理而窮人欲」，陷入「人欲橫流」，所以要作為一個「人」，必須「存天理，去人

欲」，因此這個觀念成為宋明儒學的共識。在他們看來，氣質對於天理的限制主要肇因於人的情欲，於是「懲忿窒欲」便成為「變化氣質」的首要工作。人皆有人欲，如果把人欲當成私慾或物慾，率性而為，那麼必然會以私害公，造成社會災難。可是，人欲也可以經由修養而成為大公無私，顯示出「天理」的作用，而不再以自我為中心。所謂讀書明理，學做聖人，其目的即在於此。

《中庸》上說：「道不遠人，可遠非道也」，這裡所說的「人」，一方面指人倫日用，另一方面也指人情。如果不通人情，愈是講究自我修養，便可能愈僵化。如果一味講求「三綱」，把先秦儒家自我要求的道德修養強加在對偶角色關係中的「下位者」，便可能形成「吃人的禮教」。

由於程頤性格嚴肅，有人問他：「寡婦如果貧窮無托，是否可以再嫁？」他的回答是斷然的否定，並認為：「餓死事極小，失節事極大」，寡婦再嫁是因為「後世怕寒餓死」。不幸的是：這種不通人情的見解卻為朱熹所傳承，造成「理學」的異化。

第六節　理學：儒家思想的衍生

▣ 武夷三先生

朱熹（1130-1200）是江西婺源人。父親朱松，曾任福建政和縣尉，以「紫陽」名其居，朱熹亦題名其書房為「紫陽書房」，時人稱之為「紫陽先生」。

朱熹自小聰穎過人，弱冠師從武夷三先生的劉子翬（1101-1147），他為朱熹取字元晦，並表名之義為「木晦於根，春榮曄敷；人晦於身，神明內腴」，臨終之前，向朱熹傳授：《易》為入德之門，復卦為《易》之門戶，「不遠復」則是修身的「三字符」。因為「復卦」初九為：「不遠復，無祇悔，元吉」，其〈象〉曰：「不遠之復，以修身也」，程頤的解釋是：「惟失之不遠而復，則不至於悔，大善而吉也。」

朱熹師從胡憲（1086-1162）近二十年，胡憲著有《論語會義》，朱熹視之為《論語》入門書，後來並據此而編纂《論語要義》，成為他輯纂《論語集注》的材料來源。

劉勉之（1091-1149）最早將張載的《西銘》傳授給朱熹，後來又將其女嫁給他。武夷三先生之外，對朱熹影響最大的是李桐。李桐（1093-1163）與朱松為同門學友，朱熹童年待父之側，曾見過李桐。朱熹 19 歲中進士，22 歲任同安縣主簿，赴任途中，特地前往延平拜會李桐。

▣ 儒釋之異

武夷三先生都信奉禪學，對青年朱熹影響極大。他對李桐談禪，「李先生極言其不是」。朱熹原先並不以為然，但在同安任內，他依李桐傳授的方法認真閱讀儒家經典，再「回頭看釋氏之說，漸漸破綻罅漏百出」。同安離任後，開始寫信向李桐問學。後來朱熹並將兩人往來書札編成《延平答問》。

紹興 28 年（西元 1158 年）1 月，29 歲的朱熹回到福建五夫居所，並徒步至延平拜見李桐，「盡棄所學而師事焉」。李桐對周敦頤的〈太極圖說〉見解獨到，他認為：太極是「理之原」，並用程門「理一分殊」之說來區分儒釋之異。在十年後的乾道 4 年（西元 1168 年），朱熹因而撰成〈太極圖說解〉，成為其理學體系中宇宙生成論的根源。朱熹在他所寫的〈西銘論〉中說：

「《西銘》之作，……程子以為『明理一而分殊』，可謂一言以蔽矣。蓋以乾為父，以坤為母，有生之類，無物不然，所謂『理一』也。而人物之生，血脈之屬，各親其親，各子其子，則其分亦安得而不殊。一統而萬殊，則雖天下一家。中國一人，而不流於兼愛之弊。萬殊而一貫，則雖親疏異情，貴賤異等，而不告於為我之私。此《西銘》之大旨也。」

⊡ 仁為五常之本

朱熹的詮釋，充分說明了儒家的立場。在儒家思想裡，「仁心」是超越性的道德本體，所有的道德綱目都應當由此源生而出。理學家們認為「理一分殊」，「萬事皆出於理」，這個分殊為萬事萬物之理的「理一」，便是「仁心」，也就是程、朱所謂的「道心」（劉述先，1982）。這一點以二程說得最為精闢，他們從宇宙本體的層次來解釋仁：「生生之謂仁」，「天地之大德曰生，天地絪縕，萬物化醇，生之謂性，萬物之生意最可觀。此元者，善之長也，斯所謂仁也」《遺書・卷十一》。

也正因為如此，在仁、義、禮、智、信五常之中，仁是「本」，其他的道德綱目則是由此源生而出的「用」：「仁義禮智信五者，性也。仁，全體也；四肢。仁，體也；義，宜也；禮，別也；智，知也；信，實也」《遺書・卷二上》。二程並且下了許多工夫，仔細說明「仁」和其他道德綱目的關係。在他們看來，「仁」和「愛」是不同的：

> 「孟子曰：『惻隱之心，仁也。』後人遂以愛為仁。惻隱因是愛也，愛自是情，仁自是性，豈可專以愛為仁？孟子言惻隱為仁，蓋為前已言『惻隱之心，仁之端也。』既曰仁之端，則不可便謂之仁。退之言『博愛之謂仁』，非也。仁者固博愛，然便以博愛為仁，則不可。」《遺書・卷十八》

⊡ 「人心」與「道心」

他們更進一步說明「仁」和「義」之間的關係：「仲尼言仁，未嘗言義，獨於《易》曰：『立人之道，曰仁與義』。而孟子言仁，必以義配。蓋仁者體也；義者，用也。知義之為用而不外焉者，可與語道矣』。」「世之所論義者，多外之，不然則混而無別，非知仁義之說者也」《遺書・卷四》。

從「義理之性」和「氣質之性」統一的人性論出發，朱熹也提出了他的心性論。朱熹在解釋《中庸》關於「人心惟危，道心惟微」之章句時，說道：「『道心』、『人心』，只是一個心，知覺從耳目之欲上去，便是『人心』；知覺從義理上去，便是『道心』」《朱子語類·卷七十八》。用〈自我的曼陀羅模型〉來看，朱子所說的「人心」，就是「自我」所具有的認知心：「人心者，氣質之心也，可以為善，可以為不善」《朱子語類·卷五》，所以他特別提醒：「人心者，人欲也；危者，危殆也」《朱子語類·卷七十八》。

▣ 「性」為「理體」

依照牟宗三（1968a，1968b，1969）的分析，宋明理學的代表人物是程朱陸王，他們的共識是「天道性命相通貫」。然而，狹義的「理學」卻是專指程朱，與陸王的「心學」相抗衡。其間最大的差別，在於他們的學說究竟是以「心」作為「理」（「心體」），抑或是以「性」作為「理體」（「性體」）。

由於程朱主張以「性」作為「理體」（性體），人心「可以為善，可以為不善」，純然為善的「義理之性」，卻是「只存有而不活動」，因此他們在修養工夫論方面，主張橫攝系統的「格物窮理」以致知。在張載影響之下，程頤雖然也注意到「德性之知」和「聞見之知」的區別，可是他的主要關懷所在，仍然是「德性之知」，而不是「聞見之知」：「聞見之知，非德性之知。物交物則知之，非內也，今之所謂博學多能者是也。德性之知，不假見聞」《遺書·二十五》。雖然如此，他卻十分強調「致知」的重要性，認為：行，「須以知為本，知之深則行之必至，無有知之而不能行者。知而不能行，只是知得淺」，「人為不善，只為不知」《遺書·卷十五》，當然，他所要「致」的「知」，仍然是「德性之知」，所以二程說：「致知，但知止於至善，為人子止於孝，為人父止於慈之類，不須外面，只觀物理，泛然正如游騎無所歸也」《遺書·卷七》。

⊡ 格物致知

　　同樣的，朱熹也十分重視「格物致知」和「窮理」的重要性。他說：
「格物者，格，盡也。須是窮盡事物之理，若是窮個兩三分，便未是格物，
須是窮盡到十分，方是格物」《朱子語類・卷十五》。他在注釋《大學》中
的「格物致知」一詞時，說：

> 「所謂致知在格物者，言欲致吾之知，在即物而窮其理也，蓋人莫
> 不有知，而天下之物莫不有理，惟於理有未窮，故其知有不盡也。
> 是以《大學》始教，必使學者即凡天下之物，莫不因其已知之理而
> 益窮之，以至於其極。至於用力之久，而一旦豁然貫通焉，則眾物
> 之表裡精粗無不到，而吾心之全體大用無不名矣。此謂格物，此謂
> 知之至也。」《四書集注・大學》

　　這一段話，雖然是在講道德修養，但也可以應用於知識論。法國哲學家
Jullian認為：先秦儒家諸子的教誨，並不是西方意義中的哲學，而是一種「智
慧」（wisdom）（Jullian, 2004）。本書則是以西方的科學哲學為基礎，以
「多元哲學典範」建構出「含攝文化的理論」，使其成為客觀的「知識」。
在程朱一脈的思想體系裡，「理」（或「道」）是最高的哲學範疇。「理一
分殊，月印萬川」、「仁、義、禮、智、信」，以及由「五常」衍生而出的
「五倫」，都是「理在不同人際關係中的體現」。朱熹反反覆覆地說明這些
概念之間的關係，也是想把他們建構成客觀的「知識」體系。用〈自我的曼
陀羅模型〉來看，它們都是屬於牟宗三（1968a）所謂的「橫向系統」。
　　然而，在「天人合一」的文化傳統裡，理學家們無法建構出客觀的理論
來說明這些抽象概念之間的關係，所以朱熹只好強調「格物致知」，希望能
從具體的事物中體會出這些抽象概念的意義，這就是所謂的「即物而窮其
理」。也正因為如此，朱熹在諸般「窮理」的方法中，特別重視「讀書」，

尤其是讀「聖賢之書」。「夫天下之物莫不有理，而其精蘊則已具於聖賢之書，故必由是以求之。然而其簡而易知，約而易守，則莫若《大學》、《論語》、《孟子》、《中庸》之篇也」《朱子文集・卷五十九》。

第七節　「三綱」：理學的異化

在作「儒教與清教」的比較時，韋伯說：

> 「儒教徒」就像真正的古希臘人一樣，他們沒有超越塵世寄託的倫理，沒有介於超俗世上帝所托使命與塵世肉體間的緊張性，沒有追求死後天堂的取向，也沒有惡根性（radical evil）的觀念，凡能遵從一般人能力所能及的誡命者，就能免於罪過。（Weber, 1964, p. 228）

如果說儒家「沒有超越塵世寄託的倫理」，這是可以接受的。儒家當然「沒有超俗世上帝所托的使命」，也「沒有追求死後天堂的取向」，但韋伯說儒教徒「沒有惡根性的觀念」，就是十分皮相的說法。從本章的析論可以看出：當宋明時期的新儒家「轉向」，而開始致力於建構「儒家的自我模型」時，他們確實很清楚地意識到：建立在「天道」基礎之上的「仁道」，與「塵世肉體」之間有一種強烈的緊張性。在宋明儒學裡，這就是「天理」與「人欲」對立的議題。

▣ 三綱五常

程頤將「仁」看作是「五常之本」，其他道德綱目均由此衍生而出：「仁者天下之正理，失正理則無序而不知」《遺書・卷十一》，「仁」既然是「理」，由此而衍生而出的道德綱目亦莫不為「理」：

「仁、義、禮、智、信五者，性也。」《遺書・卷二上》

「性即理也。」《遺書・卷二十二上》

「父子、君臣、天下之定理，無所逃於天地之間。」《遺書・卷五》

「上下之分，尊卑之義，理之當也，理之本也。」《周易程氏傳・卷一》

「下順乎上，陰承陽，天下之至理。」《周易程氏傳・卷一》

　　前文提到，從漢武帝「罷黜百家，獨尊儒術」之後，「三綱五常」變成為「政治化」儒家思想的核心，歷代儒家學者建構出許多繁複的形上學，其目的無非在鞏固「三綱五常」。在內憂外患交加的宋代，理學家們既然認定「三綱五常」為不可移易的「天理」，自然要全力加以維護。對於這一點，朱熹很清楚地說：「宇宙之間，一理而已。天得之而為天，地得之而為地，而凡生於天地之間者，又各得之以為性。其張之為三綱，其紀之為五常。蓋皆此理之流行，無所適而不在」《朱子文集・讀大紀》。他對「綱紀」的詮釋是：「夫所謂綱者，猶網之有綱也；所謂紀者，猶絲之有紀也。網無綱則不能以自張，絲無紀則不能以自理」，故「一家有一家之綱紀，一國有一國之綱紀」《朱子文集・庚子應詔封事》。

　　「三綱五常」就是「國」、「家」的「綱紀」：「三綱，謂：君為臣綱，父為子綱，夫為妻綱；五常，謂：仁、義、禮、智、信」《論語・為政注》。

　　在他的著作中，他反反覆覆地提示「三綱五常」的重要性：

「三綱五常，天理民彝之大節，而治道之本根也。」《朱子文集・戊申延和奏札一》

「仁莫大於父子，義莫大於君臣，是謂三綱之要，五常之本。人倫天倫之至，無所逃於天地之間。」《朱子文集・癸未垂拱奏札二》

「自天下生此民，敘之以君臣、父子、兄弟、夫婦、朋友之倫。則
天下之理，固己無不其於一人之身矣。」《朱子文集‧經筵講義》

◉ 「存天理、滅人欲」

　　理學家們將「三綱五常」視為不可移易的「天理」，他們無可避免的便
要面臨「天理」和「人欲」對立的問題。在儒家經典中，最早提到「天理」
與「人欲」之相對概念者，是《禮記‧樂記》：「人化物也者，滅天理而窮
人欲者也。於是有悖逆詐偽之心，有淫佚作亂之事。是故強者脅弱，眾者暴
寡，此大亂之道也。」

　　此後歷代的儒者並沒有再進一步作「天理」和「人欲」之辨。「天理」
和「人欲」的對立，可以說是宋明理學之「實踐理性」的邏輯後果。用〈自
我的曼陀羅模型〉來看，程朱既把「人」看作是自然生物體，又把「三綱五
常」看作是不可移易的「天理」，他們便很容易地把「天理」和「人欲」視
為互相對立，也因此而提出「存天理、滅人欲」的主張。在二程的著作裡，
到處都可以看到這樣的主張：

「大抵人有身，便有自私之理，宜與其道難一。」《遺書‧卷三》
「人心，私欲也；道心，正心也。」《外書‧卷二》
「人心，人欲；道心，天理。」《外書‧卷二》
「不是天理，便是私欲」，「無人欲，即皆天理。」《遺書‧卷二
十五》
「人欲肆而天理滅矣。」《遺書‧卷二》
「人心私欲故危殆，道心天理故精微，滅私慾，則天理明矣。」
《遺書‧卷二十四》

　　朱熹注意到這兩者的差別。他很精確地指出：「人心」不等於「人

欲」。在解釋「人心惟危」的意義時，他說：「人心亦不是全不好的，故不言凶咎，只言危。」「蓋為人心易走從惡處去，所以下個『危』字。若全不好，則是都倒了，何止於危」《朱子語類・卷九十七》。

▣ 「人欲」的普遍性

他又很正確地指出：人不能沒有「欲」：

「若是飢而欲食，渴而欲飲，則此欲亦豈能無？」《朱子語類・卷九十四》
「雖聖人不能無人心（欲），如飢食渴飲之類。」《朱子語類・卷七十八》

可是「欲」有合「理」、不合「理」之分：

「須是食其所當食，欲其所當欲，乃不失所謂『道心』。」
「飢而思食後，思量當食與不當食；寒而思衣後，思量當著不當著，這便是『道心』。」

他認為「人欲」是由「心之疾疢」所產生出來的「私」與「邪」：

「人欲者，心之疾疢。循此則其心私且邪。」《朱子文集・辛丑延和奏札二》
「初來本心都自好，少間多被利害遮蔽，如殘賊之事，自反了惻隱之心，是自反其天理。」《朱子語類・卷九十七》
「只是為嗜欲所迷，利害所逐，一齊昏了。」《朱子語類・卷八》

◙ 〈儒家的自我模型〉

用本書的架構來看，朱熹對「人心」和「人欲」所作的分辨，有十分重要的含意。在本書中，我指出：朱熹的心性論和張載一樣，都是企圖建構〈儒家的自我模型〉。這種「自我模型」認為：「人欲」是作為自然生物體之人類所具有的慾望：「天理」則是立基超越性的道德本體之上的「仁、義、禮」倫理體系，「自我」的「良知」必須處理「天理」和「人欲」之間的辯證，方能決定「自我」的行動。

朱子的心性論和我所建構的「儒家的自我模型」，除了使用的術語有所不同，其構想幾乎是一致的。然而，此處我只能說「幾乎一致」，而不能說「完全一致」，其間最大的差別，在於朱熹雖然也經常體會到「天理」和「人欲」之間的辯證關係，而認為其間難以區辨：

> 「有個天理，便有個人欲。」
> 「天理、人欲，無硬底界線。」
> 「天理、人欲，幾微之間。」
> 「雖是人欲，人欲中自有天理。」《朱子語類・卷十三》
> 「要須驗之此心，真知的如何是天理，如何是人欲。幾微間極難理會。」
> 「只是一人之心，合道理底是天理，徇情欲底是人欲，正當於其分界處理會。」《朱子語類・卷七十八》

◙ 「壓抑關係」與「辯證關係」

可是，在理學的傳統之下，他又受到二程影響，經常將「天理」和「人欲」處理成「存天理、滅人欲」的壓抑關係，而不是辯證關係：

「人之一心，天理存，則人欲亡；人欲勝，則天理滅。未有天理人
欲雜者。」《朱子語類‧卷十三》

尤其是在處理涉及「三綱五常」的問題時，他更是堅決的主張「存天
理、滅人欲」。比方說，朱熹認為「夫妻為綱」是「三綱之首」：「蓋聞人
之大倫，夫婦居一，三綱之首，理不可廢」《朱子文集‧勸女道還俗榜》，
程頤主張：寡婦「餓死事極小，失節事極大」，他也大表贊同。他認為：
「夫喪改嫁，皆是無恩也」，因此建議地方官吏，對「守節」的「義夫、節
婦」「依條旌賞」，對不守節者，「依法究治」：

「保內如有孝子、順孫、義夫、節婦，事跡顯著，即仰具申，當依
條賞。其不率教者，亦仰申舉，依法究治。」《朱子文集‧揭示古
靈先生勸諭文》

在君臣、父子方面，他「存天理、滅人欲」的態度也十分堅決：

「君尊於上，臣卑於下，尊卑大小，截然不可犯，似若不和之甚，
然能使各得其宜，則其和也。」《朱子語類‧卷六十八》
「君臣為父子，定位不易，事之常也。君令臣行，父傳子繼，道之
經也。」《朱子文集‧申寅行宮便殿奏札一》

在朱熹看來，三綱關係是「定位」不可易的，尊卑大小也是截然不可侵
犯的。他甚至上書皇帝，對於「以下犯上，以卑凌尊」者，雖然有道理也不
能予以支持，如果沒有道理，更應當罪加一等：

「臣伏願陛下深詔中外司政典獄之官，凡有獄訟，必先論其尊卑、
上下、長幼、親疏之分，而后聽其曲直之辭。凡以下犯上，以卑凌

尊者，雖直不右；其不直者，罪加幾之人坐。其有不幸至於殺傷者，雖有疑慮可憫，而至於奏獻，亦不許用擬貸之例。」《朱子文集‧戊申延和奏札一》

▣ 考亭學派

朱熹 40 歲時，母親祝夫人逝世，他葬母於建陽縣寒泉塢，並於墓側建「寒泉精舍」，在此守墓、著述、講學。五年後，又在五夫與寒泉塢之間的盧峰之巔建「雲谷晦庵草堂」，平日從學門人只有二、三人而已。淳熙 5 年（西元 1178 年）朱熹出任南康知軍，兩年後，決定復興「白鹿洞書院」，因而制定「白鹿洞書院揭示」。淳熙 9 年（西元 1182 年），朱熹在浙東提舉任上彈劾貪官唐仲友受挫，回歸福建，建「武夷書院」。書院建成時，四方學友士人雲集，南方各省學子紛紛負笈前來從學，是朱熹講學著述最盛時期。

朱熹科考中進士時，被授予「左迪功郎」，為宋制「文散官」最低一級。在「武夷精舍」講學期間，屢詔不赴。淳熙 16 年（西元 1189 年），朱熹出任漳州知府，兩年後離任，將其家從福建五夫遷到建陽縣考亭村，並在此建「考亭滄州精舍」，聚徒講學，形成著名的「考亭學派」。

▣ 慶元黨禁

在儒家思想發展史上，朱熹是孔、孟之後的第一個重要人物。他繼承張載、程頤，而發展出博大精深的理學思想體系。他在政治上主張正君心、黜邪佞、主抗金、革弊政、恤民隱，既不為當道所喜，又經常得罪權貴。宋孝宗是位守成之君，在位二十七年（1163-1189），當「春秋方盛」之時，傳位給光宗。不料光宗「有愚蒙之質」，皇后李氏凶悍善妒，先是為立太子事而翁媳失和，繼則殺害光宗寵愛的黃貴妃，光宗因此「懼震增疾，自是不視朝，朝改多決於后」。

紹熙 5 年（西元 1194 年），宋孝宗崩殂，光宗以疾為由不執喪，國人議

論紛紛。外威韓侂冑先與宰相趙汝愚定策擁立寧宗，接著又與趙爭權，在朝廷中有計畫地勾結同黨，排除異己，史稱「慶元黨禁」。同年十二月，受趙汝愚推薦的朱熹被罷去「侍講」之職，而回考亭講學。接著，朱學被指為「偽學」，「曾受偽學薦舉關升」之人被指為「逆黨」，政爭演變成為文化之爭。六年後，朱熹病逝，在朝廷禁令下，前來送葬者仍然多達幾千人（韋政通，1993/2011）。

元滅宋之後，仁宗認為：儒學能「維持三綱五常之道」，而決定以儒學作為統治思想，又下令：科舉考試「明經」項內「四書、五經以程子、朱晦庵注本為主」。明清兩代開科取士，亦沿襲其制，理學因此而能維持其官方正統的地位，歷經宋、元、明、清四代而不變（劉述先，1982）。

▣ 「別子為宗」

從宋明儒學歷史發展的脈絡來看：張載對新儒學的發展作出了最大的貢獻。他在分辨「氣質之性／天地之性」以及「聞見之知／德性之知」時，其未曾明言的意圖意義（intentional meaning），就是要建構一個「儒家自我的模型」。牟宗三（1968a）在析論宋明儒學的發展脈絡時指出，張載的思想發展到二程兄弟，是一個重要的歷史轉折點：程明道主張「理氣一元論」，在其逝世後，其弟程伊川則主張「理氣二元論」，而發展成為以朱為首的「理學」，而與陸王一系之承接先秦儒家的「心學」有所不同。

牟宗三（1968a）認為：北宋前三家及五峰，劉蕺山由《易》、《庸》回歸於《論》、《孟》；陸王由《論》、《孟》滲透至《易》、《庸》，他們的思想脈絡，構成同樣的圓圈，故可會通為一大系。如此一來，三系可歸結為兩系：前一大系為「縱貫系統」，程伊川、朱子所成者為「橫攝系統」。前一大系較符合先秦儒家之古義，為宋明儒學之大宗；後一系是旁支，乃另開一系統，他稱之為「別子為宗」。程伊川、朱子之所以為小宗而非大宗，牟宗三認為主要原因有兩個：第一是程伊川、朱子將知識問題與成德問題混雜在一起講，從而一方面使道德不能顯道德之本性，另一方面亦使知識不能

得以解放，不能彰顯知識之本性；第二是他們將「超越之理」與「後天之心」對列，使道德成為他律之道德。這兩大系最根本的區別在於他們對道德「性體」之體會不同，程伊川、朱子將「性體」體會為「只存有不活動」，另一大系則將之體會為「即存有即活動」。他說：「見道不見道，體上工夫足不足，本體透徹不透徹，端在是否能體悟『即活動即存有』之實體。支離不支離亦係與此。心性一不一、心理一不一，亦繫於此」（牟宗三，1968a，頁59）。

朱子的門人經常稱其門派為「理學正宗」。就朱熹對於宋代以後中國政治及社會的影響而言，其「理學」確實也可以說是「正宗」。但牟宗三卻從其思想理路判定其為先秦儒學的「別子」，而非「正宗」或「大宗」。這一點，從明代之後，「心學」在東亞的發展，就可以看得更為清楚。

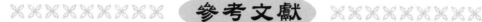

參考文獻

朱子（宋）：《二程遺書》。《欽定四庫全書》本。中國哲學書電子化計畫。

朱熹（宋）：《朱子語類》。《欽定四庫全書》本。中國哲學書電子化計畫。

牟宗三（1968a）：《心體與性體（一）》。台北：正中書局。

牟宗三（1968b）：《心體與性體（二）》。台北：正中書局。

牟宗三（1969）：《心體與性體（三）》。台北：正中書局。

牟宗三（1975）：《現象與物自身》。台北：臺灣學生書局。

牟宗三（1979）：《從陸象山到劉蕺山》。台北：臺灣學生書局。

牟宗三（1982）：〈儒家學術之發展及其使命〉。見《道德的理想主義》（頁 1-12）。台北：臺灣學生書局。

李日章（1986）：《程顥・程頤》。台北：三民書局。

李明輝（1994）：〈從康德的實踐哲學論王陽明的「知行合一」說〉。《中國文哲研究集刊》，4，415-440。

周敦頤（宋）：〈太極圖說〉。維基百科。

韋政通（1993/2011）：《思想的探險》（自傳）。台北：正中書局。

班固（漢）：《白虎通德論》。《四部叢刊初編》本（第 431-432 冊）。中國哲學書電子化計畫。

張載（宋）：《張子全書》。《欽定四庫全書》本。中國哲學書電子化計畫。

陳郁夫（1990）：〈周敦頤的生平與著作〉。見《周敦頤》（頁 17-24）。台北：東大圖書公司。

馮友蘭（1962）：《中國哲學史新編》（第一冊）。北京：人民出版社。

黃秀璣（1987a）：〈張載的宇宙論〉。見《張載》（頁 27-71）。台北：東大圖書公司。

黃秀璣（1987b）：〈張載的宇宙論〉。見《張載》（頁 73-112）。台北：東大圖書公司。

黃秀璣（1987c）：〈張載的宇宙論〉。見《張載》（頁 113-154）。台北：東大

　　圖書公司。

黃宗羲輯（清）：《宋元學案》。中國哲學書電子化計畫。

董仲舒（漢）：《春秋繁露》。《四部叢刊初編》本。中國哲學書電子化計畫。

劉述先（1982）：《朱子哲學思想的發展與完成》。台灣：臺灣學生書局。

德富基金會（2000）：《朱子文集》。德富文教基金會。

戴德（漢）：《禮記》。《武英殿十三經注疏》本。中國哲學書電子化計畫。

韓非（先秦）：《韓非子》。《四部叢刊初編》本。中國哲學書電子化計畫。

Archer, M. S. (1995). *Realist social theory: The morphogenetic approach*. Cambridge,
　　MA: Cambridge University Press.

Jullien, F. (2004). *Un sage est sans idée ou l'autre de la philosophie*.　閆素偉（譯）
　　（2004）：《聖人無意：或哲學的他者》。北京：商務印書館。

Weber, M. (1964). The religion of China: Confucianism and Taoism (H. H. Gerth,
　　Trans.). New York, NY: The Free Press.　簡惠美（譯）（1989）：《中國的宗
　　教：儒教與道教》（頁 293-317）。台北：遠流出版公司。

第十三章　陸王的心學：由「天人合一」到「知行合一」

　　依照牟宗三（1968a，1968b，1969）的分析，宋明理學的代表人物是程朱陸王，他們的共識是「天道性命相通貫」。然而，狹義的「理學」卻是專指程朱，與陸王的「心學」相抗衡。其間最大的差別，在於他們的學說究竟是以「心」作為「理」（「心體」），抑或是以「性」作為「理體」（「性體」）。

　　程朱主張的修養工夫，與陸王一系全然不同。程伊川對於「客觀言之的道體、性體」以及「主觀言之的仁體、心體」均未能有相應的體會，他將道體以及由之而說的性體切割提煉，清楚地割裁成為「只存有而不活動」的理；將孟子所說的「本心即性」，亦拆解為心、性、情三分。在他那裡，「心」與「性」是「後天和先天、經驗和超驗、能知和所知的相對為二」。朱熹承繼了他的思想，主張「心靜理明」，在工夫論方面特別重視後天的涵養以及格物致知的橫攝；牟宗三（1968a，頁49）稱之為「順取之路」。

　　陸象山既不是承接北宋前三家的理路，亦不喜歡程伊川之學，而是直接從孟子學切入，講求「一心之朗現，一心之伸展，一心之遍潤」。到了晚期，王陽明承接陸象山之學派，主張「致良知之天理以正物」，其修養工夫，亦是以「逆覺體證」為主。

第一節　陸象山：發明本心

　　陸九淵（1139-1193），宋金溪（今江西）陸坊青田村人，字子靜，書齋名「存」，世人稱存齋先生，因其講學於貴溪象山，學者稱其為象山先生。

父親陸賀，以賢達名聞鄉里，生有六子，陸九淵排行第六，四兄陸九韶、五兄陸九齡都以學名世，兄弟自相師友，講學授徒，號稱「金溪三陸」，其中陸九淵與理學家朱熹齊名，史稱「朱陸」，是宋明儒學「心學」一派的開創者。

陸九淵出生時，雙親因兒子多，打算讓鄉人抱養，長兄陸九思之妻剛好生兒子（煥之），陸九思即請其妻為九淵哺乳，而將自己的兒子給別人餵奶，其妻「忻然而從」。陸九淵成長後，事兄嫂如事父母。

陸九淵自幼聰穎好學，4歲時，問其父：「天地何以無窮際？」父笑而不答。他為此日夜苦思，而忘寢食。稍長，讀書時喜究問根底，「遇事逐物皆有省發」。與五哥陸九齡初讀《論語》中〈有子〉一章，即指出：「夫子之言簡易，有子之言支離。」

◩ 吾心即宇宙

陸九淵13歲時，有一天在書上讀到「宇宙」二字，見解者說：「四方上下曰宇，往古來今曰宙」，對自己少兒時思考的問題忽有所悟：「無窮」原是如此，於是提筆寫下：「宇宙內事乃己分內事，己分內事乃宇宙內事。」陸九淵《年譜》中說他「因宇宙字義，篤志聖學」；他自己在《語錄》中記下：「人須是閒時大綱思量，宇宙之間，如此廣闊，吾身之於其中，須大做一個人。」

象山16歲時，讀三國、六朝史，知悉靖康年間北宋覆亡的歷史，「乃剪去指爪，學弓馬」。他並不重視科舉，只當成是作場屋之文，「直寫胸襟」，表達自己的政治見解。

從24到56歲的三十餘年中，陸九淵聚徒講學，逐步形成自己的心學體系。乾道8年，在考進士時，他所作的〈天地之性人為貴〉，為考官呂祖謙賞識，稱讚他：「一見高文，心開目明，知其為江西陸子靜也。」中進士後聲名大振，都中諸賢從游，學者絡繹前來求教，陸九淵也熱心於講學授徒，「每開講席，學者輻輳，戶外履滿，耆老扶杖觀聽」，弟子遍布於江西、浙

江兩地。他認為教育之目的在於「存心、養心、求放心和去蒙蔽、明天理」，主張學以致用，希望培養出具有強烈社會責任感的人才，以挽救南宋王朝衰敗的命運。在教育內容方面，他把倫理綱常和一般知識技能，歸納為道、藝兩大部分，主張以道為主，以藝為輔，認為只有透過對道的深入體驗，才能作一個堂堂正正的人。因此，要求人們在「心」上做功夫，以發現人心中的良知良能。

▣ 「辨志」

對陸九淵而言，做聖人的道理其實就在自己心中，不用他尋：「宇宙便是吾心，吾心即是宇宙。東海有聖人出焉，此心同也，此理同也。西海有聖人出焉，此心同也，此理同也。千百世之上至千百世之下，有聖人出焉，此心此理，亦莫不同也。」修養最重要之事，在於「辨志」、「存養」、「先立乎其大」、「不失其本心」、「心即性」《象山全集‧卷三十五‧語錄》。

所謂「辨志」，其實就是先秦儒家所講的「義利之辨」（曾春海，1988）。陸象山在他所著的〈君子喻於利章講義〉中，很明白地說：

> 「竊謂君子於此，當辨其志。人之所喻：由其所習，所習由其所志。志於義，則所習必在於義；所習在義，斯喻於義矣。志乎利，則所習必在於利；所習在利，斯喻於利矣。故學者之志，不可不辨也。」

這段引文顯示：陸象山所謂的「辨志」，雖然要弟子「志於義」，但他並不拒斥「利」，正如孔子強調：「君子喻於義，小人喻於利」《論語‧里仁》，只是要求弟子「見利思義」《論理‧里仁》，而不是要求弟子完全拒絕利益。所以孔子說他自己：「不義而富且貴，於我如浮雲」《論里‧述而》，他的弟子也說他：「義然後取，人不厭其取」《論語‧憲問》。

先秦儒家之所以強調「義利之辨」，旨在彰顯「義」的道德自主性。根據《孟子·梁惠王》記載了一段著名的對話：孟子見到梁惠王時，梁惠王劈頭就問：「叟！不遠千里而來，亦將有以利吾國乎？」

孟子的回答是：「王何必曰利？亦有仁義而已矣。王曰何以利吾國，大夫曰何以利吾家，士庶民曰何以利吾身。上下交征利，而國危矣」《孟子·梁惠王上》。

▣ 道德本心

這段對話似乎是在說孟子只講義，而不要利，其實並非如此。孟子的意思是，對於君主而言，只要講義，利自然就在其中。孟子說：「非其義也，非其道也，祿之以天下，弗顧也」《孟子·萬章》，這是在強調：以「義」作為道德判斷的最終原則，不受外在功名利祿的影響。此與孔子所講的「不義而富且貴，於我如浮雲」，其意義是一致的，它們同時也蘊含有反面之意：只要合乎道義，先秦儒家並不拒絕富貴利祿。孟子因此特別強調：面對道德抉擇的情境時，「義利之辨」的重要性：

> 「生亦我所欲也，義亦我所欲也，二者不可得兼，舍生而取義者
> 也。生亦我所欲，所欲有甚於生者，故不為苟得也。死亦我所惡，
> 所惡有甚於死者，故患有所不辟也。」《孟子·告子上》

孟子認為：「所欲有甚於生者，所惡有甚於死者」，這是「人皆有之」的道德本性，例如：「一簞食，一豆羹，得之則生，弗得則死。嘑爾而與之，行道之人弗受；蹴爾而與之，乞人不屑也」，這樣的行動彰顯出「乞人」或「路人」對其道德「本心」的堅持。相反的，如果是為了「宮室之美、妻妾之奉」或「所識窮乏者得我」等的外在誘因，而「不辨禮義」地接受「萬鐘之祿」，孟子便稱之為「失其本心」：

孟子曰：「廣土眾民，君子欲之，所樂不存焉；中天下而立，定四
海之民，君子樂之，所性不存焉。君子所性，雖大行不加焉，雖窮
居不損焉，分定故也。君子所性，仁義禮智根於心……」《孟子‧
盡心上》

有些人希望擁有「廣土眾民」，有些人樂於成就「中天下而立，定四海
之民」的事業，但這些都不是出自於人的本性。孟子認為：唯有「仁義禮智」
是「君子所性」，出自於人的「本心」，不受外在因素的影響，「雖大行不
加焉，雖窮居不損焉」。

▣ 孟子生命

牟宗三（1979）認為：象山之學幾乎全是本於孟子，並無新說。「辨
志」本於孔孟「義利之辨」及孟子對於「士尚志」的主張；「先立其大」本
於孟子「大體／小體」之辨；「明本心」本於孟子所說的「四端之心」；
「心即理」本於孟子有關「仁義內在」、「理義悅心」以及「心之所同
然」；「簡易」本於孟子的「良知良能」；「存養」則是本於孟子的「存其
心，養其性」。

然而，陸象山並不是以分解說理的方式繼承孟子的思想，而是以指點、
訓誡的方式來啟發弟子，他主張：道德實踐必須從「明本心、先立其大」入
手，認為：「宇宙內事乃己分內事，己分內事乃宇宙內事」，一心無外，心
外無理。吾之本心與宇宙通而為一，因而吾之本心即為天心，本心之理，即
為天理。牟宗三（1979，頁 19）認為：象山之學超越孟子之處，即是「『心
即理』達其絕對普遍性而『充塞宇宙』」，陸象山的「全幅生命幾全是孟子
生命」，「孟子後真了解孟子者，象山是第一人」（牟宗三，1979，頁
85）。

陸九淵反對宋時儒家「知先行後」的說法。他對宋代施行的科舉制度也
抱持著堅定的反對態度：「科舉取士久矣……而今世以此相尚，使汩沒於此

而不能自拔，則終日從事者雖曰聖賢之書，而要其志之所鄉，則有與聖賢背而馳者矣。」在他看來，當時許多人為了考科舉，天天用「博學、審問、慎思、明辨、篤行」的方法，學習「聖賢之書」，可是，只要看「其志之所向」，便可以發現：他們之所以熱衷於考科舉，完全是為了爭取個人的利益，與聖賢所強調的原則背道而馳。

第二節　鵝湖之會

當時朱熹講究「窮理致知，讀聖賢書」的「道問學」，陸九淵則強調「切己自反，發明本心」的「尊德行」，兩人對儒學的基本態度並不相同。呂祖謙知道朱熹與陸九淵之論學有所異同，南宋淳熙 2 年（西元 1175 年），他邀請朱熹與陸九淵、陸九壽兄弟及江浙諸友，相會於江西上饒鵝湖寺。

「明心見性」與「舊學新知」

在這場儒家思想史上著名的「鵝湖之會」裡，陸九淵雄辯滔滔，提出了「舜堯之前有何書可讀？」認為只要明心見性即可，朱熹注重解經注傳，議論古今，是一種「邪意見，閑議論」，「支離事業」。鵝湖之會的第二天，陸子壽先朗誦他準備好的一首詩：

> 孩提知愛長知欽，古聖相傳只此心。
> 大抵有基方築室，未聞無址忽成岑。
> 留情傳注翻榛塞，著意精微轉陸沉。
> 珍重友朋相切琢，須知至樂在於今。

子壽方讀四句，朱熹便對祖謙說：「子壽早已上子靜的船了。」誦完詩，陸九淵說：他在途中也和了家兄一首詩：

墟墓興哀宗廟欽，斯人千古不磨心。

涓流滴到滄溟水，拳石崇成泰華岑。

易簡功夫終久大，支離事業竟浮沉。

欲知自下升高處，真偽先須辨只今。

《象山全集・卷二十五・鵝湖和教授兄韻》

朱熹認為陸九淵的學說簡略空疏，批評他：「除了一句『先立乎其大』外，全無技倆」，陸九淵欣然回答道：「誠然」《象山全集・卷二十五・語錄》。致使「朱熹不慊」，雙方不歡而散；後來朱熹在給呂祖謙的信中寫道，鵝湖之會以後，「吾痛不得自鵝湖，遂入懷玉，深山靜坐數月」。

但朱、陸兩人友誼極厚，書信往來，論辯不已。三年以後，當陸子壽來訪，朱熹和詩：

德業流風夙所欽，別離三載更關心。

偶攜藜杖出寒谷，又枉籃輿度遠岑。

舊學商量加邃密，新知培養轉深沉。

只愁說到無言處，不信人間有古今。

朱陸之爭使「理學」與「心學」的分歧明朗化，而形成兩個不同的學派。兩人同時也認識到自身學派的片面性，而尋求對方的合作。鵝湖之會六年後，淳熙 8 年（西元 1181 年），陸九淵去南康拜訪朱熹，朱熹請陸九淵登白鹿洞書院為諸生講「君子喻於義，小人喻於利」一章，陸九淵的闡發，使朱熹大加讚賞，「以為切中學者隱微深痼之病」。太極無極之辯以後，朱熹並要門人「兼取兩家之長，不輕相詆毀」。

▣ 象山翁與古循吏

乾道 8 年（西元 1172 年），陸九淵 34 歲中進士，初任隆興府靖安縣（今

江西靖安）主簿，後調建寧府崇安縣（今福建崇安）主簿，大約十年後，他被薦為國子正，不久，又遷敕令所刪定官。陸九淵少年時聽長輩講「靖康之恥」，慨然要為大宋朝廷復仇。在任敕令所刪定官時，他便「訪知勇士，與議恢復大略」，在朝廷論對時，「遂陳五論：一論仇恥未復，願博求天下之俊傑，相與舉論道經邦之職；二論願致尊德樂道之誠；三論知人之難；四論事當馴致而不可驟；五論人主不當親細事」《宋史・陸九淵傳》。

淳熙 13 年（西元 1186 年），他被差管台州崇道觀，因這只是個管管道觀的閒職，於是他便歸江西故里講學，彙集了四方學者，自稱為「象山居士」，又稱「象山翁」。這段經歷，在他發展心學的過程中，至關重要。「每詣城邑，環坐二三百人，至不能容。結茅象山，學徒復大集。居山五年，來見者案籍數千人。」

直到邵熙 2 年（西元 1191 年），他再度被起用為知荊門軍，轄今湖北荊門、當陽兩縣。當時荊門位於南宋邊地的江、漢之間，為四戰之地，但是實際防務極差，連城牆也沒有。他「乃請於朝而城之」，建議築城壁以禦邊防。在這段期間，他「申嚴保伍之法，盜賊或發，擒之不逸一人」，「政行令修，民俗為變」，政績顯著，社會風氣大變。丞相周必大稱讚他：「荊門之政，如古循吏。」

⊡ 百世大儒

邵熙 3 年臘月，陸九淵病逝於荊門任上。據《西江陸氏族譜》所記，陸九淵去世時：「謂家人曰，吾將死矣。曰，骨肉將奈何。曰，亦自然。又告僚屬曰，某將告終，當禱雪，明日，雪驟降，沐浴更衣端坐，家人進藥不服，後二日，日中而卒。」陸九淵死後，荊門官員百姓痛哭流涕，弔唁人群滿街滿巷，出殯時送葬者達數千人，歸葬於金溪青田。嘉定 10 年（西元 1217 年），賜諡「文安」。明正德 16 年（西元 1521 年），在金溪縣城衙門前為陸九淵建「百世大儒」坊，兩側鐫刻對聯：「學苟知本六經皆注腳，事屬份內千經有同心」。

　　陸氏家風篤實嚴謹，他們對當時的士風頗為不滿，所以力倡求學不是以科舉為目的，而是學以致用、指導人生，盡到對社會和家庭的責任。他們兄弟三人互為師友，在生活中相互影響，吸引了許多門人。進士沈復昆因而作《謁三陸先生祠》，紀念「三陸子」：「高山仰止禮先賢，三陸祠留綿臺前。見道六經書注我，分內千聖有同然。存先立大弘鄰緒，事尚躬行接孔傳。問學無非全德性，篤陽當亦讓青田。」

第三節　王陽明：「知行合一」

　　到了明代，將儒家「心學」精神發揚光大的主要人物是王陽明。王守仁（1472-1529），浙江餘姚人，字伯安，世稱陽明先生。11 歲時曾問塾師：「何為第一等事？」塾師的回答是：「讀書登第。」他不以為然地說：「登第恐怕不是第一等事，應當是讀書學聖賢罷？」

　　18 歲時，他相信朱熹「格物致知」之說，提到「一草一木，皆涵至理」，逐取官署中之竹「格之」，結果是「沉思其理不得」，反而因此病倒。他「自念辭章藝能不足以通至道，求師友於天下不數遇，心生惶惑」。一日讀到朱熹上光宗書，有文：「居敬持志，為讀書之本，循序致精，為讀書之法」，乃後悔自己「探討雖博，而未嘗循序以致精，宜無所得」，自此「始氾濫辭章，繼而遍讀考亭之書」，同時又「出入於佛、老之門」，「欣然有會於心」（秦家懿，1987）。

▣ 龍場悟道

　　王陽明28歲時，考中進士，觀考工部，歷任刑部主事、兵部主事。明武宗正德元年，宦官劉瑾專權，陷害忠良，王陽明抗疏營救，結果被施廷杖四十，並貶至貴州龍場當驛丞。

　　龍場在貴州西北萬山叢棘中，蛇虺魍魎，蠱毒瘴癘，與居夷人

鴃舌難語，可通語者，皆中土亡命。舊無居，始教之範土架木以
居。時瑾撼未已，自計得失榮辱皆能超脫，惟生死一念尚覺未化，
乃為石墩自誓曰：「吾惟俟命而已！」《王陽明全集‧年譜一‧卷
三十三》

在這段期間，王陽明自己「日夜端居澄默，以求靜一；久之，胸中灑
灑」，但跟隨他的人卻沒辦法如此灑脫。

　　　從者皆病，自析薪取水作糜飼之；又恐其懷抑鬱，則與歌詩；
　　　又不悅，復調越曲，雜以詼笑，始能忘其為疾病夷狄患難也。因
　　　念：「聖人處此，更有何道？」《王陽明全集‧年譜一‧卷三十三》

王陽明被貶到龍場之後，「自計得失榮辱皆能超脫，惟生死一念尚未覺
化」，他時刻自問：「聖人處此，更有何道？」而在37歲那一年的某一天夜
裡，「寤寐中若有人語之」，「不覺呼躍」，而「大悟格物致知之旨」，同
時也勘破了生死一關。在〈祭劉仁徵主事〉一文中，王陽明就明確地表達出
他已經勘破生死的生命觀。

　　　死也者，人之所不免。名也者，人之所不可期。雖脩短枯榮，
　　　變態萬狀，而終必歸於一盡。君子亦曰：「朝聞道，夕死可矣。」
　　　視若夜旦。其生也，奚以喜？其死也，奚以悲乎？其視不義之物，
　　　若將浼己，又肯從而奔趨之乎？而彼認為己有，變而弗能捨，因以
　　　沉酣於其間者，近不出三四年，或八九年，遠及一二十年，固已化
　　　為塵埃，蕩為沙泥矣。而君子之獨存者，乃彌久而益輝。〈祭劉仁
　　　徵主事〉《王陽明全集‧續編三‧卷二十八》

「彼認為己有，變而弗能捨，因以沉酣於其間者」，是常人在其生活世

界中認為有價值而致力於追求之物。對開悟後的王陽明而言，這些東西「近不出三四年」，「遠及一二十年」，都將「化為塵埃，蕩為沙泥」。每一個人的生命都是「面對死亡的存在」，「修短枯榮，變態萬狀，而終必歸於一盡」，在這個前提下，什麼是「君子之獨存」，「彌久而益輝」的東西呢？

⊡「良知」與行動

在〈大學問〉一文中，王陽明認為所謂的「大人」，就是具有「仁心」的人，他能夠「以天下萬物為一體」，「視天下猶一家，中國猶一人」。在儒家看來，「心之仁本」是「根於天命之性」，是「自然靈昭而不昧者」，「人皆有之」，小人亦不例外。用〈自我的曼陀羅模型〉來說，「仁心」是「人」天生的稟賦，在「未動於欲，而未蔽於私」之時，每個人都有「良知」。「心即理也。此心無私無欲之蔽，即是天理。」既然如此，為什麼有些人會泯滅「良知」呢？王陽明的說法是：

> 惟乾問：「知如何是心之本體？」先生曰：「知是理之靈處。就其主宰處說便謂之心，就其稟賦處說便謂之性。孩提之童，無不知愛其親，無不知敬其兄。只是這個靈能不為私欲遮隔，充拓得盡，便完完是他本體，便與天地合德。自聖人以下，不能無蔽，故須格物以致其知。」《傳習錄（上）‧118》

可是，在「個體」慾望的牽扯之下，「自我」的「良知」受到「私欲」的「遮隔」，「動於欲，蔽於私，而利害相攻，忿怒相激」，便可能成為小人，作出違反「良知」的行動，「無所不為其甚，至有骨肉相殘者」。因為每個人都有「私欲」，「自聖人以下，不能無蔽。故須格物以致其知。」

⊡ 知行合一

所以王陽明認為，所謂「大人之學」，就是指「去其私欲之蔽，以明其

明德，復其天地一體之本然耳」，「非能於本體之外，而有所增益之也」。
王陽明求學「三變而至道」，在貴陽龍場「居夷處困」，才真正豁然有得於
聖賢之旨。隔一年，他開始講「知行合一」：

> 「知是行的主意，行是知的工夫；知是行之始，行是知之成。只說
> 一個知，已自有行在；只說一個行，已自有知在。」
> 「知之真切篤實處，即是行。行之明覺精察處，即是知。知是行本
> 意，行是知工夫，本不可離。只為後世學者分作兩截用功，先卻
> 知、行本體，故有合一併進之說，真知即所以為行，不行不足謂之
> 知。然知、行之體本來如是。」
> 「非以己意抑揚其間，姑為是說，以苟一時之效者也。專求本心，
> 遂遺物理，此蓋先其本心者也。」《傳習錄（上）‧5》

王陽明所說的「知行合一」：「知是行的主意，行是知的功夫；知是行
之始，行是知之成」，其實是指「良知」，一個人是否有「良知」，必然會
表現在他的行動之上。「知行合一」的主張是針對「後世學者」將知與行「分
作兩截用功」而提出的。可是，要如何讓門下弟子領會「體用一源」的「知、
行本體」呢？

◉ 「去得人欲，便識天理」

在《明儒學案‧姚江學案》中，黃宗羲說：王陽明在悟到「格物致知之
旨，聖人之道，吾性自足，不假外求」後，從此「盡去枝葉，一意本原，以
默坐澄心為學的」。然而，如果弟子們沒有像他那樣的生命體驗，要讓他們
靠「默坐澄心」的方法來領會「體用一源」的「知、行本體」，其實並不容
易。一年之後，他除了教弟子靜坐，同時向他們講「存天理，去人欲」，用
宋明儒學的共法，來教導弟子（陳復，2010）。

用〈自我的曼陀羅模型〉來看，由於「自我」具有「反思性」（reflexivity），當他反思自身存在時，他的「意識」可以覺察到自己作為「生物個體」（individual）的「人欲」，也可以覺察到儒家認為「人」（person）必須具備的「天理」，王陽明很清楚地意識到這兩者之間的緊張性，他認為：「此心無私欲之蔽，即是天理，不須外面添一分」，「聖人只是順其良知之發用」，而常人之心，卻「如斑垢駁雜之鏡，須痛加刮磨一番」。但如何「刮磨」呢？王陽明提出了一種「明心反本」的方法：「省察克治之功，則無時而可間，如去盜賊，須有個掃除廓清之意。無事時將好色、好貨、好名等逐一追究，搜尋出來，定要拔去病根，永不復起，方始為快。常如貓之捕鼠，一眼看著，一耳聽著，才有一念萌動，即與克去，斬釘截鐵，不可姑容與他方，不可窩藏，不可放他出路，方是真實用功，方能掃除廓清」，「初學必須省察克治，即是思誠，只思一個天理」，這就是他所謂的「去得人欲，便識天理」。

第四節　大明軍神

　　王陽明在龍場講學，三年後劉瑾伏誅，他再度被任命為盧陵縣知府，並一路升遷至鴻臚寺卿。正德 11 年（西元 1516 年），江西南部以及江西、福建、廣東交界的山區爆發民變，各地暴民進攻府縣，前任巡撫文森託病離職，暴民依靠山勢，據洞築寨，自組軍隊，方圓近千里。王守仁受命為右僉都御史，巡撫南贛。

▣ 平定江西

　　正德 13 年（西元 1518 年）1 月，王守仁平定池大鬢部，奏請設立和平縣，並興修縣學。3 月，他抵達江西，並迅速調集三省兵力，鎮壓信豐等地的民變。7 月，王守仁念戰爭破壞巨大，上奏請求朝廷允准招安。明廷命其節度地方軍政，准其便宜行事。10 月，王守仁率兵攻破實力最強的江西崇義縣的藍天鳳、謝志山軍寨，並會師於左溪。

　　王守仁最大的軍事功績，是平定南昌的寧王宸濠之亂。王守仁在率部前往福建剿匪時，寧王朱宸濠突然舉事叛亂。王守仁因此積極備戰，調配軍糧，修治器械，並發出討賊檄文，公布寧王的罪狀，要求各地起兵勤王。

　　當時，王守仁擔心寧王揮師東下，占領南京金陵，先占地利，同時稱帝。因此他虛張聲勢，放出假情報，讓寧王誤判，以為各路大軍已經組成合圍態勢。同時利用反間計，使寧王猜疑自己部下擬訂的進攻南京策略。寧王果然猶豫觀望半個月，不敢發兵攻打南京。王守仁再利用這一時機，做好了防守南京的準備。

☑ 擒獲寧王

　　7月，寧王率六萬士卒，攻下九江、南康，渡長江攻安慶。王守仁這時已經調集八萬由各地民兵、農民及土匪組成的雜牌兵，對外號稱三十萬，趁南昌空虛時，進攻南昌。

　　南昌攻破後，寧王大軍回援南昌。王守仁派諸將分五路迎擊，雙方交戰，寧王大軍腹背受敵，慘遭大敗；寧王急忙調九江、南康的精銳部隊出擊。激戰之後，寧王軍敗守樵舍地區，將大船結成方陣，並以金銀珠寶犒賞將士，要求他們拼死一搏。

　　但王守仁看出寧王軍方陣的破綻，他決定仿效赤壁之戰，放火燒船。次日，寧王召集群臣，正聚在船上開「早朝」會議。王守仁用小船裝草，迎風縱火，燒毀寧王的副船，王妃婁以及文武官員紛紛跳水自殺。寧王的大船擱淺，不能行動，倉促間換乘小船逃命，被王守仁的部下王冕部擒獲。寧王之亂前後只有三十五天，便全面平息，王守仁因此被譽為「大明軍神」。

第五節　「致良知」

　　平定寧王之亂後，王陽明非但沒有得到朝廷的嘉獎，反倒因為宦官的讒害，連明武宗也一度懷疑他曾參與寧王的叛亂。王陽明只好避居九華山的道

觀，每天到南昌贛江邊看著浪起浪落，有一天忽然悟得「致良知」這門觀念的工夫，於是繼承了孟子的說法，認為「良知」是人與生俱來的「仁、義、禮、智」等道德觀念，是人心中判斷是非善惡的唯一標準。從此以後，他進入了思想成熟期，自 50 歲起，開始大講「良知」，徹底擺脫朱熹「格物致知」觀點的牽絆，使他成為原創性的思想家。

▣「用人」與「用兵」

正德 16 年，正德皇帝朱厚照去世，新皇帝朱厚熜繼帝位，因王陽明平定寧王之亂有功，特敕封其為新建伯。明制文官無軍功不得封爵，王陽明是明朝開國以來第二位因軍功封爵的文官。事後，他的入門弟子錢德洪問他：

> 德洪昔在師門，或問：「用兵有術否？」
> 夫子曰：「用兵何術，但學問純篤，養得此心不動，乃術爾。凡人智能相去不甚遠，勝負之決不待卜諸臨陣，只在此心動與不動間。」〈征宸濠反間遺事〉《錢德洪語錄詩文輯佚・文錄》

王陽明告訴錢德洪：他的「用兵之術」，就是「學問誠篤，養得此心不動」。王陽明所指的「此心」，就是「良知」。「此心不動」，不僅可以「用兵」，更重要的是可以「用人」：

> 有問錢緒山曰：「陽明先生擇才，始終得其用，何術而能然？」
> 緒山曰：「吾師用人，不專取其才，而先信其心。其心可託，其才自為我用。世人喜用人之才，其才足以利其身已矣，故無成功。」
> 《錢德洪語錄詩文輯佚・語錄，第 77 條》

用〈人情與面子〉的理論模型來看，一般世人的「用人之才」，是因為此人「其才足以利其身」，雙方關係只有「工具性成分」。一旦他們認為維

持此一關係對彼此都無利可圖時，關係自然斷裂，甚至可能反目成仇。王陽明用人，講究的是「先信其心」，雙方之間先建立深厚的「情感性關係」。錢德洪認為：這才是王陽明用人的秘訣。

▣ 四民異業同道說

明朝末年，以歐洲基督教國家為主的西方世界發生了資本主義興起的契機，中國各地也發生了資本主義萌芽的現象。正德 16 年（西元 1521 年）10 月，王陽明因平定寧王之亂，被嘉靖皇帝封為新建伯、南京兵部尚書。此時王陽明無論從立德、立言、立功均有蓋世之成就，其地位如日中天。嘉靖 4 年（西元 1525 年），他在《蘇庵方公墓表》中，提出了非常值得注意的「四民異業同道說」：

> 古者四民異業而同道，其盡心焉，一也。士以修治，農以具養，工以利器，商以通貨，各就其資之所近，力之所及者而業焉，以求盡其心。其歸要在於有益於生人之道，則一而已。士農以其盡心於修治具養者，而利器通貨猶其工與商也。工商以其盡心於利器通貨者，而修治具養，猶其士與農也。故曰：四民之異業而同道。（〈節菴方公墓表〉〈王陽明文集〉卷九《王陽明全集》，頁 163）

用〈自我的曼陀羅模型〉來說，「士以修治，農以具養，工以利器，商以通貨」，他們都是憑藉各自不同的「知識」（knowledge），在從事自己的本業工作。然而，要想在本業上有所成就，他們卻都需要「各就其資之所近，力之所及者而業焉，以求盡其心」。王陽明認為：只要他們在自己所從事的工作上「致良知」，則四民「有益於生人之道」，其實都是一樣的。

▣ 「貴士賤商」的虛浮社會

王陽明舉出：儒家典籍記載了許多曾經從事過所謂「卑賤職業」的聖人

賢士：

> 「商、周之代，伊尹耕於莘野，傳說板築於岩，膠鬲舉於魚鹽，呂
> 望釣於磻渭，百里奚處於市，孔子為乘田委吏，其諸儀封晨門荷蕢
> 斫輪之徒，皆古之仁聖英賢，高潔不群之士。」

他批評當時社會上讀書人酖迷於科舉，「貴士賤商」，只是為了滿足個
人的私欲：

> 「自王道熄而學術乖，人失其心，交鶩於利，以相驅軼，於是始有
> 歆士而卑農，榮宦遊而恥工賈。夷考其實，射時罔利有甚焉，特異
> 其名耳。極其所趨，駕浮辭詭辯以誣世惑眾，比之具養器貨之益，
> 罪浮而實反不逮。」

自從王道衰微而學術乖離之後，讀書人失卻本心，大家都爭著想要當
官，「榮宦遊而恥工賈」，其實骨子裡想的都是自己的利益，「交鶩於利，
以相驅軼」。他們「駕浮辭詭辯以誣世惑眾」，與從事具養器貨的「農、
工、商」相比，反倒是虛浮不實，有所不如。相反的，如果「士、農、工、
商」都能夠在其本業上「盡心」，「士以修治，農以具養，工以利器，商以
通貨」，各在「事上磨鍊」，知行合一，他們所遵循的「道」其實是一樣
的，所以他主張「四民異業而同道」。

第六節　天泉證道

嘉靖6年（西元1527年）5月，田州的少數民族在土司岑猛帶領之下與
明王朝的地方官發生衝突，朝廷命王守仁兼任都察院左都御史，總督兩廣及
江西、湖廣軍務，前往廣西，征討思恩、田州之亂。

王陽明先上《辭免重任乞恩養病疏》，以病疏奏請免任，但朝廷不納其言，接連遣使，敦促他儘快啟程。在朝廷催促之下，王陽明毅然決定赴任。

◙ 四句教

是年 9 月 8 日，王門弟子錢德洪和王畿乘船訪問張元沖，在船上討論為學宗旨。王畿說：「先生說知善知惡是良知，為善去惡是格物，此恐怕不是究竟話頭。」錢德洪問：「為什麼呢？」王畿曰：「心體既是無善無惡，意亦是無善無惡，知亦是無善無惡，物亦是無善無惡。若說意有善有惡，畢竟心亦未是無善無惡。」錢德洪曰：「心體原來無善無惡，今習染既久，覺心體上見有善惡在，為善去惡，正是要回復那本體的功夫。若見得本體如此，只說無功夫可用，恐只是見耳。」這是王門弟子經常感到困惑的問題，兩人因此決定向王守仁請教。

當晚半夜時分，前來為王守仁餞行的客人們陸續散去。等到客人告辭完畢，王守仁要進入內室休息時，忽然聽到有人來報告，說錢德洪和王畿有事向先生請教。王守仁轉身走出庭外，與弟子移步天泉橋上。錢德洪以自己與王畿論辯的問題請教王守仁，王守仁喜曰：「正要二君有此一問！我今將行，朋友中更無有論及此者，二君之見正好相取，不可相病。」王陽明先調和錢、王二人之間的分歧，隨即叮嚀道：「二君以後與學者言，務要依我四句宗旨：無善無惡是心之體，有善有惡是意之動，知善知惡是良知，為善去惡是格物。以此自修，直躋聖位；以此接人，更無差失。」

◙ 「先驗的詮釋」

是時，天地寂靜、微風輕拂，王守仁總結自己的生命經驗，對弟子說出了「四句教」，這就是儒家思想史上著名的「天泉證道」。王陽明的「四句教」可以有許多不同的解釋，若放置在本書的思考脈絡裡，其中最值得吾人注意的一句話是：「無善無惡心之體」。用康德哲學的概念來說，任何一件「物」（thing）的本體都是超越而不可知的，所以「本體」又稱作「物自

身」（thing-in-itself）。然而，當人反思自身時，他卻會發現：「人」和其他的「物」不同。「人」會反思自身存在的意義，但「物」不會。所以海德格把會反思自身存在意義的「人」稱為「親在」（Dasein）。

作為「親在」的「人」在反思自身的時候，他很可能會問：心的「本體」究竟是什麼？每一位哲學家都可以根據自己的生命體驗，對「超越的」心，作「先驗的」詮釋，是以張載稱之為「誠體」，朱熹稱之為「性體」，王陽明稱之為「心體」。

王陽明困居龍場的時候，有一天晚上，他忽然「大悟格物致知之旨，寤寐中若有人語之者，不覺呼躍，從者皆驚」。這時候，他才了解到：「聖人之道，吾性自足，向之求理於事物者誤也」，「乃以默記《五經》之言證之，莫不吻合，因著《五經臆說》」。

▣ 冥契主義

王陽明究竟「大悟」到什麼樣的聖人之道呢？在〈陽明子的冥契主義〉一文中，陳復（2009）指出：王陽明一生中有許多次的神秘經驗。冥契主義（Mysticism）並不能被直接視作神秘主義，在英文的認知裡，真正的神秘主義（Occultism）是指各種超越於現實的感性經驗，能發展出無關於理性的靈性體會，例如：靈視到聖母瑪麗亞，或聽見耶穌的聲音等。冥契主義認識議題的理路雖然不同於理性主義（Rationalism），卻還是基於理性的觀點來探索問題，主要著重在於釐清何謂「開悟」（Enlightment）或「啟悟」（Illumination）（陳復，2009）。這種經驗本身是在用身體去悟道，所以它不可能離開感性經驗。可是，冥契經驗「既不是主觀，更不是客觀」，而是靠著直接感受，自然而然地詮釋出自己的體驗。Stace（1960/1998）認為：客觀感是冥契經驗的共同特色。冥契者會有強烈的信念，認為自己的經驗不可能只是包裹在自己意識內部的夢幻。他發現那個經驗比自己更偉大，在某種意義裡，冥契經驗超出他的個體，融進無限的狀態。由於沒有適當的辭彙，他只好說這是「真」，或說這是「唯一的實在」。由這個說法繼續開展，他就會說冥

契經驗「存在」於他個人的外面，因此它是「客觀」的經驗。

□ 宇宙意識

　　為了描述冥契經驗裡截然不同的意識狀態，加拿大的精神科醫師 R. M. Bucke 首度使用「宇宙意識」（Cosmic Consciousness）這個辭彙（James, 1902/1985）。Bucke 認為：「宇宙意識」並不只是心靈的伸展或擴張，其機能與一般人擁有的任何自我意識都不同，正如自我意識不同於任何高等動物擁有的意識。宇宙意識是對於宇宙內蘊生的一種秩序意識，伴隨著宇宙意識而來的是理智的啟蒙，感覺自己道德昇華，煥然一新，有著不可言喻的崇高、振奮與歡悅的感覺，並意識到自己達到了某個存在的新領域。道德感與理智能力的增加，會激發出永生的意識，使人產生「不朽的感受」；他不是相信自己「在未來能獲得永生」，而是覺得自己現在就已經活在永生裡了。

　　陳復（2009）指出：王陽明早在 13 歲的時候，就已經心儀陸九淵所提出的幾個重要觀念，陸氏〈年譜〉記載：「宇宙內事，乃己分內事；己分內事，乃宇宙內事。」還說：「宇宙便是吾心，吾心便即是宇宙」、「宇宙不曾限隔人，人自限隔宇宙耳」《陸九淵集‧年譜‧卷三十六》。

　　在王陽明悟道的夜裡，他「不覺呼躍」，讓「從者皆驚」，顯然他是洋溢在無與倫比的喜悅感裡。王陽明悟道後繼承了陸九淵的思想，在提出「心即理」的學說時，認為「心」是天地萬物的本源，「吾心即是宇宙」、「萬化根源總在心」、「心外無物」、「心外無事」，天地萬物都必須透過心之「靈明」的感應，才能夠「顯現」出來：「天沒有我的靈明，誰去仰他高；地沒有我的靈明，誰去俯他深；鬼神沒有我的靈明，誰去辨他吉凶災祥。天地、鬼神、萬物離卻我的靈明，便沒有天地、鬼神、萬物了」《傳習錄》，有人因此認為他是「主觀唯心主義者」（侯外廬、杜守素、趙紀彬，1947），其實他只是在表述儒家「天人合一」的「宇宙意識」（劉述先，1982b）。

◘ 超越的「天」、「道」

我們可以從王陽明和他弟子的對話中，找到許多論述，來支持這樣的說法：

問：「道一而已。古人論道往往不同。求之亦有要乎？」
先生曰：「道無方體，不可執著，卻拘滯於文義上求道遠矣。如今人只說天。其實何嘗見天？謂日月風雷即天，不可。謂人物草木不是天，亦不可。道即是天，若識得時，何莫而非道？人但各以其一隅之見，認定以為道止如此，所以不同。若解向裏尋求，見得自己心體，即無時無處不是此道。互古互今，無終無始，更有甚同異？心即道，道即天，知心則知道知天。」
又曰：「諸君要實見此道，須從自己心上體認，不假外求始得。」
《傳習錄（上），66》

在儒家文化傳統裡，「天」和「道」都是「超越的」。在這段引文裡，王陽明說：「道無方體」，「互古互今，無始無終」，「如今人只說天，其實何嘗見天？謂日月風雷即天，不可。謂人物草木不是天，亦不可」。用康德哲學的概念來說，這些吊詭的論述，旨在說明「天」和「道」的「本體」是「超越」而不可知的。王陽明接著說：「若解向裏尋求，見得自己心體，即無時無處不是此道」，這是要求弟子們「向裏尋求」超越「天」和「道」。「心即道，道即天，知心則知道知天。」既然如此，我們不難推知，「心」的「本體」當然也是超越而不可知的。

◘ 先驗的「良知」

依照康德的說法，人類的理法無法知道「超越的本體」，人所能知道的，是他以「先驗的理念」對「本體」所作的解釋。這一點，可以由王陽明

答覆陸原靜的信中看出來：

> 來書云：良知亦有起處，云云。此或聽之未審；良知者，心之
> 本體，即前所謂恆照者也。心之本體，無起無不起。雖妄念之發，
> 而良知未嘗不在，但人不知存，則有時而或放耳：雖昏塞之極，而
> 良知未嘗不明，但人不知察，則有時而或蔽耳。雖有時而或放，其
> 體實未嘗不在也，存之而已耳；雖有時而或蔽，其體實未嘗不明
> 也，察之而已耳。若謂真知亦有起處，則是有時而不在也，非其本
> 體之謂矣。《傳習錄（上），125》

　　心之「本體」是所謂「恆照者」，它是超越的，所以「無起無不起」。作為「心之本體」的「良知」則是「先驗的」，是王陽明對它所作的詮釋，「雖有時而或放，其體實未嘗不在也，存之而已耳；雖有時而或蔽，其體實未嘗不明也，察之而已耳」。所謂「存之」、「察之」，表示人們可以從自己的經驗中覺察到它的作用。孟子也認為：人對於自己的「良知」是「求則得之，捨則失之」，所以他要求人們「求其放心」。上述這些說法在在顯示：儒家認為「良知」是「先驗」而可以被人體驗到的。

▣ 「體用一源」與事上磨鍊

　　心之「本體」雖然是超越而不可知的，但我們卻可以從其「作用」或個人的行動，來看出其作為「心之本體」的「良知」。「夫心之本體，即天理也。天理之昭明靈覺，所謂良知也。君子戒懼之功，無時或間，則天理長存，而其昭明靈覺之本體，自無所昏蔽，自無所牽擾，自無所歉餒愧怍，動容周旋而中禮，從心所欲而不踰（矩），斯乃所謂真灑落矣。」
　　這一整段文字，可以看作是王陽明對於「天理」、「良知」等「昭明靈覺之本體」所作的先驗性論述。此時所謂的「昭明靈覺之本體」其實已經變成「良知」，而不再是「超越的」心之「本體」。

侃問：「先儒以心之靜為體，心之動為用。如何？」

先生曰：「心不可以動靜為體用，動靜時也。即體而言用在體，即用而言體在用，是謂『體用一源』。若說靜可以見其體，動可以見其用，卻不妨。」《傳習錄（上），108》

但他認為孟子的「集氣」之說，不如他所主張的「致良知」。他在回答聶文蔚的信上說：

「夫『必有事焉』只是『集義』，『集義』只是『致良知』。說『集義』則一時未見頭腦，說『致良知』即當下便有實地步可用功；故區區專說『致良知』。隨時就事上致其良知，便是『格物』；著實去致良知，便是『誠意』，著實致其良知，而無一毫意必固我，便是『正心』。著實『致良知』，則自無忘之病：無一毫意必固我，則自無助之病。」

「若時時刻刻就自心上『集義』，則良知之體洞然明白，自然是是非非纖毫莫遁，又焉『不得於言，勿求於心；不得於心，勿求於氣』之弊乎？孟子『集義』、『養氣』之說，固大有功於後學，然亦是因病立方，說得大段，不若《大學》『格、致、誠、正』之功，尤極精一簡易，為徹上徹下，萬世無弊者也。」《傳習錄（中），187》

▣ 「良知實用功夫」

王陽明在貴州三年，居夷處困，動心忍性，始悟得「吾性自足」。他前半生困勉掙扎，企慕聖域，其心路歷程則經過約三十年。王陽明以他自己的精神體驗歷程來解讀經典，甚至以「百死千難」四個字來描述他「良知」之學的摶成過程。他說：

「吾良知二字，自龍場以後，便已不出此意，只是點此二字不出，於學者言，費卻多少辭說。今幸見出此意，一語之下，洞見全體，真是痛快，不覺手舞足蹈。學者聞之，亦省卻多少尋討功夫。學問頭腦，至此已是說得十分下落，但恐學者不肯直下承當耳。」

又曰：「某於良知之說，從百死千難中得來，非是容易見得到此。此本是學者究竟話頭，可惜此理淪埋已久，學者苦於聞見障蔽，無入頭處，不得已與人口一說盡。但恐學者得之容易，只把作一種光景玩弄，孤負此知耳。」（《傳習錄拾遺》，第 10 條，頁 396）

王陽明對於孟子學說的重新詮釋，與他這一段「百死千難」的精神歷程不可分割。他說：「古人言語，俱是自家經歷過來，所以說得親切。遺之後世，典當人情。若非自家經過，如何得他許多苦心處」（黃俊傑，1997）。

王陽明在洞見「心之本體」之後，知道這是「學者究竟話頭」，他擔心弟子們「苦於聞見障蔽，無入頭處，不得已與人一口說盡」，但他非常了解：一般人不可能有像他那樣的生命歷練，反倒可把它當作「一種光景玩弄，孤負此知」，所以他 55 歲那一年，在「天泉證道」之後，特別交代弟子：「人心自有知識以來，已為習俗所染，今不教他在良知上實用為善去惡功夫，只去懸空想個本體，一切事為俱不著實，此病痛不是小小，不可不早說破。」因此他告誡弟子：必須在「良知上實用為善去惡功夫」，不可「只去懸空想個本體，一切事為俱不著實」，這和先秦儒家主張「義命分立」的人生觀，並對形上學問題採取「存而不論」的態度，立場是一致的。

第七節　「理學」與「心學」的異同

《中庸》上說：「君子尊德性而道問學，致廣大而盡精微，極高明而道中庸。」朱陸之間的「道問學」與「尊德性」之爭，是儒家思想內部的爭執，用朱熹的話來說：「尊德性，所以存心而極乎道體之大也；道問學，所以致

知而盡乎道體之細也。」兩人也都意識到兩者不能去其一，只是側重點與進德的次序不一樣，按黃宗羲的話來說，是陸以「尊德性為宗」，朱以「道問學為主」。陸主張發明本心，「先立乎其大」；朱認為「格物窮理」，則吾知自致（劉述先，1982a）。用〈自我的曼陀羅模型〉來說，「道問學」的方向，是要把先秦儒家的「智慧」轉變成客觀的「知識」體系，所以朱熹會去思考儒、道共同的「太極」問題；陸九淵注重的是儒家思想的實踐問題，所以他反對在接受「陰／陽」的宇宙論之後，進一步去探索「太極」或「無極」等本體論的問題。

再回到張載的「人性論」上來說，「天地之性」就是純然至善的「性體」；「物質之性」則是作為生物之「個體」（individual）所具有的自然天賦。張載說：「形而後有氣質之性，善反之，則天地之性存焉。」「反」是「反思」的意思，「反思性」（reflectivity）是「自我」之「心」的重要功能之一。自我反思後所作出的判斷，並不一定是要實踐道德律令，但也可以實踐道德律令，所以王陽明說：「知善知惡是良知」；張載說：「善反之，天地之性存焉」。

「天地之性」是一種客觀的存有，至於個人的「自我」要不要實踐道德律令，則是取決於其主觀的「善的意志」，這就是王陽明所說的「為善去惡是格物」。張橫渠說：「心能盡性，人能宏道也。性不知檢其心，非道宏人也。」在這個語境中，所謂的「性」是指「天地之性」，「性不知檢其心」的內容意義，則是說明「性體」的特性是「存有而不活動」，這是它和「即活動即存有」之「心體」的最大不同之處。牟宗三（1968a）因此判定：陸王一系繼承了先秦儒家的「正統」，程朱一系則是「別子為宗」。

牟宗三本人也強調：這個說法並不是要貶視朱子之學術貢獻，而是為了還歷史之本來面目。他說：「朱子之系統自有其莊嚴宏偉處，如其本性而明澈之，亦當屬可喜之事，非貶視也。此兩系統一縱一橫，一經一緯。經之縱亦需要緯之橫來補充」（牟宗三，1968a，頁 59）。由此分判再反觀宋明儒學之所以為「新」，關鍵不在於胡劉陸王這一大系，反倒在於伊川朱子這一

小系。因為胡劉陸王之「新」，是本著孔孟原有之意而開出之新，而伊川朱子之「新」，則是「轉向」上的新，這種「新」雖然與先秦及宋明儒之大宗有所不合，但就此一意義而言，只有伊川朱子之「新」，才是真正的「新」，他們才能稱得上是真正的「新儒家」。

在本書第十二章中，我指出：在宋明理學中，程朱一系用了許多筆墨，企圖描繪出「儒家自我的模型」，尤其是張載，對這件事所費心力更多。若將他的相關論述放在〈自我的曼陀羅模型〉中加以檢視，立刻可以看出：「氣質之性」是作為生物體的「個人」（individual）滿足其慾望的「習性」；「義理之性」是儒家認為作為「人」（person）應有的「天性」或「良知」。「聞見之知」是「知識」；「天德良知」則是處理人間事務的「智慧」（如圖 3-1 所示）。儒家最重視的道德綱目「仁、義、禮、智」在我所建構的「含攝儒家文化的理論」中（如圖 2-3 所示），可以看到「仁、義、禮」的位置；在〈自我的曼陀羅模型〉中，則可以看到「智」（智慧）的作用（如圖 3-1 所示）。不僅如此，牟宗三（1968a）所謂朱子的「橫向系統」和陸王的「縱向系統」也可以在〈自我的曼陀羅模型〉中獲得合理的解釋。

然而，「含攝儒家文化的理論」是我在充分吸納西方文明的菁華之後，以西方的科學哲學為基礎而建構出來的。明清時代的儒家學者雖然也曾經對儒家文化傳統作過批判，但在時代的限制之下，他們卻無法建構客觀的理論體系，來描述儒家的文化型態。

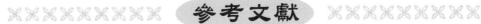

參考文獻

牟宗三（1968a）：《心體與性體（一）》。台北：正中書局。

牟宗三（1968b）：《心體與性體（二）》。台北：正中書局。

牟宗三（1969）：《心體與性體（三）》。台北：正中書局。

牟宗三（1979）：《從陸象山到劉蕺山》。台北：臺灣學生書局。

侯外廬、杜守素、趙紀彬（1947）：《中國思想通史》（第四卷，下冊）（頁
　　884-885）。上海：新知書店。

秦家懿（1987）：《王陽明》（頁 517）。台北：東大圖書公司。

陳復（2009）：〈陽明子的冥契主義〉。《陽明學刊》，4，55-99。

陳復（2010）：〈論唐君毅先生對王陽明心學的詮釋與評價〉。《哲學與文化》
　　月刊，37（5），85-107。

曾春海（1988）：《陸象山》。台北：東大出版社。

黃俊傑（1997）：〈儒學與人權：古典孟子學的觀點〉。見劉述先（編）：《儒
　　家思想與現代世界》（頁 33-35）。台北：中央研究院中國文哲研究所籌備
　　處。

劉述先（1982a）：〈朱陸異同的一重公案：宋代儒家內部的分疏問題之省察〉。
　　見《朱子哲學思想的發展與完成》（頁 427-470）。台北：東大圖書公司。

劉述先（1982b）：〈王學與朱學：陽明心學之再詮釋〉。見《朱子哲學思想的發
　　展與完成》（頁 485-517）。台灣：臺灣學生書局。

James, W. (1902/1985). *The varieties of religious experience*. Cambridge, MA: Harvard
　　University Press. 蔡怡佳、劉信宏（譯）（2001）：《宗教經驗之種種》。
　　台北：立緒文化公司。

Stace, W. T. (1960/1998). *Mysticism and philosophy*. London, UK: Macmilan. 楊儒賓
　　（譯）（1998）：《冥契主義與哲學》。台北：正中書局。

第十四章　經學的反思：從「批判」到「揚棄」

　　韋伯不僅對先秦儒家的「文化型態學」一無所知，對漢代之後儒家思想的發展，尤其是宋明理學的歷史意義，也不甚了了。《中國的宗教：儒教與道教》一書第六章在討論「官僚制與教權制」時，他開宗明義地說：

> 　　「中國的」家產官僚制（patrimonial bureaucracy）未曾受到自主的教權之制衡，正如它未曾受到不斷擴張的封建制度，或從未得到發展的布爾喬亞階層勢力的侵擾。像中東、伊朗或印度那種在社會上有勢力的先知預言（prophecy），是聞所未聞的。這裡沒有以超俗世之神的名而揭示倫理「要求」的先知；宗教的性質尚未突破，並且也排除了先知的倫理要求。最高祭司長，政教合一的統治者——所要認真對付的，是封建貴族，而非先知。只要有先知運動的蛛絲馬跡，它就會將之當作異端，猛力而有計畫的加以撲滅。（Weber, 1964, p. 142）
>
> 　　中國人的「靈魂」沒有受過先知革命的洗禮，也沒有私下個別的「祈禱者」。受過禮儀訓練且精通典籍的官員，以及位居他們之上的皇帝，照料一切事務，而且也只有他們能夠如此。（Weber, 1964, p. 142）

　　從這段論述中，我們可以看出：韋伯對於「中國的宗教」根本缺乏相應的理解。他既不了解《易經》在中華文化中的重要意義，也不了解孔子和老子詮釋《易經》對中華文化理性化所造成的影響。從本書第四、五、六三章

的析論中，我們可以看出：以《易經》中「陰／陽」思維為基礎所發展出來的中華文化，根本不可能有「超俗世之神的名而揭示倫理『要求』的先知」，更不可能有「先知的預言」。

中國人的「靈魂」確實沒有受過「先知革命」的洗禮，但儒家確實是以「立人道於天道」的方式，建立了一套「自主的倫理體系」。在《中國的宗教：儒教與道教》一書中，韋伯之所以會作出諸如此類的論斷，其旨在說明：儒家倫理是一種維護「傳統主義」的意識型態。從本書第一章的析論中，我們更可以看到：在西方學術社群中，受韋伯影響而形成的「新韋伯學派」更普遍認為：儒家思想內部缺乏變革的動力，如果沒有外來文化的刺激與挑戰，中國社會是不可能發生任何改變的。

這種說法其實大謬不然。從本書前兩章的析論中，我們可以看出，「心學」從「理學」的歧出，其實就是對「理學」的一種挑戰。在本書第十五章中，我將要說明：王陽明「心學」的擴散，對日本明治維新的成功造成了積極的正面影響。在中國社會內部，從宋朝開始，便有一些思想家對宋明理學的不合理部分，不斷地提出反省與批判。這些批判的大方向，是要求回到先秦儒學的經典，而造成了清初「經學」的興起。到了清末民初，在外來文化的衝擊之下，以西方文化作為基礎的批判，卻發展成為對於傳統的全面「揚棄」，甚至演變成「文化大革命」的十年浩劫。

第一節　朱熹與陳亮的「王霸之辯」

「正其誼不謀其利，明其道不計其功」出自《漢書・董仲舒傳》。在〈對膠西王越大夫不得為仁〉一文中，董仲舒說過一段相似的話：「仁人者，正其道不謀其利，修其理不急其功。」雖然後者更能夠代表董仲舒一貫的思想，但對後世影響較大的卻是他「正誼不謀利，明道不計功」的思想。到了宋代，程明道認為：「董仲舒曰：『正其誼不謀其利，明其道不計其功』，此董子所以度越諸子」《二程全書・近思錄・卷十四》；朱熹則把這

段話寫入《白鹿洞書院揭示》，作為學生的「處世之要」。在此一思想影響下，宋明理學家更進一步提出了「存天理、滅人欲」的主張。

▣ 王道與霸道

陳亮（1143-1194），浙江永康人，字同甫，號龍川先生，南宋哲學家及著名詞人。他的曾祖父陳知元在汴京保衛戰中犧牲。陳亮「自少有驅馳四方之志，常欲求天下豪傑之士而與之論今日之大計」。淳熙 4 年（西元 1177 年），參加禮部考試不中。翌年，陳亮至臨安上孝宗三書，對外力主抗金，對內改革積弊；在〈上孝宗皇帝第一書〉中，即表達出他對當時理學家空談性命的強烈不滿：「今世之儒士自以為得正心誠意之學者，皆風痺不知痛癢之人也。」但不見用，憤而歸鄉，「以與世不合，甘自放棄於田夫樵子之間」《宋史・陳亮傳》。

淳熙 11 年（西元 1184 年）春，因為鄉宴上「同坐者歸而暴死」，「因藥人之誣，就逮棘寺，更七八十日不得脫獄」〈陳春坊墓碑銘〉，幸由辛棄疾設法奔走援救，陳亮遂得不死。朱熹在陳亮獲釋後，修書一封，藉機對其進行規勸，希望陳亮：「絀去義利雙行，於霸並用之說，而從事於懲忿窒欲，遷善改過之事，粹然以醇儒之道自律。」

朱熹平日講學，注重「天理／人欲」之辨，他在制定《白鹿洞書院揭示》時，特別強調「處世之要」為：「正其誼不謀其利；明其道不計其功。」北宋理學家一向認為：王道之治就是得天理之正的統治，而王霸之別也就是天理人欲之別。譬如，程顥在〈答王霸劄子〉一文就以天理論王道，以人欲、私心論霸道：「臣伏謂得天理之正，極人倫之至者，堯舜之道也；用其私心，依仁義之偏者，霸者之事也。」「堯舜之道」上得天理，下及人倫，所以是道，在他們看來，「兩漢以下，皆把持天下者也」。

同樣的，朱熹也認為：人主之心術乃綱紀之所繫，人主心術正，則天下萬事無不正。「然而綱紀不能以自立，必人主之心術公平正大，無偏黨反側之私，然後綱紀有所繫而立。」相反的，如果人主假仁義以濟私欲，即是霸

道，在他看來，像齊桓公、晉文公，都是「假仁義以濟私欲」，雖然「僥倖於一時，遂得王者之位而居之，然其所由，則固霸者之道也。故漢宣帝自言：漢家雜用王霸，其自知也明矣」。

⊡ 義利雙行‧王霸並用

陳亮完全反對這樣的觀點。他在回覆朱熹的信上說：「然謂三代以道治天下，漢唐以智力把持天下，其說固已不能使人心服」；針對近世諸儒主張「三代專以天理行，漢唐專以人欲行，其間有與天理暗合者，是以亦能長久。」他質問道：在這「千五百年之間，天地亦是架漏過時，而人心亦是牽補度日，萬物何以阜蕃，而道何以常存乎？」因此，陳亮認為：「漢唐之君，本領非不宏大開廓，故能以其國與天地並立，而人物賴以生息。」有人批評他們的作為是「雜霸」，陳亮卻認為：「其道固本於王也。」他很直率地批評理學家將「義／利」、「王／霸」對立二分的論點：「諸儒自處者曰義曰王，漢唐做得成者曰利曰霸，一頭自如此說，一頭自如彼做；說得雖甚好，做得亦不惡；如此卻是義利雙行，王霸並用，如亮之說，卻是直上直下，只有一個頭顱做得成耳」《又甲辰秋書》。

陳亮主張：「王霸可以雜用，天理人欲可以並行。」朱熹卻認為這種論點錯誤至極，他在回信中批駁陳亮的觀點：「嘗謂『天理』、『人欲』二字，不必求之於古今王伯之跡，但反之於吾心義利邪正之間，察之愈密，則其見之愈明；持之愈嚴，則其發之愈勇。」漢高祖、唐太宗縱然功績蓋世，但卻用心不正，尤其是唐太宗，「無一念之不出於人欲」。因此，王與霸之分，「在心不在跡」，「太宗誅建成，比於周公誅殺管蔡，只消以公私斷之。周公全是以周家天下為心，太宗則假公義以濟私欲也」《答陳同甫‧之六》。

⊡ 亙古常存之「道」

對於陳亮「道何以常存」的提問，朱熹認為：道「是亙古常在不滅之

物，雖千百年被人作壞，卻殄滅它不得」《答陳同甫‧之六》。他在與陳亮的往復辯論中，一再強調「道是獨立於人而存在的」，「蓋道未嘗息而人自息之，所謂『非道亡也，幽屬不由也』，正謂此耳」。由於「道」具有獨立性，不論是三代，或是漢唐，各代君王都必須遵道而行，順應天道：「夫人只是這個人，道只是這個道，豈有三代漢唐之別？但以儒者之學不傳，而堯、舜、禹、湯、文、武以來轉相授受之心不明於天下，故漢唐之君雖或不能無暗合之時，而其全體卻只在利欲上」《答陳同甫‧第八》；他們在「利欲場中頭出頭沒」，只是為一己之私利《答陳同甫‧第九》。

陳亮完全不同意朱熹的觀點，在隨後幾封回信中，他一面替漢高祖辯護，認為：他們都是「禁暴戢亂、愛人利物」的帝王，本領宏大開濶，他們推行的「霸道」都是以實現「王道」作為目的。「察其真心」，「發於仁政」，「無一念不在斯民」，體現出「赤子入井之心」。在他看來，「使漢唐之義不足接三代之統緒，而謂三四百年之基業可以智力而扶持者，皆後世儒者之論也」《問答上》。同時又堅決反駁朱熹所謂「三代專以天理行」的觀點：「以為三代以前都無利欲，都無要富貴底人，今《詩》《書》載得如此淨潔，只此是正大本子。亮以為才有人心便有許多不淨潔，革道止於革面，亦有不盡概聖人之心者。聖賢建之於前，後嗣承庇於後，又經孔子一洗，故得如此淨潔。」

◙ 「人」的角度

用〈自我的曼陀羅模型〉來看，朱熹主張：道是一種客觀的存在，「道者，古今共由之理」，「堯所以修此道而成堯之德，舜所以修此道而成舜之德，自天地以先，羲皇以降，都是這一個道理，亙古今未嘗有異」《答陳同甫‧之八》。所以他把「天理」當成一種客觀的「知識」，主張「道問學」，「先知後行」。陳亮則是從「人」的角度在看這個議題。對陳亮而言，每一個人都是處在作為「人」的「天理」和來自「個體」的「人欲」之緊張中（姜長蘇譯，1997），其區別在於「三代作得盡者也，漢唐做不到盡

者也」，更清楚地說，只要「本領宏闊，工夫至到，便做得三代；有本領無工夫，只做得漢唐」。朱熹堅持：漢唐只是在「利欲場中走」，「並無些子本領，只是頭出頭沒，偶有暗合處，便得功業成就」。這種說法「使二千年之英雄豪傑不得近聖人之光，猶是小事」，理學家一味強調「存天理，去人欲」，堅持「只是這些子殄滅不得」，這種論調真的是「好說話，無病痛乎」《又乙巳秋書》。

　　陳亮一生坎坷，沒有做過官，卻兩次下獄。淳熙 11 年春，陳亮因受誣陷而入獄近百日。紹熙 2 年 8 月，又因為政治因素第二次入獄，由少卿鄭汝諧力救得免。50 多歲狀元及第，卻在隔年死去。

第二節　明夷待訪與行己有恥

　　明朝末年，朝政腐敗，滿清入關之後，黃宗羲、顧炎武、王夫之等儒家學者開始深刻反省儒家傳統，並稱為啟蒙時期三大思想家。他們從各種不同的角度，對展現在社會現實中的儒家文化傳統作出強烈的批判，但他們並不反對儒學，反倒希望透過研讀先秦儒家經典，以復興儒學。

　　用本書的概念架構來說，他們反對儒家在當時社會所展現出來的「文化衍生學」，但並不反對儒家原始的「文化型態學」。首先，我們要談的是黃宗羲和顧炎武。

▣ 明夷待訪錄

　　黃宗羲（1610-1695），字太沖，號梨洲，世稱黎洲先生，浙江餘姚人。父黃尊素，東林黨人，擔任中官御史時，因彈劾魏忠賢而下獄，受酷刑而死。崇禎元年（西元 1628 年）魏忠賢、崔呈秀等人伏誅，冤案獲平反。黃宗羲上書請誅閹黨餘孽。刑部會審時，出庭對證，取出袖中錐刺許顯純，並當眾痛擊崔應元，拔其鬚歸祭父靈，人稱「姚江黃孝子」，明思宗嘆其為「忠臣孤子」。

黃宗羲歸鄉後，發憤讀書，從學於著名哲學家劉宗周，得蕺山之學。又經友人介紹，參加復社。崇禎 15 年（西元 1642 年），參加北京科舉，未第。崇禎 17 年春，明亡。

南京弘光政權建立後，阮大鋮為兵部侍郎，誣東林黨、復社為「蝗蝻」，黃宗羲等人被捕入獄。翌年 5 月，清軍攻下南京，弘光政權崩潰，黃宗羲乘亂脫身，返回餘姚，變賣家產，起兵抗清。順治 3 年（西元 1646 年）6 月，黃宗羲兵敗，四處奔走；順治 6 年，投奔魯王，升左副都御史，出使日本，渡海至長崎等地，乞兵未成而歸，遂返家隱居。

順治 7 至 11 年，遭清廷三次通緝，家禍迭起，弟黃宗炎兩次被捕，幾處極刑；兒媳、小兒、小孫女病夭；故居兩次遭火。康熙 2 至 18 年（西元 1663 年至 1679 年），於慈溪、紹興、寧波、海寧等地設館講學，撰成《明夷待訪錄》、《明儒學案》等書。

《明夷待訪錄》一書計十三篇。「明夷」本為《周易》中的一卦，卦象為「離下坤上」，即地在上，火在下。光明消失，黑暗來臨，智者落難，只能潛心著述，等待賢者來訪，讓此書成為後人之師。

▣ 〈原君〉與「家天下」

在《明夷待訪錄》的首篇〈原君〉中，黃宗羲闡述人類設立君主的本來目的是為了「使天下受其利」、「使天下釋其害」，君主只是天下的公僕而已，「古者以天下為主，君為客，凡君之畢世而經營者，為天下也」。然而，後來的君主卻「以為天下利害之權益出於我，我以天下之利盡歸於己，以天下之害盡歸於人」，並且千方百計地「使天下之人不敢自私，不敢自利，以我之大私，為天下之大公」，「視天下為莫大之產業，傳之子孫，受享無窮」，根本否定了君主「家天下」行為的合法性。

黃宗羲認為：要限制君主的權力，必須先辨明君臣之間的關係。「原夫作君之意，所以治天下也。天下不能一人而治，則設官以治之。是官者，分身之君也。」在他看來，「臣之與君，名異而實同」，他們同樣都是共同治

理天下的人。因此，君主不應當高高在上、處於獨尊，而應該盡到自己的責任，為天下興利除害，否則就該遜位讓賢，不應「鰓鰓然唯恐後之有天下者不出於其子孫」。至於為臣者，更應該明確將自己定位為君之師友，而不是其僕妾，「我之出而仕也，為天下，非為君也；為萬民，非為一姓也」。如果認為：臣是為君而設，只「以君一身一姓起見」，「視天下人民為人君囊中之私物」，而置「斯民之水火」於不顧，這樣的人即使「能輔君而興，從君而亡，其於臣道固未嘗不背也」。「天下之治亂，不在一姓之興亡，而在萬民之憂樂」，黃宗羲的君臣觀徹底批判了「三綱」傳統之下的「君為臣綱」，也根本否定了「君要臣死，臣不得不死」的俗世之見。

◙ 「任賢」與宰相制

黃宗羲認為：古代設立宰相的用意，就是要限制君權，而「有明之無善政，自皇帝罷丞相始也」。因為：「古者君之待臣也，臣拜，君必答拜」，君臣之間是平等的。「秦漢以後廢而不講。然丞相進，天子賜座，在輿為下」，多少還保持著主客關係。明代罷除宰相，沒有人有權力與天子抗衡，結果天子開始奴視臣僚，專斷獨行，為所欲為。

其次，按照封建宗法制度的規定，天子可以把帝位傳給兒子，但「天子之子不皆賢」；由於宰相之位是「任賢」而不是「傳子」，「足相補救」。明朝廢除宰相之後，「天子之子一不賢，更無與為賢者矣」，結果給國家和人民帶來無窮的災難。

明朝廢除宰相之後，設立內閣大學士，其職責只是備用諮詢以及根據皇帝的意旨批答章奏。內閣沒有僚屬，沒有執行機構，其事權根本無法與昔日宰相比擬。內閣既無實權，如果天子不能或不願處理政事，權力就很可能落入一群凶殘的宮奴手中，結果就出現了明代為害至深的宦官專權。

◙ 太學祭酒

基於上述理由，黃宗羲主張：設宰相一人，每日與其他大臣一起在便殿

與天子共同議政。章奏由天子批答，「天子不能盡，則宰相批之」。宰相設政事堂，下分若干房，分管天下庶務，「凡事無不得達」。對黃宗羲而言，設立宰相只是為了限制君權，它並不是責任內閣制，皇帝仍然是大權在握的國家元首。

　　黃宗羲限制君權的另一主張，是設立學校，使學校成為輿論、議政的場所，「必使治天下之具皆出於學校」。一方面形成良好的風尚，「使朝廷之上，閭閻之細，漸靡濡染，莫不有詩書寬厚之氣」，另一方面，形成強大的輿論力量左右政局，使「盜賊奸邪，懾心於正氣霜雪之下，君安而國可保也」。太學的祭酒，應由當世大儒出任，其地位相當於宰相，每年正月初一，天子與宰相、六卿、諫議等都得前往太學。「祭酒南面講學，天子亦就弟子之列。政有缺失，祭酒直言無諱。」郡縣的學官也由名儒主持，每月的初一、十五，大會一邑之縉紳、士子、郡縣官亦須前往聽學官講學，而且執弟子之禮。黃宗羲的構想，並不是西方式的民主制度，而接近於後世學者所主張的君主立憲方案（張岱年，1995；曾春海，1996）。

⊡ 「求其速朽」

　　黃宗羲承陸、王「心性是一」之說，而反對程朱將之析分為二。他認為：「理」，就是「流行而不失其序」，「理不可見，見之於氣」，「理不能離氣以為理」，「理為氣之理，無氣則無理」《明儒學案》。基於此一思想，他也反對宋儒將「義理之性」和「氣質之性」分裂為二，認為「義理之性」純然至善，「氣質之性」則善惡混雜的說法，而主張：「義理之性」是從氣質而有，沒有「氣質之性」，就不會有「義理之性」。

　　按照這樣的思想邏輯，他在「天理」與「人欲」的問題上，應當會主張「天理」即存在於「人欲」之中，但是在這一方面，他卻保留了宋儒的觀點，認為「人欲」是「一人之私」而與「天理」正相反對：「天理人欲，正是相反，此盈則彼絀」。結果他也同意宋儒「存天理、滅人欲」之論，認為「寡之又寡，至於無欲，而後存乎天理」《與陳乾初論學書》。

康熙 17 年（西元 1678 年），清廷徵詔「博學鴻儒」，黃宗羲的學生代為力辭。康熙 19 年，康熙帝命地方官「以禮敦請」赴京修《明史》，黃宗羲以年老多病堅辭。康熙帝令地方官抄錄其所著明史論著、送交史館，又延請弟子萬斯同參與修史。萬斯同入京後，也執意「以布衣參史局，不署銜、不受俸」。是年開始，黃宗羲停止講學，悉力著述。

康熙 29 年，康熙帝又召其進京出任顧問，徐乾學以「老病恐不能就道」代為推辭。康熙 34 年，黃宗羲久病不起、與世長辭。病中囑家人遺體「安放石床，不用棺槨，不作佛事」，以「求其速朽」。

⊡ 顧炎武的氣節

顧炎武（1613-1682），江蘇崑山人，原名絳，明亡後改名炎武，字寧人，復以避仇自署蔣山傭，學者尊稱為亭林先生。幼時過繼給去世的堂伯顧同吉為嗣，寡母 16 歲未婚守節，「晝則紡織，夜觀書至二更乃息」，獨立撫養顧炎武成人，教以忠義之節。顧炎武 14 歲取得諸生資格後，屢試不中，自27 歲起，斷然棄絕科舉。明末清兵渡江南下，顧炎武參加義軍抗清，33 歲那一年（西元 1645 年）崑山城破，死難者多達四萬人，顧炎武生母何氏右臂被清兵砍斷，兩個弟弟被殺，嗣母王氏聞變，絕食殉國，臨終囑咐顧炎武「無為異國臣子」。後來顧炎武受到一名家僕與仇家的迫害，輾轉流徙。順治 11年，他將家僕溺殺，以殺人罪入獄，幸賴友人救助減刑免死。其後仍受到仇家追殺，於順治 12 年赴北方遊歷，來往於山東、河北、山西、陝西一帶。平日以二馬二騾，載書自隨，遇到關塞陰要之處，即訪問老兵退卒，了解當地風土人情。如果與平日所聞不合，立即拿出書本核對，可見其治學之認真嚴謹；先後著有《亭林文集》、《日知錄》、《天下郡國利病書》等書。康熙17 年（西元 1678 年），顧炎武受薦博學鴻儒科，卻三度致書，以死堅拒，表示：「七十老翁何所求？正欠一死！若必相逼，則以身殉之矣！」

▣ 博學於文，行己有恥

　　顧炎武非常反對科舉制度，以為「八股之害，等於焚書；而敗壞人才，甚於咸陽之郊」，而以「博學於文」、「行己有恥」作為學問宗旨。此二語分別出自《論語》的《顏淵》篇和《子路》篇，是孔子答覆門人問難時提出的主張。顧炎武將兩者結合起來，並賦予時代意義，成為他的為學宗旨與處世之道：

　　　　「愚所謂聖人之道者如之何？曰『博學於文』，曰『行己有恥』。
　　　　自一身以至天下國家，皆學之事也；自子臣弟友以至出入往來、辭
　　　　受取與之間，皆有恥之事也。」《亭林文集・卷三》

　　在「博學於文」方面，他認為：明朝的覆亡是儒生空談誤國的結果。他指責王學末流：「言心言性，舍多而學以求一貫之方，置四海之困不言，而終日講危微精一之說」，「以明心見性之空言，代修己治人之實學，股肱惰而萬事荒，爪牙亡而四國亂，神州盪覆，宗社丘墟」《日知錄・卷七》。他批評晚明王學末流提倡的心學，其實是「內釋外儒」，違背了孔孟旨意，其罪「深於桀紂」。

　　在「行己有恥」方面，他指責明末清初有些學人和士大夫寡廉鮮恥、趨炎附勢而喪失民族氣節，因此他特別強調「博學於文」與「行己有恥」的結合：「士而不先言恥，則為無本之人；非好古而多聞，則為空虛之學。以無本之人而講空虛之學，吾見其日是從事於聖人，而去之彌遠也。」他一方面指責：「士大夫之無恥，是為國恥」，另一方面積極主張：「有亡國，有亡天下，亡國與亡天下奚辨？曰：易姓改號，謂之亡國；仁義充塞，而至於率獸食人，人將相食，謂之亡天下」，「保國者，其君其臣，肉食者謀之；保天下者，匹夫之賤，與有責焉耳矣」。從此以後，「天下興亡，匹夫有責」就成為中國人家喻戶曉的名言。

基於這樣的「為學宗旨」，顧炎武對於宋明以來知識分子奉為圭臬的「理學正宗」同樣不假辭色。他批評以「性與天道」為論究對象的程朱理學：「終日言性與天道，而不自知其墮於禪學也」，「今日《語錄》幾乎充棟矣，而淫於禪學者實多，然其說蓋出於程門」《亭林文集・卷六》。「孔門未有專用心於內之說也。用心於內，近世禪學之說耳」，「今傳於世者，皆外人之學，非孔子之真」《日知錄・卷一八》。

▣ 「治經復漢」

然而，中國知識界該用什麼樣的學術來取代陸王心學和程朱理學呢？面對這個嚴峻的問題，顧炎武卻受到時代的侷限，在傳統儒學之外，他找不到更新穎的學術出路，結果他所選擇的途徑，是以復古作為維新的「復興經學」。

他指斥：「今之所謂理學，禪學也」，認為經學才是儒學正統，批評學者沉溺於理學家的語錄而不研讀儒家經典，是「不知本」，號召人們「鄙俗學而求六經」，主張「治經復漢」。

在他看來，古代儒學的本來面目是樸實的經學，只是後來由於佛、道二教滲入，儒學被「禪化」了。因此，他提倡復興經學，主張依經而講求義理，反對「離經而講道」，認為只有這樣才能稱為「務本原之學」《亭林文集・卷四》。顧炎武還提倡「讀九經自考文始，考文自知音始」，自己並身體力行，潛心研究音韻學，考辨精深，撰寫出《音學五書》等極有學術價值的名著，使清初學術的發展逐漸走向考證經史的途徑，塑造出乾嘉一代的考據學風（梁啟超，1926）。

第三節　理氣調節與明道計功

在明清之際三大思想家中，以王夫之所提出的哲學體系最為完整。王夫之（1619-1692），字而農，湖南衡陽人，幼年天資聰穎，勤奮好學，在父、

兄影響下，少讀儒典，關注時局，喜問四方事。崇禎 15 年（西元 1642 年），與其兄王介之同榜考中鄉舉。

崇禎 16 年，張獻忠攻克衡陽，招賢納士，王夫之隱匿衡山，拒不受聘。清順治 2 年（西元 1645 年），弘光帝在蕪湖被俘。順治 3 年，清兵南下，其二兄、叔父、父親均在倉皇逃難中死於戰火，王夫之上書南明監軍、湖廣巡撫，力主聯合農民軍共同抗清，但未被採納。

順治 5 年，王夫之組織造紙工人、農民等近百人，在衡山方廣寺發起武裝抗清，被湘潭人尹長明擊敗，方廣寺被焚，不得已投奔南明永曆政權，被薦為翰林院庶吉士。當時朝廷深陷黨爭，他連續三次上疏彈劾東閣大學士王化澄等貪贓枉法、結姦誤國，幾陷大獄。幸得農民軍領袖高一功仗義營救，方免於難。

順治 7 年，李定國率大西農民軍收復衡陽，派人招請王夫之，他「進退縈回」，終於未去。順治 8 年，回原籍，誓不剃髮，因清軍搜捕，輾轉流徙，「棲伏林谷，隨地托跡」，四處隱藏，直到康熙 14 年（西元 1675 年）秋，才在衡山石船山麓築草堂而居，人稱「湘西草堂」，「安之若素，潛心著述」，自題堂聯：「六經責我開生面，七尺從天乞活埋」。

▣ 「據器而道存」

王夫之承襲了部分道家的觀念，他的道器觀認為：「形而上」的「道」與「形而下」的「器」是「統此一物」的兩個方面，是不能分離的。他堅持「道」（規律）必須依存於「器」（客觀事物），一旦「器」變，「道」也就必定變化，「天下惟器而已矣」《周易外傳・卷五》。宇宙間一切事物都是具體的存在，任何具體事物都具有特殊本質，又具有同類事物的共同本質，「道者器之道」，一般只能在個別中存在，只能透過個別而存在，「無其器則無其道」，「盡器則道在其中」，「終無有虛懸孤致之道」。他強調「道」對於「器」的依存性，主張「據器而道存，離器而道毀」，堅決反對，在器之外、器之先，安置一個「無形之上」的精神本體，並據此而駁斥

「理在事先」、「道本器末」的觀點。

　　本書第五章指出：從西方科學哲學的角度來看，老子在《道德經》中所描述的「道」，是一個「超越的」（transcendent）的概念。值得注意的是：「超越」（transcendence）這個概念源自於基督教文化。王船山對於「道」、「器」關係的析論很清楚地顯示：追求「天人合一」的中華文化傳統，很容易發展出王夫之式的「道器觀」，卻很不容易發展出以「主／客」對立作為基礎的西方近代科學。

▣ 恆通而未必相薄

　　以這樣的道器觀作為前提，王船山繼承了宋代哲學家張載之「氣」一元論的觀點，認為世界是以「氣」作為物質基礎而構成的。「知太虛即氣則無『無』」，整個宇宙除了「氣」，更無他物。「氣」只有聚散、往來，而沒有增減、生滅；所謂「有／無」、「虛／實」等，都是「氣」之聚散、往來、屈伸的運動形態。這種永恆無限的「氣」乃是一種實體，「太虛，一實者也」，「充滿兩間，皆一實之府」。客觀世界萬事萬物的本質和現象都是客觀實在的，「從其用而知其體之有」，「日觀化而漸得其原」，吾人可以藉由認識各種物質現象，而體會出其共同本質。

　　王夫之以張載「一物兩體」的學說為基礎，認為「萬殊之生，因乎二氣」，「乾坤並建」，「陰陽不孤行於天地之間」，又以「絪縕生化」來說明「氣」之變化日新的辯證性質，認為「陰陽各成其象，則相為對，剛柔、寒溫、生殺，必相反而相為仇」。這兩種對反的成分是相反相成的，一方面「必相反而相為仇」，另一方面「相反而固會其通」；這兩重關係，不可分割，「合二以一者，就分一為二之所固有」。但他更強調「由兩而見一」，對立雙方並非截然分開，而是「反者有不反者存」。依他的分析，「陰陽者，恆通而未必相薄，薄者其不常矣」。對反雙方互相逼迫、激烈對抗的狀態是「反常」的，而相互聯合、保持貫通的狀態才是「正常」的。「陰／陽」兩者對立而相互轉化，雖然有時可能發生突變，但在更多情況下，轉化會在

不斷往復、消長中，保持某種動態平衡。

◙ 天地變化日新

　　基於「絪縕生化」的自然史觀，王夫之堅持主動論。他認為「物動而已」，「動以入動，不息不滯」，「天地之氣，恆生於動而不生於靜」，他否定周敦頤、朱熹所宣揚的「太極動靜而生陰陽」之觀點，認為：陽變陰合的運動過程本身包含著動靜兩態：絕對的動，相對的靜（杜保瑞，1992）。他認為「動而生陽，動之動也，靜而生陰，動之靜也，廢然無動而靜，陰惡從生哉」，明確肯定「靜由動得」，而「動靜皆動」。但他並不否認靜止的意義和作用，以為相對的靜止是萬物得以形成的必要條件。

　　王夫之發展張載的氣化論，強調「天地之化日新」，把榮枯代謝、推移吐納看作是宇宙的根本法則。他認為任何生命體都經歷著胚胎、流蕩、灌注、衰減、散滅等諸階段，前三者是生長過程，後二者是衰亡過程；而在「衰減」、「散滅」的過程中，已經孕育著「推故而別緻其新」的契機，舊事物的死亡，儲備著新事物誕生的條件，「由致新而言之，則死亦生之大造矣」。

　　由於天地萬物「變化日新」，王船山認為：事物一旦不動，就必趨腐敗，「守其故物而不能日新，雖其未消，亦必而死」。「世益降，物益備」，不但自然界如此，社會歷史的發展也是如此。「三代之法，不可挾以為名，治後世之天下」，古代的法令制度，不一定適用於現今，必須針對實際情況，不斷地加以改變。

◙ 理氣調劑論

　　在明清之際出現的幾位重要思想家中，以王夫之提出的哲學體系最為完整。他從哲學的角度，提出「理者氣之理」的主張，而對宋儒展開批判（陳贇，2002）。他認為：「天所用為化者，氣也；其化成乎道者，理也」，「天之命人物也，以理以氣」，他堅持「理依於氣」的氣本論；「氣」是可

以造成陰陽變化的實體，「理」則是變化過程所呈現出的規律，而反對程朱理學以理為本的觀點。「理只在氣上見，其一陰一陽，多少分合，主張調劑者，即理也」《讀四書大全說・卷十》。

他反對宋儒將人性劃分為「天地之性」與「氣質之性」。在他看來，「天命之謂性」，「性」、「命」是一事之兩面，都要從人物上看出來：自「天賦予人」的角度來看，則可以說是「命」；自「人之受於天」的角度來看，則可以說是「性」。他也反對理學家「統心、性、天於理」的主張，在他看來，「無人物則無命也」，哪裡有什麼獨立於人之外的「天地之性」？「蓋言心言性，言天言理，俱必在氣上說，若無氣則俱無矣」〈卷十〉。換言之，「理」與「氣」之間的關係，應當是「一陰一陽」、「分合調劑」的辯證性關係，而不是像理學家所講的天人割裂，「理」、「氣」分立的壓抑關係。

◙ 即民以見天

依據他「理依於氣」、「道器相依」的一貫思想，王夫之提出「理勢相成」的歷史規律論和「即民見天」的歷史動力論（林安梧，1987）。「勢」，是歷史發展的必然趨勢；「理」，是體現於歷史現實過程中的規律。他肯定理勢相成，「理」、「勢」不可分，但理有順逆之別，勢有可否之分。應當「推其所以然之由，辨別不盡然之實」，從「理成勢」和「勢成理」等多方面去探討，才能闡明人類歷史發展的必然趨勢和內在規律，所以他主張從歷史本身去探索其固有的規律，「只在勢之必然處見理」，反對在歷史運動之外談論「天命」、「神道」、「道統」。

王夫之沿用傳統的觀念，認為「天」是支配歷史發展的決定性力量，但他卻用「理勢合一」來定義「天」的內涵，並利用「天視聽自我民視聽」的古老觀念，把「天」歸結為「人之所同然者」、「民心之大同者」，賦予「天」以現實的客觀內容。在肯定人民的「視聽」、「聰明」、「好惡」、「德怨」、「莫不有理」的大前提下，他強調必須「畏民」、「重民」、

「即民以見天」、「舉天而屬之民」，此突顯出民心向背可能發揮的巨大歷史作用。

▣ 力行而知之真

在知行關係問題上，王夫之總結程朱理學與陸王心學長期的爭論，提出了「行可養知」的觀點：「君子之學，未嘗離行以為知也必矣」，認為「行」是「知」的基礎，不「行」就得不到「知」。在他看來，人們在其日常生活中「飲食起居，見聞言動」的兩者是「合兩而互為體」的，人性也是「日生而日成」的。人性的形成和發展，就是人們在「習行」中學、知、行的活動之過程，「習成而性與成」，人性隨環境習俗而變化，所以「未成可成，已成可革」，而教育要「養其習於蒙童」。

他特別強調「行」在認識過程中的主導地位，主張：「行可兼知，而知不可兼行」。在他看來，知源於行、力行而後有真知，「知者非真知，力行而知之真」，所以「行」必然包括「知」，可以統率「知」（陳贇，2002）。但他仍強調：「知行相資以為用」，主張「知之盡，則實踐之」，認為「可竭者天也，竭之者人也。人有可竭之成能，故天之所死，猶將生之；天之所愚，猶將哲之；天之所無，猶將有之；天之所亂，猶將治之」，並認為人在改造自然、社會和自我的實踐中，可以發揮重大的作用。

▣ 「以利導欲」，「以義制利」

王夫之也反對宋儒將「天理」與「人欲」二分之說，而主張「天理充周，原不與人欲相對壘」〈卷六〉，「終不離人而別有天，終不離欲而別有理」〈卷八〉。換言之，天理並不是可以離開人欲而獨立存在的，他反對程朱學派「存理去欲」的觀點，認為道德與人的物質生活欲求有著不可分割的關聯。物質生活欲求是「人之大共」，「有欲斯有理」，道德不過是調整人們的欲求，使之合理的準則。人欲只要「盡其宜，中其節」，即為「天理」。「人欲之大公，即天理之至正」，「人欲之各得，即天理之大同」，

而不必如理學家所謂的「存天理、滅人欲」，「須是人欲淨盡，然後天理自然流行」。

　　然而，他也反對把道德等同於功利。他所強調的是「以理導欲」、「以義制利」，主張「生」和「義」的統一，強調志節對人生的意義，認為人既要「珍生」，又要「貴義」，只有充分發揮道德的作用，社會才能「秩以其分」、「協以其安」。王船山一生都是這種道德理念的實踐者。康熙15年（西元1678年）3月，吳三桂在衡山稱帝，定國號為「周」，改元「昭武」，大封百官，並派人請王船山寫《勸進表》，他「以其人國仇也，不以私恩釋憤」，而嚴辭拒絕。王船山晚年貧病交迫，連紙筆都靠朋友周濟。71歲時，清廷官員來訪，並致贈禮物，王夫之拒見，寫一對聯明志：「清風有意難留我，明月無心自照人」，並自題墓石：「抱劉越石之孤憤，而命無從致；希張橫渠之正學，而力不能企」。康熙31年（西元1692年）正月初二去世，享壽74歲。

　　王夫之的作品在生前皆未刊行。道光19年（西元1839年），其裔孫王世全與鄧顯鶴開始蒐集散佚，刻成《船山遺書》一百五十卷，稱鄧顯鶴刻本。1971年，台北船山學會重印《船山遺書全集》，共有二十二冊。

▣ 八股之害，甚於焚坑

　　除了黃宗羲、顧炎武、王船山之外，在他們稍後的顏習齋，也曾經強烈批判宋明理學，並提出「明道計功」的重要主張。

　　顏元（1635-1704），號習齋，河北博野縣北楊村人。其父顏昶被朱家收為養子，顏元4歲時，隨清兵逃往關外，杳無音訊。顏元12歲時，其母王氏改嫁，便由養祖父母帶大。顏元8歲發蒙，跟從吳持明，學習騎、射、劍、戟；19歲，師從提倡「講實話，行實事」的賈珍，同年，中秀才，不久「遂棄舉業」。20歲，究天象、地理及兵略，此時朱家中落，生活由顏元「耕田灌養」。22歲，學醫；23歲，學兵法，「究戰守機宜」；24歲開私塾教書，此後多賴開藥鋪行醫為生。

　　26歲時，領會程朱理學要旨；34歲，判定孔子之四教為「正學」，程朱陸王為「禪學」、「俗學」。從此以後，他力主恢復堯舜周孔之道，提倡「實踐實用主義」（梁啟超，1926），猛烈抨擊程朱陸王學說。他認為堯舜周孔就是實學教育的代表者，例如：孔子之實學注重實際考習活動，其弟子或習禮、或鼓瑟、或學舞、或問仁孝、或談商兵政事，於己於世皆有益。他認為：「誤人才，敗天下事者，宋人之學也」，「天下盡八股，中何用乎」，「中於心則害心，中於身則害身，中於家國則害家國」，「故八股行而天下無學術，無學術則無政事，無政事則無治功，無治功則無升平矣。故八股之害，甚於焚坑」。

　　在他看來，不管是程朱或是陸王，「其辟佛老，皆所自犯不覺」，尤其是朱子的學術不過是「禪宗、訓詁、文字、鄉愿四者集成一種人」，「人人禪子，家家虛文，直與孔門敵對。必破一分程朱，始入一分孔孟」，「千百年來，率天下入故紙中，耗盡身心氣力，作弱人、病人、無用人者，皆晦庵為也」。

▣ 正其義以謀其利，明其道而計其功

　　針對朱熹所主張的「正其誼不謀其利，明其道不計其功」，他很明確地提出了「正其誼（義）以謀其利，明其道而計其功」的命題。「利」是「義」的基礎，「正誼」、「明道」的目的，就是為了「謀利」和「計功」。「利」也不能離開「義」，而且「利」必須符合「義」。

　　基於同樣的理念，顏元在他所著的《存性編》中，先針對朱熹將「天命之性」和「氣質之性」二分的理論進行了詳盡的批判，然後提出他自己的主張：「心性非精，氣質非粗，不惟氣質非吾性之累害，而且舍氣質無以存心養性。」他認為宋儒是「以氣質為惡」，所以才會「視己為私欲」，因此提出「克己制私」的主張。在《存人編》中，他又進一步主張：「天不能無地，夫豈可無婦。你看見婦人，果不動念？這一動念，就是天理不可絕處」，「禽有雌雄，獸有牝牡，昆蟲蠅蛆也有陰陽，豈人為萬之靈，而獨無

情乎？故男女者，人之大欲也，亦人之真情至性也。」

顏元畢生從事教育活動，主張以周公的六德、六行、六藝和孔子的四教來教育學生。62 歲時，應聘主持漳南書院。他親自規劃書院規模，制定「寧粗而實，勿妄而虛」的辦學宗旨。他認為：「令天下之學校皆實才德之士，則他日列之朝廷者皆經濟臣」，若「令天下之學校皆無才無德之士，則他日列之朝廷者皆庸碌臣」；「如天不廢予，則以七字富天下：墾荒，均田，興水利；以六字強天下：人皆兵、官皆將；以九字安天下：舉人才，正大經，興禮樂。」皆具有鮮明的經世致用性格。

第四節　「經學」：考據與義理

清代的戴震（1724-1777）對宋儒「存天理、滅人欲」之說作了更有系統的批判。戴震，字慎修，號東原，安徽黃山人。父親戴弁是販布的行商。自幼聰敏，過目成誦，10 歲某日讀《大學章句》至「右經一章」，問塾師：「此何以知其為『孔子之言而曾子述之』？又何以知其為『曾子之意而門人記之？』」師應之曰：「此朱文公所說。」又問：「宋朝離周兩千年矣，朱文公何以知之？」師無言以對。

20 歲，師從年過六旬的音韻學家江永。江永精通三禮，旁通天文、地理、算學及聲韻等，戴震學問大進。24 歲寫成《考工記圖注》，30 至 33 歲完成《勾股割圜記》，兩者皆屬自然科學著作。33 歲那一年，他控訴其族中豪強侵占祖墳，族豪倚仗財勢，結交縣令，羅織致戴震入罪。他不得已脫身至京城，結識紀昀、錢大昕等名士。他的《勾股割圜記》由吳思孝設法刻印，《考工記圖注》則由紀昀刻印成功，因此名重京城。

⊡ 離詞—辨言—聞道

乾隆 22 年（西元 1757 年），戴震在揚州認識了考據學者惠棟。惠棟是吳派大師，他本人則是以考據學皖派大師之名著稱於世。翌年，惠棟逝世，

戴震在《惠定宇先生授經圖》中指出：「夫所謂義理，苟可以舍經而憑胸臆，將人鑿空得之，奚有於經學之云乎哉！」他認為：「聖人之道在六經也。凡學始乎離詞（分析詞句之意），中乎辨言，終乎聞道」，主張由聲音、文字以求訓詁，由訓詁以尋義理。謂：「義理不可空憑胸臆，必求之於古經。求之古經而遺文垂絕，今古懸隔，必求之古訓。古訓明則古經明，古經明則賢人聖人之義理明，而我心之同然者，乃因之而明。義理非他，存乎典章制度者也。」他批評程朱理學空談義理的虛玄無物：「彼歧古訓、義理而二之，是古訓非以明義理，而義理不寓乎典章制度，勢必流入於異學曲說而不自知也。」

對於戴震而言，學習經典必須藉由「離詞—辨言—聞道」的程序，次第漸進，「夫今人讀書，文字之鮮能通，妄謂通其語言；語言之鮮能有通，妄謂通其心志」。義理、考據、文章（詞章）同為學問之途，三者之中以義理最為重要，「義理為考據、文章二者之源」，考據、詞章只不過是通向義理的手段。「有志聞道，非求之《六經》、孔孟不得，非從事於字義、制度、名物，無由以通其語言。宋儒譏訓詁之學，輕語言文字，是『猶渡江河而棄舟楫，欲登高而無階梯也』」。

▣ 飲食男女，生養之道

戴震所提出的「天道論」，延續了清初王夫之的思路，對張載「天道—性—人道」一體的說法作進一步的發揮，認為：天道無非氣化流行之變，「氣」即「道」體用為一；「形而上」之「道」，即「未成形質」以前之「氣」；「形而下」之器，即「已成形質」以後之物；形式與質料互為條件，陰陽消長互為基礎（張立文，1991），而反對理學所謂「理在事先」，由私欲害理推導出體用兩分，倫理為體，人欲為氣，理欲對立的本體論，恢復儒學本來面目和倫理的原初意義。

基於這樣的見解，戴震在他所著的《孟子字義疏證》中，重新解釋《孟子》中的道理、天道、性、仁、義、禮、智等核心概念，並提出了「氣化即

道」的宇宙觀：「道，猶行也；氣化流行，生生不息，是故謂之道」。他認為：「陰陽五行，道之實體也」，陰陽五行永不停息的運動構成了道的內容。

戴震認為：「人道本於性，人性源於天道，飲食男女，生養之道也，天地之所以生生也」，「生養之道，存乎欲者也；感應之道，存乎情者也。二者，自然之符，天下之事舉矣」《原善》。

在他看來，「理」就是「自然之分理，事物之條理」，「天理」就是天然的、自然而然的道理，並不像理學家所說，在事物之外，還有「得之於天而具於心」的「天理」：「循理者非別有一事，曰：『此之謂理』，與飲食男女之發乎情者分而為二也。即此飲食男女，其行之而是為循理；行之而非為悖理而已矣」《緒言》。

▣ 通天下之欲

戴震進一步指出「情」和「理」之間的關聯：「在己與人，皆謂之情。無過情無不及情之謂理」，「天理者。節其欲而不窮人欲也。是故欲不可窮，非不可有；有而節之，使無過情，無不及情。」這就是所謂的「天理」。然則，這樣做到「無過情」，而又「無不及情」的境界？戴震認為：「人之有欲，通天下之欲，仁也」，「欲不失其私，則仁」，因此而提出「以我之情絜人，而無不得其平」的基本主張《孟子字義疏證》。

宋儒將「理」與「欲」截然對立，戴震則認為：「理」與「欲」是統一的，慾望的適當滿足就是「理」。「理者，存乎欲者也」，他十分重視人的「血氣心知」，「人生而有欲、有情、有知，三者，血氣心知之自然也。惟有欲有情而又有知，然後欲得遂也，情得達也。」欲、情、知是天賦的人性，天賦人以「心」，可以理性思維來調節作為感性存在的人。追求人欲的滿足是正當的人性要求，唯有欲、情、知三者順暢通達，才是人生的理想狀態。

⊡ 後儒以禮殺人

戴震以「理欲一元論」，反對程朱理學的「理欲二元論」，並且視程朱所主張的「存天理，去人欲」為專制主義的「殘殺之具」，指責理學家「以理殺人」：「尊者以理責卑，長者以理責幼，貴者以理責賤，雖失，謂之順；卑者、幼者、賤者以理爭，雖得，謂之逆」《孟子字義疏證》，「其所謂理者，同於酷吏之所謂法。酷吏以法殺人，後儒以理殺人」，「天下自此多迂儒，及其責民也，民莫能辯，彼方自以為理得，而天下受其害者眾也」《與某書》。他因此而感嘆：「人死於法，猶有憐之者；死於理，其誰憐之？」

戴震 29 歲始入學為秀才，到 40 歲才鄉試中舉。乾隆 38 年，以舉人受特召任《四庫全書》纂修官。乾隆 40 年參加第六次會試不第，因學術成就卓著，奉乾隆帝命，與錄取的貢士一同參加殿試，賜同進士出身，為翰林院庶吉士，仍從事四庫全書的編纂。戴震治學廣博，任四庫纂修官前後五年，恪盡職守，《四庫全書總目》中的經史、輿地、天算、楚辭等設類及提要，校核經審，論次獨到。直到 55 歲身歿為止，其著作由「黃山書社」收為《戴震全集》（楊應芹、諸偉奇，2010），2010 年修訂再版。

第五節　三綱革命

明朝滅亡之後，清初時期的啟蒙思想家雖然對宋儒提出猛烈的批判，甚至開始質疑行之數千年的君主制度，但他們思考的立足點仍然是原始儒家。清初大儒戴震提倡「經學」，主張用訓詁、考據的方法，重新詮釋先秦儒家的經典，直接影響到乾嘉時期的學術風氣。

清朝末年，太平天國農民運動興起，洪秀全假借耶穌皇上帝的名義，到處砸孔廟，燒毀儒家經典，才使儒家倫理受到一次重大打擊。光緒 31 年（西元 1905 年），清廷正式下令停止科舉；六年之後的 1911 年，辛亥革命成功，

清廷覆亡，象徵著制度化儒家的解體（于春松，2012）。辛亥革命之後，袁世凱復辟帝制，通令恢復尊孔讀經，激起了五四新文化運動，而對儒家倫理展開全面性的批判。

◉ 吃人的禮教

　　五四運動在本質上是以對西方文化的片面了解來打擊儒家倫理，例如陳獨秀當年倡言：「要擁護那德先生，便不得不反對孔教、禮法、貞節、舊倫理、舊政治。要擁護那賽先生，便不得不反對舊藝術、舊宗教。要擁護那德先生，又要擁護那賽先生，便不得不反對國粹和舊文學。」而其批判的焦點則在於儒家倫理的「三綱」之說：

> 「儒者三綱之說，為一切道德政治之大原。君為臣綱，則民於君為附屬品，而無獨立自主之人格矣；父為子綱，而子於父為附屬品，而無獨立自主之人格矣；夫為妻綱，則妻於夫為附屬品，而無獨立自主之人格矣。率天下之男女，為臣，為子，為妻，而不見有一獨立自主之人格，三綱之說為之也。緣此金科玉律之道德名詞，曰忠、曰孝、曰節，皆非推己及人之主人道德，而為以己屬人之奴隸道德也。」

　　因此，他號召全國青年男女，「各其奮鬥以脫離此附屬品之地位，以恢復獨立自主之人格」。魯迅（1918）在〈狂人日記〉一文中，則借狂人之口，直斥儒家道德「吃人」：「我翻開歷史一看，這歷史沒有年代，歪歪斜斜的每頁上都寫著『仁義道德』幾個字。我橫豎睡不著，仔細看了半夜，才從字縫看出字來，滿本都寫著兩個字，是『吃人』！」

　　被胡適稱讚為「隻手打孔家店的老英雄」吳虞接著寫了一篇〈吃人與禮教〉，抨擊儒家的封建禮教：「孔二先生的禮教講到極點，就非殺人吃人不成功，真是慘酷極了。一部歷史裡面，講道德、說仁義的人，時機一到，他

就直接間接的都會吃起人肉來了。」「我們中國人，最妙的是一面會吃人，一面又能夠講禮教。吃人與禮教，本來是極相矛盾的事，然而他們在當時歷史上，卻認為並行不悖的，這真是奇怪了。」「我們如今應該明白了！吃人的就是講禮教的！講禮教的就是吃人的呀。」「什麼『文節公』呀，『忠烈公』呀，都是那些吃人的人設的圈套，來誆騙我們的！」

▣ 全盤反傳統主義

從「儒家思想的內在結構」來看，「三綱革命」的主要打擊對象，仍然是儒家倫理中涉及程序正義的「尊尊原則」，尤其是由宋明理學所支撐而絕對化的「君為臣綱，父為子綱，夫為妻綱」。然而，在當時的政治和社會氛圍之下，大多數青年將西方的「德先生」和「賽先生」當作新偶像頂禮膜拜，新文化運動愈演愈烈，「吃人的禮教」、「打倒孔家店」變成喧騰一時的口號。儘管新文化運動的主要領導人物並未全面否定傳統，但新文化運動實際上卻演變成為「全盤反傳統主義」（林毓生，1983），並為後來的「文化大革命」作了鋪路奠基的工作。

從今天的角度來看，新文化運動對中國所造成的後果，可以說是利弊參半。就當時的「政治／社會」結構來看，當時會發生「三綱革命」，可以說是時勢所必然。在中國的社會結構和生產方式都面臨巨變的前夕，支持中國社會維持其尊卑秩序的「尊尊原則」是不可能不有所調整的。然而，從儒家思想的整體結構來看，「三綱」並不等於儒家思想的全部。在先秦儒家諸子的思想裡，根本找不到「三綱」之說；而宋明理學的內容，也遠較「三綱」之說來得龐大而且複雜。誠然，在中國社會結構快速轉型的時代，支撐「三綱」之說的「存天理，去人欲」是應當有所調整的，儒家傳統是應當依據時代的要求重新加以詮釋，然而，這並不意味著儒家思想或宋明理學一無可取。五四時代的「三綱革命」演變成為「全面反傳統主義」，正應了西諺所說的：「將洗澡水和嬰兒一起倒掉」，可以說是愚不可及之事！

◙ 「傳統」的揚棄

不僅如此，「傳統」和「現代」也不是截然對立的兩個概念，任何一種文化傳統都有其延續性，任何一個社會的現代化，都必須奠基在其文化傳統之上。現代西方倫理學的困難之一，在於他們難以回答「為何我應該道德」的問題（劉述先，1986）。倘若我們將儒家傳統消滅殆盡，作為一個華人，我們將如何回答這一個問題？「全盤西化」式的現代化，又如何能夠解決這樣一個問題？如果華人社會真的能夠「全盤西化」，華人又將如何保持他們的文化認同？

明末清初的儒者對宋明時期的新儒學雖然有所批判，但他們並未全盤否定先秦儒家諸子所建立的文化傳統；相反的，他們甚至主張「博學於文」、「治經復漢」。清初儒者所發展的「經學」，可以說是一種「本土社會科學」，例如：黃宗羲的《明夷待訪錄》、顧炎武的《天下郡國利病書》，都是代表作；王船山是位傑出的哲學家；戴震的考據學是儒家式的詮釋學，他的《考工記圖注》、《勾股割圓記》則是自然科學的作品。

然而，在外來文化的衝擊下，五四時期興起的「全盤西化論」，新知識分子所要求的卻是要徹底「揚棄」自己的文化傳統。在文化大革命期間，造反派紅衛兵發起的「破四舊、立四新」，不僅對傳統文物造成了巨大的破壞，教育體系中的高等院校甚至遭到關門停課的命運。在那段期間，不只是文史學科的研究中止了，社會科學的進展更留下了一大段的空白。

◙ 「本體論的焦慮」

1976 年毛澤東過世後，新領導人鄧小平廢除了人民公社，恢復家庭制度，推動「四個現代化」，並在 1979 年宣布「改革開放」政策，以「社會主義法則」為基礎，推動了一系列的改革計畫。文革期間許多被打為「反動學術權威」的學者恢復了地位；高等院校的大多數科系恢復了教學；成千上萬的研究生被送往國外「取經」，文革期間受到嚴厲抨擊的儒家思想再度受到

重視。

　　然而，諸如此類的改革措施，並不能減緩中國文化「氣若游絲」的危機。大家都知道：學術研究是學者長期累積的志業。文革期間大陸學術思想界所造成的真空狀態，正好由「海外歸國學人」來填補，他們所帶回來的西方理論，以及蘊含在其中的個人主義文化價值，也迅速占領了年輕一代的思想領域。在改革開放初期，主張「全盤西化」而喧騰一時的「河殤派」，以及 1989 年的「天安門事件」，都是這種價值觀的具體展現。

　　自從鄧小平在 1979 年推動改革開放政策之後，經過三十年市場導向的經濟改革，中國的社會型態已經發生了重大的變化。在文革時期被消滅的資本家和地主階級重新崛起，當時被打成「臭老九」的知識分子，再度成為新的社會菁英。過去一度被吹捧為已經「當家作主」的工人階級和農民群眾，仍舊沉浮於社會底層。在「思想解放運動」和西方觀念的持續衝擊之下，中國卻面臨了「價值真空」的危機。目前的中國社會，不僅貧富懸殊、兩極分化的現象日趨嚴重，社會上也瀰漫著「一切向錢看」的功利主義之風，人們不再相信共產主義，學校體制也不知如何進行道德教育，人們精神世界空虛，不知人生的意義何在。

　　時至今日，中國已經有能力出手援救陷入財政和經濟危機的歐洲資本主義國家，但知識分子卻面臨了嚴重的文化認同危機：作為一個正在崛起的世界大國，中國似乎已經有能力在國際舞台上和列強並駕齊驅，可是，經過歷史的幾翻折騰，中國不僅自身的文化面貌模糊，而且保留了許多社會主義和資本主義的「糟粕」。如此缺乏文化魅力的「大國」，不僅不知道：自己的「崛起」究竟是憑藉什麼樣的文化力量？而且也不了解：什麼樣的文化力道可以支撐自己未來的持續繁榮？諸如此類的問題，構成了復旦大學社會科學院的研究員林曦（2011）所謂的「本體論的焦慮」（ontological anxiety）。

▣ 知識論的困惑

　　今日，中國大陸的有識之士雖然已經清楚察覺到：自身文化真空而盲目

地移植西方資本主義文化，必然會造成更嚴重的文化危機。可是，文化大革命對傳統中華文化所造成的禍害，卻很難立即恢復過來。在改革開放之初，鄧小平曾經說過一句名言：「實踐是檢驗真理的唯一標準」，又說：「不管白貓、黑貓，能夠捉住耗子，就是好貓」，這是他在否定「文革」路線之後，為了走出一條自己的道路，而不得不提出的「實用主義」判準。當時大多數的中共幹部都不知道未來該怎麼走，因此，中共改革開放初期社會上還流行另一個口號是：「摸著石頭過河」，言下之意為：既然我們無法提出穩妥的社會科學理論，以作為改革開放的指引，而「改革開放」又是勢在必行，那就只好一面摸索一面前進，「走著瞧」。當時還有一個流行的說法，很具象地描述了這種社會心理：「群眾跟著幹部走，幹部跟著領導走，領導跟著小平走，小平跟著感覺走。」

我和大陸學術界的朋友談到社會科學本土化的問題時，許多人也都承認：當前中國的發展確實是「實踐很偉大，理論很蒼白」。目前大陸的學術界面臨了三個明顯的「斷裂」：1949 年之前的三十年，是零零散散地譯介西方思想；1949 至 1979 年，是一面倒式地「全盤俄化」；1979 年之後的三十年，則是一窩蜂地前往歐美國家「取經」，飢不擇食地「全盤西化」。學術界連消化西方理論都力有未逮，更不用談什麼學術創新來和西方「對話」或向西方理論挑戰。

今天中國各級學校不僅找不到合格的師資來傳授中華文化，有些學校想開設相關課程，也可能遭到「左派」地方官員的反對。更嚴重的是：在高等院校的社會科學研究領域中，許多「海歸派」的社會科學工作者在從事研究工作的時候，也是盲目移植並套用西方個人主義式的研究典範，成為西方學術殖民主義的幫兇而不自知。他們的研究成果或者和母社會脫節，或者根本解決不了母社會面臨的問題，甚至還可能造成更嚴重的社會問題。用林曦（2011）所提出的概念來說，諸如此類的現象，可以說是當代中國「知識論的困惑」（epistemological confusion）。

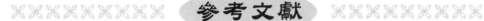 

參考文獻

于春松（2012）：《制度化儒家及其解體》。北京：中國人民大學出版社。

王夫之（1972）：《船山遺書全集》。台北：中國船山學會。

王夫之（2009）：《周易外傳》。台北：中華書局。

杜保瑞（1992）：《論王船山易學與氣學並重的形上學進路》。台灣大學哲學研究所博士論文。

林安梧（1987）：《王船山人性史哲學之研究》。台北：東大圖書公司。

林毓生（1983）：〈五四時代的激烈反傳統思想與中國自由主義的前途〉。見林毓生（編）：《思想與人物》（頁 139-196）。台北：聯經出版公司。

林曦（2011）：〈「主體性」之於建構基於中國經驗的啟蒙理論〉。《中國社會科學論叢》冬季卷，37，41-46。

姜長蘇（譯）（1997）：《功利主義儒家：陳亮對朱熹的挑戰》（原作者：H. C. Tillman）。南京：江蘇人民出版社。

班固（漢）：《漢書》。《武英殿二十四史》本。中國哲學書電子化計畫。

張立文（1991）：《戴震》。台北：東大圖書公司。

張岱年（1995）：〈黃宗羲是時代的先覺〉。《浙江學刊》，5，19-22。

梁啟超（1926）：《中國近三百年學術史》。台北：中華書局。

陳贇（2002）：〈王船山理氣之辨的哲學闡釋〉。《漢學研究》，20（2），249-274。

曾春海（1996）：〈對黃宗羲《明夷待訪錄》民本思想的省察〉。《哲學與文化》，23（4），1464-1473。

黃宗羲（明）：《明夷待訪錄》。維基百科‧自由的圖書館。

楊應芹、諸偉奇（2010）：《戴震全書》。合肥：黃山書社。

劉述先（1986）。《文化與哲學的探索》。台北：臺灣學生書局。

顏習齋（清）：《習齋四存編》。上海：上海古籍出版社。

顧炎武（清）：《天下郡國利病書》。《四部叢刊三編》。中國哲學書電子化計畫。

顧炎武（清）：《日知錄》。《欽定四庫全書》本。中國哲學書電子化計畫。

顧炎武（清）：《亭林文集》。中國哲學書電子化計畫。

魯迅（1918）：〈狂人日記〉。見魯迅的短篇小說集《吶喊》。首發於 1918 年 5 月 4 日 4 卷 5 號《新青年》月刊。

Weber, M. (1964). *The religion of China: Confucianism and Taoism* (H. H. Gerth, Trans.). New York, NY: The Free Press.

第十五章　陽明學在日本：武士刀與算盤

陸九淵所創的「心學」經其弟子的發揮，在王陽明時集其大成，成為中國哲學史上著名的「陸王學派」。明代之後，陸王心學大盛於華夏，並出現諸多流派。黃宗羲所著的《明儒學案》以地域分類，將王門後學分為浙中王門、江右王門、南中王門、楚中王門、北方王門、粵閩王門、泰州王門等七大體系。使「心學」成為明清以來中國主要的哲學思潮，同時也影響到日本的明治維新運動。

本書第一章提到：屬於「韋伯學派」的某些西方學者（如雷文森之流），認為：儒家文化傳統對於中國的現代化只有妨害，沒有幫助，中國要想現代化，必須要把儒家思想「送上祭壇」、「送入博物館」。但事實是否如此？

「他山之石，可以攻錯」。在受到儒家文化影響的東南亞國家中，日本最早步入已開發國家之林。本章之主要目的是要從「文化衍生學」的角度，深入回顧：儒家思想在日本現代化過程中所扮演的角色。由於「陽明學」對日本的影響極其深遠（張崑將，2005），我們無法在此對此一議題作全面性的歷史考察，本章只能聚焦於明治維新，從「方法論的關係主義」，先討論維新志士每一個「人」的不同關係（person-in-relations），再談明治維新時期所發生的一系列重大事件中有「關係的人們」（persons-in-relation）。藉由這樣的分析，我們應當更能夠清楚看出：儒家文化在東亞國家現代化中可能發生的作用。

第一節　陽明學到日本

本章所要闡明的是：王陽明的「知行合一論」對於日本明治維新運動的影響（張崑將，2004，2011）。日本與陽明學的接觸，始於明代正德年間。正德4年（西元1510年），日本禪僧了庵桂悟奉國王足利義證之命，以83歲之齡遠使中國，與王陽明會晤。回國前，王陽明作序一篇相送。桂悟回日本時，已經是87歲高齡。

▣ 近江聖人

陽明學在日本的真正開創者是中江藤樹（Nakae Toju, 1608-1648）。元和8年（西元1622年），他繼承祖父百石的祿位。寶永11年（西元1634年），他27歲時，決定「脫藩」，回到近江，奉養母親。

中江早年學習朱子學，到了37歲時，才讀到《王龍溪語錄》。之後，又讀了《陽明全書》，大有收穫，乃賦詩曰：「致知格物學雖新，十有八年意未真；天佑夏陽令至泰，今朝心地似回春」《藤樹先生遺稿・第一冊》。他學習朱子學，總覺得「意未真」，讀了陽明全書，才感到「心似回春」。中江斷言：「心學為由凡夫至聖人之道」《翁問答》，「行儒道者，天子、諸侯、卿大夫、士庶人也。此五等人能明明德，交五倫者謂之真儒……真儒在五等中不擇貴賤、貧富」《藤村先生精言》，於是在近江設館收徒，令其徒皆攻讀《陽明全書》。他力求像王龍溪那樣，把陽明學普及到庶人中去，是日本陽明學派的開山始祖，他也因此而被奉為「近江聖人」。

▣ 泰山北斗

1650年，明儒朱舜水東渡日本，將陽明學傳授給日本人。日本人注重身體力行，王陽明提倡的「知行合一」，遂成為推動明治維新的力量。當時提倡陽明學的主要人物之一，是被奉為「泰山北斗」的佐藤一齋（Sato Issai,

1772-1859）。他是美濃國岩村藩家老之後，早年與林述齋共同學習儒學。林述齋成為林家的當家之主後，一齋向其執弟子之禮。在日本朱子學獨尊的形勢下，他開始從事教育。天保12年（西元1841年），林述齋去世後，一齋被任命為公儀儒官，前後十九年，開啟了幕末王學的先河，聽其講學者常滿堂盈庭。他在其著作《言志四錄》中，強調：「立志」在「求學」中的重要性，但「立志」必須隨「本心」之所好，不能從外強求。在此前提下，他又大力宣揚王陽明的「知行合一論」：「就心曰知，知即行之知；就身曰行，行即知之行。」也主張天下財利公有，指出：「財者，天下公共之物，其可得自私乎」，「利者，天下公共之物，何曾有惡？但自專之，則為取怨之道耳。」

☐ 象山書院

佐藤一齋的高徒佐久間象山（Sakuma Shōzan, 1811-1864），出身於信濃國松代藩，原名啟之助，跟從佐藤學習儒學，因為崇拜陸象山，遂改名象山。從1839年起，在江戶開設「象山書院」。鴉片戰爭爆發後，佐久間密切注意世界局勢的變化，認為「英夷寇清國，聲勢相逮」，局勢十分嚴峻。同時又讀到魏源的《海國圖志》，清楚認識到：「三大發明以來，萬般學術皆得其根底」，「歐羅巴洲及亞美利加洲次第面目一新，創製蒸氣船、磁電報等，實奪造化之工」。面對世界局勢的變化，「方今世界，僅以和漢學識，業已無能為力」。

對於鴉片戰爭，他雖然同情中國：「唐國人民年年受鴉片之害，唐國官府嚴禁鴉片，本有其理」，「英國為其自身利益，犯其和親交好國家之嚴禁，不顧殘害人民」；可是，他也冷靜地看到：由於英國「船上備大砲」，因此可以「恣意凶奸」，侵犯中國。

鴉片戰爭的結果，象山心目中的「聖賢之國」，果然被英夷所擊敗，他因此深刻感受到：在國際關係中，「各國自營其利，欲網世界之利，故興邪欲」，「非但英國無道，西洋諸國，天地公共之道理均無可言」，日本要想

避免墜入這種命運，唯有富國強兵一途，成為世界「一等強國」（徐興慶，2009）。

◙ 「和魂洋才」

因此，他提出國際關係的一個重要規範：「同力度德，同德量義」，在國際較量中，唯有雙方力量不相上下，「德」才能成為決定兩者優劣的重要因素。以此類推，在同樣「有道」的條件下，「義」才能成為雙方勝負的依據。在他看來，即使是傳統儒學家津津樂道的「周文王伐紂」、「興仁義之師」，其實亦不過是使「大國畏其力，小國懷其德」而已。

1842 年鴉片戰爭結束，佐久間認為自己已經變成魏源「以夷制夷說」的海外同志，開始提倡「和魂洋才」，主張「東洋道德，西洋藝術」，要求學生學習蘭學。之後，德川幕府委派真田華貫負責海防，象山則被安排與兵學專家江川英龍學習西洋炮術。

第二節　維新人物關係系譜

1853 年，由美國海軍准將 Matthew C. Perry（1794-1858）率領的「黑船」艦隊，駛入江戶灣，向幕府遞上國書，強迫日本開港，並與美國締結邦交，日本的鎖國政策從此結束。佐久間提〈論時務十策〉，上書幕府，他的兩位門生勝海舟和吉田松陰，也在這時候走上了歷史的舞台。

◙ 勝海舟

佐久間象山的第一位高足勝海舟（Katsu Kaishu, 1823-1899），其父親是江戶幕府的一個下級武士。幼時刻苦自學，16 歲隨島田虎之助學習劍術，同時在江戶弘福寺學習禪學。19 歲觀看江戶幕府在武州德丸原進行西洋火炮發射和槍陣軍事演習，認識到劍術已不足以應對未來集團作戰的需要。從學於佐久間象山之後，聽從象山建議，開始學習荷蘭語和西洋兵法。

　　1855 年，在「黑船來航」事件後，幕府老中阿部正弘向各方徵求建議。勝海舟即提出《海防意見書》，指出建設海軍乃日本當務之急，包括如何防守江戶灣等具體戰略方案，深受阿部的賞識，遂破格錄用勝海舟，擔任西洋書籍的翻譯工作。不久，他又被任命為長崎海軍傳習所「教監」，正式成為幕臣，時年 33 歲。

　　在長崎的五年裡，勝海舟在荷蘭軍官的指導下，學習炮術、航海術和造船學，變成了海軍專家。江戶幕府和美國簽訂通商條約後，1860 年 1 月，派使節乘軍艦咸臨丸號赴美國。該艦指揮官為軍艦奉行木戶喜毅，勝海舟則擔任艦長。咸臨丸號購自荷蘭，是當時最先進的軍艦。在太平洋經歷三十七天的驚濤駭浪後，才抵達美國三藩市。航程中陪乘的美國軍官不斷嘲諷幕府官兵缺乏海軍知識，勝海舟因此深刻感受到建立現代化海軍的迫切性。回國後，隨即向幕府提出改革方案。幕府將軍德川家茂因此授命勝海舟，在神戶設立海軍操練所，為諸藩訓練航海人員；同時設立海軍塾，目標是「從一切階層挖掘人才」，他也因此而結識了坂本龍馬。

◉ 坂本龍馬

　　坂本龍馬（Sakamoto Ryōma, 1836-1867），土佐藩出身，14 歲開始學習劍術。19 歲到江戶，進入千葉定吉開設的「北辰一刀派」劍術館，專心一志修習劍術，兩年後取得老師秘傳。安政 4 年（西元 1857 年），土佐藩主在江戶舉辦武術比賽，有數十名劍客參加，坂本脫穎而出，開始受人矚目。

　　當時的劍術館不僅是練武場所，也是政治論辯的所在。來自各藩的青年，齊聚一館，議論國家大事，同時也交換各藩國的情報。坂本龍馬因此結識了長州藩的高杉晉作和桂小五郎。文久元年（西元 1861 年），坂本參加武市瑞山組織的「土佐勤王黨」；次年 1 月，又代表武市瑞山到長州會見「長州勤王黨」的領袖久坂玄瑞。3 月回藩以後，毅然決定脫離藩籍。

　　當時「脫藩」是重罪，不但本人要處死，還會牽連家族。幕末脫藩者的唯一出路是舉兵暴動，或為職業革命家。

◘ 龜山商社

　　文久2年（西元1862年），坂本謀刺幕府開明派重臣勝海舟。勝海舟反過頭來勸告他：在世界列強林立的時代，日本國內各藩相爭毫無意義。坂本為勝海舟的見解所說服，因而拜他為師，參與組建神戶海軍操練所，學習海軍航海術，成為該所的「塾頭」（負責人）。

　　勝海舟雖然身為幕臣，但他對幕府官員的因循守舊和門閥之見極為不滿，經常發表激烈言論。元治元年（西元1864年），海軍操練所有部分學生參加反幕軍主使的池田屋事件，幕府因此下令關閉海軍操練所，勝海舟也受到「閉門反省」一年半的處分。

　　勝海舟因此介紹坂本龍馬去找西鄉隆盛，取得薩摩藩的援助，並於1863年在長崎成立「龜山社中」（商社），組織操練所的學生從事海運貿易，專門從事薩長兩藩的交通運輸，並為倒幕派購入槍枝、彈藥及軍火。元治元年（西元1864年），坂本又隨同勝海舟調停美、英、荷、法四國炮轟長州藩下關事件，與各方人馬建立了良好的關係。

◘ 吉田松陰

　　相較之下，佐久間象山的另一位門徒吉田松陰（Yoshida Shoin, 1830-1859）的一生就較為坎坷，但其影響力卻深遠得多。他出身於長州下級藩士家庭，幼時因叔叔早逝，而承襲吉田家的職位，成為長州藩毛利家的武學教習，開始學習「山鹿流兵法」，10歲即向藩主講解《武教全書》。兩年後，他的另一位叔叔開設「松下村塾」，成為他日後講學之地。

　　22歲時，前往江戶，拜在佐久間象山門下。1854年，Perry率領美艦，再次來到日本，吉田和金子重輔兩人違反幕府禁令，登上美艦，希望能夠前往美國，汲取西學。當時Perry剛與日本簽訂「日美和親條約」，不想捲入外交糾紛，遂將兩人送回岸上，他們立即向幕府自首。

　　長洲藩的毛利一族自從1600年的「關原大戰」被東軍擊敗之後，便對德

川幕府懷有敵意。幕末時期，長州藩分裂成主張「倒幕」的「尊王攘夷」派，以及主張朝廷和幕府合作的「公武和體派」。吉田違反幕府禁令被捕後，象山亦遭到株連。1964 年他被釋放出獄，松代藩主派他上京見幕府將軍，主張「公武和體」。兩年後佐久間象山即遭「攘夷派」刺客暗殺。

隨後吉田被押返原籍，關押在囚禁武士的野山監獄。他在獄中寫下《幽囚錄》，主張日本要「急修武備，艦略備，砲略足，則宜開墾蝦夷（北海道）、封建諸侯、趁機奪（俄屬）堪察加半島、鄂霍次克沿海，諭琉球朝觀會同，奏朝鮮納質奉貢，北割滿洲之地，南收台灣、呂宋諸島，漸示進取之勢」，而成為日後日本發展軍國主義的藍圖。他同時向同囚的十一個人講授《孟子》，宣揚他「尊王攘夷，開國倒幕」的主張。

▣ 敗於己而成於人

1855 年，吉田獲准出獄，改在本氏杉家幽閉處分。兩年後，他在杉家開設「松下村塾」，大量講授中國經典，也培養出高杉晉作、木戶孝允、山縣友朋、伊藤博文等一批倒幕維新的志士。

安政 5 年（西元 1958 年），幕府大老井伊直弼未經天皇批准，締結了「日米修好通商條約」，國內輿論沸騰，井伊派老中間部詮勝入京都逮捕倒幕派志士。吉田想刺殺間部，卻遭到學生反對，但他仍不死心，認為「幕府是日本最大障害」，企圖說服長州藩主政者；結果長州藩以「學術不純，蠱惑人心」的罪名，將他逮捕。他對幕府坦白招供自己的暗殺計畫，以及「尊王討幕」的主張。江戶奉行本來要判他流放外島，他卻認為：判「死罪」比較妥當。安政 6 年 10 月 27 日，吉田被處斬刑。臨刑前，留下辭世詩「留魂錄」：「縱使身朽武藏野，生生不息大和魂」，時年 29 歲。

日後「傾幕府、成維新」之長門藩士，大多為松陰門人。梁啟超因此認為：明治維新是「吉田諸先輩造其因，而明治諸元勳收其果」。吉田松陰「敗於今而成於後，敗於己而成於人」，為「明治維新之首功」。

⊡ 高杉晉作

　　高杉晉作（Takasugi Shinsaku, 1839-1867），父親為長州藩士。安政 4 年（西元 1857 年），入松下村塾拜吉田松陰為師，深受其影響，曾作詩盛讚陽明學：「王學振興盛學新，古今雜說遂煙沉；唯能信得『良知』字，即是義皇以上人。」後來並經吉田介紹，而與佐久間象山結為知交。兩年後，吉田在安政大獄中遇害，使他下定決心倒幕。

　　1961 年 6 月，長州藩主派高杉晉作乘坐「千歲丸」赴上海，視察太平天國蓬勃發展時的中國形勢。他看到外國勢力在上海橫行跋扈的狀況，深深為日本感到擔憂。他認為：「清政府之所以衰敗，在於其不識防卸外夷於外海之道，不造能闖過萬里波濤之軍艦，也不造能防禦敵人於數十里之外的大砲，並使彼國志士所著的《海國圖志》絕版，因循苟且，空度歲月，徒然提倡固陋之說。」

⊡ 奇兵隊

　　回國後，高杉開始積極參與「攘夷」活動。1963 年 1 月，他和久坂玄瑞等 11 人歃血盟誓，策劃「攘外」，並於 1 月 31 日縱火焚燒正在江戶品山御殿山施工的英國公使館。在長州藩攘夷派的推動下，孝明天皇發出攘夷敕令，幕府將軍也只能同意。文久 3 年（西元 1863 年）6 月 15 日，久坂玄瑞帶領的「光明寺黨」，開始砲擊通過關門海峽的外國船鑑。

　　在美、法、英國艦隊強力反擊之下，前台、壇浦等地之砲台陸續失守，聯軍陸戰隊 250 名登陸後，長州藩志士雖頑強抵抗，卻因為實力相差懸殊，而節節敗退。在風雨飄搖的情況下，長州藩授命高杉晉作防守下關。他迅即招募自願者，不論身分高低，組成以武士和農民為主，加上部分商人和工人的「奇兵隊」，其服裝、武器和操練均仿效外國，成為日本第一支新式軍隊，由 24 歲的高杉自任監督。

◉ 八一八政變

奇兵隊成立後三個月，高杉即去職，但奇兵隊卻發展迅猛，一年後由六百餘人擴增到四千餘人。在富農豪商的支持下，日本各地紛紛出現了士庶混雜的民眾武裝，少則三、五十人，多則數百人，名目繁多，號稱「諸隊」，後來並由高杉晉作統一指揮，成為倒幕的武裝力量。

孝明天皇雖然要求「攘夷」，但他本人卻主張「公武和體」，十分信賴為「公武和體」致力的薩摩藩，以及力圖化解其宗主德川家危機的會澤藩。1863 年 7 月 3 日，尊攘派公卿姊小路公知遭到暗殺，尊攘派指名薩摩藩士是兇手，並要求朝廷解除薩摩藩守衛京都的職位。天皇卻寫信給薩摩藩京都守護，說明此「並非實敕」。於是會津、薩摩兩藩於陰曆 8 月 18 日發動政變，聯合以兵力固守宮廷九門，尊攘派的公卿和藩士逃往長州藩。接著，京都守護職又指揮「新選組」，襲擊並消滅聚集在京都池田屋的尊攘派地下組織，是為「池田屋事件」。

◉ 「下關條約」

奇兵隊的領導人久坂玄瑞和真木和泉聞訊後決定出兵京都，但高杉晉作卻認為時機尚未成熟。在勸阻無效的情況下，他未向藩主報告便想奔向京都，結果被判脫藩罪，關進野山監獄。

9 月 19 日夜，真木和久坂帶領的奇兵隊進攻京都皇宮御蛤門，與守門的會津兵展開激戰，卻遭到薩摩兵側面伏擊而大敗。真木和久坂等領導人或者被殺，或者自殺，史稱「禁門之變」。

在此之前的 8 月，英、法、美、荷四國以十七艘軍艦組成聯合艦隊，由英國東洋艦隊司令庫巴指揮，進攻下關。長州軍雖頑強抵抗，但因實力相差懸殊，三天後下關砲台被摧毀。長州藩主赦免了高杉晉作的「脫藩罪」，並授命他擔任和談工作。有鑑於清朝的前車之鑑，他在「下關條約」中接受了聯軍「放棄攘夷」的條件，卻成功地讓外國放棄租界領土的主張，而日本也

免於淪為「次殖民地」的命運。

▣ 木戶孝允

　　號稱「維新三傑」之一的木戶孝允（Kido Koyin, 1833-1877），幼時體弱多病，通稱「桂小五郎」，為長州藩士。17歲，投入松陰門下；19歲，師從齋藤彌九郎學習劍術，第二年便成為練兵館的塾頭，以劍豪聞名於江戶。Perry再度來航時，桂小五郎以江川英龍隨從的身分參觀黑船艦隊，事後並和佐久間象山一起向江川學習砲術。吉田松陰「下田踏海」計畫失敗被捕入獄後，小五郎多方奔走，使其事情平息。

　　1863年，主張「公武和體」的薩摩藩和會津藩，發動「八一八政變」，將尊皇攘夷派逐出京師。隔年，桂小五郎潛回京都。幾個月後，支持幕府的「新選組」又發動「池田屋事件」，襲殺倒幕志士，桂小五郎因為提早離開，而逃過一劫。一個多月後，長州藩發動「禁門之變」，發兵圍攻京都御所。在薩摩藩、會津藩、桑名藩的聯軍回擊之下，長州藩戰敗，成為「朝敵」（朝廷的敵人），桂小五郎也負傷。

▣ 薩長同盟

　　德川幕府趁勢號召三十六個藩的十五萬大軍，由薩摩藩的西鄉隆盛擔任參謀，發動第一次「征長之役」，長州藩不得不屈服，而主導「禁門之變」的三位家老切腹；發動「八一八政變」的五位公卿被迫遷移他藩，藩內保守勢力「佐幕派」抬頭。

　　這時候，高杉晉作潛回下關，號召伊藤博文的力士隊、石川小五郎的游擊隊，和他自己創立的奇兵隊，在下關功山寺集結八十人，以突襲行動擊敗了「佐幕派」，以「倒幕」為主的「正義派」重新主導長州藩政權，桂小五郎也返回長州。

　　1866年，在坂本龍馬和中岡慎太郎的極力斡旋之下，長州藩與薩摩藩終於化敵為友，並在京都的小松帶刀官邸，簽訂「薩長同盟」。當時薩摩藩的

代表是小松帶刀、西鄉隆盛和大久保利通；中間人是土佐藩的坂本龍馬；長州藩則為桂小五郎，時年 36 歲。長州藩主毛利敬親為了使幕府的通緝犯「桂小五郎」能夠參與藩政，特賜姓「木戶」，令其改名為「貫治」、「準一郎」。

▣ 西鄉隆盛

「薩長同盟」將木戶、西鄉、大久保三人連結在一起，後人之所以稱他們為「維新三傑」，便是出自於此。薩摩藩的西鄉隆盛（Saigō Takamori, 1828-1877），青年時期曾經和大久保利通一起向伊籐茂右衛門學習陽明學和朱子的「近思錄」。從 28 歲起，成為薩摩藩武士，致力於幕政改革，並進行勤王活動。井伊炮製「安政大獄」時，他一度感到絕望，和僧侶月照一起投海，月照溺斃，但西鄉卻被救起。

1862 年，西鄉在大久保的幫助下，返回薩摩藩。兩年後，由於藩士們的要求，他開始一步步掌握薩摩藩的陸海軍實權。在第一次「征長之役」中，幕府為了追究長州兵在「禁門之變」中攻擊皇宮的責任，使用「挾天子以令諸侯」的計策，取得討伐長州藩的敕令後，命令各藩出兵。討伐軍由來自六藩的十五萬兵組成，聲勢雖然浩大，但各藩因為財政困難，又對幕府恢復「朝覲交代制」抱持反感，普遍鬥志不強，軍隊行動遲緩。這時擔任討伐軍參謀的西鄉隆盛提出「假長州人之手處分長州激進派」的妥協方案，由長州藩保守派要求攘夷派的三位家老切腹，「以示恭順投降」，第一次「征長之役」就此落幕。1866 年，薩摩藩與長州藩倒幕派的領導人木戶孝允締結「薩長倒幕聯盟」。西鄉隆盛也順理成章成為「薩長聯軍」的指揮官。

▣ 大久保利通

大久保利通（Ōkubo Toshimichi, 1830-1878）的性格和西鄉隆盛完全不同。他出身於薩摩藩鹿兒島的一個城下武士家。19 歲那年，薩摩藩因藩主繼位問題發生「由羅騷亂」，其父支持的島津齊彬一派失勢，父親被流放；大

久保則和西鄉隆盛、有馬新七等四十餘同鄉結合成「精忠組」，並經常聚會，討論天下大事。

保守的井伊直弼成為幕府大老之後，任命島津齊彬之弟久光之子為薩摩藩主，並興「安政大獄」，屠殺許多愛國志士，月照、西鄉絕望自殺，大久保卻在實權人物久光身上下功夫：久光愛下圍棋，他便苦練棋藝；久光想看《古史傳》，他便設法弄來多達二十八冊的《古史傳》。久光開始重用大久保，積極推動各藩與幕府合作的「公武和體」。1862 年，久光和大久保率藩兵一千人進京，進諫天皇敕命：德川慶喜為將軍監護，松平慶勇為大老，由薩摩藩兵任京都警衛。朝廷接納了他們的建議，大久保也從此名震天下。

此時，早年的「精忠組」同志有馬新七等人，卻因為加入激進的「尊王攘夷」派，想乘久光進京之際，襲擊「佐幕派」公卿。大久保派人勸說無效，斷然派兵，在「寺田屋事件」中殺死有馬新七等人。

第三節　維新風雲

1866 年，在坂本龍馬等人的斡旋下，薩長兩藩結成倒幕同盟，薩摩藩與德川慶喜的關係從此中斷。是年年中，德川幕府發動第二次「征長之役」。然而，薩摩藩卻依「薩長同盟」之約，按兵不動；身為長州藩軍事統帥又兼海軍總督的高杉晉作，乘坐「丙辰丸」，親自參加大島和小倉的反擊戰，擊退了幕府艦隊；德川幕府的十四代將軍德川家茂，又在作戰中病死，結果幕府軍戰敗。在戰爭結束後的第二年，高杉晉作本人也因結核病去世，享年不足 28 歲。

▣ 海援隊

1866 年末，一貫壓制倒幕派的孝明天皇去世，年僅 14 歲的明治天皇即位，形勢變得有利於倒幕派。他們以天皇的名義，命令長州和薩摩兩藩討伐幕府。這時，到處爆發城市暴動和農民起義，幕府已完全失去民心。

　　1867 年，坂本龍馬潛回土佐藩，改組龜山商社，成立「海援隊」。阪本龍馬自己為隊長，其下設置文官、武官、器械宮、運輸官、醫官等，成為土佐藩的一個商會，土佐藩也因此赦免了坂本的脫藩罪。

　　海援隊的規則第一條說：「本隊的目的在於以運輸、商業、開發、投機等幫助我藩，今後隊員的選拔不論出身如何，凡有志於海事的我藩或他藩的脫藩者均可入隊，一律按本人的志願辦事。」海援隊成為「脫藩者」的自由人團體，這樣一個組織與階級分明的幕藩體制相對立，為未來日本國家的新體制預作準備。

　　「薩長同盟」之後，倒幕勢力準備武裝推翻幕府；但是武力倒幕，外國必然乘內亂之機進行侵略。坂本龍馬認為：為了確保日本的獨立，不讓列強像對中國一樣踐躪日本領土，必須避免內戰。土佐藩參政後，藤象二郎很欣賞坂本龍馬的見解，問他有什麼秘策？

⊡「船中八策」

　　「秘策並非沒有，那就是讓德川氏將政權奉還朝廷。」「什麼？」後藤一下子腦筋轉不過來。「的確，如果那樣，薩長兩藩既不必動兵，戰火又可以避免，同時英法兩國也無計可施，真是一箭四雕的上上之策。不過佐幕派恐怕不會沉默吧。」「可以重新讓德川慶喜做大臣。」「如果那樣的話，不是和過去沒有多大不同嗎？」「不，不問公卿、諸侯、武士、庶民，讓天下的人才都參加議會和國政。」「知道了，只有這樣做了！明天藩船『夕顏丸』進京，跟我一起去，我想在船中將你的話重新整理成文件。」

　　「夕顏丸」在從長崎到兵庫的航行中，海援隊文官長將坂本的構想記錄下來，成為所謂的「船中八策」：（1）奉還政權；（2）設上下議政局；（3）登用天下人才；（4）廣泛採納公議修改條約；（5）重新撰定法典；（6）擴充海軍；（7）設置親兵保衛帝都；（8）就金銀物價制訂與外國相等的法令。

◉ 大政奉還

　　土佐藩山內容堂即根據「船中八策」，寫了一份「大政奉還論建白書」，呈給幕府。幕府第十五代將軍德川慶喜認為：即使實行「大政奉還」，形式上讓天皇執政，自己仍然掌握立法實權，德川家仍然是擁有四百萬石的大領主。在內外交困的情況下，決定接受他的建議，10 月 27 日向朝廷提出辭職，宣布「大政奉還」，將政權交給明治天皇（汪公紀，2006）。12 月 10 日，坂本龍馬與「陸援隊」隊長中岡慎太郎在京都「近江屋」商談事情的時候，突然遭到刺客襲擊，坂本當場死亡，時年 31 歲；中岡亦在兩天後去世。

◉ 戊辰戰爭

　　「大政奉還」之後，倒幕派認為：必須叫慶喜「辭官納地」，剝奪其領地，摧毀其經濟基礎，否則便不能說是真正推翻了幕府。1867 年底，倒幕派在明治天皇的支持下，發動政變；翌年 1 月，天皇發布《王政復古大號令》，下令廢除幕府制度，要求德川慶喜「辭官納地」。權力幾乎被架空的德川慶喜舊勢力，發表了〈討薩表〉，以「清君側」為名，調集一萬五千軍隊，由大阪出發，逼近京都，「戊辰戰爭」於焉展開（汪公紀，2006）。代表新政府的薩長聯軍跟幕府軍在京都郊區爆發激戰，史稱「鳥羽、伏見之戰」。在這場戰爭中，大久保擔任參謀，協助西鄉隆盛指揮作戰。幕府兵力雖三倍於政府軍，但其主力步兵毫無鬥志，結果政府軍大勝，德川慶喜退回關東的江戶，近畿以西各藩立即向新政府宣誓效忠。

　　新政府接著以天皇名義發表詔書，討伐幕府，沿東海道向江戶進軍，對江戶採取包圍形勢；各國相繼聲明：在天皇政府和幕府內戰期間保持中立。幕府內部則分裂為主戰和主和兩派。主戰派主張接受法國援助，和討幕軍一決死戰。但以勝海舟為代表的主和派向幕府說明：陸軍士氣已經瓦解，江戶市民深深痛恨幕府以及關東一帶人民起義的形勢。最後，德川慶喜決定放棄

抵抗。

▣ 無血開城

　　4月1日，勝海舟派山岡鐵太郎去會見討幕軍參謀西鄉隆盛，商定七項和解條件。但討幕軍仍然持續向江戶逼近，進攻江戶的日期也預定為4月7日。當時擔任幕府陸軍總裁的勝海舟，也一面談判，另一面作談判破裂的準備。萬一談判破裂，他準備讓德川慶喜亡命英國，護送將軍家眷、將江戶婦孺疏散，並在江戶實行焦土戰術，使進入江戶的討幕軍無立足之地。

　　4月5日，勝海舟與西鄉隆盛以保全將軍慶喜的性命和德川氏的家名為條件，達成協議。1868年4月21日，在「無血開城」的狀況下，政府軍進入江戶。德川慶喜遭到軟禁，但德川家得以延續。可是，「戊辰戰爭」並沒有就此結束。支持幕府的主戰派仍然組織「奧羽越列藩同盟」，並在東北地方成立「蝦夷共和國」。直到1869年5月，蝦夷地箱館的五稜郭開城投降，幕府的殘餘勢力才被清除乾淨。

▣ 「征韓派」與「內治派」

　　明治政府成立後，西鄉隆盛成為「維新三傑」中官位最高、受封最厚的人。但他平日就看不慣許多政府高官追名逐利，認為他們見「利」忘「義」。明治維新之後，為了要替大批下級武士找出路，他開始提倡「征韓論」、「征台論」。這時後，大久保積極推動奉還版籍、建立御親兵、廢藩置縣等措施。在征韓問題上，大久保又施展政治手腕，結合「內治派」，主張先處理國內危機，並將以西鄉為首的「征韓派」趕出中央。大久保執掌大權後，對版籍奉還、廢藩置縣一直心懷不滿的島律久光上書天皇，提出十四條建議，並要求撤掉大久保職務。在改革派的強力反擊之下，久光也被迫引退。

　　但「內治派」對於「征韓」、「征台」議題，只是主張「緩征」，而不是「不征」。1874年4月，日本以台灣高山族殺害琉球嶼民為藉口，出兵侵入台灣，大久保以全權大使身分赴北京，迫使清政府付出賠償金五十萬兩。

1875 年 9 月，他又派兵入侵朝鮮，迫使朝鮮政府簽訂不平等的《江華條約》。

◨ 西南戰爭

　　1876 年 3 月，政府發布「廢刀令」，8 月又推行「秩祿處分」，剝奪武士階級的俸祿，引起各地不滿士族的強烈反抗，大久保則採取血腥鎮壓的方式，一一弭平。明治 10 年（西元 1877 年），薩摩藩的不平士族攻占鹿兒島的政府軍火藥庫，揭開「西南戰爭」的序幕（汪公紀，2006）。西鄉聞訊後慨然長嘆，卻毅然回到鹿兒島，以「質問政府」的名義，率領薩摩軍北上。

　　西南戰爭爆發，木戶孝允感嘆：「與其病死窗下，不如捐軀於征途」，企圖親自勸阻西鄉；大久保則要求擔任「鎮撫使」，親自率軍前往鎮壓。內閣總理伊藤博文對兩者均予以否決，最後決定由政府軍出征。木戶病危時，在意識朦朧中，握著大久保的手問：「西鄉還不適可而止嗎？」後於 5 月 26 日病逝，享年 45 歲。薩摩軍在熊本城和政府軍展開作戰，被擊敗後，9 月 24 日，身負重傷的西鄉由部下介錯砍下頭顱，時年 49 歲。

　　翌年 5 月 14 日，大久保在前往大政官辦公途中，遭到六名「征韓黨」士族襲擊，當場死亡，時年 49 歲。一年之內，維新三傑先後離開人間，象徵著一個歷史階段的結束。

第四節　走向軍國主義

　　在佐久間象山兩位最出色的門人之中，勝海舟對他心目中的「堯舜之國」竟然淪落成為列強侵略的對象，雖然和當時大多數的維新菁英一樣，抱著「鄙夷」的態度（劉岳兵，2012），但在「日本國家利益至上」的考量下，他卻反對甲午戰爭，主張日中韓三個國家應結為同盟，和英美法列強對抗。可是，這種「反潮流」的政治主張對新政府並沒有什麼影響力。明治維新後，新政府曾任命勝海舟為參議兼海軍卿。不久他便辭職退隱，在東京赤阪冰川町的邸宅吟詩作畫，為文著書。明治 20 年（西元 1887 年）被授予伯

爵。十二年後，因腦溢血逝世，終年 77 歲。

▣ 伊藤博文

　　明治維新後，在新政府發揮重大影響力的人，大多是佐久間象山的另一位高足吉田松陰之門下弟子。他們大多致力於實踐吉田松陰在〈幽囚錄〉中所描繪的國家發展圖像，致使日本後來走上「軍國主義」的道路。用日後孫中山奉勸其日本友人的話來說，在那個關鍵時刻，日本人並沒有選擇勝海舟，而成為亞洲「王道之干城」，反倒是追隨吉田松陰，成為西方帝國主義「霸道之鷹犬」。但無論如何，他們都是王陽明「知行合一」論的信徒。我們可以再取幾個例子，來說明這一點。

　　維新政府成立後的首任內閣總理大臣伊藤博文（1841-1909），幼時家中貧困，11 歲時寄宿於寺院，平時在藩士家作雜役、侍童。17 歲入松下村塾，受教於吉田松陰，深受其器重。1858 年，入長崎炮術傳習所，學習軍事。1959 年，結識桂小五郎，開始投入尊王攘夷運動。1962 年 12 月 12 日，攘夷派志士縱火焚燒品川御殿英國公使館，他手持木鋸，鋸斷使館四周的木柵欄，其他人隨即魚貫進入縱火。

　　1963 年，長州藩派遣伊藤同井上馨等五人到英國留學，他思想也隨之改變，認為只有開國、向西方學習，才能成就倒幕大業。1964 年 6 月，薩英戰爭爆發後，伊藤回國力勸長州藩主毛利敬親不可攘夷，毛利不聽，終於發生英法美荷四國聯合艦隊炮擊下關事件。第一次「征長之役」爆發時，藩內保守派向幕府表示「恭順」，伊藤卻支持高杉晉作等改革派，奪得藩政。

　　維新後，伊藤博文出任內閣總理大臣，積極主張把歐美各國之「政治制度、風俗習尚、教育、生產」的「開明風氣」移入日本，並致力於訂定日本憲法，被譽為「明治憲法之父」。後來又策劃中日甲午戰爭，脅迫清政府簽訂馬關條約，加入八國聯軍，鎮壓義和團運動。日俄戰爭時，日本在對馬海峽海戰獲勝後，他被任命為第一任韓國總監，結果卻在哈爾濱車站，被朝鮮民族主義者安重根刺死。

◙ 山縣有朋

山縣有朋（Yamagata Aritomo, 1838-1922）年輕時經由久坂玄瑞的介紹，進入松下村塾。他經常自稱是「松陰先生門下」並終生敬畏吉田松陰。文久3年（西元1863年），高杉晉作赴上海期間，他代理擔任「奇兵隊」總監。翌年，在與四國聯合艦隊作戰時負傷，使他深刻感受到武器和兵制改革的必要性。應慶元年（西元1865年），長州藩的「佐幕派」和「倒幕派」發生激烈衝突，他率領「奇兵隊」的軍艦參戰，對倒幕派的勝利作出了重大貢獻。

維新後，山縣致力於建立新兵制，制定《徵兵令》，策劃發布《軍人敕語》。中日甲午戰爭時，他親臨戰場，指導戰爭；後來又以陸軍大將、元帥的身分策劃八國聯軍，並指導日俄戰爭。在伊藤博文遭刺後，他成為日本軍國主義的主要執行者。

◙ 日本「軍神」東鄉平八郎

在那個時代，最具戲劇性的例子，是日俄戰爭時，在對馬海峽海戰中，率領日本海軍擊敗俄國海軍，而和陸軍的乃木希典並稱為日本「軍神」的東鄉平八郎（Tougo Heihachirou, 1848-1934）。東鄉生於薩摩藩鹿兒島，幼名仲五郎，15歲時改名平八郎，從軍薩摩藩，並參加薩摩藩對英國的戰爭。三年後，參加薩摩藩新成立的海軍，並於戊辰戰爭（西元1868年）中，以海軍軍官的身分，在薩摩藩的戰艦春田號上，參加阿波沖海戰，和幕府的開陽號戰艦決戰。

從1871至1878年之間，東鄉在英國留學軍事。由於英國人常把他當成中國人，而多次揮拳相向。1877年，明治政府廢止大名、武士階級，實施四民平等政策，西鄉隆盛率領薩摩藩武士「質問政府」，爆發西南戰爭，東鄉說：「如果我在國內，就會跟隨在西鄉先生的鞍前馬後了。」他的哥哥小倉壯九郎當時即參加薩軍，並隨西鄉自殺而死。

1884年，他擔任「天城艦」艦長時，曾經到上海、福州和基隆等地觀察

中法戰爭的情況。1894 年 7 月 25 日，甲午戰爭前夕，他擔任「浪速艦」艦長，曾經在豐島海戰中，擊沉大清帝國運兵船「高升號」，清軍七百餘人陣亡。1894 年 9 月 17 日，甲午海戰中，他又指揮「浪速艦」作戰。1895 年 3 月，日本進攻澎湖時，指揮第一游擊隊以火力支援步兵登陸。1895 年，晉陞海軍中將，並出任海軍大學校長。1900 年，八國聯軍攻打大清帝國時，他擔任日本常備艦隊司令。

▣ 一生伏首拜陽明

在日俄戰爭中，東鄉擔任日本聯合艦隊司令。1904 年 2 月 8 日，突襲俄羅斯帝國租地旅順港內的俄國艦隊，俄國的兩艘鐵甲艦、一艘巡洋艦同時被擊毀；俄國軍艦瓦利雅格號和柯列茨號，也在朝鮮仁川遭到攻擊。日本因此而奪得了制海權。4 月，日本艦隊大敗俄國太平洋艦隊，司令官馬卡羅夫海軍上將戰死。1904 年 6 月 6 日，東鄉晉陞為海軍大將。

1904 年 8 月 10 日，他指揮黃海海戰，擊敗旅順俄國海軍的突圍。1905 年 5 月 27 日，他指揮對馬海峽海戰，大破俄國長途前來增援的波羅的海艦隊，決定了日俄戰爭中日本的最後勝利，成為近代史上黃種人打敗白種人的首例，他因此而贏得「東方納爾遜」的稱號，開戰前拍出的電報：「已經發現敵艦，聯合艦隊即刻出動。今日天氣晴朗但是波浪高」和「皇國興廢在此一戰，各員一同奮勵努力」也成為日本家喻戶曉的訓令。

由於他在戰爭中的傑出表現，日本天皇將他召回日本，任命他為海軍軍令部部長，東鄉平八郎因此而贏得日本海軍「軍神」的稱號。這位軍神隨身帶著顆印章，上面刻著七個字：「一生伏首拜陽明」。

第五節　《論語與算盤》：日本資本主義精神

研究儒家思想在日本的「文化衍生學」，除了明治維新之外，更值得注意的是它和日本企業精神之間的關聯。這方面的代表人物是出生於日本武藏

國榛澤郡血洗島的澀澤榮一（Shibusawa Eiichi, 1840-1931）。榮一的父親除種植稻米之外，兼做雜貨生意。他擅長經營，頭腦靈活，是村子裡數一數二的富戶。5、6歲時，父親開始教他誦讀漢書，以《三字經》啟蒙。10歲時，已經讀完《四書》、《孝經》、《十八史略》等中國典籍，而且讀過《日本外史》，兼以練習劍道和書法。14歲那年，父親時常帶他出去收購藍葉，作為製作染料的原料。不久他已經可以自己出外，獨當一面做生意。

▣ 萬國博覽會

日本的領主封建制度，與中國的大一統王朝差別極大，有大名、武士、平民的等級區分，但卻沒有科舉制度，使社會階層難以上下流通。澀澤在家裡挑大梁，在村裡面對人們欽羨的眼光，在社會上卻受到令他難以忍受的階級歧視。

澀澤榮一青年時期，日本正面臨著一場空前的歷史變革。在西方列強勢力侵入之下，幕府難以抗拒。統治者分裂為以德川幕府為核心的開國通商派，和以薩摩、長洲諸強藩為核心的鎖國攘夷派。澀澤原先加入攘夷倒幕運動，準備以武力殺光外國人。1863年，行動失敗後，由友人介紹進京都守備一橋慶喜的家門，而成為封建幕府要員家的武士。後來，一橋成為德川幕府的最後一位將軍，改名為德川慶喜，而澀澤則成為德川的家臣。

德川慶喜是主張仿效歐美的改革派。1867年，他派弟弟昭武去歐洲考察，澀澤則被選為昭武的隨從，參觀巴黎萬國博覽會。1860年代的歐洲，正是工業資本主義飛躍前進的時代，法國的萬國博覽會成為西方各國展示經濟成就的櫥窗，各國競相展示世界先進的工業產品，使考察團大開眼界。

為了深入了解西方工業世界，澀澤一行人一起請了法語老師，把握時間學習法語，不久他已經可以用法語進行日常的對話和交流。接著澀澤又追隨昭武，在歐洲各國展開為期二年的參訪，刻意訪問政府及工商界的領袖，向他們請教經濟方面的問題，認真聽他們講解有關銀行、鐵路、股份公司、企業及公債等知識，並參觀有價證券交易所，深刻研究股份公司制度在近代經

濟生活和工業化過程中發揮的巨大作用。同時又參觀各種不同的工廠，包括：紡織廠、鐘錶廠、汽車製造廠、鋼鐵廠、造幣廠、軍工兵器廠等，特別注意日本沒有的社會機構，包括：銀行、報社、博物館，以及近代軍營等。

在與法國政府官員以及商人的交往中，澀澤處處感到日本與西方列強之間的強烈反差。歐洲政府官員和商人之間的關係完全平等；可是，在當時的日本，幕府官僚、武士和商人之間的社會地位猶如天壤之別：商人見到幕府官僚、武士無不點頭哈腰、卑躬屈膝。澀澤痛切認識到，要使日本興盛，就必須向西方學習，打破官貴民賤的舊習，排除輕商賤商的思想。

1968 年回國時，幕府時代已經結束。次年，他受明治新政府之聘，在大藏省任職，參與新政府幾乎所有重大政策的籌劃和制定，包括：貨幣制度改革、廢藩置縣、發行公債等。

▣ 經濟倫理的變革

1873 年，33 歲的澀澤榮一已經成為主管國家預算的大藏少輔。明治 6 年（西元 1874 年），他因為與其他政府部門理念不合，隨同大藏省大臣井上馨一同辭官，投身實業界，創辦了日本第一家股份制銀行「第一國立銀行」，從此開始自己的企業家生涯，先後設立相關企業五百多種，成為日本明治、大正時期財經界的領導者。

他很敏銳地看出：日本迫切需要經濟倫理思想的變革，應由傳統的農本主義、「貴穀賤金」、權力主義、「重義輕利」等價值倫理，轉向有利於資本主義經濟發展的工商立國、「以金錢為貴」、「以營利為善」的價值倫理，但中國的程朱理學，包括日本學者對程朱理學的繼承，卻是建構近代日本資本主義經濟倫理的最大障礙。「儒程子和朱子的解釋馳於高深理學，以致於遠離實際行事。我邦諸如藤原惺窩、林羅山等秉承宋儒之弊，將學問與實際視為別物。至荻生徂徠竟明言，學問唯有士大夫以上可修，農工商實業家被排斥在圈外。德川氏三百年的教育，立足於這一主義，讀書學問成為不從事實業人士之業。農工商大多數國民，擔當著為國家奠基的各種實業，卻

成為不讀書不學文的無知文盲」，「士止於高位而賤視農工商為下民，農工商則嘲笑士人，不知自活自存之道，只知青表紙讀四角文字。」

◙ 歷史的教訓

　　他認為：人們對孔子「義利觀」最嚴重的誤解，是把「利」與「義」完全對立起來，「把被統治階級的農工商階層置於道德的規範之外，農工商階級也覺得自己沒有受道義約束的必要」，「從事生產事業的實業家們，幾乎都變成了利己主義者。在他們的心目中，既沒有仁義，也沒有道德，甚至想盡辦法，鑽法律漏洞，以達到賺錢的目的」。這種利己主義會把國家送上不歸路，正如《大學》所說：「一人貪戾，一國作亂。」

　　在他看來，當時的中國就陷入了這樣的困境。「我讀史籍而尊敬的中國，主要在唐虞三代之末的商、周時代。當時是中國文化最發達、最燦爛的時代。」但是，「當我初踏中國之地，實地觀察風俗民情時，我才發現事實完全不是那麼一回事。」他很清楚的指出：「中國人的個人主義、利己主義很發達，國家觀念很缺乏，毫無憂國憂民之心。一國之中，中流社會這個階層既不存在，全體國民也缺乏國家觀念，這兩點可以說是當今中國的兩大缺點」（洪墩謨譯，1988，頁191）。

　　宋朝因為陷入仁義道德的空論而亡國，元朝又因過分強調利己主義而危及自身。這情形不僅在中國歷史上一再重演，其他國家也莫不如此。因此，唯有謀利和重視仁義道德並行不悖，才能使國家健全發展。他從日本的歷史經驗中，也看到了這一點。在日本歷史上，最善於作戰又巧於處世的，首推德川家康。正因為他善於處世，所以能夠威服許多英雄豪傑，開拓十五代兩百餘年的霸業。

◙ 義利合一

　　澀澤曾把《神君遺訓》與《論語》相互對照，驚人地發現它的大部分內容都出自《論語》。「人的一生如負重致遠，不可急躁」正與《論語》中曾

子所說的「士不可不弘毅，任重而道遠」相互對應。

> 「以受拘束為常事，則不會心生不足。心生奢望時，應回顧困窮之
> 日。忍耐乃長久無事之基石。視怒如敵。只知勝不知敗，必害其
> 身。常思己過，寬以待人。不及猶可補，太過無以救。」

因此，他認為：「縮小《論語》與算盤間的距離，是今天最緊要的任務。」因為不追求物質的進步和利益，人民、國家和社會都不會富庶；要想致富就必須依據「仁義道德」和「正確的道理」，才能確保其財富能夠持續。澀澤在《論語》中找到了許多證據，說明「求利」其實並不違背「至聖先師」的古訓，例如孔子說：「富而可求也，雖執鞭之士，吾亦為之；如不可求，從吾所好」，「不義而富且貴，於我如浮雲」，人們一定要有一種強烈的謀利慾望，才可能使一件事物有進步，否則絕對不會有所進展。他認為自己的使命就是要透過《論語》來提高商人的道德，使商人明瞭「君子愛財，取之有道」的道理；只要不違背道德，盡可以放手追求「陽光下的利益」。因此，他主張：一手論語，一手算盤，「算盤要靠《論語》來撥動；同時《論語》也要靠算盤，才能從事真正的致富活動」，「義利合一」才是作人處事與企業經營的最高準則！

◉ 士魂商才

本書第十二章在討論「程朱理學」時提到：程頤和朱熹繼承了張載所思考的問題，他們費了許多筆墨，試圖描述「自我」的「心」之模型。用本書第三章所描述之〈自我的曼陀羅模型〉來看，宋明理學家以「心性之學」所要描述的「心」之模型，和〈自我的曼陀羅模型〉之間，具有一種「同構」（isomorphic）的關係。然而，在那個時代，中國文人並沒有西方人「主／客」對立的觀念，不知道什麼叫「結構主義」，也不知道如何在日常生活所觀察到的現象背後，探求「更深遠的實在」，更無所謂人類普世心智的深層

結構。在「務實」而講究「知行合一」的澀澤榮一看來，宋儒的這些論述就變成了「仁義道德的空論」。

以〈自我的曼陀羅模型〉作為基礎，從儒家在中國歷史發展的宏觀角度來看，澀澤榮一所主張的「一手論語、一手算盤」，與宋代陳亮與朱熹之間的「王霸之辯」、明末清初王夫之主張的「以利導欲，以義制利」，以及顏習齋主張的「正其義以謀其利，明其道而計其功」，其實都是「異曲而同工」。他們都是：在資本主義萌芽時期，思考如何調整儒家倫理，使其適用於工商企業社會，也就是王陽明所主張的「四民異業而同道」。令人遺憾的是，在各種歷史條件的湊合下，陽明學說並沒有在華夏本土發揚光大，反倒是在海外的日本東瀛開花結果。

澀澤以自己經營企業的經驗，來說明《論語》與「算盤」可以並行不悖，明確主張把《論語》作為商業上的「經典」。他的工作「就是極力採取依靠仁義道德來推進生產，務必確立義利合一的信念」（黃俊傑，2005）。基於此，他提出了「士魂商才」的理念：一個人既要有「士」的操守、道德和理想，又要有「商」的才幹與務實。「唯有《論語》才是培養士魂的根基」，「如果偏於士魂而沒有商才，經濟上就無法自立。因此，有士魂，還須有商才」，「所謂商才，也要以道德作為根基。離開道德的商才，即不道德、欺瞞、浮華、輕佻的商才，只是所謂小聰明，決不是真正的商才」。

昭和 3 年（西元 1928 年）初，他出版《論語與算盤》一書，以通俗淺顯的講話方式，表達意味深長的內容。發行後，風行一時，他也因此而被日本人尊稱為「日本企業之父」、「日本近代企業的精神指導」。

回 盡人事，聽天命

他認為：人應該牢牢記住的是要完成作為「人」的職責。論「人」，必須以人的職責作為標準，來決定自己的方向。天命，正如四季依次循環運行一樣，不管人們是否意識到，都在萬事萬物中不斷地進行。只要相信天命，並且以恭、敬、信的態度加以對待，就能完全理解「盡人事、聽天命」的真

正意義。

　　「成名常在窮苦之日，敗事多因得意之時。」人處在社會中，要觀察形勢，耐心等待時機的到來，切忌得意忘形。人處在逆境的時候，最好是先安於天命，一面不屈不撓地勤奮上進，一面等待命運的到來；如果能夠這樣做，無論處在什麼樣的逆境中，都能保持心靈上的平靜。如果把這種情況完全解釋成是人為力量所造成，那麼就可能徒增煩惱、勞而無功。在漫長的人生中，一時的成敗就如泡沫一般。如果一生遵循道理，就能覺得計較成功、失敗實為不智，而能超然於成敗之外，度過有價值的生涯。

　　澀澤強調：對於一件事，首先要探究其得失，看有沒有道理，然後再著手處理，在思考這一點上，必須細緻周密，不能靈機一動就任性去進行。對違背自己意志的事，不管大小，都必須斷然加以拒絕。如果一開始因其為小事而加以輕忽，最後就可能產生不可收拾的後果。

▣ 浩然正氣

　　水戶黃門光國公掛在牆上的對聯：「小事皆通達，臨大而不驚。」即使認定自己是一個作大事的人，大事也是由許多小事積累而成，所以對任何事情都不可輕忽，要以勤奮、忠實、充滿誠意的態度，完成每一件事。在設定每一件志向時，必須時時注意貫穿自己一生的大志向，且不能使大志向和小志向之間產生矛盾。一旦產生矛盾，就要加以調和，使其保持一致。

　　要評論一個人，而依據其為社會盡力的精神和效果來加以考察，而把富貴功名以及一般人所謂的成敗放在次要地位。只要合乎道理，而且又有利於國家和社會，「即使對自己無利，我也會斷然捨棄自己的利益，遵循道理行事。」相反的，如果是對國家和社會不利，不管對自己有多大利益，他一定斷然拒絕。他認為：孟子所謂的「以直養」，以正確的道理培養至誠之心，以直養而無氣餒，就會有「至大至剛」的浩然正氣「充塞於天地之間」。

◙ 日本資本主義精神

　　基於這樣的原則，澀澤說：「把他人作為囊中之物加以利用，我絕不幹這種事」，「人必須平等，必須是有節、有禮的平等。有人待我以德，我也以德待之。我從來沒有想過要利用他人作為工具，以構成自己的勢力。我的起心動念就是想把適當的人才配置到適當的位子。如果適當的人才能在適當的崗位上有所發揮，而作出一些成績，這本來就是他們應該貢獻給國家社會的，歸根究底，這也是我應該貢獻給國家社會的。」

　　所以，一個人不管做什麼，都應該深入自己所從事的事業，努力上進，小心謹慎，堅決往前發展，同時還必須牢記不要進行惡意的競爭。在他看來，帶有妨害性、旨在掠奪別人利益的競爭，叫惡意的競爭。相反的，如果不侵犯他人的利益，而精益求精地改進製品，這就是善意的競爭。任何人都能根據自己的良心，來判斷兩者的差別。

　　這樣的人生哲學使他相信：「要使精神不衰老，除了依靠學問別無他法。只要經常不斷地探討學問，不使自己落伍，這樣的人不論到什麼時候，精神都不會衰老」，「對於只作為一個肉體軀殼而存在的人，我是十分厭惡的，肉體的存在是有限的，因此，請考慮如此讓精神永存吧！」

　　這位被尊稱為「日本資本主義精神之父」的澀澤榮一，一生經歷江戶、明治、大正、昭和四個時代，到 1931 年才去世，享壽 91 歲。

第六節　結論

　　為了說明儒家文化傳統對於東亞國家可能發生的作用，本章刻意分析明治維新時期儒家在日本的文化衍生學（morphogenesis）。在分析日本明治維新的精神動力時，我先從人格心理學的觀點，分析王陽明「知行合一」論對於維新人物的影響；然後再從「方法論的關係主義」，說明這些「維新人物」在「明治維新」這個事件（event）所引起的作用。藉由這樣的分析，我

們可以看到「分析二元論」的一個基本論點：文化是可以藉由人的提倡，而使一個社會發生徹底改變的；至於改變的方向，則是由人的「意志」所決定。陽明學對中國社會的影響有正有負，明朝滅亡之後，「王學末流」甚至成為清代儒者痛加抨擊的對象；可是，到了民國初年，梁啟超和蔣介石卻又因為看到王陽明對日本的正面影響，而極力提倡陽明學（黃克武，2006）。

　　本章所作的歷史心理學分析顯示：吉田松陰對手持武士刀的維新志士灌輸《孟子》和陽明學，並以〈幽囚錄〉告訴他們日後努力的方向，「知行合一」的結果不僅造成日本國家的現代化，而且促成後來日本軍國主義的發展。澀澤榮一（1985/2001）則是以《論語與算盤》一書，要求日本企業家心中要有《論語》，手中抓算盤，以「義利合一」的精神經營企業。結果不僅使明治維新後的日本迅速發展成為現代化國家，而且使日本經歷第二次世界大戰的重大挫敗後，能夠從瓦礫堆中再度站起，甚至造就出 1970 年代的「東亞經濟奇蹟」。

　　澀澤榮一致力提倡的「東亞企業精神」，和韋伯所說的「基督新教倫理」正可以相互輝映，充分說明東亞國家現代化的精神動力是「儒家倫理」，而不是「全盤西化」。再以儒家傳統在中國的「文化衍生學」相互比較，我們更可以清楚看出：東亞國家發展的關鍵在於「人」，尤其在於知識菁英為整個國家所設定的發展方向，這就是佐藤一齋所說的「立志」，也是邵康節所說的：

> 一物從來有一身，一身還有一乾坤；
> 能知萬物備於我，肯把三才別立根；
> 天向一中分造化，人於心中超經綸；
> 仙人亦有兩般話，道不虛傳祇在人。

　　然則，中國的知識菁英今日的當務之急究竟是什麼？

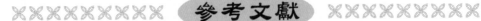 參考文獻

汪公紀（2006）：《日本史話》。桂林：廣西師範大學出版社。

洪墩謨（譯）（1988）：《論語與算盤》（原作者：澀澤榮一）。台北：正中書局。

徐興慶（2009）：〈朱舜水對加賀藩的儒教思想普及〉。見《台大日本語文研究》。台北：國立台灣大學日本語文學系。

張崑將（2004）：《德川日本「忠」「孝」概念的形成與發展：以兵學與陽明學為中心》。台北：國立臺灣大學出版中心。

張崑將（2005）：〈當代日本學者陽明學研究的回顧與展望〉。《台灣東亞文明研究學刊》（台北），2（2），251-297。

張崑將（2011）：《陽明學在東亞：詮釋、交流與行動》。台北：國立臺灣大學出版中心。

黃克武（2006）：〈日本陽明學與中國近代化〉。見《2006年度日台研究支援事業報告書》（頁1-29）。台北：財團法人交流協會日台交流センター。

黃俊傑（2005）：〈澀澤榮一解釋《論語》的兩個切入點〉。見《東亞儒者的四書詮釋》（頁217-230）。台北：國立臺灣大學出版中心。

劉岳兵（2012）：〈勝海舟的中國認識：間與松浦玲先生商榷〉。《南開學報》（天津），1，11-19。

澀澤榮一（1985/2001）：《論語と算盤》。東京：國書刊行會。洪墩謨（譯）（1988）：《論語與算盤》。台北：正中書局。

513

第十六章　本土社會科學：　　從「復健」到「復興」

　　本書以「批判實在論」（Critical Realism）的科學哲學作為基礎（Bhaskar, 1975），先建構有關於「自我」及「關係」的普世性理論；然後以之作為參考架構，根據「分析二元論」（analytic dualism）的主張（Archer, 1995），將先秦儒家思想視為一種文化系統（cultural system），並分析其內在結構，建立「含攝文化的理論」（culture inclusive-theories），以說明儒家的「文化型態學」（morphostasis）。再以之作為基礎，檢視儒家思想在中國不同歷史階段以及陽明學在日本的「文化衍生學」（morphogenesis）。經由這樣的分析，我們便有一客觀的基礎，可以討論韋伯學說的侷限，同時也可以看出儒家倫理在現代社會中的意義。

第一節　韋伯眼中的中國教育

　　十九世紀末，韋伯在其宗教社會學的比較研究中很敏銳地觀察到世界各不同文化傳統中的教育方式。他指出：從歷史上來看，教育的目的有兩種極端對立的類型：一種是要喚起「卡理斯瑪」，亦即「喚起英雄的資質或者巫術的天分」；另一種是給予專門化的專家訓練。第一種類型相應於「卡理斯瑪」的支配結構；後者則相應於理性的及（現代）官僚式的支配結構。這兩種類型雖然對立，其間並非沒有任何的關聯或過渡。武士英雄或巫術也需要專門的訓練，而專門官僚也不完全只受知識上的訓練。可是，它們是教育類型上之兩種極端的敵體，並且也形成了根本的對比。兩者之間存在著各種類型，其目的是要養成學生屬於某一身分團體的生活態度，此一生活態度的性

質可能是俗世的，也可能是宗教的。

　　巫術與武士英雄給予其子弟的那種古老之巫術性禁慾精神及英雄式的卡理斯瑪教育，旨在幫助新受訓者獲得一種帶著泛靈意味的「新靈魂」，並且藉此獲得新生。用平常的話來說，這意謂著他們希望喚醒（awaken）個人天賦的資質才能，並加以鍛鍊。因為卡理斯瑪是教不來、也訓練不來的。它若不是原先即已存在，就是必須透過一種巫術性的奇蹟而融入弟子，除此之外，別無他法可想。

　　專門化及專家的訓練，則完全不同。它們試圖訓練學生，使他們符合實際的管理目的，可以用在公共行政、商業公司、工廠、科學或工業的實驗室，以及有紀律的軍隊等組織裡。原則上，任何人都可以受訓以達此一目的，雖然他們接受訓練的程度會因其能力而有所不同。（Weber, 1964, pp. 119-120）

◨ 中國的陶冶教育

　　在這兩者之間的陶冶教育（Pedagogy of Cultivation），則是企圖教育出一種文化人，至於這種文化人的性質，則取決於各個社會的主導階層對於教化的不同理想。陶冶教育的目的在培養一個人某種內在與外在的生活態度，原則上這在每個人的身上都可以作到，只是能夠達到目標的程度各有不同。

　　韋伯認為：長久以來，在中國原始的「卡理斯瑪」再生訓練，就是與教育資格測試並行。資格的測試由政治當局所壟斷，他們所推行的教育資格測試又是一種「文化」資格教育，很像西方人文主義式的資格教育，但又別具特性。

　　中國的科舉考試並不測試任何特別的技能，如西方為現代律師、醫師，或技術人員所制定的國家官僚考試。中國的考試也不考驗是否具有「卡理斯瑪」，如巫術師和原始部落為成年男子集會，並實行的典型「試煉」。

　　中國的科舉考試是要測試考生的心靈是否完全浸淫於典籍之中，是否擁有在典籍的陶冶中才會得到的、一個有教養之人的適當思考方式。此種教育，一方面在本質上純粹是俗世的，另一方面則被侷限在對傳統經典的正統解釋之固定規範裡；這是一種極度封閉而且墨守經文的教育。（Weber, 1964, p. 121）

▣ 傳統主義的倫理教育

　　韋伯認為：中國這種純粹的俗世教育，一方面具有一種儀式、典禮的性格，另一方面又具有傳統主義的、倫理的特性。學校教育對數學、自然科學、地理學及文法等都沒有興趣。中國的哲學並不像希臘的哲學那樣，具有一種思辨與系統性的特質，而且也不像印度教及西方神學所具有的特質。中國的哲學沒有像西方的法律學所具有的理性、形式化的特性，而且沒有像猶太教律法、伊斯蘭教，以及部分印度哲學所具有的那種經驗的決疑論之特性。中國的哲學並沒有蘊生出繁瑣哲學，它不像以希臘思想為基礎的西方與近東哲學那種深入而且專門的邏輯學（fachmassige Logik）。邏輯學的概念一直與中國哲學無關，它不僅離不開經書、不帶辯證性，而且以全然實際的問題與家產制官僚體系的階級利益為其思考取向。

　　韋伯認為：科舉考試的技術及其實質內容在性質上全然是俗世的，它代表一種對於士人的「教養試驗」。可是，一般民眾對「士」的看法就完全是另一回事了：科舉考試賦予士人一種巫術性「卡理斯瑪」的意義。在中國一般民眾的眼裡，一個通過考試的候選人，不僅只是個在知識上夠資格做官的人，「他已證明擁有巫術性的特質」。此種特質附著於一個檢定通過的士大夫，正如同一個「神寵教會組織中檢定合格且通過試煉的教士」一樣，或者如同一個「通過其行會考驗並證明的巫師」一樣。

▣ 科舉考試與典籍教育

　　在滿清末年廢除科舉考試之前，韋伯的說法基本上是正確的。在儒家發展史上，朱熹是孔、孟之後的第一個重要人物。他繼承張載、二程，而發展出博大精學的理學思想體系。元滅宋之後，元仁宗認為：儒學能「維持三綱五常之道」，而下令科舉考試「明經」項內「四書、五經以程子、朱晦庵注本為主」。明清兩代開科取士，亦沿襲其制。理學因此而能維持其官方正經的地位，歷經宋、元、明、清四代而不變。

　　在科舉制度的制約之下，先秦儒家諸子所著的「四書」、「五經」以及程朱對它們的註釋，變成中國知識分子必讀的經典。青年學子想要參加科舉考試，並在激烈的競爭中脫穎而出，首要條件就是熟讀儒家的經典，並將儒家的教誨內化為個人的價值觀。直到西元 1905 年，清廷正式下令廢止科舉考試之前，在中國近代歷史上有將近六百年的時間，是以儒家經典作為政府官員檢定考試的「知識」。這樣的「知識」，與韋伯所強調的現代「知識」本質上完全不同，與清教徒所追求的教育更不相同：

> 　　儒教徒是受人文教養的人，更精確地說，是個受典籍教育的人，是種最高階段的研讀經書之人（a man of scripture）。
> 　　雖然清教徒在不同的程度上也接受哲學典籍教育，但是大部分的清教派反對此種教育，因為它與不可放棄的聖經教育是相衝突的。聖經被珍視為一種市民的法典與一種經營學。因此，最為儒教徒所重視的哲學典籍教育，對清教而言，是一種無謂的時間浪費，並且有害於宗教。（Weber, 1964, p. 246）

　　在他看來，儒家的經典教育，就像是使清教徒感到威脅的「亞里斯多德及其徒子徒孫」所提倡的「繁瑣哲學與辯證法」，而現代知識的基礎則是「以數學為基礎的笛卡爾派理性哲學」（Weber, 1964, p. 314）。他認為：

「有用的、自然主義的知識，特別是自然科學的經驗知識、地理學，以及一種現實主義專門知識的率直明晰，都是首先由清教徒以一種有計畫的教育目的而推展的，尤其是在德國虔信派的圈子裡，更是如此」（Weber, 1964, p. 314）。

清教徒認為：這類知識可以作為個人在職業上理性地支配這個世界的手段，它能夠「使人盡其義務以榮耀上帝」，所以是「了解上帝的榮耀，與附加在其創造物身上之恩典」的唯一大道。

⊡ 對未知事物的恐懼

科舉考試使儒家社會中的知識分子完全忽略掉這種知識，而且對中國社會及中國人造成了嚴重的後果：

> 教養階層全面而且決定性地影響了民眾的生活方式。這種影響力似乎是透過反面效果而達其高峰：一方面它完全阻擋了任何先知預言宗教的興起，另一方面它又阻絕了泛靈論宗教裡的狂迷（orgiastic）要素。有些作者偶爾將之歸於中國民族性的某些特質：異常缺乏「神經」（nerves）——現代歐洲對此字特別意味：無限的耐心與自制的禮貌；墨守成規；對於單調無聊根本沒有感覺；完全不受干擾的工作能力與對不尋常刺激的遲鈍反應，尤其是在知性的領域裡。（Weber, 1964, pp. 230-231）

本書第六章指出：儒家的宇宙論確實使中國人不容易接受「先知預言的宗教」。儒家修養的工夫，也使他們不易產生「泛靈論宗教」的「狂迷要素」。韋伯所稱的「中國民族性的特質」，則是十九世紀初西方人對中國人普遍存在的刻板印象。至於他們說的：中國人對知性領域中「不尋常刺激的遲鈍反應」，則頗值得再作深入的探討。

韋伯接著說：

　　所有這些似乎構成了一個首尾一貫且看似真實的整體，不過，卻也出現了其他似乎相當強烈的對比：對於所有未知的或不是立即明顯的事物，有一種特別非比尋常的恐懼，並且表現於無法根除的不信任上；對於那些不切近或不能當下見效的事物，都會加以拒斥或者毫無知性上的好奇心。與這些特點相對的，是對於任何的巫術詭計都帶有一種無限的、善意本質的輕信，無論它是多麼地空幻。（Weber, 1964, p. 231）

第二節　「內聖」之道與「外王」之學

　　韋伯的評論看來相當刻薄。可是，在明清時代，即使是中國儒家的知識分子，也有類似看法。明朝末年，朝政腐敗，社會動盪不安。滿清入關之後，黃宗羲、顧炎武、王夫之等儒家學者深感亡國之痛，而開始反省儒家傳統。他們的共同特點是批判宋明理學，但不反對儒家，反倒希望透過研讀儒家經典，以復興儒學，並開創出新的局面。

▣ 率天下入故紙堆

　　比方說，顧炎武批評理學家：「以明心見性之空言，代修己治人之實學」《日知錄・卷七》，置四海困窮於不顧，而終日講危微精一之說，結果培養出一批「無事袖手談心性，臨危一死報君主」的腐儒，將整個大明江山斷送掉。因此，他竭力反對空談，而提倡「博學於文」和「行己有恥」的聖人之道：在「博學」方面，他希望用「辟土地」、「治田野」、「興學校」的方法，來「拯斯人於塗炭，為萬世開太平」；在「有恥」方面，則提倡「不恥惡衣惡食，而恥匹夫匹婦之不被其澤」《亭林文集・卷三・與友人論學書》，對清代的學術風氣造成了深遠的影響。

　　顏元也指責理學家們平時正襟危坐，低頭拱手談心性，弄得「士無學

術，相無政事，民無同俗，邊疆無功」，一旦國家發生危難，則是「愧無半策匡時艱，惟余一死報君恩」〈存學篇〉。譬如朱熹，入仕二十餘年，「分毫無益於社稷生民」，一聽到金兵入侵，只知道「聞警大哭」，「充卻百棟汗千牛，大儒書卷遞增修，聞道金人聲勢重，紫陽齋裡淚橫流」《朱子語類評》。他認為：宋明理學是「率天下入故紙堆中」，「誤人才，破國家」，「入朱門者，便服其砒霜，永無生機」，結果是「普地昏夢，不歸程朱，則歸陸王」，所以他斷言：「程朱之道不熄，孔孟之道不著」，「必破一分程朱，始入一分孔孟」《習齋記餘》！

▣ 「君子不器」與「外王」之學

以韋伯對傳統中國教育的批評和明清時代中國知識分子對科舉制度的反省相互比較，我們立刻可以看到兩者之間的共同之處：用 Archer（1995）主張的「分析二元論」來看，韋伯是社會學家，他所使用的「理念型」研究方法，使他在分析儒家倫理的時候，犯了「熔接的謬誤」（fallacy of conflation），但他對中國傳統教育的批評，卻是相當中肯的。韋伯有一個非常著名的論點，他認為在科舉制度的鉗制之下，儒家教育的癥結在於：

> 對儒教徒而言，無論其社會功能如何，專家都無法被提升到真正有尊嚴的地位。決定性因素在於「有教養的人」（君子）不應當成為「器具」：換句話說，在他適應世界與自我完成的過程裡，他自己本身就是個目的，而不是達成任何功能性目的之手段。儒教倫理的此一核心，拒斥了職業的專門化、現代的專家官僚體制與專門的訓練；它也排斥了以追求經濟利得為目的之訓練。（Weber, 1964, p. 246）

韋伯的這個說法，就是孔子所說的「君子不器」。用儒家自己的語言來說，儒家強調的是「內聖」的修養工夫，卻不知如何建構客觀知識，以達成

「外王」的事功。顧炎武所講的「辟土地」、「治田野」、「興學校」其實
就是要提倡這種客觀知識。《中庸》上說：「道也者，不可須臾離也，可離
非道也。是故君子戒慎乎其所不睹，恐懼乎其所不聞。莫見乎隱，莫顯乎微，
故君子慎其獨也。」儒家所講的「慎獨」，是個人德性修養的工夫，旨在反
思自己的人生之道；能追求個人內心世界的「內聖」，卻很難用它來建構外
在知識，所以很難達到「外王」的理想。

　　王陽明年輕時想用儒家的「格物致知」，來認識外在世界中的事物。他
以「冥思對坐」的方法「格」庭院中的竹子，「格」了七天七夜，結果是一
無所獲，反倒是「格」出病來。他發現此路不通之後，一面打坐參禪，一面
旁修兵法，中年在龍場悟道，提出「知行合一」之說，開創了宋明儒家的「心
學」派，且在軍事方面也建立了極大事功。王陽明所說的「無聲無臭獨知時，
此是乾坤萬有基」《王陽明・傳習錄》，其實已經從儒家「慎獨」的「內
聖」工夫，走向「獨知」的「外王」之路。

▣ 自主的學術傳統

　　在韋伯學派當道的時代，美國哥倫比亞大學東亞語言及文化系的狄白瑞
教授（William T. deBary, 1919-）是一位能夠與時俱進、不斷調整自己觀點的
學者。早年他在討論「中國政治精神」時（deBary, 1957），認為中國的政治
文化是強調服從權威、依賴尊長、不相信自己的獨立判斷；但在他後來所編
的《新儒家的開展》一書中（deBary, 1975），卻反對將新儒家視為「中國心
靈的束縛」（費正清所言）、「一組無生命的價值」、「將傳統殘酷地神聖
化」（韋伯所言），並會妨礙中國現代化等觀點。狄白瑞認為「新儒家應非
完全為現狀服務」，宋明理學也強調個人的自主性，力圖建立一種不畏強權
的自由主義傳統，能夠以理性轉化外在現實，「也能作為對現狀秩序的一種
批判」（deBary, 1983）。他相信未來「中國人民新經驗的關鍵部分終將被視
為源自內部的成長，而不僅只是由外力刺激所引發的革命」。

　　史丹佛大學教授墨子刻（Thomas Metzgar, 1933-）在其頗受爭議的論著

《逃離困境》（Metzgar, 1977）一書中，也有類似的觀點。墨子刻指出：儒家雖然提倡性善，但新儒家也同時承認「人欲」的存在。宋明理學家所主張的道德修養工夫，講究的是「存天理，去人欲」，正說明韋伯所謂儒家「缺乏緊張感」之說，完全是外行之見。

依照先秦儒家及宋明理學的主張，個人必須經過緊張的修養工夫，才能夠發揮善性、印證天理。這種道德修養工夫的關鍵在於「反求諸己」，取決於個人的決心和努力，把人性中的「天理」彰顯出來。道德是非的判斷，取決於每個人自己的良心，而不是聽命於統治者或其他外在權威。儒家所主張的價值內在論，正是抗衡威權專制的主要理論基礎。而真正的儒家在政統之外必然會樹立對等的自主學統，藉以對抗政治勢力，批判統治者。

☑ 儒家困境的解脫

在墨子刻看來，西方文化的入侵並不像費正清、雷文森和其他學者所說的那樣，替中國帶來不幸；相反地，它帶來了解脫。現代化甚至革命也不代表傳統中國社會的毀滅，而是它的完成。對世紀之交的中國而言，西學所帶來的現代科技、政治參與的新手段和知識的新形式，不僅具有促使中國富強的工具性意義，同時更「足以解決儒家長久以來所專注的困擾問題，並實現其社會理想」。

事實上，晚清儒家並沒有明白宣示他們的困境感。墨子刻分析的主要基礎來自儒家思想的現代闡釋者——唐君毅。墨子刻認為，此種困境普遍存在的主張和他的說法也不完全相符。墨子刻自己坦率承認：當他說「新儒家有一種困境感之時，我是在討論他們所未曾說過的事」。但他又堅稱「現代人對新儒家的解釋把這種困境的察覺給過濾掉了」。然而，墨子刻提到，只要學者的注意力集中在中國近代史上的失敗，那麼對傳統中國的舊有偏見會持續下去，並認為它是停滯的。然而，當中國的成功掩過它的失敗時，人們對中國傳統的看法就有必要採用一種不同的新解釋。他自己所從事的，正是這項極具雄心的工作。

　　墨子刻認為：新儒家一直感受到一種緊張的困境感，這種困境感的內在層面，包含心理、道德和形上的困境（內聖），其外在層面，則包含了政治、經濟問題（外王）。新儒家企圖藉著轉化自身和社會，從這種困境的糾結中逃離出來。然而，當許多思想家先後提出的解決之道歸於無效，這種轉化的衝動一再受挫時，新儒家的人生就像薛西弗斯（Sisyphus）一般，陷入永無止境的奮鬥中。

◨ 「同化」資本主義

　　我贊同墨子刻的論點。儒家的修養論本質上是一種「內聖」之學，它必須與西方現代知識結合，才能達成其「外王」的理想。用〈自我的曼陀羅模型〉來說，先秦儒家思想原本是一套「前現代」（pre-modern）的生活智慧。當個人以之作為基礎，充分吸收西方政治、經濟或社會等各方面的「現代知識」，它才有可能成為一種「後現代的智慧」（post-modern wisdom），幫助個人及社會解決他們在生活世界中所遭遇到的各項問題。

　　狄白瑞和墨子刻都是思想史學家，而不是社會科學家。他們對儒家文化傳統雖然抱持著同情的態度，可是他們並沒有針對儒家文化傳統建構任何「含攝文化的理論」，他們對於新儒家的析論也因而只能說是西方漢學家的一種意見而已。同樣的，在《中國的宗教：儒教與道教》一書的結尾部分，韋伯說：

> 在現代文化的領域裡，中國人大概相當有（可能比日本人更有）能力同化在技術上與經濟上皆已獲得充分發展的資本主義。這顯然不是中國人是否「沒有自然稟賦」（naturally ungifted）以適應資本主義要求的問題。（Weber, 1964, p. 248）

　　中國人是否比日本人更有能力「同化」資本主義？由於從 1979 年鄧小平宣布走「改革開放」路線至今，不過三十餘年，要對這個問題提出肯定的答

案，恐怕言之過早。然而，從上一章所提「日本企業經營之父」澀澤榮一所著的《論語與算盤》一書來看，從日本「同化」資本主義的經驗，以及從二次大戰後日本經濟快速復興的經驗來看，中國要想「同化」資本主義，它所需要的「資本主義精神」必然是以「儒家倫理」作為基礎，而不是以「基督新教倫理」作為基礎。

⊡ 轉識成智

　　至於中國人該如何「同化」資本主義？這個問題也需要有「含攝文化的理論」，來作妥善的解釋。本書第二、三兩章指出：〈自我的曼陀羅模型〉和〈人情與面子〉的理論模型都是普世性的理論。我們可以用這個「人的模型」來思考這個問題：

　　明清時期，黃宗羲、顧炎武、顏元等人因為飽讀儒家經典，對先秦儒家的「文化系統」有切身的了解。他們很清楚：先秦儒家的精神，絕不可能反映在科舉制度之上，科舉制度也不可能選拔出真正的儒者。從西元 1905 年，清廷宣布廢止科舉考試，並採取新式教育以來，這個情況已經發生了根本的改變。用〈自我的曼陀羅模型〉來看，在傳統儒家教育體系裡，中國學生所學的「知識」，就是儒家經典自身。從 1905 年之後，在現代中國的教育體系裡，他們所學的卻是從西方輸入的各種科學知識體系。

　　本書第九章引用法國哲學家 Jullien 的論點指出：儒、釋、道各家聖人對其弟子所作的訓誨，並不是西方意義中的「哲學」（philosophy），而可以說是一種「智慧」（wisdom）（Jullien, 1998/2004）。當中國人以其「博學、審問、慎思、明辨、篤行」的儒家傳統，在學校中吸收源自於西方的知識之後，一般社會大眾在日常生活中經常思考的問題是：如何「轉識成智」，很有「智慧」地運用他們所學到的「知識」，來解決日常生活中所遭遇到的各種問題。

　　然而，作為中國社會中的知識分子（士），他們的任務絕不僅只有如此而已。他們不僅要懂得如何「學習」西方文化的產品，還要懂得如何「創造」

現代知識。本書第五章曾引用中國哲學家俞宣孟的論點指出：從西方哲學的「本體論、知識論、方法論」可以開出現代知識，但是從儒家的「宇宙論、良知論、工夫論」卻開不出對於外在世界的「客觀知識」。因此，我們有必要從一個比較宏觀的角度來思考這個問題。

第三節　「儒家人文主義」的學術傳統

　　德國哲學家雅斯培在他所著的《四大聖哲》一書中指出：在西元前 600 年至西元 200 年是人類文明發展的「軸樞時期」。在這段期間，世界上幾乎是彼此互相隔絕的地區，分別出現了許多思想家，由四位偉大的聖哲分別將其整合成獨立而且完整的思想體系，他們是：蘇格拉底、耶穌、孔子和佛陀。其中蘇格拉底是開啟西方文明的關鍵人物。

　　佛教在漢明帝（西元 28 至 75 年）時代傳入中國之後，和中華文化傳統互相結合，塑造出「儒、釋、道」三教合一的東亞文明。儒家文明最大的特點，便是擅長於吸納外來文化。「遼以釋廢，金以儒亡」，許多外來文化進入中國之後，都因為接受業已融為一體的「儒、釋、道」三家思想，而被儒家文化消化掉。

　　到了十一世紀，十字軍東征，大規模的征伐前後有八次（1096～1291），將希臘傳統帶回到基督教世界，兩者互相結合，導致後來歐洲的文藝復興運動。十七世紀啟蒙運動發生之後，歐洲文明快速發展，並往外擴張，將許多非西方國家納為殖民地。

　　中國自中英鴉片戰爭（1839～1842）之後，便成為西方帝國主義的侵略對象，而陷入一連串的內憂外患之中。動盪不安的社會條件，使中國的知識社群無法定下心來吸納西方文明。在二十一世紀，中國知識分子最重要的任務，便是以儒家文化作為主體，吸納西方文明的菁華，「中學為體，西學為用」，建立「儒家人文主義」的學術傳統，以開創出嶄新的中華文明。

　　「儒家人文主義」的學術傳統是新儒家代表人物牟宗三所提出的概念。

從二次大戰結束，國民政府撤守台灣以來，港台地區研究中華文化用心致力最深者，莫過於牟宗三（1909-1995）。牟氏是山東棲霞人，天資聰穎，自青年時期，即潛心精研中、西哲學，27歲出版《從周易方面研究中國之玄學與道德哲學》，此後即著述不斷，累積了極為豐富的哲學寶藏。臨終時自謂：「一生著述，古今無兩」（蔡仁厚，1996；顏炳罡，1995），堪稱現代新儒家的靈魂人物（方克立、鄭家棟，1995）。

◩ 普遍的精神實體

牟宗三（1988）在其所著的《歷史哲學》一書中指出：

> 就個人言，在實踐中，個人的生命就是一個精神的生命，精神的生命函著一個「精神的實體」。此實體就是個人生命的一個「本」。就民族言，在實踐中，一個民族的生命就是一個普遍的精神生命，此中函著一個普遍的精神實體。此普遍的精神實體，在民族生命的集團實踐中，抒發出有觀念內容的理想，以指導它的實踐，引生它的實踐。觀念就是他實踐的方向與態度。（頁1-2）

牟宗三認為：「實踐」是精神生命表現其理想（尤其是道德理想）的活動，脫離了精神生命及其理想，便無「歷史」可言。每一個民族都有其「普遍的精神實體」，歷史即是「普遍的精神實體」在實踐中表現其觀念的過程。然而，因為人類有動物性，故精神實體本身只能在動物性的限制下表現其觀念，在這兩種力量的拉扯之下，決定了各民族有不同的文化系統與觀念型態。

對於形塑中國人「普遍的精神實體」而言，影響最大的，莫過於儒家文化傳統。在〈儒家學術之發展及其使命〉一文中，牟宗三（1982）將儒學哲學的關係分為三個大時代（three epochs）：

1. 先秦儒學：以孔、孟、荀為代表。

2. 宋明理學：以周、張、程、朱、陸、王為代表。

3. 當代新儒家：由熊十力先生開出，以唐（君毅）、牟（宗三）、徐（復觀）為代表。

▣ 三統並建

　　牟宗三畢生研究中國文化，其目的在於重建中國文化，希望開出中國文化的新型態。他認為：唯有道統、學統、政統三統並建，儒家式人文主義徹底透出，才能開出中國文化的新型態。他說：

> 　　道統之肯定，此即肯定道德宗教之價值，護住孔子所開闢之人生宇宙之本源。學統之開出，此即轉出「知性主體」以融納希臘傳統，開出學術之獨立性。政統之繼續，此即由認識正體之發展而肯定民主政治為必然。

　　道德是道德宗教，學統核心是科學，政統就是民主政治。牟宗三認為：道統是一種比科學知識更具綱維性的聖賢之學，是立國之本、是文化創造的源泉、是正統和學統的生命和價值之源。政統和學統是道德的客觀實現，失去了道統，正統和學統就會步步下降、日趨墮落，而失去正統與學統，道統也會日益枯萎和退縮。他認為，三統之建立，就是「儒家式人文主義」的真正完成，也就是儒家真正轉進第三期之發展。

　　就中西文化的關係而言，「三統並建」之說可以說是孔孟陸王心性之學與西方的民主與科學相融和的產物。在他看來，儒家道德宗教的「道統」是中國文化之所長，而民主與科學是西方文化之所長，為中國文化之所短。中西文化自然融和、長短互補，才能解決彼此的困難；中國文化只有融納了西方的民主與科學，才能開出新的型態，實現其理想。但在這種融和中，中國文化是根本與核心，西方文化是末、是用。在我看來，這個論點基本上是可以接受的。

牟宗三認為：他在學術研究上畢生所作的努力，就是要梳理「儒家人文主義」的統緒，肯定孔子所開創的儒家文化之「道統」。至於「轉出『知性主體』容納希臘傳統」，以開出「自主的學術傳統」則可謂一事無成。為什麼呢？

▣ 中華文化的現代化

我們可以從本書撰寫的架構，仔細探討此一問題。本書第四章指出：倘若我們以韋伯所謂的「理性化」來界定「現代化」，則在儒家文化發展的歷史上，一共經過了三次不同性質的「現代化」，這也對應牟宗三所說的儒家思想在中國歷史上的三次發展。在Jaspers所謂的「軸樞時期」，老子和孔子門人分別解釋了《易經》，儒教和道教已經分別完成了中華文化第一次的「理性化」。第五、六兩章分別說明：老子解釋了《易經》，使道家門人發展出中國的科學；孔子及其門人解釋了《易經》，則發展出中國的倫理與道德。

在本書的第三部分，分別以普世性的「關係」與「自我」的理論模型，重新詮釋先秦儒家思想的內容，藉以描繪出先秦儒家思想的「文化型態學」（morphostasis）。用韋伯的概念來說，儒家文化第一次現代化所發展出來的文化型態，其特徵為「理性的順應」，和西方世界在基督新教倫理興起後發展出來的「理性的控制」，有其根本的不同。

本書的第四部分包含五章，分別討論：程朱的理學、陸王的心學、明清的經學，以及陽明學對於日本的影響，這是在對儒家思想作「文化衍生學」（morphogenesis）的分析。在這個階段，最值得吾人注意的是程朱「理學」一派所強調的「道問學」和陸王「心學」一派所強調的「尊德性」。我們可以從中國歷史思維的特色，來說明儒家第二次「現代化」的意義。

▣ 理學家的「道問學」

黃俊傑（2014）在其力作《儒家思想與中國歷史思維》一書中指出：傳

統中國史家與儒家學者都主張：學術研究之目的在於淑世、經世，乃至於救世。為了彰顯儒家價值的淑世作用，他們都非常強調：以具體的歷史「事實」來突顯儒家的「價值」，並在歷史「事實」的脈絡中說明儒家「價值」的意義。這就是所謂的「重變以顯常，述事以求理」，也就是章學誠所說的：「述事而理以昭焉，言理而事以範焉。」浸潤在儒家文化氛圍中的傳統中國史學家認為：價值理念的「普遍性」（universality）深深地根植於歷史與人物的「特殊性」（particularity）之中，而「抽象性」的「天道」或「理」，也可以從「具體性」的史實之中提煉或抽離而出，黃俊傑稱之為「具體的普遍性」（concrete universals）。

　　然而，這具有「普遍性」的「天道」或「理」究竟是什麼呢？本書第十二章對於程朱理學的論述指出：朱熹主張「理一分殊，月印萬川」，認為源自「天道」的「理」會呈現在「人心」或諸多事物的素樸狀態中。他從各種不同角度，反覆析論：仁、義、禮、智、信等儒家所謂的「五常」都是「理」的展現；而張載則是努力要刻劃出「儒家的心之模型」。

　　但是，在「天人合一」的文化傳統裡，宋明理學家雖然致力於「道問學」，他們卻很難將具有「普遍性」的儒家價值理念建構成形式性的理論，來說清楚「儒家價值是什麼？」而這也是本書所要回答的問題。我們可以再從港台新儒家的侷限，來說明儒家文化第三次現代化的必要。

◙ 新儒家的侷限

　　在《歷史哲學》一書中，牟宗三（1988）認為：中國文化的特長在於「綜合的盡理精神」，是一種「理性的運用表現」。相對地，西方文化則擅長「分解的盡理精神」，以「理性的架構表現」，透過一種「主、客對立」的「對待關係」，而形成一種「對列之局」（co-ordination），從而撐出一個整體的架構。由於中國文化向來注重運用表現，強調「攝所規能」、「攝物歸心」，在主體中以「天人合一」的方式，將對象收攝進來，而成為絕對自足的存在。在這種狀況下，若要轉換成「架構表現」，便只能「曲通」，而

不可能「直通」。

什麼叫做「曲通」呢？針對這個議題，牟宗三提出了良知或道德理性的「自我坎陷」，也就是絕對自足的良知，暫時地對其「運用表現」存而不論，轉而讓知識主體以及政治主體能夠依據各該領域的獨特性來發展；在創造科學與民主的活動之後，再用道德理性加以貫穿。

政治主體如何透過良知的「自我坎陷」而開出民主政體？這不是本書所要討論的範疇，在此暫且不論。然而，從牟宗三對於社會科學本土化的主張來看，知識主體要想發展社會科學，還得定下心來，虛心學習西方的科學哲學，才有可能運用「分解的盡理精神」，建構「含攝文化的理論」，以「對列之局」實質地分析：「人」如何在各種不同的生活場域中運用其「綜合的盡理精神」，及其所造成的社會後果。

更清楚地說，牟宗三以「理性的運用表現」和「理性的架構表現」分別描述中、西文化之特長，但他卻不知道如何整合這兩者，所以才會想出令人費解的良知「自我坎陷」說。我以「十年磨一劍」的精神，寫出一系列的著作，正是要補充牟宗三之不足，完成港台新儒家的未竟之志，促成儒家文化第三次的現代化。

第四節　多重哲學的研究典範　

我從 1980 年代致力於推動社會科學本土化運動，不斷反省並思考國內科學研究落後的根本原因。1990 年代之後，開始提倡以科學哲學作為基礎，從事本土心理學研究。這道理其實並不難理解。

▣ 現代知識的哲學基礎

西方現代的知識是建構在其哲學基礎之上的。我們到西方國家去留學，不管念的是物理、化學、心理、地理，或是政治、經濟、社會、教育，最後拿到的學位，都是哲學博士（Doctor of Philosophy, Ph.D.）。有些人可能會感

到奇怪：我念的又不是哲學，為什麼給我一個「哲學博士」的頭銜？這是因為在西方的文化傳統裡，哲學是學術之母。學院中講求的知識，都是建立在其哲學的基礎之上。一個人既然已經拿到博士學位，他們就假設你一定懂得他們的哲學，所以頒給你「哲學博士」的頭銜。

問題是：西方國家視之為理所當然的這種想法，對非西方國家的「學者」卻未必為真。西方的哲學其實就是西方文化的核心成分，而且已經融入他們的語言之中。西方國家的一流大學，通常會把「知識論」（epistemology）和「專業倫理」（professional ethics）列為通識教育（general education）的必須課程。在西方文化中成長的學者，對於西方哲學中的許多概念，若不是耳熟能詳，起碼也會有一定程度的理解。

西方啟蒙運動之後，在西方近代文明發展史上，許多哲學家不斷殫精竭慮地思考科學家如何建構他們的科學微世界，而形成所謂的「科學哲學」。西方科學哲學討論的問題包含本體論、知識論和方法論，即科學研究對象的「本體」到底是什麼（本體論）？科學家如何針對其研究對象的本體建構知識（知識論）？用什麼方法來檢驗其知識的正確性（方法論）？

▣ 「後續增補」的研究

然而，對於在非西方國家教育體系中成長的學者而言，西方哲學中的許多概念，卻是一種異質文化的產品。華人大學通常會開設許多有關方法論的課程，但他們卻很少討論本體論和知識論方面的問題。他們在受教育的過程中，對於相關概念如果沒有系統性的認識，他們在閱讀西文書籍的時候，看到諸如此類的相關字眼，也可能會去查閱字典。遺憾的是：大多數人對這些概念通常也僅止於「字典式的理解」或「望文生義式的理解」。

由於儒家文化傳統對於形上學問題的討論缺乏興趣，華人學者最容易接受「實證主義」的科學觀，並傾向於認為西方的科學理論就是「真理」。儘管對科學哲學只有「字典式的理解」或「望文生義式的理解」，大多數研究生只要跟從指導教授的研究典範，「依樣畫葫蘆」地刻意模仿，也就能夠完

成學位論文。可是，這種只講究「方法」而不注意「方法論」的研究方式，卻很可能使他們的研究工作喪失掉原創性；他們據此而寫成的論文，也很可能因此而呈現出「後續增補」（follow up）的性格，結果就形成華人學術界普遍存在的「學術自我殖民」現象，大家只會盲目套用西方的研究典範，陷入「典範移植」的困境。即使有些資深學者大聲疾呼：要針對母社會的文化建構理論，但因為大多數學者對西方的科學哲學缺乏相應的理解，這類呼籲通常也收不到什麼效果。

在我看來，這是非西方國家之科學落後的根本原因，也是社會科學本土化運動難以落實的理由所在。像在台灣這樣的非西方國家，今天我們要談「學者養成」，一定要設法使我們的年輕學者對於西方科學哲學的發展，能夠獲致一種「相應的理解」，以作為他以後從事學術工作的「背景視域」，能夠真正走出「典範移植」的困境。對於科學哲學的「相應理解」，可以說是非西方國家中的研究生進入學術這一行的必要條件，而非充分條件。更清楚地說，一個有志於以科學研究作為終身志業的研究生，了解西方科學哲學的發展，並不保證他一定能成為一個傑出的科學家；可是，如果他不了解西方科學哲學的發展，無法掌握住西方人從事科學研究的那種精神意索（ethos），他大概就很難成為一個有創造力的科學家。

◨ 哲學養成的困難

認識到這一點之後，我開始鼓勵研究生去修習科學哲學的課程，並一再要求台灣大學通識教育委員會設法開設這一方面的相關課程。不久，我就發現：即使如此，仍然不能解決我國年輕學者所面對的難題，其原因有三：第一，儘管國內許多大學的哲學系所也有開設許多門課，介紹西方個別的哲學家以及他們的哲學思想。然而，哲學系所開設的專門科目，卻很少是為了非哲學系所的研究生而設計的。他們不會討論：各種不同的哲學課程和社會科學的發展有什麼關聯；更少有人會去思考：如何以某種科學哲學作為基礎，來從事社會科學研究。對於未來想要以學術研究作為終生志業的研究生而言，

他們不可能去修習許多門哲學課程；即使零零散散地修習了幾門哲學課程，對他們未來的研究工作，也未必有什麼幫助。

第二，從二十世紀以來，西方哲學中討論知識論的書籍可謂汗牛充棟。從 1980 年代之後，許多主要的科學哲學著作陸續被譯成中文，介紹西方主要思想家的書籍也大量湧現。然而，許多重要著作的譯筆十分生硬，讀來常常令人有一頭霧水之感；面對浩如瀚海而又不斷湧現的哲學著作，許多非哲學系所的研究生常常會有惶惶然不知如何下手的困惑。

第三，許多西方哲學家對於人生問題的關懷是多層面的，他們所思考的問題往往不僅只是知識論的問題而已，而且還包括倫理學、心理學、社會學等不同的層面。如果我們想要了解西方科學哲學思潮演變的來龍去脈，我們一定要從一個特定的立場切入，擷取他們的相關論點來加以論述，而不能對每一位哲學家的思想作完整的介紹。如果一定要面面俱到地介紹每一位哲學家，不僅非作者能力所能及，而且單只一本書，恐怕也無法完成如此艱巨的任務。

▣ 《社會科學的理路》

基於這樣的考量，最後我決定自己「披掛上陣」，針對國內年輕學者的需要，撰寫一本《社會科學的理路》。我雖然不是出身自哲學專業，多年來推廣本土心理學的經驗，卻使我深刻了解國內的年輕學者需要些什麼。因此，這本書分為兩大部分：前半部所討論的「科學哲學」，主要是側重於「自然科學的哲學」，尤其強調由「實證主義」到「後實證主義」的轉變；後半部則在論述「社會科學的哲學」，包括：結構主義、詮釋學和批判理論。由於包括心理學在內的許多門社會學科，都同時兼具「自然科學」和「社會科學」的雙重性格，一個年輕學者如果想要在自己的研究領域上有所創發，就非得要先了解這兩種「科學」的哲學基礎不可。

這本書一共介紹二十世紀裡十七位最重要的哲學家。鑑於每一位哲學家的思想都是其在一定歷史條件下，從事主體性思考所得到的結果，因此該書

在介紹每一位哲學家的思想之前，都有一篇小傳，敘述他們主要的學術生涯，及其學術思想與其他思想家之間的關係。由於該書的目的是希望讀者了解西方科學哲學思潮的演變，因此，在介紹每一位哲學家的時候，並不作全面性的介紹，而只側重於其思想中有關本體論、知識論和方法論的討論。

　　這本書在 2001 年出版之後，我開始用它當教科書，在台灣大學開設「知識論與方法論」的課程。剛開始的時候，修課人數不多，通常只有一、二十人而已。但近年來，認識到科學哲學之重要性的人愈來愈多，連附近大學的學生也來跨校修課，修課人數因此而逐年上升。

　　這裡必須強調的是：我寫這本《社會科學的理路》，目的是為了要吸納西方文明之優長，再利用它來克服本土心理學發展上的難題，以建立「儒家人文主義」的自主學術傳統，而不是為了要「如實地」反映西方科學哲學的「全貌」。因此，這本書的寫法與西方一般科學哲學的教科書，也有明顯的不同。西方學術界所謂的科學哲學，通常是指「自然科學」的哲學，我治學的終極關懷，卻是要建立本土社會科學學術傳統，整合自然及社會科學，所以必須介紹「詮釋學」和「批判理論」。「結構主義」是人類學家發明的方法，西方科學哲學的教科書幾乎不談；我的興趣在於探討文化的深層結構，所以用「結構主義」作為結合自然與社會科學的樞紐。

　　今天我們要想建立自主性的本土社會科學，一定要針對我們在推動社會科學本土化時所遭遇的難題，運用不同的科學哲學典範，逐一予以解決，這就是我所謂的「多重哲學的研究取向」。

▣ 《儒家關係主義》

　　中國人是非常講究實用的民族。在《社會科學的理路》出版之後，大家最關注的問題是：它對本土社會科學的發展有什麼用？從 2000 年起，我被委任為「華人本土心理學研究追求卓越計畫」的主持人，基於這樣的認識，在執行卓越計畫的八年期間，我不斷殫精竭慮，一面思考和心理學本土化有關的各項問題，一面從事研究，撰寫論文，在國內、外學術期刊上發表。該項

計畫於 2008 年初結束之後，我又以將近一年的時間，整合相關的研究成果，撰成《儒家關係主義：哲學反思、理論建構與實徵研究》（黃光國，2009）一書，三年之後，該書之英譯本改以 Foundations of Chinese Psychology 之名出版（Hwang, 2012）。

　　這本書是以「後實證主義」的科學哲學作為基礎，強調：本土心理學的知識論目標，是要建立由一系列理論所構成的科學微世界，它們既能代表人類共有的心智，又能反映文化特有的心態。基於這樣的前提，在該書第四章中，我以西方科學中的後實證主義和結構主義作為基礎，說明我如何建構〈人情與面子〉的理論模型，並以之作為架構，用詮釋學及批判理論的方法，分析儒家思想的內在結構，這樣分析所得到的「庶人倫理」與〈人情與面子〉的理論模型有本體論上的同構關係。然後，我先對以往有關華人道德思維的研究進行後設理論分析，然後從倫理學的觀點，判定儒家倫理的屬性，接著以「關係主義」的預設為前提，建構出一系列微型理論，來說明儒家社會中的社會交換、臉面概念、成就動機、組織行為、衝突策略，並用以整合相關的實徵研究。從科學哲學的角度來看，這樣建構出來的一系列理論，構成了「儒家關係主義」的「科學研究綱領」（scientific research programme）（Lakatos, 1978/1990）或研究傳統（Laudan, 1977/1992）。

第五節　心理學的科學革命

　　我從 1980 年代投身於心理學本土化運動以來，便一直認為：「自我」與「關係」是社會心理學中兩個最重要的核心概念。「華人本土心理學研究追求卓越計畫」結束之後，從 2009 年起，我參與台灣大學人文社會高等研究院所支持的「華人社會中的『人觀』與『我觀』研究計畫」。在這段期間，我注意到存在於華人社會中形形色色的「人觀」，更迫切感覺到：我們需要有一個普世性的自我理論，來將這些「人觀」整合在一起。

▣ 〈自我的曼陀羅模型〉

2010 年 7 月 24 至 27 日，亞洲本土及文化心理學會在印尼日惹市的 Gadjah Mada University 舉辦第一屆國際會議，我被推選為第一屆的會長。在開幕典禮的大會致詞上，我批判建立在個人主義預設之上的西方社會心理學理論，並不適用於非西方國家。亞洲本土及文化心理學會的使命，是要啟動一場心理學的科學革命，建造一系列以關係主義作為預設的理論，來取代西方怪異的心理學理論，以幫助非西方國家的人們解決他們日常生活中所遭遇到的各種問題。

會議結束後，我在參觀「婆羅浮屠」（Borobador Temple）的過程中，對於人類「自我」的深層結構突然得到靈感。回國後，因而綜合我在撰寫《知識與行動：中華文化傳統的社會心理詮釋》，以及參與「人觀與我觀研究計畫」時的主要思考方向，建構出一個〈自我的曼陀羅模型〉（Mandala Model of Self），並據此而寫成《心理學的科學革命方案》一書，內容分為十一章，仔細析論非西方國家的本土心理學者應如何用西方科學哲學五大典範，致力於建構既能反映人類的普世性心智，又能說明特定文化中人們之特殊心態的理論，以啟動心理學之科學革命。

▣ 老式的文化概念

瑞典倫德大學的教授 Carl M. Allwood 曾經和著名的本土心理學者 John Berry，對世界各地本土心理學運動作過一次大規模的國際性調查（Allwood & Berry, 2006）。事後 Allwood（2011）寫了一篇論文，題為〈論本土心理學的基礎〉，刊登在一本名為《社會知識論》（*Social Epistemology*）的國際學術期刊之中。論文指出：「在（以英文發表）的本土心理學研究文獻中，文化通常都是被以相當抽象而且有限整體（delimited entity）的方式，界定為某一社會成員或多或少都有的某種理解（包括能力）以及活動。有些人還經常強調：文化存在於群體的層次，諸如此類的預設都在強化一種觀念：文化是

『抽象的整體』，而且是社會成員所共有的。」

他提出本土心理學的三個特定例子，批評這種文化的觀念是「相當老式的」（somewhat old-fashioned），它「受到早期社會人類學著作的影響」，他們通常認為特定的文化是「特定社會或群體」的圖像，這種觀點太過於「本質化」（essentialized）或「物化」（reified），假設社會中的文化是一種獨立而且相對穩定的存在，「飄浮在」社會其他的物質及社會系統之上。

▣ 成就或錯誤？

我看到這篇論文後，寫了一篇回應文章，題為〈本土心理學中的文化物化：成就或錯誤？〉（Hwang, 2011），文中很直率地指出：Allwood 的說法，代表了西方主流心理學界「文化虛無主義者」（cultural nihilist）的標準論點；他既不知道本土心理學者所面對的問題，也不了解他們解決這些問題的「理論素養」。

西方主流心理學的理論，大多建立在個人主義的預設之上，許多人卻認為：這樣的心理學理論是普世性的本土心理學之研究取向，誠然可能把文化物化。然而，西方心理學者根據其「怪異」樣本所建構出來的理論模型，難道不也是一種「物化」嗎？Allwood 自己也承認：西方主流的心理學理論也是一種本土心理學（Allwood & Berry, 2006），那為什麼把個人主義的文化「物化」，是心理學史上的重大成就；把關係主義的文化「物化」成心理學理論，就是一種錯誤？

《社會知識論》的執行編輯 James Collier 在看到這篇論文之後大感興趣，立刻請他的兩位博士後研究生 Martin Evenden（在台灣）和 Gregory Sanstrom（在墨西哥）對我的學術論點進行專訪。這篇專訪以〈呼喚心理學的科學革命〉為題，刊登在 2011 年 4 月出版的《社會知識論》之中（Evenden & Sanstrom, 2011）。

美國心理學會知道我的學術主張後，極感興趣，並於 2010 年 12 月組成「本土心理學推廣小組」（Task Force for Promoting IP），由 Louise Sundararajen擔任召集人，吸引了許多資深心理學者參加，包括：本土心理學的前輩 Anthony Marsella、文化心理學者 Richard Shweder、歷史心理學者 Kenneth Gergen，以及心理學史學家 Wade Pickran，其成員並陸續在增加中。

▣ 科學與文化的連結

2011 年 8 月 4 至 7 日，美國心理學會在 Washington, D.C.開會，「本土心理學推廣小組」以「重新認識世界與文化：全球化時代的本土心理學」（Reclaiming World & Culture: Indigenous Psychology in the Globalizing Era）為題，組織了一項研討會，有 Marsella、Shweder、Gergen、Teo、Sundararajen 等人參加。

我在美國心理學會上宣讀的論文為「Linking Science to Culture: Challenges to Psychologists」。在這篇論文中，我很清楚地指出：從心理學之父馮特（William Wundt, 1832-1920）在萊比錫大學創立第一個心理學實驗室，而開始有所謂的「科學心理學」以來，西方主流心理學者便一直未能妥善處理有關「文化」的議題。馮特認為：「文化」的問題必須用歷史的方法來加以研究；行為主義刻意「閃避」文化議題，繼之而起的認知心理學則把「個人主義」的文化視為理所當然，他們以「個人主義」作為預設，發展出各種「中程理論」（middle-range theory），甚至是「迷你理論」（mini-theories）。正因為如此，非西方國家的本土心理學者，就必須發展「含攝文化的理論」（culture-inclusive theories），以發動心理學的科學革命。

▣ 心理學的第三波

這篇論文刊出之後（Hwang, 2013a），Allwood（2013a）認為茲事體大，立即寫了一篇長文，針對我的學術主張提出一系列的問題，投給該刊。我立即寫了一篇〈以多元哲學典範建構含攝文化的理論〉（Hwang, 2013b），針對他所提出的十九項問題，一一作答。

我原先以為：如此鉅細靡遺地回答他所提出的每一個問題，這場辯論應

當可以告一段落了。不料他仍不死心，又寫了一篇論文題為〈論本土心理學中經驗取向之文化概念的優點〉，說明他的學術主張（Allwood, 2013b）。我細讀之下，發現他對科學哲學的觀念仍然停留在實證主義的經驗研究層次，因此以〈文化中作為文化並有深層結構的科學：跨越心理學裡的實徵研究〉為題，引用「批判實在論」的觀點，說明心理學中三次典範移轉的意義，最後並引進一段孔子的名言，奉勸他：「知之為知之，不知為不知，是知也」《論語・為政》。

　　這場學術辯論為期三年，雙方在《社會知識論》上發表的論文多達十七篇；到了 2014 年 11 月，Allwood 終於宣布這場辯論已經宣告結束，他並將此消息公布在美國心理學會「本土心理學推廣小組」的網站上。英國出版商 Nova Science Publishers, Inc. 立刻與我連絡，要求我將辯論內容編成一本專書。目前我正致力於此一工作，希望在該出版社之叢書 Advances in Social Theory Research 中，編成一本專書，題為《連結科學與文化：心理學的第三波》（Linking Science to Culture: The Third Wave of Psychology），期能對國際心理學界產生更大的影響力。

▣ 挑戰主流研究典範

　　一個學術運動成熟之後，它所建立的典範不但要禁得起國際學術社群的挑戰，而且必須主動向國際上既有的主流研究典範挑戰。Michael H. Bond 是因為研究「中國人心理學」而享譽國際心理學社群的第一位心理學家。他在香港中文大學任教期間，便出版了《中國人的心理學》一書（Bond, 1986），其後又在香港的牛津大學出版社出版一本他所編的《中國心理學大全》（Handbook of Chinese Psychology），將「中國心理學」這個概念帶入了國際學術社群（Bond, 1986）。2010 年，他又出版了一本《牛津中國心理學大全》（Oxford Handbook of Chinese Psychology）（Bond, 2010）。這本書包含四十一章，動員了數十名的中、外學者，涵蓋領域包羅萬象，幾乎把過去數十年內有關中國人所作的心理學研究都網羅在內。

一位任教於西班牙巴塞隆納的華裔學者 Lee（2011）深入回顧這本書之後，一針見血地指出：「這本書沒有清楚的結構，除非仔細閱讀整本書的目錄，否則讀者很難看出這本書包含有哪些內容，並辨認出針對某一特定議題的章節」（p. 271）。不僅如此，「整本書大多缺少理論（there is a general lack of theory in the whole book），這些以議題取向的章節，對關於華人所作的經驗研究發現，作了相當詳盡的回顧與報告，然而，只有極少數的幾章提出華人心理學的本土理論」，「儘管他們公開宣稱要推動本土研究，他們的水準大都停留在支持／不支持西方的發現，並且用諸如集體主義、權力差距之類的文化向度來解釋他們的發現」。尤有甚者，「這本書中所引的研究大多是以『中國和西方』二元對立的方式，來處理他們的研究發現，並無法掌握現實世界中更為精緻的複雜性」（pp. 271-272）。

▣ 兩種研究取向的對決

《儒家關係主義：哲學反思、理論建構與實徵研究》一書的英文版改以 Foundations of Chinese Psychology: Confucian Social Relations 為名出版之後（Hwang, 2012），2012 年 6 月 1 至 2 日，在台灣大學人文社會科學高等研究院的支持之下，本土心理學推動委員會邀請了十位國際知名的文化及心理學者，以「建構含攝文化的心理學理論」作為主題，發表論文。他們各自從不同的角度，針對此一議題，發表了十篇精彩的論文。

在研討會之前，我特地把這次研討會的緣起寄給 Bond，邀請他在開幕式上致詞回顧他的學術生涯並作主題演講，說明他如何研究中國人的心理學。因此，這次研討會幾乎變成「文化系統」（cultural system）和「泛文化向度」（pan-cultural dimensions）兩種研究取向的針鋒相對。

Michael H. Bond 代表了套用西方主流心理學理論及研究典範的「泛文化向度」（Pan Cultural Dimensions）研究取向，這種研究取向主張：在建立人際行為的模式時，「我們必須發展工具，來測量跨越許多文化群體而在量度上有相等的心理構念」，以便於後從的研究者從事跨文化比較研究。這種研

究取向雖然能累積許多瑣碎的實徵研究成果，卻傾向於使用非西方文化面貌模糊，喪失其文化的可辨認性（Cultural Identity）。

在 *Foundations of Chinese Psychology* 一書中，我所主張的「文化系統」（Culture System）研究取向，將儒家文化視為整體系統，可以避開上述缺失，讓華人了解其文化傳統，並獲致清晰的文化認同感。不僅如此，此種研究取向係以「多重哲學典範」作為基礎，其核心為「本體論的實在論」，有堅實的哲學基礎，可以推廣到其他非西方國家，以協助他們建立自主的社會科學。

回 文化敏感度

Bond（2015）也認識到：在主流「怪異」國家之外的心理學發展，對於擴展西方心理學學科領域的重要性。他在 2010 年版《牛津中國心理學大全》一書的「結論」一章，章名為：〈中國心理學科學研究邁向二十一世紀的若干前景〉，其中引了 Arnett（2008）所說的一段話：

「本土理論化的角色，在於擴大我們以科學最佳實踐的構念和理論來描述並解釋人類處境的知識庫。」
「像中國人這種非主流的文化群體能夠擴大我們概念的領域，把心理學紮根在人類整體的實在之上，而不僅只是其西方（其實通常是美國）的版本。」

他也覺得「套用西方研究典範」的作法並不妥當，因此在他最近出版的第四本書《中國人的組織與管理行為》（Huang & Bond, 2012）的封面上，特別引述孔老夫子的名言：「學而不思則罔，思而不學則殆」，其「結論」一章的章名是：〈沒有比中國人組織行為的研究更美國化的東西了〉（There is nothing more American than research on Chinese organizational behavior），他也希望中國學者將來「更有文化敏感度一點」（be more culturally sensitive）。

◉ 自主社會科學的傳統

事後，我從該項研討會的論文挑出四篇投稿給《社會行為理論學刊》（*Journal for the Theory of Social Behavior*），除了我和 Bond（2015）所寫的兩篇論文之外，還有美國心理學會「本土心理學推廣小組」召集人 Sundararajen（2015）支持我論點的論文，以及亞洲本土心理學會會長 James Liu（2015）的一篇論文，析論東亞階序式關係主義對全世界的普遍性意涵。

該刊主編認為：這是十分重要的議題，希望能引起國際辯論，因此邀請我作為 guest editor，邀集更多重量級學者，討論此一議題，並為該刊編一特刊（special issue）。我於是邀請著名的歷史心理學家 Gergen（2015）、主張行動理論的德國文化心理學家 Eckensberger（2015），和來自大陸的社會學者齊小英（Qi, 2015）分別從不同角度撰文，討論全球化時代建構「含攝文化」之理論的重要性。在這八篇論文中，我所寫的兩篇論文之題目分別為：（1）〈文化系統與泛文化向度：本土心理學研究取向的哲學反思〉（Hwang, 2015a）；（2）〈含攝文化的自我與社會互動理論：多重哲學典範的研究取向〉（Hwang, 2015b）。

從批判實在論的角度來看，建構「儒家關係主義」的一系列理論模型，旨在建立「儒家人文主義」的學統，是建立華人自主社會科學傳統的重要一步，而批判實在論以及我所主張的多重哲學典範之研究取向，則可以作為達成此一目標的哲學基礎。

第六節　辯證的傳統

不論是和 Allwood 進行長達三年有餘的辯論，或是召開研討會，邀請 Bond 和國際學者前來進行辯論，都是為了要建立華人自主學術傳統所採取的刻意行動。接著，可以先從文化變遷的宏觀角度來說明這一點。

⊡ 蘇格拉底的辯證法

德國哲學家雅斯培在他所著的《四大聖哲》一書中指出：人類文明發展的「軸樞時期」，世界上幾乎是彼此互相隔絕的地區，分別出現了四位偉大的聖哲：蘇格拉底、耶穌、孔子和佛陀，其中蘇格拉底是開啟西方文明的關鍵人物。

他像許多雅典人一樣，大部分時間都在街上、市場、體育館或酒宴上和藝術家、政治家、工匠、詭辯者、娼妓等各種人物對話。「對話」或「問答」是蘇格拉底生命中最重要的事情。他沒有建立任何團體，不宣傳或辯護自己的學說，沒有設置學校或任何機構，沒有設計一些改革國家的計畫，沒有建立系統的學問，也不對群眾演說，他認為：自己的任務只是做一個普通的人，在人群中探討真知。在當時，「談話」是雅典人的一般生活方式，但是蘇格拉底卻把它當做是喚醒、激動或驅迫人們內心靈魂的哲學方法。他緊迫逼人的發問，毫不留情的揭露人們思想中陰暗的角落。他相信：在真與善的知識追尋中，人是單獨存在的，唯有在人與人的對話和問答中，藉由不斷思考和問答的徹底思考，真理才能夠對個人開放，才能把握真正的自我。

到了中世紀，十字軍東征後，將希臘傳統帶回到基督教世界，兩者互相結合，導致後來歐洲的文藝復興運動。佛教在漢代傳入中國之後，則和中華文化傳統互相結合，塑造出「儒、釋、道」三教合一的東亞文明。今天我們要以中華文化作為主體，吸納西方文明，一定要懂得西方人如何用辯證的方法來逼近真理。

⊡ 辯證詮釋學

詮釋學大師高達美（Hans-Georg Gadamer, 1900-2002）是海德格的學生。高達美所提出的辯證，是立基於海德格後期思想中所闡述的那種存在結構，以及海德格在《存在與時間》一書中所敘述的那種理解之前結構。海德格的詮釋學從存有學上來設想「理解」的事件，而高達美則更進一步，將理解的

存有學發展成一種辯證的詮釋學。

　　他像海德格一樣，批評現代性屈從在「技術性思維」之下，這種技術性思維是以對立於客體的「主體性」作為基礎，並把人類的主觀意識，以及根植於這種意識的理性確定性，當作是人類知識的最終參照點。笛卡兒以前的哲學家，例如：古希臘人，把思維看作是存在本身的一部分；他們並不把「主體性」當作起點，以之作為基礎，再建立知識的客觀性。他們所做的是一種辯證的考察，並嘗試讓那些被理解的事物來引導自己。知識是他們參與於其中的某物，而不是他們後天獲得的財產；他們參與其中，讓自己被引導，甚至讓知識來占有自己。古希臘人以此方式去接近真理、邁向真理；這種思維方式，超越了現代人希望以「主／客」對立的思考模式建立確定性知識的限制。因此，高達美主張：以蘇格拉底的辯證法，代替現代的操作性和技術性思維。

　　在他看來，科學方法不可能揭示新的真理；它只能將隱含在方法中的真理透顯出來。真理之所以會被發現，並不是透過「方法」，而是透過「辯證」。唯有以不斷地提問作為回應事物的方式，才能趨近所要探究的事物。

　　事實上，方法自身通常都是在「主／客」對立的脈絡之中產生的，它可以說是現代操作性和技術性思維的基礎。在「方法」中，進行探究的主體在主導著、監控著和操作著探究的方向；在「辯證」中，被探究的事物則提出問題，並要人對其回應。一個人只能以他所處的時空環境作為基礎，對事物作出回應。此時，探究者不需要針對其對象建構出「方法」，以便掌控對象；相反的，探究者會突然發現：他自己是被「主題」所質問的存在者。在這種狀況中，「主／客」對立的基圖，只會誤導方向，只會使主體變成客體。

▣ 視域融合

　　辯證的目的是一種現象學式的：讓遭遇到的存在者開顯事物自身。方法是一種特定的提問方式，只能揭示出事物的單一面向；辯證的詮釋學則是開

放自己，讓事物的存在來詢問，讓事物能就其存在而開顯出自身。由於人類的理解是語言性的，存在本身終究也是語言性的，所以吾人有可能達成這個目的。

高達美的辯證詮釋學與黑格爾的辯證法有某些血緣關係，但兩者之間又有不同，他的辯證詮釋學並不是建立在自我意識上，而是以語言學和存有學作為基礎，立基於人類在世存有的語言性之上。這不是一種提升「正／反」命題的辯證法，它是一個人的「自己」視域和「傳統」視域之間之一種辯證。我們繼承了傳統，遭遇到傳統；同時，傳統也製造出否定性的因素，這個否定性就是辯證的生命所在，也就是探究行為的生命之源。

當讀者帶著自己的歷史「視域」去理解某種歷史作品時，兩種不同的歷史「視域」必然會產生一種「張力」（tension）。讀者必須擺脫由其自身歷史存在所產生的「成見」，但又不能以自己的「成見」任意曲解其理解的對象。只有在解釋者的「成見」和被解釋者的「內容」融合在一起，並產生出意義時，才會出現真正的「理解」。這種過程，高達美稱之為「視域融合」（fusion of horizons）。

當他談及「經驗」和「視域融合」的時候，特別強調這兩者在「理解」過程中動態的交互作用。他的詮釋學把「理解」和「解釋」看作是人類在現實生活中從事創造世界之活動的「總經驗」，這種「總經驗」共同的精神基礎，就是「人的最基本感受」。哲學詮釋學的任務，就是向這種「人的最基本感受」回復、靠攏和回歸，以便在人的內心深處，形成精神活動的彈性結構，把過去、現在和將來的許多種可能性，組合成既具有延續性，又具有超時空性的一種「場域」，供人們的精神力量任意馳騁。人的精神可以在這裡進行新的創造，並作出新的發現。實際上，任何詮釋都不可能是重複的，任何詮釋都是在「人的最基本感受」之基礎上，所作出的新創造和新發現。

▣ 知識論的主體

用皮亞傑的認知「結構主義」來說，高達美的辯證詮釋學只是讓「個別

的主體」接近真理的方法。倘若我們要建立華人自主的學術社群，單只靠個人了解中華文化傳統和西方科學哲學的傳統還不夠，我們還要進一步思考：如何讓華人學術社群中的一部分人也能夠了解並融會這兩種傳統，並建立所謂「知識論的主體」。因為個別主體在開始認識世界的時候，總會有自我中心的現象，個別主體在其認識層次上要掌握結構，必須經過不斷地去除中心的作用；只有逐步地去除自我中心的認知，了解相反的事實，其認知在同化和順化的過程中，才能進行協調，也才能獲得較具普遍性的結構。這樣一個過程，是永遠處於不斷地構造和再構造之中的歷程。

　　「知識論主體」則是同一時代認識水平所公認的科學真理，它是同一時代所有主體共同認知的核心，並不會因為「個別主體」的認識而成立或不成立。然而，要想建立華人自主學術社群，我們都必須經過不斷地教育、辯證和對話，讓愈來愈多的人能夠對這個問題產生共識，在變成「個人的主體」之後，才能營構出華人自主學術社群的「知識論主體」。

第七節　從「文化復健」到「文化復興」

　　本書第十四章提到：中國大陸從 1979 年改革開放以來，由於海歸派盲目地移植西方理論，大陸學術界目前普遍存在「本體論的焦慮」和「知識論的困惑」。我們可以取一個例子，來析論這個問題的緣由。

　　2012 年 3 月 16 至 17 日，世新大學社會心理學系舉辦了「第五屆《社會學與心理學的對話》國際研討會」，南京大學社會科學院心理學系的翟學偉（2012）發表的一篇論文〈從本土視角看社會學與心理學的融合〉，將中國社會心理學的發展分成三個不同的三十年。第一個三十年是少數學成歸國的中國心理學家，他們將西方心理學帶入中國學界，並從事實證研究的過程。第二個三十年大約是從 1949 至 1978 年，社會心理學相對處於停滯狀態。從 1978 年至今的第三個三十年，則呈現出三大斷裂的格局。

社會心理學的「三大斷裂」

　　首先，「今天發展起來的社會心理學同初創時期的三十年幾乎沒有關係。」「一些當年留美的學者已經故去或進入耄耋之年，他們經歷了從西方引進知識，重學蘇聯與再回到自我否定的起點。」「這點很容易導致中國社會心理學沒有傳統、沒有發展線索、沒有傳幫帶，甚至沒有帶頭人。而從頭起步的研究者缺少積累，往往是個人只顧做個人的研究，外加個人興趣也在不停地轉移，持續性的研究則更少。」「研究興趣乃至專業的不停變動，帶來的最大問題就是研究上的泛泛而談，或東一榔頭西一棒，照搬西方概念與方法與不斷跟隨社會特點，是中國內地社會心理學的基本特徵。」「三十年的斷裂期導致了一種研究學統的喪失，如果不重建良好的學統，這樣的情況還會繼續下去。」

　　「第二種斷裂來自於社會心理學中產生的兩種研究方向。無論在西方，還是在中國，無論是過去，還是現在，社會心理學的歸屬一直是一個問題。有的認為它屬於心理學的一個分支，有的認為它屬於社會學的一個分支。這個問題在中國社會心理學的恢復期顯得更加嚴重。」

　　「正因為這種認同一下子找不到，自然造成的局面就是各自為政，乃至老死不相往來。所以且不說社會心理學本身就研究『社會認同』，其自身發展也一直存在著一種認同的問題。」

　　「第三種斷裂發生在台港社會心理學家與國內社會心理學的研究興趣上。國內社會心理學復甦於中國改革開放年代，由於太長時間沒有同西方接觸，有志於社會心理學研究的學者開始大規模地編寫和翻譯教材。」「或許是因為處在恢復期，由中國學者自己編寫的上乘教材也不多見，大多數教材也是抄來抄去，其實質就是大量照搬和移植西方的概念和理論。過多的學習與模仿導致許多國內學者傾向認為，社會心理學的理論、概念與方法只有一個體系，它就在西方，尤其在美國。中國學者能作的工作，是用它的理論與方法來研究中國實際，至於其中不可否認的文化差異，可以透過修訂量表來

解決。」

　　他認為：進入 1980 年代後，在一批跨學科學者的支持下，台灣社會心理
學界開始了「社會與行為科學本土化」進程。但由於大陸社會心理學界並未
形成本土化研究的氣候，也少有實質性的研究成果問世，至少在一些有苗頭
的領域缺乏積累與跟進。

　　翟學偉的反思是相當中肯的。然而，台灣「社會科學本土化運動」所積
累下來的經驗，對於中國大陸以及國際心理學和社會科學的發展，具有什麼
樣的積極意義？

▣ 跨學門的整合

　　西方學術傳統將有關「人」之研究切割成心理學、社會學和人類學三大
塊。心理學的發展經歷三次大的典範轉移（paradigm shifts）：第一波的行為
主義，其哲學基礎是「實證主義」；第二波的認知心理學是「後實證主
義」；第三波則是本土心理學。台灣地區的本土心理學經過三十幾年的發
展，已經清楚認識到：在全球化時代，發展本土心理學的目的，是要依照文
化心理學「一種心智，多種心態」的原則（Shweder et al., 1998），運用「多
種哲學典範」（multiple philosophical paradigms），整合西方三大學術傳統常
用的哲學典範，包括：「後實證主義」（心理學）、「詮釋學」和「批判理
論」（社會學），以及「結構主義」（人類學），建構既能說明人類普世心
智（universal mind），又能說明特定文化中之心態（specific mentalities）之
「含攝文化的理論」（culture-inclusive theories），以克服現代心理學之父馮
特未能以科學方法研究文化的難題，並整合 Vygotsky（1896-1934）所主張的
「意圖心理學」（intentional psychology）和「科學心理學」（causal psychol-
ogy）。

　　以西方的科學哲學為基礎，研究中華文化傳統，建構包含許多「含攝文
化的理論」之「科學微世界」，不僅只是解決了本土心理學的難題，而且也
解決了西方心理學、社會學和人類學三大學科「能分而不能合」的難題。更

清楚地說，這種研究取向不只是代表這三門學科之間的「科際整合」（inter-disciplinary integration），而且是三者間建立在其哲學基礎之上的「跨學門整合」（transdisciplinary integration）。

任何一個學術運動，一旦找到了自己的哲學基礎，便是找到了自己的「道」，這個學術運動便已邁向成熟階段，而逐漸脫離其「運動」的性格，除非有人能找出更強而有力的哲學來取代它。華人心理學本土化運動邁向成熟之後，下一個目標就是要總結其成功經驗，繼續推展社會科學本土化運動，其最終目標則是以儒家文化作為基底，吸納西方近代文明的菁華，「中學為體，西學為用」，擺脫西方學術的宰制，建立「儒家人文主義」的自主學術傳統。

從這個角度來看，儒家文化傳統在經過「文化大革命」（Cultural Revolution）的破壞之後，華人社會科學家必須要有高度的文化自覺，願意投身於社會科學本土化運動，致力於從事「文化復健」（Cultural Rehabilitation）的工作，中華文化才有可能真正走向「文化復興」（Cultural Renaissance）之路。

  參考文獻

方克立、鄭家棟（主編）（1995）：《現代新儒家哲學思想》。天津：南開大學
　　出版社。

牟宗三（1982）：〈儒家學術之發展及其使命〉。見《道德的理想主義》（頁
　　1-12）。台北：臺灣學生書局。

牟宗三（1988）：《歷史哲學》。台北：臺灣學生書局。

黃光國（2009）：《儒家關係主義：哲學反思、理論建構與實徵研究》。台北：
　　心理出版社。

黃俊傑（2014）：《儒家思想與中國歷史思維》。台北：國立臺灣大學出版中心。

翟學偉（2012）：〈從本土視角看社會學與心理學的融合〉。論文發表於第五屆
　　「社會學與心理學的對話」國際學術研討會。（台北）

蔡仁厚（1996）：《牟宗三先生學思年譜》。台北：臺灣學生書局。

顏炳罡（1995）：《整合與重鑄：當代大儒牟宗三先生思想研究》。台北：臺灣
　　學生書局。

Allwood, C. M., & Berry. J. W. (2006). Origins and development of indigenous psychol-
　　ogies: An international analysis. *International Journal of psychology, 41*(4),
　　243-268.

Allwood, C. M. (2011). On the foundation of indigenous psychologies. *Social Epistem-
　　ology, 25*(1), 3-14.

Allwood, C. M. (2013a). The role of culture and understanding in research. *Social Epis-
　　temology Review and Reply Collective, 2*(5), 1-11.

Allwood, C. M. (2013b). On the advantages of an empirically oriented culture concept in
　　the indigenous psychologies. *Social Epistemology Review and Reply Collective, 2*
　　(8), 60-65.

Arnett, J. J. (2008). The neglected 95 per cent: Why American psychology needs to be-
　　come less American. *American Psychologist, 63*, 602-614.

Archer, M. S. (1995). *Realist social theory: The morphogenetic approach*. Cambridge, MA: Cambridge University Press.

Bhaskar, R. A. (1975). *A realist theory of science*. London, UK: Verso.

Bond, M. H. (1986). *The handbook of Chinese psychology*. Hong Kong, China: Oxford University Press.

Bond, M. H. (2010). *The Oxford handbook of Chinese psychology*. New York, NY: Oxford University Press.

Bond, M. H. (2015). How I am constructing culture-inclusive theories of social-psychological process in our age of globalization. *Journal for the Theory of Social Behaviour, 45*(1), 25-38.

deBary, W. T. (1957). Chinese despotism and the Confucian ideal: A seventeenth century view. In J. K. Fairbank (Ed.), *Chinese thought and institutions* (pp. 163-203). Chicago, IL: University of Chicago Press.

deBary, W. T. (1975). *The unfolding of neo-Confucianism*. New York, NY: Columbia University Press.

deBary, W. T. (1983). *The liberal spirit in neo-Confucianism* (Hong-chi Li, Trans.). Hong Kong, China: The Chinese University Press.

Eckensberger, L. H. (2015). Integrating the emic (indigenous) with the etic (universal): A case of squaring the circle or for adopting a culture inclusive action theory perspective. *Journal for the Theory of Social Behaviour, 45*(1), 107-139.

Evenden, M., & Sanstrom, G. (2011). Interview-calling for scientific revolution in psychology: K. K. Hwang on indigenous psychologies. *Social Epistemology, 25*(2), 153-166.

Gergen, K. J. (2015). Culturally inclusive psychology from a constructionist standpoint. *Journal for the Theory of Social Behaviour, 45*(1), 94-106.

Huang, X., & Bond, H. B. (2012). *Handbook of Chinese organizational behavior integrating theory: Research and practice*. Hong Kong, China: The Hong Kong Polytechnic University.

Hwang, K. K. (2011). Reification of culture in indigenous psychologies: Merit or mistake? *Social Epistemology, 25*(2), 125-131.

Hwang, K. K. (2012). *Foundations of Chinese psychology: Confucian social relations*. New York, NY: Springer.

Hwang, K. K. (2013a). Linking science to culture: Challenge to psychologists. *Social Epistemology, 27*(1), 105-122.

Hwang, K. K. (2013b). The construction of culture-inclusive theories by multiple philosophical paradigms. *Social Epistemology Review and Reply Collective, 2*(7), 46-58.

Hwang, K. K. (2015a). Cultural system vs. pan-cultural dimensions: Philosophical reflection on approaches for indigenous psychology. *Journal for the Theory of Social Behaviour, 45*(1), 1-24.

Hwang, K. K. (2015b). Culture-inclusive theories of self and social interaction: The approach of multiple philosophical paradigms. *Journal for the Theory of Social Behaviour, 45*(1), 39-62.

Jullien, F. (1998/2004). *Un sage est sans idée ou l'autre de la philosophie.*　閏素偉（譯）（2004）：《聖人無意：或哲學的他者》。北京：商務印書館。

Lakatos, I. (1978/1990). History of science and its rational reconstructions. *The Methodology of Scientific Research Programmes*. Cambridge, MA: Cambridge University Press.　于秀英（譯）：〈科學史及其合理重建〉。見《科學研究綱領方法論》（頁 157-217）。台北：結構群文化公司。

Laudan, L. (1977/1992). *Progress and its problems: Toward a theory of scientific growth.* London, UK: Routledge & Kegan Paul.　陳衛平（譯）（1992）：《科學的進步與問題》。台北：桂冠圖書公司。

Lee, Y. T. (2011). Book review [Review of the book the Oxford handbook of Chinese psychology]. *International Journal of Cross Cultural Management, 11*(2), 269-272.

Liu, J. (2015). Globalizing indigenous psychology: An east Asian form of herarchical relationalism with worldwide implications. *Journal for the Theory of Social Behaviour, 45*(1), 81-93.

Metzgar, T. A. (1977). *Escape from predicament: Neo-Confucianism and China's evolving political culture*. New York, NY: Columbia University Press.

Qi, X. (2015). Filial obligation in contemporary China: Evolution of the culture-system. *Journal for the Theory of Social Behaviour, 45*(1), 140-160.

Shweder, R. A., Goodnow, J., Hatano, G., Le Vine, R., Markus, H., & Miller, P. (1998). The cultural psychology of development: One mind, many mentalities. In W. Damon (Ed.), *Handbook of child psychology (Vol. 1): Theoretical models of human development* (pp. 865-937). New York, NY: John Wiley & Sons.

Sundararajan, L. (2015). Indigenous psychology: Grounding science in culture, why and how? *Journal for the Theory of Social Behaviour, 45*(1), 63-80.

Weber, M. (1920/1964). *The religion of China: Confucianism and Taoism* (H. H. Gerth, Trans.). New York, NY: The Free Press.

國家圖書館出版品預行編目（CIP）資料

盡己與天良：破解韋伯的迷陣／黃光國著.
--初版.-- 新北市：心理，2015.08
面；　公分.--（名家講座系列；71009）
ISBN 978-986-191-677-4（平裝）

1. 儒家　2. 科學哲學　3. 文集

121.27　　　　　　　　　　　　104015756

名家講座系列 71009

盡己與天良：破解韋伯的迷陣

作　　者：黃光國

責任編輯：郭佳玲

總 編 輯：林敬堯

發 行 人：洪有義

出 版 者：心理出版社股份有限公司

地　　址：231 新北市新店區光明街 288 號 7 樓

電　　話：(02) 29150566

傳　　真：(02) 29152928

郵撥帳號：19293172　心理出版社股份有限公司

網　　址：http://www.psy.com.tw

電子信箱：psychoco@ms15.hinet.net

駐美代表：Lisa Wu（lisawu99@optonline.net）

排 版 者：辰皓國際出版製作有限公司

印 刷 者：辰皓國際出版製作有限公司

初版一刷：2015 年 8 月

I S B N：978-986-191-677-4

定　　價：新台幣 600 元